Studien zum Internationalen Wirtschaftsrecht/
Studies on International Economic Law

Herausgegeben von
Prof. Dr. Marc Bungenberg, LL.M., Universität des Saarlandes
Prof. Dr. Christoph Herrmann, LL.M., Universität Passau
Prof. Dr. Markus Krajewski, Friedrich-Alexander-Universität
Erlangen-Nürnberg
Prof. Dr. Carsten Nowak, Europa Universität Viadrina,
Frankfurt/Oder
Prof. Dr. Jörg Philipp Terhechte,
Leuphana Universität Lüneburg
Prof. Dr. Wolfgang Weiß, Deutsche Universität
für Verwaltungswissenschaften, Speyer

Band 19

Maximilian Demper

Kooperationsstrukturen und Kooperationsvereinbarungen zwischen der EU und den Mitgliedstaaten im Rahmen gemischter Abkommen

Nomos

Die Deutsche Nationalbibliothek verzeichnet diese Publikation in
der Deutschen Nationalbibliografie; detaillierte bibliografische
Daten sind im Internet über http://dnb.d-nb.de abrufbar.

Zugl.: Speyer, Deutsche Universität für Verwaltungswissenschaften, Diss., 2018

ISBN 978-3-8487-5073-3 (Print)
ISBN 978-3-8452-9278-6 (ePDF)

1. Auflage 2018

Meiner Familie

Vorwort

Die vorliegende Arbeit wurde im Wintersemester 2017/2018 von der Deutschen Universität für Verwaltungswissenschaften Speyer (DUV) als Dissertation angenommen. Aktuelle Entwicklungen der Rechtsprechung und der Literatur wurden bis März 2018 berücksichtigt.

Entstanden ist die Arbeit während meiner Tätigkeit als Forschungsreferent am Deutschen Forschungsinstitut für öffentliche Verwaltung Speyer (FöV) im Rahmen des Forschungsprojekts „Politikimplementierung im internationalen Kontext in gemischten Foren".

Besonderer Dank gebührt meinem Doktorvater Prof. Dr. Wolfgang Weiß für die stets hilfsbereite und wertvolle Unterstützung dieser Arbeit sowie seinem persönlichen Engagement bei der Betreuung und Förderung des Forschungsprojekts. Zudem danke ich Prof. Dr. Cristina Fraenkel-Haeberle für die Erstellung des Zweitgutachtens und Philipp Enders für die wissenschaftlichen Diskussionen sowie die motivierende Unterstützung bei der Fertigstellung der Dissertation. Weiterhin danke ich den Mitarbeitern des FöV und der DUV für die kollegiale Zusammenarbeit und die schöne Zeit in Speyer.

Mein besonderer Dank gilt meiner Familie, insbesondere meinen Eltern, für deren Rückhalt und deren uneingeschränkte Unterstützung während meiner Ausbildung und Promotion.

Speyer, März 2018

Inhaltsverzeichnis

Abkürzungsverzeichnis

AEUV	Vertrag über die Arbeitsweise der Europäischen Union
AKP-Staaten	Gruppe der afrikanischen, karibischen und pazifischen Staaten
AStV	Ausschuss der Ständigen Vertreter
BKM	Beauftragte/r der Bundesregierung für Kultur und Medien
BMAS	Bundesministerium für Arbeit und Soziales
BMEL	Bundesministerium für Ernährung und Landwirtschaft
BMF	Bundesministerium der Finanzen
BMVI	Bundesministerium für Verkehr und digitale Infrastruktur
BRD	Bundesrepublik Deutschland
BVerfG	Bundesverfassungsgericht
CAK	Codex Alimentarius Kommission
CONUN	Ratsarbeitsgruppe für die Vereinten Nationen
COREPER	Ausschuss der Ständigen Vertreter
COREU	System zum Informationsaustausch zwischen den Außenministerien
COTIF	Übereinkommen über den internationalen Eisenbahnverkehr
EAD	Europäischer Auswärtiger Dienst
EAG	Europäische Atomgemeinschaft
ECOFIN	Rat der EU für Wirtschaft und Finanzen
EG	Europäische Gemeinschaft
EGV	Vertrag zur Gründung der Europäischen Gemeinschaft
EU	Europäische Union
EuGH	Europäischer Gerichtshof
EURATOM	Europäische Atomgemeinschaft

EUV	Vertrag über die Europäische Union
EWGV	Vertrag zur Gründung der Europäischen Wirtschaftsgemeinschaft
EZB	Europäische Zentralbank
FAO	Ernährungs- und Landwirtschaftsorganisation der Vereinten Nationen
GA	Generalanwalt
GASP	Gemeinsamen Außen- und Sicherheitspolitik
GATT	Allgemeines Zoll- und Handelsabkommen
GG	Grundgesetz
GGO	Gemeinsame Geschäftsordnung der Bundesministerien
GHP	Gemeinsame Handelspolitik
GOBReg	Geschäftsordnung der Bundesregierung
IAO/ILO	Internationale Arbeitsorganisation
IIV	interinstitutionelle Vereinbarung(en)
IMO	Internationale Seeschifffahrts-Organisation
IO	Internationale Organisation
IRENA	Internationale Organisation für erneuerbare Energien
ISA	Internationale Meeresbodenbehörde
IWF	Internationaler Währungsfonds
MS	Mitgliedstaaten
PSK	Politisches und Sicherheitspolitisches Komitee
RvV	Richtlinien des Auswärtigen Amtes für die Behandlung völkerrechtlicher Verträge
SCIMF	Unterausschuss des Wirtschafts- und Finanzausschuss des Rates der EU
SRÜ	Seerechtsübereinkommen der Vereinten Nationen
UA	Unterabsatz
UN	Vereinte Nationen
UNCLOS	Seerechtsübereinkommen der Vereinten Nationen
UNCTAD	Konferenz der Vereinten Nationen für Handel und Entwicklung

UNESCO	Organisation der Vereinten Nationen für Bildung, Wissenschaft und Kultur
UPOV	Internationale Verband zum Schutz von Pflanzenzüchtungen
VO	Verordnung
WFA	Wirtschafts- und Finanzausschuss des Rates der EU
WHO	Weltgesundheitsorganisation
WTO	Welthandelsorganisation
WVRK	Wiener Übereinkommen über das Recht der Verträge
WVRK-IO	Wiener Übereinkommen über das Recht der Verträge zwischen Staaten und internationalen Organisationen oder zwischen internationalen Organisationen
WWU	Wirtschafts- und Währungsunion
WZO	Weltzollorganisation
WFP	Welternährungsprogramm der Vereinten Nationen
IFAD	Internationaler Fonds für landwirtschaftliche Entwicklung
INTA	Ausschuss des Europäischen Parlaments für den internationalen Handel

§ 1 Einleitung

Die Europäische Union (EU) und ihre Mitgliedstaaten sind Vertragspartner völkerrechtlicher Abkommen bzw. Mitglieder in internationalen Organisationen. Je nach Art der Beteiligung bzw. Art der Mitgliedschaft sind die EU und/oder ihre Mitgliedstaaten in den (gemischten) Gremien der internationalen Organisationen bzw. der (gemischten) Abkommen[1] vertreten. In den internationalen Gremien werden die durch die Abkommen eingegangenen völkerrechtlichen Verpflichtungen konkretisiert, sowie für die EU und ihre Mitgliedstaaten rechtliche Standards und Harmonisierungen in Form von völkerrechtlichem Sekundärrecht[2] festgelegt.[3] Somit haben europäische und nationale Rechtsakte ihren Ausgangspunkt auch im Entscheidungsprozess der Gremien völkerrechtlicher Abkommen bzw. internationaler Organisationen.[4]

Da die „Weichenstellung" im Hinblick auf die europäische und nationale Regelsetzung insofern auch auf internationaler Ebene stattfindet bzw. vorgeprägt wird, darf die Interessenkoordinierung und die entsprechende Interessenvertretung der EU und ihrer Mitgliedstaaten in den internationalen Gremien angesichts der möglichen faktischen und rechtlichen Folgen für die unionale und nationalen Rechtsordnung(en) nicht unterschätzt werden. Aus diesem Grund ist es für die EU und ihre Mitgliedstaaten wichtig, inhaltlich auf die Konkretisierung der völkerrechtlichen Pflichten Einfluss zu nehmen, um die Entscheidungen in den internationalen Gremien in die Richtung zu prägen, die den Interessen und Zielen der EU und der Mitgliedstaaten entspricht.

Dazu bedarf es einer engen Interessenkoordinierung im Vorfeld der Gremiensitzungen sowie einer entsprechenden völkerrechtlichen einheitlichen Interessenvertretung in den internationalen Gremien. Die unions-

---

1 Gemischte Abkommen sind völkerrechtliche Verträge, die die EU und ihre Mitgliedstaaten mit Dritten abschließen. Siehe zur ausführlichen Definition § 2 Teil B.
2 *Barrón*, Der Europäische Verwaltungsverbund und die Außenbeziehungen der EU, 2016, S. 78.
3 Siehe z.B. zum sekundären Kooperationsrecht *Appel*, Das internationale Kooperationsrecht der EU, 2016, S. 31 f.
4 *Van Vooren/Wessel*, EU External Relations, 2014, S. 271.

rechtliche Verpflichtung der EU und der Mitgliedstaaten zur gemeinsamen Interessenkoordinierung und Interessenvertretung wird durch den Grundsatz loyaler Zusammenarbeit gemäß Art. 4 Abs. 3 EUV vorgegeben. Dieser stellt die EU und die Mitgliedstaaten angesichts zunehmender Heterogenität der politischen Interessen und der derzeit 28 Mitgliedstaaten vor eine große Herausforderung. Die Interessenkoordinierung und Interessenvertretung zwischen der EU und den Mitgliedstaaten bezüglich der Umsetzung internationaler Politiken gestaltet sich insbesondere bei gemischten Abkommen komplizierter, da die Mitgliedstaaten und die EU auf internationaler Ebene grundsätzlich nebeneinander auftreten. Neben der ohnehin oft unklaren Kompetenzverteilung zwischen der EU und den Mitgliedstaaten tritt daher noch die Frage nach der Ausübung der Beteiligungs- und Mitgliedschaftsrechte durch die EU und/oder die Mitgliedstaaten. Aufgrund der Komplexität und Schwierigkeit der Zuständigkeitsabgrenzung und der damit verbundenen Frage nach der Ausübung der völkerrechtlichen Rechte kann dies zur Belastung der internationalen Vertretung der EU und ihrer Mitgliedstaaten führen.[5] Die Kombination von politischer Sensibilität und rechtlicher Unsicherheit hinsichtlich der Außenvertretung der EU führt dazu, dass die Interessenkoordinierung und Interessenvertretung der EU und ihrer Mitgliedstaaten sehr konfliktanfällig ist.[6] Somit verlangt sie ein Höchstmaß an Flexibilität und Rücksichtnahme, um die Handlungsfähigkeit der EU und der Mitgliedstaaten auf völkerrechtlicher Ebene zu gewährleisten.[7] Eine loyale Zusammenarbeit zwischen der EU und den Mitgliedstaaten ist demnach Voraussetzung und Maßstab für die Gewährleistung einer funktionsfähigen Union auf internationaler Ebene.[8]

Wegen der genannten Gründe bedarf es einer Einigung über ein abgestimmtes einheitliches Vorgehen im Hinblick auf die Interessenkoordinierung und Interessenvertretung auf internationaler Ebene. Ausgehend von der abstrakten Pflicht zur loyalen Zusammenarbeit zwischen der EU und den Mitgliedstaaten haben sich informelle und formelle Kooperationsstrukturen und Koordinierungsmechanismen herausgebildet, um der Loya-

---

5 *Govaere*, in: Hillion/Koutrakos (Hrsg.), Mixed Agreements Revisited, 2010, S. 193 f.; *van Elsuwege/Merket*, in: Blockmans/Wessel (Hrsg.), Principles and Practices of EU External Representation, S. 37.

6 *Gatti/Manzini*, CMLRev 2012, 1703, 1703.

7 *Scheffler*, Die Europäische Union als rechtlich-institutioneller Akteur im System der Vereinten Nationen, 2009, S. 256.

8 *Hatje*, in: Schwarze u.a. (Hrsg.), EUV/AEUV, 2012, Art. 4 EUV, Rn. 22.

litätsverpflichtung auf internationaler Ebene und dem Gebot der einheitlichen völkerrechtlichen Vertretung gemäß Art. 4 Abs. 3 EUV gerecht zu werden. Neben den gewachsenen informellen Koordinierungsstrukturen aufgrund ständiger Praxis existieren formelle Kooperationsvereinbarungen zwischen den Akteuren der EU und ihrer Mitgliedstaaten über die Erarbeitung und Vertretung von (gemeinsamen) Standpunkten im Rahmen der Verhandlung, des Abschlusses und der Umsetzung völkerrechtlicher (gemischter) Abkommen bzw. internationaler Organisationen.

Die formellen Kooperationsvereinbarungen, die den Grundsatz loyaler Zusammenarbeit konkretisieren und die Interessenkoordinierung und Interessenvertretung zwischen der EU und den Mitgliedstaaten beschreiben, bilden den Schwerpunkt der vorliegenden Untersuchung, da sie bisher nicht umfassend erforscht wurden. Bislang waren in der Regel nur einzelne Kooperationsvereinbarungen Gegenstand einer Untersuchung,[9] ohne dass das Phänomen der Kooperationsvereinbarungen in seiner Gänze inhaltlich und rechtlich eingeordnet und analysiert wurde. So geht die Untersuchung von *Schwichtenberg* zwar auf einige Kooperationsvereinbarungen ein, beschäftigt sich aber im Schwerpunkt nicht mit einer detaillierten inhaltlichen und rechtlichen Analyse der Kooperationsvereinbarungen. Sie betrachtet hauptsächlich die Kooperationsverpflichtung der Mitgliedstaaten der EU im Rahmen gemischter Abkommen.[10]

Ziel der vorliegenden Arbeit ist die inhaltliche und rechtliche Analyse der Kooperationsvereinbarungen zwischen der EU und den Mitgliedstaaten im Rahmen gemischter Abkommen. Zum einen soll durch die umfassende Zusammenstellung der Kooperationsvereinbarungen ein Beitrag zur Transparenz der Interessenkoordinierung und Interessenvertretung der EU und ihrer Mitgliedstaaten auf internationaler Ebene geleistet werden. Zum anderen soll die inhaltliche und rechtliche Analyse, die insbesondere einen Vergleich der Kooperationsvereinbarungen enthält, der Klärung dienen, ob die Kooperationsvereinbarungen eine effektive und kohärente Interessenwahrnehmung auf internationaler Ebene gewährleisten.

Kooperationsvereinbarungen werden allerdings nur in begrenztem Umfang abgeschlossen. Daher wird außerdem auf die informelle Koordinierung im Rahmen gemischter Abkommen eingegangen, um die generel-

---

9 Vgl. zu den Untersuchungen die Literaturhinweise bei der inhaltlichen und rechtlichen Analyse der Kooperationsvereinbarungen (§§ 3 und 4).

10 *Schwichtenberg*, Die Kooperationsverpflichtung der EU bei Abschluss und Anwendung gemischter Verträge, 2014.

len Anforderungen an die loyale Zusammenarbeit bei der Verhandlung, dem Abschluss und der Durchführung gemischter Abkommen zu erläutern und den informellen mit dem formellen Koordinierungsmechanismus vergleichen zu können.

Vorliegende Untersuchung bearbeitet das Thema in folgenden Schritten: Zunächst wird die loyale Zusammenarbeit zwischen der EU und den Mitgliedstaaten beim Vertragsschluss und bei der Durchführung gemischter Abkommen untersucht (§ 2), um den unionsrechtlichen Rahmen für die Interessenkoordinierung und Interessenvertretung auf internationaler Ebene zu beschreiben.

Ausgangspunkt für die enge Zusammenarbeit zwischen der EU und den Mitgliedstaaten ist der Grundsatz loyaler Zusammenarbeit, der in § 2 Teil A. eingehend beleuchtet wird. In einem ersten Schritt werden deshalb die Grundlagen (I.) sowie der subjektive (II.) und objektive (III.) Anwendungsbereich von Art. 4 Abs. 3 EUV erläutert. Aus den allgemeinen Anforderungen und Pflichten werden sodann die Auswirkungen auf das Außenhandeln der EU und der Mitgliedstaaten bestimmt (IV.). Da die loyale Zusammenarbeit zwischen der EU und den Mitgliedstaaten nicht immer reibungslos funktioniert und Konflikte vor dem EuGH ausgetragen werden,[11] wird auf die Justiziabilität des Art. 4 Abs. 3 EUV (V.) eingegangen.

Um die Loyalitätspflichten auf internationaler Ebene bestimmen zu können, bedarf es zunächst eines tieferen Verständnisses gemischter Abkommen. Aus diesem Grund werden gemischte Abkommen, als Sonderform völkerrechtlicher Abkommen, in einem zweiten Teil (B.) des § 2 eingehend untersucht. Hierzu werden zunächst die europa- und völkerrechtlichen Grundlagen von gemischten Abkommen dargelegt (I.). Im Folgenden werden daraufhin die rechtlichen, politischen und finanziellen Gründe für den Abschluss gemischter Abkommen sowie deren unionsrechtliche Zulässigkeit (II.) eingehend erörtert.

Im abschließenden Teil C. des § 2 werden die gewonnenen Erkenntnisse zur loyalen Zusammenarbeit und zu gemischten Abkommen zusammengeführt und die konkreten Loyalitätspflichten zwischen der EU und den Mitgliedstaaten im Rahmen gemischter Abkommen dargestellt. Die Loyalitätspflichten ergeben in der Praxis einen informellen Mechanismus

---

11 Vgl. zuletzt EuGH, Urteil vom 05.12.2017, Rs. C-600/14, Deutschland/Rat, ECLI:EU:C:2017:935 und anhängige Rs. C-620/16, Kommission/Deutschland.

zur Interessenkoordinierung und Interessenvertretung, der in Verhandlung, Abschluss und Unterzeichnung (I.) sowie Durchführung (II.) unterschieden werden kann.

Nachdem die Grundlagen loyaler Zusammenarbeit im Rahmen gemischter Abkommen und die Anforderungen an die loyale Zusammenarbeit zwischen der EU und den Mitgliedstaaten sowie der informelle Koordinierungsmechanismus im Rahmen des Vertragsschlusses und der Durchführung gemischter Abkommen dargestellt wurden, widmen sich die weiteren Teile der Arbeit den formellen Koordinierungsmechanismen in Form der Kooperationsvereinbarungen. Diese werden inhaltlich und rechtlich analysiert, um deren Funktionsweise sowie deren rechtliche oder politische Verbindlichkeit aufzuzeigen.

Die inhaltliche Analyse der Kooperationsvereinbarungen (§ 3) unterteilt sich zunächst dahingehend, ob sich die Kooperationsvereinbarungen auf die Verhandlung und den Abschluss (A.) oder die Durchführung (B.) von gemischten Abkommen beziehen. Innerhalb dieser Unterscheidung werden die einzelnen Kooperationsvereinbarungen und die entsprechenden Regeln zur Interessenkoordinierung und Interessenvertretung zu einem Koordinierungsmechanismus zusammengefasst. Darüber hinaus wird die objektive bzw. theoretische Analyse der Kooperationsvereinbarungen durch eine subjektive bzw. praktische Analyse in Form von Experteninterviews erweitert, um die theoretischen Ergebnisse empirisch zu ergänzen. Abschließend werden die inhaltlich analysierten Kooperationsvereinbarungen und die Entwicklungsstufen der Interessenkoordinierung und Interessenvertretung miteinander verglichen (C.).

Die rechtliche Analyse (§ 4) widmet sich der Frage nach der rechtlichen bzw. politischen Verbindlichkeit der Kooperationsvereinbarungen, um die Frage nach einer möglichen Durchsetzung der Kooperationspflichten zu klären. Zunächst werden daher die bestehenden und in Betracht kommenden Handlungsformen, wie interinstitutionelle Vereinbarungen, Verwaltungsabkommen und Kooperationsvereinbarungen als Handlungsform „sui generis", erläutert und auf ihre Anwendbarkeit hinsichtlich der Kooperationsvereinbarungen untersucht (A.). Der Schwerpunkt liegt auf der Zulässigkeit und den formellen Anforderungen hinsichtlich Kooperationsvereinbarungen als einer eigenen Handlungsform „sui generis". Im Anschluss wird die konkrete Bindungswirkung der bereits inhaltlich analysierten Kooperationsvereinbarungen erläutert, um den Anwendern der Vereinbarungen die rechtlichen bzw. politischen Wirkungen bezüglich der vereinbarten Zusammenarbeitspflichten aufzuzeigen. (B.). Im Rahmen der Bindungswirkung von Kooperationsvereinbarungen wird insbesondere auch auf die justizielle Durchsetzung der niedergelegten Zusammenarbeitspflichten vor dem EuGH und die entsprechenden Verfahren eingegangen.

Abschließend werden die gewonnenen Erkenntnisse zu den Kooperationsstrukturen und Kooperationsvereinbarungen zwischen der EU und den Mitgliedstaaten im Rahmen gemischter Abkommen zusammengeführt (§ 5). Ausgehend von den Ausführungen zum informellen Koordinierungsmechanismus (§ 2) sowie der inhaltlichen und rechtlichen Analyse der Kooperationsvereinbarungen (§§ 3 und 4) wird ein Vergleich zwischen dem informellen und dem formellen Koordinierungsmechanismus durchgeführt (A.), um etwaige Unterschiede und Abweichungen in der Praxis aufzuzeigen. Im Anschluss werden mögliche Verbesserungen für Kooperationsvereinbarungen dargelegt (B.). Unter Einbeziehung der theoretischen (inhaltlichen und rechtlichen) sowie empirischen Ergebnisse (Experteninterviews) werden Empfehlungen für die Optimierung der Koordinierungsprozesse ausgesprochen (I.). In diesem Zusammenhang empfehlen sich eine klare formale Abgrenzung von Kooperationsvereinbarungen als eigener Handlungsform „sui generis" sowie inhaltliche Klarstellungen zum Koordinierungsverfahren. Aufgrund des Vorteils eines standardisierten allgemeinen Kooperationsmechanismus, der Koordinierungsstreitigkeiten verringert und den Schwerpunkt auf die inhaltliche Interessenkoordinierung legt, ergibt sich die Erforderlichkeit einer rechtlich verbindlichen allgemeinen Kooperationsvereinbarung, die für alle gemischte Abkommen gilt (II.). Durch einen Vorschlag zu einer Rahmenvereinbarung für die Interessenkoordinierung und Interessenvertretung für gemischte Abkommen soll die loyale Zusammenarbeit hinsichtlich der effektiven Interessenvertretung der EU und der Mitgliedstaaten auf internationaler Ebene verbessert und eine einheitliche völkerrechtliche Vertretung der EU und der Mitgliedstaaten gewährleistet werden (III.). Abschließend werden die Ergebnisse der Untersuchung zusammengefasst (C.).

§ 2 Loyale Zusammenarbeit im Rahmen gemischter Abkommen

Weder die EU noch ihre Mitgliedstaaten können auf internationaler Ebene unabhängig voneinander handeln. Wenngleich die eigenständige nationale Außenpolitik der Mitgliedstaaten weiterhin von herausragender Bedeutung ist,[12] nimmt die EU im Rahmen europäischer Außenpolitik nicht zuletzt aufgrund des Vertrags von Lissabon eine immer wichtigere Rolle neben und gemeinsam mit den Mitgliedstaaten ein. Die heutigen EU-Außenkompetenzen[13] folgen keinem kohärenten Bauplan. Sie sind das Resultat einer an politischen Bedürfnissen und Konfliktlösung orientierten Entwicklung.[14] Eine genaue Abgrenzung zwischen den Kompetenzen der EU und ihren Mitgliedstaaten ist insofern schwierig.[15] Aufgrund der komplexen Kompetenzverteilung und der hierdurch begrenzten Außenzuständigkeit der EU (vgl. Art. 216 Abs. 1 AEUV), müssen die EU und die Mitgliedstaaten die Gestaltung und Umsetzung europäischer Außenpolitik häufig gemeinsam wahrnehmen. Um die jeweiligen Kompetenzdefizite auszugleichen und völkerrechtlich einheitlich aufzutreten, werden in der Praxis gemischte völkerrechtliche Abkommen zwischen der EU und den Mitgliedstaaten mit Dritten abgeschlossen.[16] Die EU und die Mitgliedstaaten müssen insbesondere die Verhandlung, den Abschluss und die Umsetzung von gemischten Abkommen gemeinsam durchführen und gemäß Art. 4 Abs. 3 EUV loyal miteinander zusammenarbeiten. Das erklärte Ziel dieser Zusammenarbeit ist die Sicherstellung der völkerrechtlich einheitlichen Vertretung der EU und ihrer Mitgliedstaaten.

Der Grundsatz loyaler Zusammenarbeit gemäß Art. 4 Abs. 3 EUV stellt eine generelle Handlungsmaxime für die EU und ihre Mitgliedstaaten dar.

---

12 *Von Arnauld*, in: ders. (Hrsg.), Europäische Außenbeziehungen, 2014, § 1, Rn. 9.

13 Siehe zu den Außenkompetenzen der EU unten bei Vertragsschlusskompetenz der EU (§ 2 Teil B.I.1.) sowie bei rechtlichen Gründen für gemischte Abkommen (§ 2 Teil B.II.1.).

14 *Von Arnauld*, in: ders. (Hrsg.), Europäische Außenbeziehungen, 2014, § 1, Rn. 19; vgl. auch *Vranes*, Juristische Blätter 2011, 11, 11 ff., der die Konflikte und die Rechtsprechung hinsichtlich der Kompetenzabgrenzung und -entwicklung nachzeichnet.

15 *Von Arnauld*, in: ders. (Hrsg.), Europäische Außenbeziehungen, 2014, § 1, Rn. 50.

16 Siehe zur Definition gemischter Abkommen ausführlich Einführung zu § 2 Teil B.

Im Rahmen gemischter Abkommen kommt diesem Grundsatz eine besondere Bedeutung zu, da die Mitgliedschafts- und Beteiligungsrechte in den Gremien gemischter Abkommen (gemischte Gremien/Foren) zusammen ausgeübt werden müssen. Die gemeinsamen Interessen müssen vor der Ausübung der Mitgliedschafts- und Beteiligungsrechte koordiniert werden (Interessenkoordinierung). Darüber hinaus muss die konkrete Interessenvertretung (Ausübung der Rede- und Stimmrechte) im Vorfeld der Sitzungen der gemischten Gremien zwischen der EU und den Mitgliedstaaten abgestimmt werden.

Um die Auswirkungen des Grundsatzes loyaler Zusammenarbeit auf den Vertragsschluss und die Durchführung gemischter Abkommen zu untersuchen, wird zunächst der Grundsatz loyaler Zusammenarbeit im Rahmen des Außenhandelns der EU und ihrer Mitgliedstaaten (A.) erläutert. Hierzu werden in einem ersten Schritt die allgemeinen Zusammenarbeitspflichten (I.) des Art. 4 Abs. 3 EUV als Grundlage der Untersuchung erklärt. Darauf aufbauend werden die durch Art. 4 Abs. 3 EUV Verpflichteten, sowie die Reichweite Pflichten im Rahmen des subjektiven (II.) und objektiven (III.) Anwendungsbereichs beschrieben. In einem nächsten Schritt werden auf Basis der allgemeinen Ausführungen die konkreten Auswirkungen und Zusammenarbeitspflichten des Grundsatzes loyaler Zusammenarbeit auf das Außenhandeln der EU und der Mitgliedstaaten (IV.), sowie die Justiziabilität der Zusammenarbeitspflichten (V.) untersucht.

Um die Zusammenarbeitspflichten zwischen der EU und den Mitgliedstaaten im Bereich gemischter Abkommen untersuchen zu können, werden anschließend gemischte Abkommen einer tiefergehenden Betrachtung unterzogen (B.). Die Untersuchung erfolgt zunächst hinsichtlich der europa- und völkerrechtlichen Besonderheiten (I.), um den Kontext und die Probleme bei gemischten Abkommen darzustellen. Im Anschluss werden die rechtlichen, politischen und finanziellen Gründe für den Abschluss gemischter Abkommen dargelegt und auf die unionsrechtliche Zulässigkeit sogenannter fakultativ gemischter Abkommen im Vergleich zu obligatorisch gemischten Abkommen eingegangen (II.).

Um den Einfluss und die konkrete Ausgestaltung der Zusammenarbeitspflichten im Rahmen der Verhandlung, des Abschlusses, der Unterzeichnung (Vertragsschluss) und der Durchführung gemischter Abkommen zu bestimmen, werden die gewonnenen Erkenntnisse aus den vorherigen Kapiteln (A. und B.) im abschließenden Teil C. des § 2 zusammengeführt. Aus den Zusammenarbeitspflichten zwischen der EU und den Mitglied-

staaten resultiert zunächst ein informeller Mechanismus zur Interessenko-
ordinierung und Interessenvertretung, der zur besseren Unterscheidung in
Verhandlung, Abschluss und Unterzeichnung (I.), sowie Durchführung
(II.) unterteilt wird.

A. Der Grundsatz loyaler Zusammenarbeit

Der Grundsatz bzw. das Prinzip loyaler Zusammenarbeit ist in Art. 4
Abs. 3 EUV niedergelegt und beschreibt die Grundstruktur für die gegenseitige Zusammenarbeit von EU und Mitgliedstaaten im Sinne eines
kooperativen Föderalismus bzw. Verbunds[17]. Als unionales Verfassungsprinzip[18] und Geschäftsgrundlage des Integrationsprojekts[19] findet der allgemeine Rechtsgrundsatz der EU[20] seinen Ursprung in Treueverpflichtun-
gen gegliederter und föderaler Verbände, die im Rahmen eines sachlich
begrenzten Zweckverbands Aufgaben auf den Zusammenschluss übertragen.[21]

Im Verhältnis zum Solidaritätsgrundsatz, welcher auch ein verfassungsrechtliches Prinzip[22] und einen allgemeinen Rechtsgrundsatz des Unionsrechts darstellt[23], ist Art. 4 Abs. 3 EUV als Spezialausprägung des allge-

---

17 *Von Bogdandy/Schill*, in: Grabitz/Hilf/Nettesheim (Hrsg.), EUV/AEUV, 60. Ergänzungslieferung 2016, Art. 4 EUV, Rn. 53.

18 *Kaiser*, Gemischte Abkommen im Lichte bundesstaatlicher Erfahrungen, 2009,
S. 54; *Obwexer*, in: von der Groeben/Schwarze/Hatje (Hrsg.), EUV/AEUV, 2015,
Art. 4 EUV, Rn. 68; *von Bogdandy/Schill*, in: Grabitz/Hilf/Nettesheim (Hrsg.),
EUV/AEUV, 60. Ergänzungslieferung 2016, Art. 4 EUV, Rn. 51, 58; *Larik*, in:
Bungenberg/Herrmann (Hrsg.), Die gemeinsame Handelspolitik der EU, 2016,
S. 48.

19 *Obwexer*, in: von der Groeben/Schwarze/Hatje (Hrsg.), EUV/AEUV, 2015, Art. 4
EUV, Rn. 5.

20 *Lenz*, in: Lenz/Borchardt (Hrsg.), EUV/AEUV, 2012, Art. 4 EUV, Rn. 11.

21 *Unruh*, EuR 2002, 41, 47; *Marauhn*, in: Schulze/Zuleeg/Kadelbach (Hrsg.), Europarecht, 2015, § 7, Rn. 5.

22 *Weiß*, ZöR 2015, 403, 404.

23 *Sell*, Das Gebot der einheitlichen Auslegung gemischter Abkommen, 2005, S. 156;
Calliess, in: Calliess/Ruffert (Hrsg.), EUV/AEUV, 2016, Art. 222 AEUV, Rn. 4;
Hatje, in: Schwarze u.a. (Hrsg.), EUV/AEUV, 2012, Art. 4 EUV, Rn. 27; *Weiß*,
ZöR 2015, 403, 405.

meinen Solidaritätsprinzips einzuordnen[24]. Auch der EuGH teilt die Ansicht der Literatur, indem er Solidarität als Grundlage des gesamten Unionssystems und Art. 4 Abs. 3 EUV als Teilkodifizierung des Solidaritätsprinzips ansieht.[25]

Der Grundsatz loyaler Zusammenarbeit ist insofern eine Konkretisierung des Solidaritätsprinzips. Loyalität und Solidarität stehen demnach nicht in einem Konkurrenzverhältnis zueinander. Der Solidaritätsgrundsatz stellt vielmehr die inhaltliche Leitlinie[26] oberhalb des Grundsatzes loyaler Zusammenarbeit dar. Er dient als Auslegungsmaßstab für die konkreten Pflichten von EU und Mitgliedstaaten im Rahmen des Art. 4 Abs. 3 EUV.

Um die Frage nach den Auswirkungen des Grundsatzes loyaler Zusammenarbeit auf das Außenhandeln der EU und ihrer Mitgliedstaaten beantworten zu können, werden zunächst die inhaltlichen Grundlagen sowie die grundlegenden Zusammenarbeitspflichten des Art. 4 Abs. 3 EUV dargelegt (I). Sodann wird der subjektive Anwendungsbereich von Art. 4 Abs. 3 EUV beleuchtet (II.), um die Gegenseitigkeit der Zusammenarbeitspflichten zwischen der EU und den Mitgliedstaaten und die verschiedenen Dimensionen der Zusammenarbeit näher zu untersuchen. Der sich anschließende objektive Anwendungsbereich des Art. 4 Abs. 3 EUV (III.) geht auf die generelle Anwendung des Grundsatzes loyaler Zusammenarbeit bei der Aufgabenwahrnehmung im Rahmen der Unionsziele ein. Auf Basis des objektiven Anwendungsbereichs beschränkt sich das Loyalitätsprinzip nicht nur auf die interne Zusammenarbeit zwischen der EU und den Mitgliedstaaten. Auch im Bereich des Außenhandelns, insbesondere bei gemischten Abkommen, findet es Anwendung (IV.). Da die loyale Zusammenarbeit zwischen der EU und den Mitgliedstaaten von Streitigkeiten über Art und Umfang der Zusammenarbeitspflichten geprägt ist und aufgrund dessen auch Gegenstand von Verfahren vor dem EuGH ist, wird im Anschluss auf die Justiziabilität des Art. 4 Abs. 3 EUV und die in Betracht kommenden Verfahren vor dem EuGH eingegangen (V.).

---

24 *Calliess/Kahl/Puttler*, in: Calliess/Ruffert (Hrsg.), EUV/AEUV, 2016, Art. 4 EUV, Rn. 41; *Weiß*, ZöR 2105, 403, 414; a. A. *Klamert*, The Principle of Loyalty in EU Law, 2014, S. 35 ff.

25 EuGH, Urteil vom 10.12.1969, verb. Rs. 6 u. 11/69; Kommission/Frankreich, Slg. 1969, 523, Rn. 14-17; *Hatje,* in: Schwarze u.a. (Hrsg.), EUV/AEUV, 2012, Art. 4 EUV, Rn. 27.

26 *Weiß*, ZöR 2015, 403, 412.

I. Allgemeine Zusammenarbeitspflichten

Gemäß Art. 4 Abs. 3 UA 1 EUV achten und unterstützen sich die Union und die Mitgliedstaaten gegenseitig bei der Erfüllung der Aufgaben, die sich aus den Verträgen ergeben. Der EUV fordert demnach ein bewusstes Zusammenwirken bei jeglichem Handeln zur Erreichung der gemeinsamen Ziele, wie sie in den EU-Verträgen, insbesondere in der Präambel und Art. 3 bis 6 EUV niedergelegt sind.[27] Es handelt sich somit um eine aktive Form der Kooperation, bei der Arbeitsanstrengungen aller Beteiligten notwendig sind.

Die Pflicht zur loyalen Zusammenarbeit ist für den Bereich der Gemeinsamen Außen- und Sicherheitspolitik (GASP) spezialgesetzlich in den Art. 24 Abs. 3, 34 Abs. 1 und 35 EUV geregelt. Die Besonderheiten der intergouvernementalen Zusammenarbeit sind im Bereich der GASP auch nach dem Vertrag von Lissabon[28] zu beachten und vom Außenhandeln der EU zu unterscheiden.[29] Inhaltlich handelt es sich bei der GASP um einen Politikbereich zur Durchsetzung allgemeiner außenpolitischer Interessen (z.B. Interesse an Sicherheit, Armutsbekämpfung, Durchsetzung von Menschenrechten, Realisierung von Demokratie), der jenseits der Integrationsfelder des AEUV liegt.[30] Da sich die untersuchten gemischten Abkommen nicht auf die GASP beziehen und sich somit der Fokus der vorliegenden Untersuchung nicht auf den Bereich der GASP

---

27 EuGH, Gutachten vom 19.03.1993, Gutachten 2/91, ILO-Konvention, Slg. 1993, I-1061, Rn. 10; Urteil vom 26.12.2002, Rs. C-275/00, First und Franex, Slg. 2002, I-10943, Rn. 49; *Kahl*, in: Calliess/Ruffert (Hrsg.), EUV/AEUV, 2017, Art. 4 EUV, Rn. 47.

28 Siehe zur GASP nach dem Vertrag von Lissabon *Frenz*, ZaöRV 2010, 487.

29 *Lorz/Meuers*, in: von Arnauld (Hrsg.), Europäische Außenbeziehungen, 2014, § 2, Rn. 8; *Streinz*, Europarecht, 2016, Rn. 1302. Siehe zur (loyalen) Interessenkoordinierung und Interessenvertretung innerhalb der GASP *Thym*, in: von Bogdandy/ Bast (Hrsg.), Europäisches Verfassungsrecht, 2009, S. 471 ff.; *Frenz*, ZaöRV 2010, 487, 503 ff.; *Lenaerts/van Nuffel*, European Union Law, 2011, Rn. 24-010 f.; *Delgado Casteleiro/Larik*, ELRev 2011, 524, 539 f.; *Hatje*, in: Schwarze u.a. (Hrsg.), EUV/AEUV, 2012, Art. 4 EUV, Rn. 80; *Craig/de Búrca*, EU Law, 2015, S. 376; *Kaddous*, in: dies. (Hrsg.), The EU in International Organisations and Global Governance, 2015, S. 5; CFSP Guide, 18.06.2008, Dok-Rat 10898/08, S. 186 ff. zur EU-Koordinierung innerhalb der Vereinten Nationen.

30 *Nettesheim*, in: Oppermann/Classen/Nettesheim (Hrsg.), Europarecht, 2016, § 39, Rn. 2; *Streinz*, Europarecht, 2016, Rn. 1301.

erstreckt, wird auf die Einzelheiten der loyalen Zusammenarbeit innerhalb der GASP nicht weiter eingegangen.

Der Grundsatz loyaler Zusammenarbeit fordert die EU und die Mitgliedstaaten dazu auf, alle geeigneten Maßnahmen allgemeiner oder besonderer Art zur Erfüllung ihrer unionalen Verpflichtungen zu ergreifen.[31] Über die reine Zusammenarbeit zwischen den Vertragsparteien fordert Art. 4 Abs. 3 UA 1 EUV, dass diese loyal, also fair, ehrlich, redlich, treu bzw. zuverlässig erfolgen soll. Die EU und die Mitgliedstaaten müssen nicht nur die Vertragsziele erfüllen, sondern im Sinne einer engen Partnerschaft einen engen Informationsaustausch gewährleisten und gegenseitige Interessen berücksichtigen. Die gemeinsamen Aufgaben müssen im Interesse der gemeinsamen Ziele und Werte und im Sinne der Unionsziele bewältigt und nach außen vertreten werden, selbst wenn sie nicht von allen Partnern vollumfänglich geteilt werden. Die Verpflichtung zur loyaler Zusammenarbeit geht damit über eine reine völkerrechtliche Vertragstreue (pacta sunt servanda) hinaus und entfaltet ihre Wirkung sowohl im Innen- als auch im Außenverhältnis.[32]

Wenngleich der Grundsatz loyaler Zusammenarbeit neben den bereits normierten Förder-, Unterstützungs- und Unterlassungspflichten (Art. 4 Abs. 3 UA 2 und 3 EUV) erst mit dem Vertrag von Lissabon ausdrücklich als Art. 4 Abs. 3 UA 1 EUV aufgenommen wurde,[33] so ist der EuGH schon immer von entsprechenden Loyalitätspflichten ausgegangen.[34] Die Literatur hat entsprechende Loyalitätspflichten vor Lissabon, meist in Anlehnung an die Rechtsfigur der Bundestreue in Bundesstaaten,[35] unter

---

31 *Obwexer*, in: von der Groeben/Schwarze/Hatje (Hrsg.), EUV/AEUV, 2015, Art. 4 EUV, Rn. 59 m.w.N. zur Rspr.; Erstmals durch den EuGH im Zusammenhang mit der AETR-Rechtsprechung erwähnt, EuGH, Urteil vom 31.03.1971, Rs. 22/70, Kommission/Rat, Slg. 1971, 263, Rn. 20/22; *Delgado Casteleiro*, in: Díez-Hochleitner u.a. (Hrsg.), Recent Trends in the Case Law of the Court of Justice of the European Union, 2012, S. 730.

32 *Sell*, Das Gebot der einheitlichen Auslegung gemischter Abkommen, 2005, S. 156; *Kaiser*, Gemischte Abkommen im Lichte bundesstaatlicher Erfahrungen, 2009, S. 54; *Schwichtenberg*, Die Kooperationsverpflichtung der EU bei Abschluss und Anwendung gemischter Verträge, 2014, S. 78 m.w.N.; *Obwexer*, in: von der Groeben/Schwarze/Hatje, EUV/AEUV, 2015, Art. 4 EUV, Rn. 67.

33 *Hatje*, in: Schwarze u.a. (Hrsg.), EUV/AEUV, 2012, Art. 4 EUV, Rn. 21; *Obwexer*, in: von der Groeben/Schwarze/Hatje, 2015, EUV/AEUV, Art. 4 EUV, Rn. 59.

34 Vgl. z.B. EuGH, Urteil vom 15.01.1986, Rs. C-44/84, Hurd/Jones, Slg. 1986, 47, Rn. 38; Urteil vom 16.06.2005, Rs. C-105/03, Pupino, Slg. 2005, I-5309, Rn. 42.

35 *Unruh*, EuR 2002, 41, 46 m.w.N.

der Gemeinschafts- bzw. Unionstreue zusammengefasst.[36] Demzufolge stellt die ausdrückliche Normierung des Grundsatzes loyaler Zusammenarbeit lediglich eine Klarstellung der bereits bestehenden Rechtslage dar.

Der Grundsatz loyaler Zusammenarbeit zwischen der EU und den Mitgliedstaaten wird in Art. 4 Abs. 3 UA 2 und 3 EUV näher ausgeführt. Die Loyalitätspflichten lassen sich allgemein in Handlungspflichten (Förder- und Unterstützungspflichten) und in Unterlassungspflichten unterteilen.[37] Es werden zum einen Förder- (Art. 4 Abs. 3 UA 2 EUV), Unterstützungs- und Unterlassungspflichten (Art. 4 Abs. 3 UA 3 EUV) unterschieden, welche bereits fast wortidentisch in den Vorgängernormen (Art. 5 EWGV und Art. 10 EGV) geregelt waren[38]. Die Förderpflichten fordern dazu auf, alle geeigneten Maßnahmen zu treffen, die sich aus den Verträgen oder aus den Handlungen der Organe ergeben (vgl. Art. 4 Abs. 3 UA 2 EUV). Diese Pflichten knüpfen damit an konkrete vertragliche Aufgaben an. Demgegenüber zielt die Unterstützungspflicht auf die konkrete Mithilfe bei der Aufgabenerfüllung. Die Unterlassungspflicht bezieht sich hingegen auf solche Maßnahmen, die die Ziele der Union gefährden könnten (vgl. Art. 4 Abs. 3 UA 3 EUV).

Die Frage nach spezifischen Loyalitätspflichten, sowie Art, Umfang und Intensität der Zusammenarbeit von EU und Mitgliedstaaten bedarf im

---

36 *Hatje*, in: Schwarze u.a. (Hrsg.), EUV/AEUV, 2012, Art. 4 EUV, Rn. 21 m.w.N.; *Kaiser*, Gemischte Abkommen im Lichte bundestaatlicher Erfahrungen, 2009, S. 54; *Schwichtenberg*, Die Kooperationsverpflichtung der EU bei Abschluss und Anwendung gemischter Verträge, 2014, S. 76 f.

37 Vgl. *Wille*, Die Pflicht der Organe der EG zur loyalen Zusammenarbeit, 2003, S. 25, 60 ff., der die Handlungspflicht als Tätigkeitspflicht bezeichnet und im Anschluss an Tätigkeits- und Unterlassungspflichten eine weitere Differenzierung im Bereich der Tätigkeitspflichten in Mitwirkungs- und Unterstützungspflichten, Informations- und Konsultationspflichten, Kooperations- und Koordinierungspflichten vornimmt. *Unruh*, EuR 2002, 41, 63 f. nimmt auch eine Unterscheidung in Handlungs- und Unterlassungspflichten vor. Vgl. auch EuGH, Urteil vom 05.05.1981, Rs. C-804/79, Kommission/Vereinigtes Königreich, Slg. 1981, 1045, Rn. 28; Gutachten vom 19.03.1993, Gutachten 2/91, ILO-Konvention, Slg. 1993, I-1061, Rn. 10; Urteil vom 02.06.2005, Rs. C-266/03, Kommission/Luxemburg, Slg. 2005, I-4805, Rn. 59.

38 *Lenz*, in: Lenz/Borchardt (Hrsg.), EUV/AEUV, 2012, Art. 4 EUV, Rn. 1; *Obwexer*, in: von der Groeben/Schwarze/Hatje (Hrsg.), EUV/AEUV, 2015, Art. 4 EUV, Rn. 4; *von Bogdandy/Schill*, in: Grabitz/Hilf/Nettesheim (Hrsg.), EUV/AEUV, 60. Ergänzungslieferung 2016, Art. 4 EUV, Rn. 50.

Einzelfall der Konkretisierung[39] und somit der Auslegung des Art. 4 Abs. 3 EUV. Die Antwort hierauf muss für interne und externe Maßnahmen der EU und der Mitgliedstaaten in der Praxis durch die nationalen und unionalen Akteure, notfalls durch den EuGH (vgl. Art. 19 Abs. 1 EUV), festgelegt werden.[40] Um die Ausgestaltung der Zusammenarbeitspflichten zu bestimmen, sind neben dem allgemeinen Wortlaut des Art. 4 Abs. 3 EUV in erster Linie die für den Einzelfall maßgeblichen Normen des Primär- bzw. Sekundärrechts heranzuziehen.[41] Fehlen solche Normen, ist das Unionsrechtssystem insgesamt zur Auslegung des allgemeinen Rechtsprinzips einzubeziehen. Im Rahmen der Kategorie der Handlungspflichten können sich diese insbesondere zu Mitwirkungs- und Unterstützungspflichten, Informations- und Konsultationspflichten, Kooperations- und Koordinierungspflichten von EU und Mitgliedstaaten konkretisieren.[42] Die nationalen und unionalen Akteure müssen bei der Konkretisierung des Art. 4 Abs. 3 EUV allerdings das institutionelle Gleichgewicht beachten und sich im Rahmen der in den EU-Verträgen zugewiesenen Aufgaben bewegen.[43]

Inwiefern die EU und die Mitgliedstaaten Adressaten der Loyalitätspflichten sind, wird im nächsten Abschnitt erläutert.

II. Subjektiver Anwendungsbereich

Die Förder-, Unterstützungs- und Unterlassungspflichten in Art. 4 Abs. 3 UA 2 und 3 EUV sehen keine ausdrückliche Reziprozität der Pflichten für die Union gegenüber den Mitgliedstaaten vor. Die Gegenseitigkeit der

---

39 *Kaiser*, Gemischte Abkommen im Lichte bundesstaatlicher Erfahrungen, 2009, S. 55; *Calliess/Kahl/Puttler*, in: Calliess/Ruffert (Hrsg.), EUV/AEUV, 2016, Art. 4 EUV, Rn. 38; *Marauhn*, in: Schulze/Zuleeg/Kadelbach (Hrsg.), Europarecht, 2015, § 7, Rn. 18.
40 Siehe zur Justiziabilität Loyalitätspflichten § 2 Teil A.V.
41 EuGH, Urteil vom 08.06.1971, Rs. 78/70, Deutsche Grammophon/Metro, Slg. 1971, 487, Rn. 10; *Lenz*, in: Lenz/Borchardt (Hrsg.), EUV/AEUV, 2012, Art. 4 EUV, Rn. 14; *Obwexer*, in: von der Groeben/Schwarze/Hatje (Hrsg.), EUV/AEUV, 2015, Art. 4 EUV, Rn. 81.
42 *Wille*, Die Pflicht der Organe der EG zur loyalen Zusammenarbeit, 2003, S. 25 ff.
43 EuGH, Urteil vom 16.07.2015, C-425/13, Kommission/Rat, ECLI:EU:C:2015: 4 83, Rn. 59 ff.; Urteil vom 28.04.2015, Rs. C-28/12, Kommission/Rat, ECLI:EU:C:2015:282, Rn. 38 ff.

Loyalitätspflichten zwischen der EU und der Mitgliedstaaten und umgekehrt ist seit dem Vertrag von Lissabon allerdings ausdrücklich in Art. 4 Abs. 3 UA 1 EUV verankert.[44] Die Handlungs- und Unterlassungspflichten richten sich demnach nicht nur an die Mitgliedstaaten, sondern auch an die EU.

Entgegen der expliziten Normierung hat die Rechtsprechung seit jeher eine Reziprozität der Loyalitätspflichten postuliert.[45] Den Vorgängernormen lag – unabhängig vom Wortlaut – das Prinzip der loyalen Zusammenarbeit zugrunde,[46] da eine Gegenseitigkeit Voraussetzung ist, um im Sinne der Effektivität die größtmögliche Wirksamkeit dieser Vorschrift zu erreichen.[47] Sinn und Zweck der früheren Verträge gebot es, dass zwischen EU und Mitgliedstaaten schon vor dem Vertrag von Lissabon eine gegenseitige Pflicht zur loyalen Zusammenarbeit bestand. Diese geht, wie bereits erläutert, über den Grundsatz „pacta sunt servanda" hinaus, um die hoch gesteckten Ziele der Rechtsgemeinschaft zu verwirklichen.

Die Reziprozität bzw. Gegenseitigkeit der Loyalitätspflichten bezieht sich neben der vertikalen Ebene, also dem Verhältnis zwischen der EU und den Mitgliedstaaten, auch auf die horizontale Zusammenarbeit zwischen den Mitgliedstaaten untereinander (vgl. Art. 4 Abs. 3 EUV).

Laut dem EuGH sind die Adressaten der Loyalitätspflichten im vertikalen Verhältnis alle Träger mitgliedstaatlicher öffentlicher Gewalt auf allen nationalen Ebenen (Legislative, Exekutive, Judikative).[48] Die Formulierung des EuGH greift in diesem Zusammenhang allerdings zu kurz. Auf-

---

44 *Streinz*, in: ders. (Hrsg.), EUV/AEUV, 2012, Art. 4 EUV, Rn. 4.
45 EuGH, Urteil vom 10.02.1983, Rs. 230/81, Luxemburg/Parlament, Slg. 1983, 255, Rn. 37; Urteil vom 04.04.1995, Rs. C-350/93, Kommission/Italien, Slg. 1995, I-699, Rn. 16; *Lenz*, in: Lenz/Borchardt (Hrsg.), EUV/AEUV, 2012, Art. 4 EUV Rn. 9 m.w.N. zur Rspr.; *Hatje*, in: Schwarze u.a. (Hrsg.), EUV/AEUV, 2012, Art. 4 EUV, Rn. 24; *Sell*, Das Gebot der einheitlichen Auslegung gemischter Abkommen, 2005, S. 157.
46 *Sell*, Das Gebot der einheitlichen Auslegung gemischter Abkommen, 2005, S. 157.
47 *Kaiser*, Gemischte Abkommen im Lichte bundesstaatlicher Erfahrungen, 2009, S. 55.
48 EuGH, Urteil vom 28.04.1977, Rs. 71/76, Thieffry, Slg. 1977, 765, Rn. 15/18; Urteil vom 10.04.1984, Rs. 14/83, von Colson und Kamann, Slg. 1984, 1891, Rn. 26; Urteil vom 14.07.1994, Rs. C-91/92, Faccini Dori, Slg. 1994, I-3325, Rn. 26; Urteil vom 13.01.2004, Rs. C-453/00, Kühne & Heintz, Slg. 2004, I-837, Rn. 20; Urteil vom 10.11.2005, Rs. C-316/04, Stichting Zuid-Hollandse Milieufederatie, Slg. 2005, I-9759, Rn. 77; Urteil vom 15.04.2008, Rs. C-268/06, Impact, Slg. 2008, I-2483, Rn. 41, 85; *Sell*, Das Gebot der einheitlichen Auslegung

grund der Reziprozität der Loyalitätspflichten werden im Umkehrschluss ebenso alle Träger öffentlicher Gewalt auf unionaler Ebene verpflichtet, sich gemäß dem Kooperationsgrundsatz zu verhalten.

Auch auf horizontaler Ebene müssen sich die Mitgliedstaaten untereinander loyal verhalten und dementsprechend zusammenarbeiten.[49] Die gegenseitige Loyalitätspflicht der Mitgliedstaaten untereinander ist nicht ausdrücklich kodifiziert, ergibt sich aber aus dem Grundsatz loyaler Zusammenarbeit als generelle Handlungsmaxime im Rahmen der Förderung der Unionsziele.

Grundsätzlich gilt das Prinzip loyaler Zusammenarbeit auch für die EU-Organe untereinander.[50] Seit dem Vertrag von Lissabon ist diese Verpflichtung spezialgesetzlich in Art. 13 Abs. 2 S. 2 EUV niedergelegt.[51] Die Koordinierungs- und Zusammenarbeitspflicht auf der Ebene der Organe untereinander wird durch das Kohärenz-, Effizienz- und Kontinuitätsgebot des Art. 13 Abs. 1 Satz 1 EUV unterstrichen.[52]

Zusammenfassend lässt sich feststellen, dass der Grundsatz loyaler Zusammenarbeit nicht nur die EU und die Mitgliedstaaten als Völkerrechtssubjekte in die Pflicht nimmt, sondern sich an alle Träger öffentli-

---

gemischter Abkommen, 2005, S. 159; *Kahl*, in: Calliess/Ruffert (Hrsg.), EUV/ AEUV, 2016, Art. 4 EUV, Rn. 46; *Hatje*, in: Schwarze u.a. (Hrsg.), EUV/AEUV, 2012, Art. 4 EUV, Rn. 24; vgl. nur zur Judikative EuGH, Urteil vom 22.10.2002, Rs. C-94/00, Roquette Frères, Slg. 2002, I-9011, Rn. 31; vgl. nur zur Exekutive, EuG, Urteil vom 29.03.2012, Rs. T-398/07, Spanien/Kommission, ECLI:EU:T:2012:173, Rn. 40.

49 EuGH, Urteil vom 10.03.1993, Rs. C-186/91, Kommission/Belgien, Slg. 1993, I-851, Rn. 3; Urteil vom 22.03.1983, Rs. 42/82, Kommission/Frankreich, Slg. 1983, 1013, Rn. 36; *Hatje*, in: Schwarze u.a. (Hrsg.), EUV/AEUV, 2012, Art. 4 EUV, Rn. 24; *Streinz*, in: ders. (Hrsg.), EUV/AEUV, 2012, Art. 4 EUV, Rn. 6; *von Bogdandy/Schill*, in: Grabitz/Hilf/Nettesheim (Hrsg.), EUV/AEUV, 60. Ergänzungslieferung 2016, Art. 4 EUV, Rn. 52.

50 *Lenaerts/van Nuffel*, European Union Law, 2011, Rn. 14-003; *Streinz*, in: ders. (Hrsg.), EUV/AEUV, 2012, Art. 4 EUV, Rn. 7.

51 *Kahl*, in: Calliess/Ruffert (Hrsg.), EUV/AEUV, 2016, Art. 4 EUV, Rn. 46; *Streinz*, in: ders. (Hrsg.), EUV/AEUV, 2012, Art. 4 EUV, Rn. 7; *Obwexer*, in: von der Groeben/Schwarze/Hatje (Hrsg.), EUV/AEUV, 2015, Art. 4 EUV, Rn. 67; a.A. *von Bogdandy/Schill*, in: Grabitz/Hilf/Nettesheim (Hrsg.), EUV/AEUV, 60. Ergänzungslieferung 2016, Art. 4 EUV, Rn. 52, die die Pflichten loyaler Zusammenarbeit im Interorganverhältnis nicht in Art. 4 Abs. 3 EUV enthalten sehen und ein Spezialitätsverhältnis dementsprechend ablehnen.

52 Siehe zum Kohärenzgebot *Scheffler*, Die EU als rechtlich-institutioneller Akteur im System der Vereinten Nationen, 2009, S. 204 ff., 247 ff.

cher, nationaler und unionaler Gewalt richtet. Der subjektive Anwendungsbereich des Art. 4 Abs. 3 EUV umfasst insofern auch die nationale und unionale Exekutive (nationale Ministerien und die Kommission), die für die Durchführung gemischter Abkommen zuständig ist.

III. Objektiver Anwendungsbereich

Der objektive bzw. sachliche Anwendungsbereich der Zusammenarbeitsverpflichtung umfasst grundsätzlich das gesamte Unionsrecht.[53] Art. 4 Abs. 3 UA 1 EUV stellt allerdings klar, dass die Anwendung des Prinzips der loyalen Zusammenarbeit eine Vertragsakzessorietät, also einen entsprechenden Anknüpfungspunkt in den Zielen der Union gemäß Art. 3 EUV, voraussetzt.[54] Jegliche Aufgabenwahrnehmung durch die EU und die Mitgliedstaaten im Rahmen der Vertragsziele muss demnach den Gesichtspunkt der loyalen Zusammenarbeit beachten und diesen im konkreten Einzelfall zur Geltung bringen.[55] Das betrifft, wie die horizontale und vertikale Ebene im Bereich des subjektiven Anwendungsbereichs, auch die verschiedenen Ebenen bei der Rechtssetzung und Rechtsanwendung. Unabhängig, ob es sich um Primär- oder Sekundärrecht handelt, ist der Grundsatz loyaler Zusammenarbeit sowohl auf der Ebene der Gesetzgebung und bei der späteren Umsetzung von Unionsrecht, als auch bei der Eingehung und Umsetzung völkerrechtlicher Pflichten zu beachten.

Auch der EuGH hat in ständiger Rechtsprechung eine allgemeine und umfassende Anwendbarkeit des Prinzips loyaler Zusammenarbeit, unabhängig von der Kompetenzverteilung zwischen der EU und den Mitglied-

---

53 *Obwexer*, in: von der Groeben/Schwarze/Hatje (Hrsg.), 2015, EUV/AEUV, Art. 4 EUV, Rn. 70; EuGH, Gutachten vom 19.03.1993, Gutachten 2/91, ILO-Konvention, Slg. 1993, I-1061, Rn. 10; Gutachten vom 07.02.2006, Gutachten 1/03, Slg. 2006, I-1196, Rn. 119; Urteil vom 30.05.2006, Rs. C-459/03, Kommission/Irland, Slg. 2006, I-4635, Rn. 174; Urteil vom 20.04.2010, Rs. C-246/07, Kommission/Schweden, Slg. 2010, I-3317, Rn. 69.

54 *Streinz*, in: ders. (Hrsg.), EUV/AEUV, 2012, Art. 4 EUV, Rn. 25; *Kahl*, in: Calliess/Ruffert (Hrsg.), EUV/AEUV, 2016, Art. 4 EUV, Rn. 47.

55 Vgl. hierzu EuGH, Gutachten vom 19.03.1993, Gutachten 2/91, ILO-Konvention, Slg. 1993, I-1061, Rn. 10; Gutachten vom 07.02.2006, Gutachten 1/03, Slg. 2006, I-1145, Rn. 119.

staaten, angenommen,[56] sofern die Vertragsziele der EU dadurch erfüllt bzw. erleichtert werden.[57] Selbst nationale Zuständigkeiten unterliegen zwar nicht unmittelbar, aber dennoch mittelbar dem Grundsatz loyaler Zusammenarbeit. Bei der Ausübung nationaler Kompetenzen müssen das Unionsrecht und dessen Ziele berücksichtigt werden, um deren Wirksamkeit nicht zu beeinträchtigen.

Wenngleich der objektive Anwendungsbereich von Art. 4 Abs. 3 EUV umfassende Anwendung findet, werden die konkreten Auswirkungen sowie entsprechende Kooperationspflichten beim Außenhandeln der EU und der Mitgliedstaaten, insbesondere bei gemischten Abkommen, im nächsten Kapitel gesondert untersucht.

IV. Justiziabilität der Loyalitätspflichten

Die Zusammenarbeit der EU und der Mitgliedstaaten verläuft im Bereich des Außenhandelns nicht immer reibungslos. Streitigkeiten über Art und Umfang der Loyalitätspflichten beschäftigen den EuGH. Deshalb bedarf es der Klärung der Justiziabilität der Zusammenarbeitspflichten in Bezug auf völkerrechtliches Handeln der EU und ihrer Mitgliedstaaten.

Der EuGH ist gemäß Art. 19 Abs. 1 UA 1 S. 2 dazu berufen, die Wahrung des Rechts bei der Auslegung und Anwendung der Verträge sicherzustellen. Insoweit kommt ihm, da auch mitgliedstaatliche Gerichte Unionsrecht auslegen, die letztverbindliche Auslegung bzw. das Verwerfungsmonopol im Hinblick auf das Unionsrecht zu.[58] Im Gegensatz zu nationalen Verfassungsgerichten, die aufgrund der Gewaltenteilung traditionell von der Überprüfung der Außenpolitik ausgeschlossen sind, hat der EuGH nie eine solche Zurückhaltung in Bezug auf die Außenbeziehungen eingenommen.[59] Der EuGH sieht sich insofern als "Hüter der europäischen Rechts-

---

56 EuGH, Urteil vom 02.06.2005, Rs. C-266/03, Slg. 2005, I-4828 Rn. 58; Urteil vom 14.07.2005, Rs. C-433/03, Slg. 2005, I-7011, Rn 64; Urteil vom 20.04.2010, Rs. C-246/07, Slg. 2010, I-3332 Rn. 71; *von Arnauld*, in: ders. (Hrsg.), Europäische Außenbeziehungen, 2014, § 1, Rn. 51.

57 EuGH, Gutachten vom 19.03.1993, Gutachten 2/91, ILO-Konvention, Slg. 1993, I-1061, Rn. 10.

58 *Epiney*, in: Bieber/Haag/Epiney (Hrsg.), Die Europäische Union, 2015, § 9, Rn. 5.

59 *Krajewski*, in: von Arnauld (Hrsg.), Europäische Außenbeziehungen, 2014, § 3, Rn. 169 f.

gemeinschaft"[60] und beschränkt die Kontrolle nicht auf interne Handlungen, sondern überprüft auch außenpolitische Maßnahmen der EU und der Mitgliedstaaten auf ihre Vereinbarkeit mit Unionsrecht.[61] Allerdings ist die GASP gemäß Art. 24 Abs. 1 UA 2 S. 6 AEUV i.V.m. Art. 275 AEUV grundsätzlich von der gerichtlichen Kontrolle des EuGH ausgenommen. Demnach unterliegen nur Maßnahmen im Rahmen der gemeinsamen Handelspolitik der justiziellen Überprüfung durch den EuGH.[62]

Die loyale Zusammenarbeit zwischen der EU und den Mitgliedstaaten im Rahmen gemischter Abkommen ist demzufolge vom EuGH, mit Ausnahme der Bereiche, die unter die GASP fallen, überprüfbar. Insofern können Streitigkeiten zwischen der EU und den Mitgliedstaaten bzgl. ihrer Zusammenarbeitspflichten im Rahmen gemischter Abkommen Verfahrensgegenstand vor dem EuGH sein. Der EuGH legt daher Art und Umfang der loyalen Zusammenarbeit fest, um die Disziplin hinsichtlich der Loyalitätspflichten und dem Ziel einer völkerrechtlich einheitlichen Vertretung zu gewährleisten.

Im Anschluss werden die Verfahrensarten vor dem EuGH erläutert und daraufhin untersucht, ob sie zur Überprüfung der Loyalitätspflichten im Rahmen gemischter Abkommen anwendbar sind. Es handelt sich um folgende Verfahrensarten:

Vertragsverletzungsverfahren (Art. 258-260 AEUV),
Nichtigkeitsklage (Art. 263 AEUV),
Untätigkeitsklage (Art. 265 AEUV),
Schadensersatzklage (Art. 268 AEUV i.V.m. Art. 340 Abs. 2 AEUV),
Gutachten über die Vereinbarkeit einer geplanten Übereinkunft mit den Verträgen (Art. 218 AEUV) und
Vorabentscheidungsverfahren (Art. 267 AEUV).

In der Praxis musste sich der EuGH immer wieder mit der Frage nach der Einhaltung der Loyalitätspflichten im Rahmen gemischter Abkommen beschäftigen. Die in der Praxis relevanten Verfahren unterteilen sich in

---

60 *Thym*, in: von Bogdandy/Bast (Hrsg.), Europäisches Verfassungsrecht, 2009, S. 464.
61 *Krajewski*, in: von Arnauld (Hrsg.), Europäische Außenbeziehungen, 2014, § 3, Rn. 170.
62 Vgl. zu den Ausnahmen *Krajewski*, in: von Arnauld (Hrsg.), Europäische Außenbeziehungen, 2014,
§ 3, Rn. 173 f.

Gutachtenverfahren[63], Vorabentscheidungsverfahren[64], Nichtigkeitsklagen[65] und Vertragsverletzungsverfahren[66]. Die größte Gruppe sind mit fünf von 15 die Vertragsverletzungsverfahren. Die restlichen Verfahren teilen sich mehr oder weniger gleichmäßig auf die anderen Verfahrensarten auf.[67]

40% der 15 Verfahren betreffen die Verhandlung und den Abschluss[68] gemischter Abkommen; 60% die Durchführung[69] derselben. Diese Verteilung zeigt, dass die Konflikte zur loyalen Zusammenarbeit im Rahmen gemischter Abkommen auf allen Verfahrensstufen auftreten.

Inhaltlich liegt ein Schwerpunkt der Verfahren auf der Frage nach der Kompetenzverteilung zwischen der EU und den Mitgliedstaaten.[70] Ein anderer inhaltlicher Schwerpunkt liegt auf den Loyalitätspflichten im Rah-

---

63 EuGH, Beschluss vom 14.11.1978, Beschluss 1/78, Objektschutz, Slg. 1978, 215; Gutachten vom 19.03.1993, Gutachten 2/91, ILO-Konvention, Slg. 1993, I-1061; Gutachten vom 15.11.1994, Gutachten 1/94, WTO, Slg. 1994, I-5267.

64 EuGH, Urteil vom 30.09.1987, Rs. 12/86, Demirel/Stadt Schwäbisch Gmünd, Slg. 1987, 3719; Urteil vom 14.12.2000, Rs. C-300/98, Dior u.a., Slg. 2000, I-11307.

65 EuGH, Urteil vom 19.03.1996, Rs. C-25/94, Kommission/Rat, Slg. 1996, I-1469; Generalanwalt Kokott, Schlussanträge vom 26.03.2009, Rs. C-13/07, Kommission/Rat, ECLI:EU:C:2009:190; Urteil vom 28.04.2015, Rs C-28/12, Kommission/ Rat, ECLI:EU:C:2015:282.

66 EuGH, Urteil vom 19.03.2002, Rs. C-13/00, Kommission/Rat, Slg. 2002, I-2943; Urteil vom 07.10.2004, Rs. C-239/03, Kommission/Frankreich, Slg. 2004, I-9325; Urteil vom 30.05.2006, Rs. C-459/03, Kommission/Irland, Slg. 2006, I-4635; Urteil vom 12.02.2009, Rs. C-45/07, Kommission/Griechenland, Slg. 2009, I-701; Urteil vom 20.04.2010, Rs. C-246/07, Kommission/Schweden, Slg. 2010, I-3317.

67 Vgl. Fn. 75-77.

68 EuGH, Beschluss vom 14.11.1978, Beschluss 1/78, Objektschutz, Slg. 1978, 2151; Gutachten vom 19.03.1993, Gutachten 2/91, ILO-Konvention, Slg. 1993, I-1061; Gutachten vom 15.11.1994, Gutachten 1/94, WTO, Slg. 1994, I-5267; Urteil vom 19.03.2002, Rs. C-13/00, Kommission/Irland, Slg. 2002, I-2943; Urteil vom 28.04.2015, Rs. C-28/12, Kommission/Rat, ECLI:EU:C:2015:282.

69 EuGH, Urteil vom 30.09.1987, Rs. 12/86, Demirel/Stadt Schwäbisch Gmünd, Slg. 1987, 3719; Urteil vom 19.03.1996, Rs. C-25/94, Kommission/Rat, Slg. 1996, I-1469; Urteil vom 14.12.2000, Rs. C-300/98, Dior u.a., Slg. 2000, I-11307; Urteil vom 07.10.2004, Rs. C-239/03, Kommission/Frankreich, Slg. 2004, I-9325; Urteil vom 30.05.2006, Rs. C-459/03, Kommission/Irland, Slg. 2006, I-4635; Generalanwalt Kokott, Schlussanträge vom 26.03.2009, Rs. C-13/07, Kommission/Rat, ECLI:EU:C:2009:190; Urteil vom 12.02.2009, Rs. C-45/07, Kommission/Griechenland, Slg. 2009, I-701; Urteil vom 20.04.2010, Rs. C-246/07, Kommission/ Schweden, Slg. 2010, I-3317.

70 EuGH, Beschluss vom 14.11.1978, Beschluss 1/78, Objektschutz, Slg. 1978, 2151; Gutachten vom 19.03.1993, Gutachten 2/91, ILO-Konvention, Slg. 1993, I-1061;

men der Durchführung (Ausübung der Mitgliedschaftsrechte in den gemischten Gremien) gemischter Abkommen[71] und der Einhaltung der eingegangenen völkerrechtlichen Verpflichtungen[72].

Im Folgenden werden die möglichen Verfahrensarten vor dem EuGH mit dem Fokus auf die Justiziabilität der Loyalitätspflichten erläutert und daraufhin überprüft, ob sie als taugliche Verfahrensarten für mögliche Konflikte zwischen der EU und den Mitgliedstaaten in Betracht kommen.

1. Vertragsverletzungsverfahren

Mithilfe des Vertragsverletzungsverfahrens gemäß Art. 258 ff. AEUV können die Kommission und die Mitgliedstaaten einen Verstoß gegen eine Verpflichtung aus den Verträgen geltend machen. Das Vertragsverletzungsverfahren kommt grundsätzlich auch als Verfahren in Frage, um die Einhaltung der Verpflichtung aus Art. 4 Abs. 3 EUV gegenüber einzelnen Mitgliedstaaten gerichtlich durchzusetzen. Aktiv legitimiert sind entweder die Kommission (Art. 258 S. 1 AEUV) oder ein Mitgliedstaat (Art. 259 S. 1 AEUV) jeweils gegenüber einem anderen Mitgliedstaat. Als objektives Verfahren zur einheitlichen Beachtung und Durchsetzung von Unionsrecht[73] stellt es als Aufsichtsklage[74] auf die Disziplinierung der Mitgliedstaaten und nicht auf etwaiges Fehlverhalten der Unionsorgane ab. Deshalb ist es im Rahmen eines Vertragsverletzungsverfahrens nicht möglich, die Kommission an ihre Pflichten zu erinnern. Gegenstand des Verfahrens kann ein Tun oder Unterlassen jeglicher staatlicher Organe eines Mitglied-

---

Gutachten vom 15.11.1994, Gutachten 1/94, WTO, Slg. 1994, I-5267; Urteil vom 28.04.2015, Rs. C-28/12, Kommission/Rat, ECLI:EU:C:2015:282.

71 EuGH, Urteil vom 19.03.1996, Rs. C-25/94, Kommission/Rat, Slg. 1996, I-1469; Generalanwalt Kokott, Schlussanträge vom 26.03.2009, Rs. C-13/07, Kommission/Rat, ECLI:EU:C:2009:190; Urteil vom 12.02.2009, Rs. C-45/07, Kommission/Griechenland, Slg. 2009, I-701; Urteil vom 20.04.2010, Rs. C-246/07, Kommission/Schweden, Slg. 2010, I-3317.

72 EuGH, Urteil vom 19.03.2002, Rs. C-13/00, Kommission/Rat, Slg. 2002, I-2943; Urteil vom 07.10.2004, Rs. C-239/03, Kommission/Frankreich, Slg. 2004, I-9325; Urteil vom 30.05.2006, Rs. C-459/03, Kommission/Irland, Slg. 2006, I-4635.

73 *Cremer*, in: Calliess/Ruffert (Hrsg.), EUV/AEUV, 2016, Art. 258 AEUV, Rn. 2; *Epiney*, in: Bieber/Haag/Epiney (Hrsg.), Die Europäische Union, 2015, § 9, Rn. 24.

74 *Epiney*, in: Bieber/Haag/Epiney (Hrsg.), Die Europäische Union, 2015, § 9, Rn. 24.

staates sein[75]; also auch jene Maßnahmen, welche die Mitgliedstaaten in Vorbereitung und Durchführung völkerrechtlicher Abkommen vornehmen.

Insgesamt bietet sich das Vertragsverletzungsverfahren in erster Linie für die Kommission an, um Verstöße der Mitgliedstaaten im Hinblick auf die loyale Zusammenarbeit geltend zu machen.[76] In der Praxis macht die Kommission auch vom Vertragsverletzungsverfahren Gebrauch, um die Mitgliedstaaten zur Einhaltung ihrer Loyalitätspflichten im Bereich des Außenhandelns anzuhalten.[77]

2. Nichtigkeitsklage

Die Nichtigkeitsklage (Anfechtungsklage) gemäß Art. 263 AEUV dient der Überprüfung von unionalem Organhandeln. Die Anfechtungsklage kommt auch als Verfahren in Betracht, um rechtswirksames Organhandeln, welches gegen den Grundsatz loyaler Zusammenarbeit verstößt, für nichtig erklären zu lassen. Im Rahmen dieses Verfahrens kann im Gegensatz zum Vertragsverletzungsverfahren auch ein etwaiges Fehlverhalten der Kommission gerügt werden. Aktiv legitimiert sind die Mitgliedstaaten, der Rat, die Kommission oder das Europäische Parlament. Die Nichtigkeitsklage ist gegen alle von den Organen erlassenen Handlungen möglich, die Rechtswirkungen entfalten sollen, unabhängig von ihrer Rechtsnatur oder ihrer Form.[78]

---

75 *Cremer*, in: Calliess/Ruffert (Hrsg.), EUV/AEUV, 2016, Art. 258 AEUV, Rn. 28 f.; *Epiney*, in: Bieber/Haag/Epiney (Hrsg.), Die Europäische Union, 2015, § 9, Rn. 31.

76 Vgl. auch *Hoffmeister*, in: Hillion/Koutrakos (Hrsg.), Mixed Agreements Revisited, 2010, S. 262; *Herrmann/Streinz*, in: von Arnauld (Hrsg.), Europäische Außenbeziehungen, 2014, § 11, Rn. 75.

77 Vgl. EuGH, Urteil vom 19.03.2002, Rs. C-13/00, Kommission/Rat, Slg. 2002, I-2943; Urteil vom 07.10.2004, Rs. C-239/03, Kommission/Frankreich, Slg. 2004, I-9325; Urteil vom 30.05.2006, Rs. C-459/03, Kommission/Irland, Slg. 2006, I-4635; Urteil vom 12.02.2009, Rs. C-45/07, Kommission/Griechenland, Slg. 2009, I-701; Urteil vom 20.04.2010, Rs. C-246/07, Kommission/Schweden, Slg. 2010, I-3317; anhängige Rs. 620/16, Kommission/Deutschland.

78 EuGH, Urteil vom 31.03.1971, Rs. 22/70, Kommission/Rat, Slg. 1971, 263, Rn. 38/42; Urteil vom 21.02.1974, verb. Rs. 15–33, 52, 53, 57–109, 116, 117, 123, 132 und 135–137/73, Kortner u.a./Rat, Slg. 1974, 177, Rn. 33; Urteil vom 30.06.1993, verb. Rs. C-181/91 und C-248/91, Parlament/Rat und Kommission, Slg. 1993, I-3685, Rn. 13; Urteil vom 13.07.2004; Rs. C-27/04, Kommission/Rat,

Voraussetzung für eine Nichtigkeitsklage ist, dass – bezogen auf den Untersuchungsbereich – eine rechtswirksame Handlung des Rates oder der Kommission gegen den Grundsatz der loyalen Zusammenarbeit im Sinne einer Vertragsverletzung verstößt. Die Vertragsverletzung kann darin bestehen, dass der Grundsatz loyaler Zusammenarbeit bei der Koordinierung auf internationaler Ebene missachtet wurde oder eine Loyalitätspflicht in Form eines Unterlassens bestand. Angriffspunkt kann demnach das „Wie" und das „Ob" von völkerrechtlichem Handeln sein.[79]

Da nur Handlungen mit Rechtswirkung Verfahrensgegenstand sein können, muss diese Voraussetzung auch im Rahmen völkerrechtlichen Handelns der EU und/oder ihrer Mitgliedstaaten vorliegen. Als entsprechendes völkerrechtliches Handeln kommen (gemeinsame) Standpunkte der EU und/oder ihrer Mitgliedstaaten, sowie die Ausübung von Rede- und Stimmrechten in gemischten Gremien in Betracht.

Liegt ein formeller Standpunkt gemäß Art. 218 Abs. 9 AEUV vor, der Rechtswirkung auf völkerrechtlicher Ebene entfalten soll, ist die Voraussetzung eines rechtswirksamen Organhandelns offensichtlich erfüllt. Handelt es sich hingegen um koordinierte (gemeinsame) Standpunkte der EU und/oder ihrer Mitgliedstaaten außerhalb einer formellen Koordinierung im Rat (z.B. in den Vorbereitungsgremien des Rates oder in Koordinierungssitzungen der Kommissions- und Mitgliedstaatsvertreter vor Ort), ist die Rechtswirkung deutlich schwieriger zu beurteilen. Allerdings sind auch abgestimmte Verhandlungspositionen dazu geeignet, Rechtswirkungen zu erzeugen. Sie stellen in aller Regel nicht nur eine freiwillige politische Abstimmung dar, sondern bewegen sich im Rahmen des Unionsrechts und sind dessen Regeln unterworfen (z.B. Art. 4 Abs. 3 EUV).[80] Angesichts der Pflicht zur loyalen Zusammenarbeit sind abgestimmte Standpunkte kein bloßer Ausdruck freiwilliger Koordinierung. Ratsbeschlüsse über gemeinsame Positionen können zwischen den Vertragspar-

---

Slg. 2004, I-6649, Rn. 44; Urteil vom 04.10.2014, Rs. C-114/12, Kommission/Rat, ECLI:EU:C:2014:2151, Rn. 39; Urteil vom 28.04.2015, Rs. C-28/12, Kommission/Rat, ECLI:EU:C:2015:282, Rn. 14; *Cremer*, in: Calliess/Ruffert (Hrsg.), EUV/AEUV, 2016, Art. 258 AEUV, Rn. 8 ff.; *Epiney*, in: Bieber/Haag/Epiney (Hrsg.), Europäische Union, 2015, § 9, Rn. 38.

79 Vgl. zur Anwendung im Rahmen gemischter Abkommen *Herrmann/Streinz*, in: von Arnauld (Hrsg.), Europäische Außenbeziehungen, 2014, § 11, Rn. 75. Vgl. hierzu noch anhängig: EuGH, Rs. C-13/07, Kommission/Rat.

80 EuGH, Urteil vom 31.03.1971, Rs. 22/70, Kommission/Rat, Slg. 1971, 263, Rn. 34/37 ff.

teien und gegenüber Dritten im Einzelfall Rechtswirkungen erzeugen und damit tauglicher Gegenstand einer Nichtigkeitsklage sein.

Auch bei der Ausübung des Rede- und Stimmrechts in den gemischten Gremien muss im Einzelfall geprüft werden, ob ein Handeln der Vertreter der Kommission oder des Ratspräsidenten dazu geeignet ist, Rechtswirkungen zu entfalten.

Da die Nichtigkeitsklage für die Mitgliedstaaten, das Europäische Parlament, den Rat und die Kommission gemäß Art. 263 Abs. 2 AEUV als objektives Klageverfahren bzw. abstrakte Normenkontrolle ausgestaltet ist, müssen diese auch kein Rechtsschutzbedürfnis bzw. -interesse darlegen.[81] Wenn im Grundsatz schon kein Rechtsschutzbedürfnis für die Beteiligten im vorliegenden Untersuchungsgegenstand dargelegt werden muss, so gilt dies erst recht für Klagegegenstände, die bereits vollzogen sind, bzw. ihre Rechtswirkung bereits entfaltet haben.[82] Im Gegensatz zu den nicht privilegierten Klägern[83] ist im Rahmen des subjektiven Klageverfahrens[84] gemäß Art. 263 Abs. 3 und 4 AEUV auch keine Wiederholungsgefahr erforderlich.

Die Anfechtungsklage ist somit grundsätzlich geeignet, um völkerrechtlich relevantes und rechtswirksames Organhandeln auf seine Vereinbarkeit mit Art. 4 Abs. 3 EUV – allerdings unter Beachtung der zweimonatigen Anfechtungsfrist gemäß Art. 263 Abs. 6 AEUV – zu überprüfen. In der Praxis hat allein die Kommission Ratsbeschlüsse angefochten und auf die Vereinbarkeit mit Art. 4 Abs. 3 EUV überprüfen lassen.[85]

---

81 EuGH, Urteil vom 26.03.1987, Rs. 45/86, Kommission/Rat, Slg. 1987, 1493, Rn. 3; Urteil vom 01.10.2009, Rs. C-370/07, Kommission/Rat, Slg. 2009, I-8917, Rn. 16; *Epiney*, in: Bieber/Haag/Epiney (Hrsg.), Die Europäische Union, 2015, § 9, Rn. 36, 39.

82 So auch EuGH, Urteil vom 01.10.2009, Rs. C-370/07, Kommission/Rat, Slg. 2009, I-8917, Rn. 14 ff.

83 Siehe hierzu EuGH, Urteil vom 24.06.1986, Rs. 53/85, AKZO Chemie/Kommission, Slg. 1986, 1965, Rn. 21; Urteil vom 26.04.1988, Rs. 207/86, Apesco/Kommission, Slg. 1988, 2151, Rn. 16.

84 *Epiney*, in: Bieber/Haag/Epiney (Hrsg.), Die Europäische Union, 2015, § 9, Rn. 36.

85 Vgl. EuGH, Urteil vom 19.03.1996, Rs. C-25/94, Kommission/Rat, Slg. 1996, I-1469; Generalanwalt Kokott, Schlussanträge vom 26.03.2009, Rs. C-13/07, Kommission/Rat, ECLI:EU:C:2009:190; Urteil vom 28.04.2015, Rs C-28/12, Kommission/Rat, ECLI:EU:C:2015:282; anhängige Rs. C-600/14, Deutschland/Rat.

3. Untätigkeitsklage

Während bei der Nichtigkeitsklage eine bestehende Handlung unter Missachtung der Loyalitätspflichten Verfahrensgegenstand ist, dient die Untätigkeitsklage gemäß Art. 265 AEUV dazu, eine Handlungspflicht im Rahmen der loyalen Zusammenarbeit durchzusetzen. Unterlässt es der Rat oder die Kommission unter Verletzung der Verträge, einen Beschluss zu fassen, so können die Mitgliedstaaten und die anderen Unionsorgane beim EuGH Klage auf Feststellung dieser Vertragsverletzung erheben (Art. 265 Abs. 1 AEUV).[86] Die Untätigkeitsklage zielt demnach, verglichen mit der Nichtigkeitsklage, in erster Linie auf das „Ob" ab. Das heißt, auf die Verpflichtung zum Erlass einer Maßnahme, die sich natürlich am Grundsatz der loyalen Zusammenarbeit, dem „Wie", messen lassen muss.

Der Wortlaut des Art. 265 Abs. 1 AEUV spricht zwar von einem unterlassenen Beschluss, allerdings fallen unter den Wortlaut nicht nur Beschlüsse i.S.v. Art. 288 Abs. 4 AEUV, sondern „alle Maßnahmen, deren Tragweite sich hinreichend bestimmen lassen, sodass diese konkretisiert und damit vollzogen werden können (vgl. Art. 266 Abs. 1 EUV)"[87]. Handlungspflichten im Rahmen des Art. 4 Abs. 3 EUV lassen sich im konkreten Einzelfall im Zusammenspiel mit der Unionsrechtsordnung – z.B. bezogen auf die Außenvertretung der EU und ihrer Mitgliedstaaten – hinreichend bestimmen, woraufhin diese konkretisiert und vollzogen werden können. Die daraus folgenden Handlungspflichten gemäß Art. 4 Abs. 3 EUV können demnach im Rahmen einer Untätigkeitsklage durchgesetzt werden, sodass auch diese Verfahrensart zur gerichtlichen Durchsetzung der Loyalitätspflichten auf internationaler Ebene geeignet ist. In der Praxis gab es allerdings bislang keinen Fall einer Untätigkeitsklage im Rahmen gemischter Abkommen.

---

86 Die Möglichkeit, dass gemäß Art. 265 Abs. 3 AEUV auch natürliche oder juristische Personen die Untätigkeitsklage erheben können, wurde angesichts fehlender Relevanz für die Untersuchung ausgeklammert.

87 *Epiney*, in: Bieber/Haag/Epiney (Hrsg.), Die Europäische Union, 2015, § 9, Rn. 56 m.w.N.; so auch *Cremer*, in: Calliess/Ruffert (Hrsg.), EUV/AEUV, 2016, Art. 265 AEUV, Rn. 5; EuGH, Urteil vom 22.05.1985, Rs. C-13/83, Parlament/Rat, Slg. 1985, 1515, Rn. 34 f.

4. Schadensersatzklage

Die Schadensersatzklage gemäß Art. 268 AEUV i.V.m. Art. 340 Abs. 2 AEUV, wonach jedermann, der in substantiierter Weise glaubhaft machen kann, einen Schaden durch ein Organ oder einen Bediensteten der Union in Ausübung ihrer Amtstätigkeit erlitten zu haben,[88] kommt als taugliches Verfahren zur Geltendmachung der Pflichten aus Art. 4 Abs. 3 EUV nicht in Betracht. Zum einen ist der Untersuchungsbereich auf die Zusammenarbeit der EU und ihrer Mitgliedstaaten untereinander begrenzt, ohne dass die Auswirkungen des Art. 4 Abs. 3 EUV auf Private untersucht werden sollen. Zum anderen findet der Grundsatz der loyalen Zusammenarbeit zwischen Privaten und der EU bzw. den Mitgliedstaaten keine Anwendung[89], sodass sich Private nicht auf einen etwaigen erlittenen Schaden durch die Missachtung der Loyalitätspflichten auf internationaler Ebene berufen können.

5. Gutachtenverfahren

Die Einholung eines Gutachtens gemäß Art. 218 Abs. 11 AEUV spielt im Rahmen der Außenbeziehungen der EU eine bedeutende Rolle. Durch ein Gutachtenverfahren vor dem EuGH kann ein Mitgliedstaat, das Europäische Parlament, der Rat oder die Kommission ein Gutachten des Gerichtshofs über die Vereinbarkeit einer geplanten Übereinkunft mit den EU-Verträgen einholen, um Widersprüche zwischen völkerrechtlichen Pflichten

---

88 *Epiney*, in: Bieber/Haag/Epiney (Hrsg.), Die Europäische Union, 2015, § 9, Rn. 68.

89 EuGH, Urteil vom 20.10.2005, Rs. C-511/03, Ten Kate Holding Musselkanaal u.a., Slg. 2005, I-8979, Rn. 28; *Streinz*, in: ders. (Hrsg.), EUV/AEUV, 2012, Art. 4 EUV, Rn. 9; *Hatje*, in: Schwarze u.a. (Hrsg.), EUV/AEUV, 2012, Art. 4 EUV, Rn. 25; *Obwexer*, in: von der Groeben/Schwarze/Hatje (Hrsg.), EUV/AEUV, 2015, Art. 4 EUV, Rn. 79; *von Bogdandy/Schill*, in: Grabitz/Hilf/Nettesheim (Hrsg.), EUV/AEUV, 60. Ergänzungslieferung 2016, Art. 4 EUV, Rn. 52; siehe zu Ausnahmen *Wille*, Die Pflicht der Organe der EG zur loyalen Zusammenarbeit, 2003, S. 22 ff.; *Streinz*, in: ders. (Hrsg.), EUV/AEUV, 2012, Art. 4 EUV, Rn. 9; *Hatje*, in: Schwarze u.a. (Hrsg.), EUV/AEUV, 2012, Art. 4 EUV, Rn. 26; *Obwexer*, in: von der Groeben/Schwarze/Hatje (Hrsg.), EUV/AEUV, 2015, Art. 4 EUV, Rn. 80.

und dem Primärrecht zu vermeiden.[90] Das Gutachtenverfahren zielt demnach auf eine Klärung von Vereinbarkeitsfragen im Vorfeld von völkerrechtlichen Abkommen mit dem Primärrecht ab, nicht aber auf die konkrete Umsetzung der eingegangenen Abkommen. Es handelt sich um vorbeugenden Rechtsschutz für geplante völkerrechtliche Verträge. Hierzu gehört auch die Klärung von Zuständigkeitsfragen,[91] insbesondere zur Notwendigkeit eines gemischten Abkommens[92].

Im Rahmen eines Gutachtenverfahrens stellt sich die Frage nach der zeitlichen Zulässigkeit des Antrags. Voraussetzung für die Zulässigkeit ist ein geplantes Abkommen (vgl. Art. 218 Abs. 11 AEUV). Ob ein geplantes Abkommen vorliegt, bemisst sich danach, ob der Gegenstand des beabsichtigten Abkommens im Zeitpunkt der Antragstellung bereits bekannt war. Wenn eine hinreichend sichere Beurteilung des geplanten Abkommens vorgenommen werden kann, dann kann – angesichts des Charakters des vorbeugenden Rechtsschutzes – bereits zu einem frühen Zeitpunkt ein zulässiger Antrag gestellt werden, nicht zuletzt, wenn um Zuständigkeitsfragen gestritten wird.[93] Fragen zur Zuständigkeit und die dementsprechende Aufgabenverteilung bei der Anbahnung eines völkerrechtlichen Abkommens sollten insbesondere im Hinblick auf ein etwaiges Verhandlungsmandat und entsprechende Richtlinien gemäß Art. 218 Abs. 2 AEUV frühzeitig geklärt werden. Die Pflicht zur loyalen Zusammenarbeit nach Abschluss eines völkerrechtlichen Abkommens[94] fällt nicht mehr unter die Planung des Übereinkommens, sodass ein Gutachtenantrag ab diesem Zeitpunkt ausscheidet. Unabhängig davon beschränkt der EuGH seine Ausführungen zur loyalen Zusammenarbeit nicht nur auf den Abschluss

---

90 *Epiney*, in: Bieber/Haag/Epiney (Hrsg.), Die Europäische Union, 2015, § 9, Rn. 79.
91 EuGH, Gutachten vom 04.10.1979, Gutachten 1/78, Internationales Naturkautschukübereinkommen, Slg. 1979, 2871, Rn. 30; Gutachten vom 15.11.1994, Gutachten 1/94, WTO, Slg. 1994, I-5267, Rn. 9; *Sell*, Das Gebot der einheitlichen Auslegung gemischter Abkommen, 2005, S. 36 f.
92 Vgl. hierzu zuletzt EuGH, Gutachten vom 16.05.2017, Gutachten 2/15, Freihandelsübereinkommen Singapur, ECLI:EU:C:2017:376.
93 EuGH, Gutachten vom 04.10.1979, Gutachten 1/78, Internationales Naturkautschukübereinkommen, Slg. 1979, 2871, Rn. 34 f.; *Schmalenbach*, in: Calliess/Ruffert (Hrsg.), EUV/AEUV, 2016, Art. 218 AEUV, Rn. 36 ff.
94 Mit Ausdruck des Willens, endgültig an das Abkommen gebunden zu sein, scheidet Art. 218 Abs. 11 AEUV aus, EuGH, Gutachten vom 15.11.1994, Gutachten 1/94, WTO, Slg. 1994, I-5267, Rn. 12.

eines völkerrechtlichen Abkommens, sondern beschreibt im Einzelfall auch die loyale Zusammenarbeit zwischen der EU und den Mitgliedstaaten bei dessen Durchführung[95].[96]

6. Vorabentscheidungsverfahren

Das Vorabentscheidungsverfahren Art. 267 AEUV, als objektives Zwischenverfahren im Rahmen eines staatlichen Verfahrens,[97] scheidet grundsätzlich als taugliches Rechtsschutzverfahren im Hinblick auf den Untersuchungsgegenstand aus, da es kein eigenständiges Verfahren darstellt und die Konflikte im Rahmen Art. 4 Abs. 3 EUV nicht vor nationalen Gerichten ausgetragen werden. Wenngleich auch völkerrechtliche Verträge Vorlagegegenstand sein können,[98] so ist der Austragungsort der Konflikte im Mehrebenensystem der EU in Bezug auf die loyale Zusammenarbeit und den Untersuchungsgegenstand der Arbeit nicht die nationale Ebene. In der Regel ist dies die Ebene der Europäischen Union mit deren primären Rechtsschutzmöglichkeiten. Sofern allerdings die Berücksichtigung der loyalen Zusammenarbeit durch nationale Gerichte strittig ist, kann es dennoch bei der Frage nach der unmittelbaren Anwendung von völkerrechtlichen Abkommen und deren Beachtung, auch unter Loyalitätsgesichtspunkten, in der Praxis zu entsprechenden Verfahren gemäß Art. 267 AEUV und Stellungnahmen in Bezug auf Art. 4 Abs. 3 EUV kommen.[99]

---

95 Vgl. z.B. EuGH, Gutachten vom 19.03.1993, Gutachten 2/91, ILO-Konvention, Slg. 1993, I-1061, Rn. 10 ff.

96 Vgl. zu den Gutachtenverfahren in der Praxis EuGH, Beschluss vom 14.11.1978, Beschluss 1/78, Objektschutz, Slg. 1978, 2151; Gutachten vom 19.03.1993, Gutachten 2/91, ILO-Konvention, Slg. 1993, I-1061; Gutachten vom 15.11.1994, Gutachten 1/94, WTO, Slg. 1994, I–5267; Gutachten vom 16.05.2017, Gutachten 2/15, Freihandelsübereinkommen Singapur, ECLI:EU:C:2017:376.

97 *Epiney*, in: Bieber/Haag/Epiney (Hrsg.), Die Europäische Union, 2015, § 9, Rn. 81.

98 *Sell*, Das Gebot der einheitlichen Auslegung gemischter Abkommen, 2005, S. 39 f.; *Epiney*, in: Bieber/Haag/Epiney (Hrsg.), Die Europäische Union, 2015, § 9, Rn. 92.

99 EuGH, Urteil vom 30.09.1987, Rs. 12/86, Demirel, Slg. 1987, 3719, Rn. 13 ff.; Urteil vom 14.12.2000, C-300/98 u.a., Dior u.a., Slg. 2000, I-11307, Rn. 42 ff.

7. Zusammenfassung: Justiziabilität der Loyalitätspflichten

Die Loyalitätspflichten zwischen der EU und den Mitgliedstaaten im Bereich des Außenhandelns können im Rahmen eines Vertragsverletzungsverfahrens, einer Nichtigkeitsklage, einer Untätigkeitsklage und eines Vorabentscheidungsverfahrens überprüft werden. Das Vorabentscheidungsverfahren kommt für den vorliegenden Untersuchungsgegenstand der gemischten Abkommen und die Schadenersatzklage generell nicht in Betracht. Das Gutachtenverfahren kommt nur im Planungsstadium eines (gemischten) Abkommens in Frage und dient der Klärung der (gemischten) Kompetenzverteilung und der damit verknüpften Frage nach der unionsrechtlichen Notwendigkeit eines gemischten Abkommens.[100]

In der Praxis nimmt die Kommission die Klägerrolle ein, obwohl auch die Mitgliedstaaten und die anderen Unionsorgane je nach Verfahrensart antragsberechtigt wären. Dieser Umstand legt den Schluss nahe, dass die Kommission als „Hüterin der Verträge" ein erhöhtes Interesse an der Einhaltung der Loyalitätspflichten im Rahmen gemischter Abkommen hat. Zudem könnte es darauf hindeuten, dass gerade die Mitgliedstaaten gegen die Loyalitätspflichten verstoßen.

V. Loyale Zusammenarbeit beim Außenhandeln, insbesondere bei gemischten Abkommen

Der Anwendungsbereich der loyalen Zusammenarbeit erstreckt sich auch auf das Außenhandeln der EU und ihrer Mitgliedstaaten, da die Aufgabenerfüllung gemäß Art. 4 Abs. 3 UA 1 EUV auch die Außenpolitik und entsprechendes völkerrechtliches Handeln entsprechend der Vertragsakzessorietät[101] (vgl. z.B. Art. 3 Abs. 5 EUV) umfasst.[102] Wie bereits erörtert, stellen der Wortlaut, sowie Sinn und Zweck der Vorschrift auf einen

---

100 Siehe zur unionsrechtlichen Notwendigkeit gemischter Abkommen § 2 Teil B.II.
101 *Streinz*, in: ders. (Hrsg.), EUV/AEUV, 2012, Art. 4 EUV, Rn. 25.
102 Vgl. auch EuGH, Urteil vom 14.07.2005, Rs. C-433/03, Kommission/Deutschland, Slg. 2005, I-6985, Rn. 64; *Casolari*, in Blockmans/Wessel (Hrsg.), Principles and Practices of EU External Representation, 2012, S. 33; *von Arnauld*, in: ders. (Hrsg.), Europäische Außenbeziehungen, 2014, § 1, Rn. 50 ff.; *Weiß*, in: von Arnauld (Hrsg.), Europäische Außenbeziehungen, 2014, § 10, Rn. 142, 148; *Larik*, in: Bungenberg/Herrmann (Hrsg.), Die gemeinsame Handelspolitik der EU, 2016, S. 51 f.

umfassenden Anwendungsbereich ab, um der Geltung des Unionsrechts auf nationaler, unionaler und internationaler Ebene möglichst große Wirkung zu verleihen. Der Anwendungsbereich loyaler Zusammenarbeit umfasst demnach auch völkerrechtliche Verträge. Im Besonderen bezieht er sich auch auf gemischte Abkommen, da sich die EU und die Mitgliedstaaten völkerrechtlich gemeinsam verpflichtet haben und für die Umsetzung „gesamtschuldnerisch" verantwortlich sind.[103]

Die Literatur hat schon seit jeher die Zusammenarbeitspflichten zwischen der EU und den Mitgliedstaaten im Rahmen gemischter Abkommen[104] ausdrücklich auf Art. 4 Abs. 3 EUV gestützt.[105] Der EuGH ist erst in jüngerer Vergangenheit dazu übergegangen, die Zusammenarbeitspflichten im Bereich des Außenhandelns ausdrücklich vom Grundsatz loyaler Zusammenarbeit (Art. 4 Abs. 3 EUV) abzuleiten.[106] Er hat ex. Art. 10 EGV (Art. 4 Abs. 3 EUV) herangezogen, um die Pflichten der Mitgliedstaaten gegenüber der EU im Rahmen von Außenbeziehungen, insbesondere bei gemischten Zuständigkeiten, zu begründen und die EU und die Mitgliedstaaten auf eine enge Zusammenarbeitspflicht verwiesen.[107]

Wenn eine konkrete Norm existiert, die die loyale Zusammenarbeit normiert und auf gemischte Abkommen anwendbar ist (Art. 4 Abs. 3 EUV), muss zur Begründung der „Kooperationsverpflichtung" zwischen der EU und den Mitgliedstaaten auf internationaler Ebene nicht, wie von *Schwichtenberg* vorgesehen, auf eine ungeschriebene primärrechtliche Verpflich-

---

103 Siehe zur gemeinsamen Bindung und gesamtschuldnerischen Haftung § 2 Teil B.I.3.

104 Siehe zu den Loyalitätspflichten bei der Verhandlung, der Unterzeichnung, dem Abschluss sowie der Durchführung gemischter Abkommen § 2 Teil C.

105 *Neframi*, CMLRev 2010, 323, 323 ff.; *Hillion,* in: Hillion/Koutrakos (Hrsg.), Mixed Agreements Revisited, 2010, S. 88 ff.; *von Arnauld*, in: ders. (Hrsg.), Europäische Außenbeziehungen, 2014, § 1, Rn. 50 ff.; *Weiß*, in: von Arnauld (Hrsg.), Europäische Außenbeziehungen, 2014, § 10, Rn. 142, 148. A.A. *Schwichtenberg*, Die Kooperationsverpflichtung der Mitgliedstaaten der EU bei Abschluss und Anwendung gemischter Verträge, 2014, S. 110 ff.

106 EuGH, Urteil vom 02.06.2005, Rs. C-266/03; Kommission/Luxemburg, Slg. 2005, I-4805, Rn. 65.

107 EuGH, Urteil vom 02.06.2005, Rs. C-266/03; Kommission/Luxemburg, Slg. 2005, I-4805, Rn. 57 ff.; Urteil vom 30.05.2006, Rs. C-459/03, Kommission/ Irland, Slg. 2006, I-4635, Rn. 168 ff., 174 f.; Urteil vom 20.04.2010, Rs. C-246/07, Kommission/Schweden, Slg. 2010, I-3317, Rn. 69 ff.

tung zurückgegriffen werden.[108] Der Grundsatz loyaler Zusammenarbeit gemäß Art. 4 Abs. 3 EUV bezieht sich gerade nicht nur auf die interne Zusammenarbeit zwischen der EU und den Mitgliedstaaten, sondern, wie aus den Zielen bzw. Aufgaben der EU hervorgeht, auch auf völkerrechtliches Handeln (Vertragsakzessorietät). Durch die ausdrückliche Aufnahme der Loyalitätspflichten in Art. 4 Abs. 3 EUV haben sich die Mitgliedstaaten, unabhängig von einer nach *Schwichtenberg* anders auszulegenden Rechtsprechung[109], dazu entschieden, dass die Zusammenarbeitspflichten ihre Rechtsgrundlage in Art. 4 Abs. 3 EUV finden. Diese beziehen sich aufgrund des umfassenden Anwendungsbereichs auch auf das Außenhandeln, insbesondere auf gemischte Abkommen. Inhaltlich besteht zwischen der „Kooperationsverpflichtung" nach *Schwichtenberg* und den Zusammenarbeitspflichten gemäß Art. 4 Abs. 3 EUV ohnehin kein Unterschied, sodass eine Aufspaltung der Rechtsnatur bzw. der Rechtsgrundlage in sachlicher Hinsicht keinen Mehrwert ergibt.[110]

Bei der näheren Bestimmung der Loyalitätspflichten auf internationaler Ebene, insbesondere im Rahmen gemischter Abkommen, spielt die konkrete Kompetenzverteilung zwischen der EU und der Mitgliedstaaten eine bedeutende Rolle, da sich Art und Umfang der Loyalitätspflichten an der Zuständigkeitsverteilung orientieren. Darüber hinaus bestimmt sich die konkrete Ausgestaltung der loyalen Zusammenarbeit nach den einzelnen Handlungen auf internationaler Ebene und deren Rückwirkungen auf die jeweiligen Kompetenzen der EU und der Mitgliedstaaten. Je nach Zuständigkeit (ausschließlicher, geteilter bzw. gemischter) kann die loyale Zusammenarbeit von unterschiedlicher Intensität sein und die Handlungs- und Unterlassungspflichten beeinflussen. Insoweit dient die Differenzierung der Handlungspflichten in Mitwirkungs- und Unterstützungspflichten, Informations- und Konsultationspflichten, sowie Kooperations- und Koordinierungspflichten auch einer Unterscheidung bzgl. der Anforderungen an die Kooperation in Bezug auf die gemeinsame Zielerreichung.

---

108 So aber die Rechtsgrundlage für die Kooperationspflicht bei *Schwichtenberg*, Die Kooperationsverpflichtung der Mitgliedstaaten der EU bei Abschluss und Anwendung gemischter Verträge, 2014, S. 122.

109 *Schwichtenberg*, Die Kooperationsverpflichtung der Mitgliedstaaten der EU bei Abschluss und Anwendung gemischter Verträge, 2014, S. 88 ff., 110 ff.

110 Vgl. zu den konkreten Pflichten der EU und der Mitgliedstaaten im Rahmen der „Kooperationsverpflichtung" *Schwichtenberg*, Die Kooperationsverpflichtung der Mitgliedstaaten der EU bei Abschluss und Anwendung gemischter Verträge, 2014, S. 122 ff., 137 ff., 151 ff., 159 ff.

In jedem Fall resultiert aus der gemeinsamen völkerrechtlichen Beteiligung der EU und der Mitgliedstaaten eine enge loyale Zusammenarbeitspflicht, die näher untersucht werden muss. Wie sich die Pflicht zur loyalen Zusammenarbeit bei Verhandlung, Abschluss, Unterzeichnung und Durchführung gemischter Abkommen auswirkt, wird an entsprechender Stelle vertieft behandelt (§ 2 Teil C.). Zunächst wird im folgenden Kapitel die Justiziabilität der Loyalitätspflichten unter dem Gesichtspunkt der möglichen Verfahrensarten vor dem EuGH beleuchtet.

VI. Zusammenfassung: Der Grundsatz loyaler Zusammenarbeit

Der Grundsatz loyaler Zusammenarbeit soll die Funktionsfähigkeit der EU sicherstellen und ein effizientes Zusammenwirken der verschiedenen Ebenen im Verfassungsverbund ermöglichen.[111] Sie gewährt der EU und den Mitgliedstaaten im Einzelfall ausreichende Flexibilität, um eine einzelfallbezogene Zusammenarbeit sicherzustellen.[112] Als generelle Handlungsmaxime für die EU und ihre Mitgliedstaaten beschränkt sich der Grundsatz loyaler Zusammenarbeit nicht nur auf die interne gegenseitige Zusammenarbeit und Aufgabenwahrnehmung zwischen der EU und den Mitgliedstaaten auf unionaler und nationaler Ebene. Er erstreckt sich auch auf die Zusammenarbeit der nationalen und unionalen Exekutive auf völkerrechtlicher Ebene. Dies gilt umso mehr, sofern die EU und die Mitgliedstaaten aufgrund eines gemischten Abkommens gemeinsam in gemischten Foren auftreten. Der übergeordnete Grundsatz loyaler Zusammenarbeit zielt insofern auf die Verringerung des Konfliktpotentials sowie auf die Verpflichtung aller Akteure, entsprechend einem gemeinsamen Interesse zu handeln.[113] Sofern die Konflikte in Bezug auf die Loyalitätspflichten nicht außergerichtlich gelöst werden, können die Zusammenarbeitspflichten durch den EuGH überprüft und gerichtlich durchgesetzt werden. Das

---

111 *Unruh*, EuR 2002, 41, 58 f.; *Wille*, Die Pflicht der Organe der EG zur loyalen Zusammenarbeit mit den Mitgliedstaaten, 2003, S. 73; *Sell*, Das Gebot der einheitlichen Auslegung gemischter Abkommen, 2005, S. 157; *Marauhn*, in: Schulze/Zuleeg/Kadelbach (Hrsg.), Europarecht, 2015, § 7, Rn. 18; *Obwexer*, in: von der Groeben/Schwarze (Hrsg.), EUV/AEUV, 2015, Art. 4 EUV, Rn. 67.

112 *Hyett*, in: Dashwood/Hillion (Hrsg.), The General Law of EC External Relations, 2000, S. 251.

113 *Unruh*, EuR 2002, 41, 58 f.

Rechtsschutzsystem der EU hält hierfür die entsprechenden Verfahren bereit.

Der Grundsatz der loyalen Zusammenarbeit ist somit als umfassendes, alle Aufgabenbereiche durchdringendes Prinzip zu verstehen, das die Zusammenarbeitspflichten zwischen der EU und den Mitgliedstaaten, insbesondere zwischen der nationalen und unionalen Exekutive, im Bereich gemischter Abkommen prägt. Im Rahmen der Interessenkoordinierung und Interessenvertretung auf völkerrechtlicher Ebene kommt dem Grundsatz loyaler Zusammenarbeit eine besondere Bedeutung zu.

Zunächst werden im folgenden Kapitel (B.) die europa- und völkerrechtlichen Grundlagen gemischter Abkommen sowie deren Gründe und Zulässigkeit ausführlich beleuchtet. Neben der loyalen Zusammenarbeit wird die weitere Basis für die konkreten Implikationen der Loyalitätspflichten für den Vertragsschluss und die Durchführung gemischter Abkommen in Kapitel C. geschaffen.

B. Gemischte Abkommen

Gemischte Abkommen sind völkerrechtliche Verträge, die von einer internationalen Organisation, vorliegend der EU und mindestens einem ihrer Mitgliedstaaten auf der einen Seite mit einem oder mehreren Völkerrechtssubjekten (Drittstaat(en) und/oder (einer) internationalen Organisation(en)) auf der anderen Seite abgeschlossen werden.[114] Sind nicht alle

---

114 Vgl. EuGH, Urteil vom 30.05.2006, Rs. C-459/03, Kommission/Irland (Mox Plant), Slg. 2006, I-4635, Rn. 3, 83, 86; EuGH, Urteil vom 28.04.2015, Rs. C-28/12, Kommission/Rat, ECLI:EU:C:2015:282, Rn. 47; *Bleckmann*, EuR 1976, 301, 301; *Krück*, Völkerrechtliche Verträge im Recht der Europäischen Gemeinschaften, 1977, S. 102; *Schermers*, in: O'Keeffe/Schermers (Hrsg.), Mixed Agreements, 1983, S. 23 ff.; *Temple Lang*, CMLRev 1986, 157, 157; *MacLeod/Hendry/Hyett*, The External Relations of the European Communities, 1996, S. 143; *Leal-Arcas*, European Foreign Affairs Review, 2001, 483, 485; *Heliskoski*, Mixed Agreements as a Technique for Organizing the International Relations of the European Community and its Member States, 2001, S. 1; *Sell*, Das Gebot der einheitlichen Auslegung gemischter Abkommen, 2005, S. 21; *Corbach*, Die EG, ihre Mitgliedstaaten und ihre Stellung in ausgewählten Internationalen Organisationen, 2005, S. 51 f.; *Sattler*, Gemischte Abkommen und gemischte Mitgliedschaften der EG und ihrer Mitgliedstaaten, 2007, S. 32; *Metz*, Die Außenbeziehungen der EU nach dem Vertrag über eine Verfassung für Europa, 2007, S. 144; *Scheffler*, Die EU als rechtlich-institutioneller Akteur im

Mitgliedstaaten am gemischten Abkommen beteiligt, spricht man von einem partiell[115], asymmetrisch[116], begrenzt[117], bzw. unvollständig[118] gemischten Abkommen. Darüber hinaus kann man zwischen bilateralen gemischten Abkommen, an denen auf der Seite Dritter nur eine Vertragspartei beteiligt ist, und multilateralen gemischten Abkommen mit mehreren Vertragsparteien auf Dritter Seite unterscheiden.[119]

Die Gründe für gemischte Abkommen sind vielfältig, spiegeln aber die Herausforderungen für die EU und die Mitgliedstaaten bei Aushandlung, Abschluss und Durchführung wider. Sie lassen sich in rechtliche und politische Gründe einteilen.[120] Daneben existieren finanzielle Aspekte, die zum Abschluss gemischter Abkommen führen.

Die (rechtlichen) Gründe für ein gemischtes Abkommen finden ihren Ursprung in der komplizierten Zuständigkeitsverteilung der Verträge, als Zusammenspiel zwischen souveränen Mitgliedstaaten und begrenzter Ein-

---

System der Vereinten Nationen. 2009, S. 116; *Kaiser*, Gemischte Abkommen im Lichte bundesstaatlicher Erfahrungen, 2009, S. 35; *Hofmeister*, JA 2010, 203, 204; *Maresceau*, in: Hillion/Koutrakos (Hrsg.), Mixed Agreements Revisited, 2010, S. 12; *Lorenzmeier*, Europarecht, 2011, S. 171; *Lenaerts/van Nuffel*, European Union Law, 2011, § 26, Rn. 014; *Jaag*, EuR 2012, 309, 317; *Gatti/Manzini*, CMLRev 2012, 1703, 1711; *Kumin/Bittner*, EuR-Bei 2/2012, 75, 75; *Kadelbach*, in: von Arnauld (Hrsg.), Europäische Außenbeziehungen, 2014, § 4, Rn. 55; *Schwichtenberg*, Die Kooperationsverpflichtung der Mitgliedstaaten der EU bei Abschluss und Anwendung gemischter Verträge, 2014, S. 39; *Kuijper u.a*, The Law of EU External Relations, 2015, S. 101; *Haag*, in: Bieber/Epiney/Haag (Hrsg.), Die Europäische Union, 2015, § 33, Rn. 19; *Lorenzmeier*, in: Grabitz/Hilf/Nettesheim (Hrsg.), EUV/AEUV, 60. Ergänzungslieferung 2015, Art. 218 AEUV, Rn. 12; *Appel*, Das internationale Kooperationsrecht der EU, 2016, S. 84; *Streinz*, Europarecht, 2016, Rn. 531; *Cottier*, in: Bungenberg/Herrmann (Hrsg.), Die gemeinsame Handelspolitik der EU, 2016, S. 11; § 1 Abs. 3 RvV.

115 *Schermers*, in: O'Keeffe/Schermers (Hrsg.), Mixed Agreements, 1983, S. 26; *Eeckhout*, EU External Relations Law, 2011, S. 264; *van Vooren/Wessel*, EU External Relations Law, 2014, S. 58.

116 *Kumin/Bittner*, EuR-Bei 2/2012, 75, 75.

117 *Kumin/Bittner*, EuR-Bei 2/2012, 75, 75.

118 *Granvik*, in: Koskenniemi (Hrsg.), International Law Aspects of the EU, 1998, S. 255; *Rosas*, in: Dashwood/Hillion (Hrsg.), The General Law of the EC External Relations, 2011, S. 206.

119 *Kumin/Bittner*, EuR-Bei 2/2012, 75, 78 f.; *van Vooren/Wessel*, EU External Relations Law, 2014, S. 56.

120 *Neuwahl*, CMLRev 1991, 717, 718; *Kaiser*, Gemischte Abkommen im Lichte bundesstaatlicher Erfahrungen, 2009, S. 35 f., 38 f.; *Lenaerts/van Nuffel*, European Union Law, 2011, Rn. 26-014 f.

zelermächtigung (Art. 5 Abs. 1 S. 1 EUV). Der Zweck gemischter Abkommen besteht vornehmlich darin, die völkerrechtliche Handlungsfähigkeit von Union und Mitgliedstaaten angesichts der Verschränkung von Zuständigkeiten zu gewährleisten.[121] Die internationale Aufgabenwahrnehmung im Rahmen völkerrechtlicher Verträge richtet sich nicht nach der Kompetenzverteilung zwischen der EU und den Mitgliedstaaten. Darüber hinaus vermeiden gemischte Abkommen interne Streitigkeiten über die genaue Kompetenzverteilung hinsichtlich abzuschließender Übereinkommen.[122] Aufgrund des gemeinschaftlichen Vollzugs der gemischten Abkommen und der gemeinsamen Verantwortungsübernahme nach außen lassen sich gemeinsame Ziele unter Überwindung von Kompetenzabgrenzungsproblemen leichter verfolgen.[123] Ob durch den Vertrag von Lissabon und der damit einhergehenden Zuständigkeitsverschiebungen zugunsten der EU ein Rückgang gemischter Abkommen zu verzeichnen sein wird,[124] bleibt abzuwarten.[125] Das Gutachten 2/15 des EuGH hat zuletzt die Beteiligung der Mitgliedstaaten an völkerrechtlichen Abkommen betont und die Rolle der gemischten Abkommen insgesamt gestärkt.[126]

Im Folgenden werden zunächst die europa- und völkerrechtlichen Grundlagen gemischter Abkommen (I.) dargelegt, da gemischte Abkommen als Sonderform völkerrechtlicher Abkommen dargestellt und in den Kontext internationaler Beziehungen eingeordnet werden müssen. Im

---

121 *Balekjian*, in: O'Keeffe/Schermers (Hrsg.), Mixed Agreements, 1983, S. 145; *Corbach*, Die EG, ihre Mitgliedstaaten und ihre Stellung in ausgewählten Internationalen Organisationen, 2005, S. 52; *Scheffler*, Die EU als rechtlich-institutioneller Akteur im System der Vereinten Nationen, 2009, S. 116.

122 *Koutrakos*, EU International Relations Law, 2015, S. 164.

123 *Von Arnauld*, Schriftliche Stellungnahme zur Vorbereitung der Anhörung im Ausschuss für
Recht und Verbraucherschutz des Deutschen Bundestages am 13. Januar 2016 zur Beteiligung des Deutschen Bundestages an gemischten völkerrechtlichen Abkommen, S. 2, https://www.bundestag.de/ausschuesse18/a06/anhoerungen/Archiv/stellungnahmen/401406, 22.03.2018.

124 So *Czuczai*, in: Hillion/Koutrakos, Mixed Agreements Revisited, 2010, S. 247; *Lorz/Meurers*, in: von Arnauld (Hrsg.), Europäische Außenbeziehungen, 2014, § 2, Rn. 39; a.A. *Lorenzmeier*, in: Grabitz/Hilf/Nettesheim (Hrsg.), EUV/AEUV, 60. Ergänzungslieferung 2016, Art. 218 AEUV, Rn. 4.

125 Siehe zur Zukunft gemischter Abkommen *Dashwood*, in: Hillion/Koutrakos (Hrsg.), Mixed Agreements Revisited, 2010, S. 351 ff. und *Rosas,* in: Hillion/Koutrakos (Hrsg.), Mixed Agreements Revisited, 2010, S. 367 ff.

126 EuGH, Gutachten vom 16.05.2017, Gutachten 2/15, Freihandelsabkommen Singapur, ECLI:EU:C:2017:376.

Anschluss werden die Gründe für obligatorisch gemischte Abkommen und die unionsrechtliche Zulässigkeit (fakultativ) gemischter Abkommen (II.) erläutert. Es gilt, die rechtlichen, politischen und finanziellen Gründe näher zu beleuchten und der Frage nachzugehen, inwiefern die verschiedenen Gründe für den Abschluss gemischter Abkommen unionsrechtlich notwendig bzw. zulässig sind.

I. Europarechtliche und völkerrechtliche Grundlagen

Gemischte Abkommen führen sowohl auf unionaler, als auch auf völkerrechtlicher Ebene zu einer Reihe von Herausforderungen für die EU und die Mitgliedstaaten. Aus diesem Grund wird im Folgenden der europa- und völkerrechtliche Rahmen erörtert, in dem die gemischten Abkommen eine Sonderrolle einnehmen. Diese werden dann in den Kontext internationaler Beziehungen eingeordnet.

Zur Beschreibung der Sonderrolle und Einordnung in den völkerrechtlichen Kontext wird zunächst die Vertragsschlusskompetenz der EU (1.) als unionsrechtliche Grundlage für die Eingehung völkerrechtlicher Abkommen dargelegt. In diesem Zusammenhang wird dann die völkerrechtliche Vertretung der EU, sowie die Vertretung in Form der Sachwalterschaft (2.) erläutert. Denn die EU kann in einigen Fällen, trotz eigener Vertragsschlusskompetenz, auf internationaler Ebene nur durch die Mitgliedstaaten vertreten werden. Im Anschluss daran schließt sich die Problematik der völkerrechtlichen Verantwortlichkeit gegenüber Dritten (3.) an. Es wird die Frage beantwortet, ob sich sowohl die EU, als auch die Mitgliedstaaten durch gemischte Abkommen in vollem Umfang völkerrechtlich binden. Sobald die externe Verantwortlichkeit gemischter Abkommen geklärt ist, wird die Bindungswirkung von gemischten Abkommen im unionalen und nationalen Recht (4.) näher untersucht. Anschließend wird die Frage nach der Auslegungskompetenz gemischter Abkommen durch den EuGH (5.) diskutiert.

1. Vertragsschlusskompetenz der EU

Um auf internationaler Ebene Rechte wahrnehmen und Verpflichtungen eingehen zu können, bedarf die EU als Völkerrechtssubjekt entsprechender Kompetenzen. Angesichts des Prinzips der begrenzten Einzelermächtigung gemäß Art. 5 Abs. 1 S. 1 EUV, welches auch im Bereich des Außenhandelns der EU Anwendung findet,[127] verfügt die EU als funktional beschränktes Völkerrechtssubjekt[128] nur im Rahmen ihrer Zuständigkeiten gemäß Art. 216 Abs. 1 AEUV über eine Außen- bzw. Vertragsschlusskompetenz. Über ihre Zuständigkeiten hinaus ist die Union nicht berechtigt, unabhängig von den Mitgliedstaaten, als originärer[129] Träger von staatlicher Souveränität,[130] völkerrechtliche Verpflichtungen, insbesondere völkerrechtliche Verträge, einzugehen. Die EU besitzt keine unbeschränkte Völkerrechtssubjektivität und demnach auch keine umfassende Kompetenz zum Abschluss internationaler Verträge.

Die Fähigkeit zum Abschluss völkerrechtlicher Abkommen durch die EU mit Drittstaaten oder internationalen Organisationen – also jede von Völkerrechtssubjekten eingegangene bindende Verpflichtung, ungeachtet ihrer Form[131] – bestimmt sich nach den maßgeblichen Vorschriften in den Verträgen. Ausgangsnorm hierfür ist Art. 216 Abs. 1 AEUV, die in ihrem ersten Absatz die Zuständigkeit zum Abschluss völkerrechtlicher Verträge regelt. Hierunter fallen insbesondere der Abschluss völkerrechtlicher Verträge im Allgemeinen, die Gründung einer internationalen Organisation durch völkerrechtliche Verträge, sowie der Beitritt zu einer internationalen Organisation durch völkerrechtliche Verträge.

Allerdings sieht Art. 216 Abs. 1 AEUV lediglich die allgemeine Zuständigkeit vor; das heißt, dass die EU grundsätzlich die Kompetenz

---

127 *Hofmeister*, JA 2010, 203, 203; *van Vooren/Wessel*, EU External Relations Law, 2014, S. 35, 74.

128 *Hofmeister*, JA 2010, 203, 203; *Ruffert*, in: Calliess/Ruffert (Hrsg.), EUV/AEUV, 2016, Art. 47 EUV, Rn. 7; *Booß*, in: Lenz/Borchardt (Hrsg.), EUV/AEUV, 2012, Art. 47 EUV, Rn. 2; *Lorz/Meuers*, in: von Arnauld (Hrsg.), Europäische Außenbeziehungen, 2014, § 2, Rn. 4; so schon für die EWG *Stein*, Der gemischte Vertrag im Recht der Außenbeziehungen der EWG, 1986, S. 62 ff.

129 *Seidl-Hohenveldern/Loibl*, Das Recht der Internationalen Organisationen, 2000, Rn. 0311; *Stein/von Buttlar*, Völkerrecht, 2009, Rn. 244; *Kempen/Hillgruber*, Völkerrecht, 2012, § 5, Rn. 1; *Klein/Schmahl*, in: Graf Vitzthum/Proelß (Hrsg.); Völkerrecht, 2013, S. 275; *Herdegen*, Völkerrecht, 2017, § 7, Rn. 3; *Epping*, in: Ipsen (Hrsg.), Völkerrecht, 2014, § 4 Rn. 7.

130 Z.B. *Kau*, in: Graf Vitzthum/Proelß (Hrsg.), Völkerrecht, 2013, S. 160.

131 EuGH, Gutachten vom 11.11.1975, Gutachten 1/75, Slg. 1975, 1355, 1360; Urteil vom 26.11.2014, verb. Rs. C-103/12 und C-165/12, Parlament und Kommission/Rat, ECLI:EU:C:2014:2400, Rn. 83; *Schmalenbach*, in: Calliess/Ruffert (Hrsg.), EUV/AEUV, 2016, Art. 216 AEUV, Rn. 3; *Obwexer*, EuR-Beiheft 2/2012, 49, 52; § 1 Abs. 1. RvV.

zum Abschluss völkerrechtlicher Abkommen besitzt (Verbandskompetenz[132]). Im Hinblick auf den sachlichen Umfang der Kompetenz verweist Art. 216 Abs. 1 AEUV auf explizite und implizite Zuweisungen[133], die sich aus den Verträgen ergeben. Die Kategorisierung der Außenkompetenzen in Art. 216 Abs. 1 AEUV gibt demnach noch keine Auskunft über Art und Umfang der Vertragsschlusskompetenz und bedarf einer näheren Bestimmung.[134]

Das Primärrecht begründet originäre (Außen-)Kompetenzen für die EU.[135] Die Kompetenzen lassen sich in explizite[136] und implizite (implied powers)[137] Kompetenzzuweisungen unterteilen. Diese Unterscheidung gilt auch für den Abschluss oder den Beitritt zu völkerrechtlichen (gemischten) Abkommen. Hierzu unterscheidet Art. 216 Abs. 1 AEUV als General-

---

132 *Obwexer*, EuR-Beiheft 2/2012, 49, 49; *Vöneky/Beylage-Haarmann*, in: Grabitz/ Hilf/Nettesheim (Hrsg.), EUV/AEUV, 60. Ergänzungslieferung 2016, Art. 216 AEUV, Rn. 5.

133 Auch der EuGH unterscheidet zwischen ausdrücklichen und stillschweigenden Kompetenzzuweisungen, vgl. hierzu EuGH, Gutachten vom 26.04.1977, Gutachten 1/76, Stillegungsfonds, Slg. 1977, 741, Rn. 3; Gutachten vom 19.03.1993, Gutachten 2/91, ILO-Konvention, Slg. 1993, I-1061, Rn. 7.

134 *Obwexer*, EuR-Beiheft 2/2012, 49, 51.

135 *Nettesheim*, in: von Bogdandy/Bast (Hrsg.), Europäisches Verfassungsrecht, 2009, S. 397.

136 EuGH, Gutachten vom 26.04.1977, Gutachten 1/76, Stillegungsfond, Slg. 1977, 741, Rn. 3; Gutachten vom 19.03.1993, Gutachten 2/91, ILO-Konvention, Slg. 1993, I-1061, Rn. 7; *Nettesheim*, in: von Bogdandy/Bast (Hrsg.), Europäisches Verfassungsrecht, 2009, S. 411; *Scheffler*, Die EU als rechtlich-institutioneller Akteur im System der Vereinten Nationen, 2009, S. 91; *Nettesheim*, in: Oppermann/Classen/Nettesheim (Hrsg.), Europarecht, 2017, § 38, Rn. 15; *Schwichtenberg*, Die Kooperationsverpflichtung der Mitgliedstaaten der EU bei Abschluss und Anwendung gemischter Verträge, 2014, S. 10; *van Vooren/Wessel*, EU External Relations Law, 2014, S. 76.

137 EuGH, Urteil vom 14.07.1976, Rs. 3/76, Cornelis Kramer u.a., Slg. 1976, 1279, Rn. 17/18 f.; Gutachten vom 19.03.1993, Gutachten 2/91, ILO-Konvention, Slg. 1993, I-1061, Rn. 7; *Nettesheim*, in: von Bogdandy/Bast (Hrsg.), Europäisches Verfassungsrecht, 2009, S. 412 ff.; *Scheffler*, Die EU als rechtlich-institutioneller Akteur im System der Vereinten Nationen, 2009, S. 92; *Nettesheim*, in: Oppermann/Classen/Nettesheim (Hrsg.), Europarecht, 2016, § 38, Rn. 16; *Schwichtenberg*, Die Kooperationsverpflichtung der Mitgliedstaaten der EU bei Abschluss und Anwendung gemischter Verträge, 2014, S. 11; *van Vooren/Wessel*, EU External Relations Law, 2014, S. 80 ff.

klausel[138] zwischen den ausdrücklichen Zuweisungen (Var. 1) und den ungeschriebenen, durch den EuGH entwickelten, Kompetenzen im Bereich des Außenhandelns der EU, die durch den Vertrag von Lissabon in Art. 216 Abs. 1 AEUV (Var. 2-5) Erwähnung gefunden haben[139]. Die konkreten ausdrücklichen und ungeschriebenen Kompetenzen, die ein vertragliches Außenhandeln der EU vorsehen, müssen für einzelne völkerrechtliche Abkommen bestimmt werden.

Die von Art. 216 Abs. 1 AEUV vorgenommene Kategorisierung in explizite (Var. 1) und implizite (Var. 2-5) Außenkompetenzen trifft allerdings noch keine Aussage über die Art der Zuständigkeit. Es bedarf insofern der weiteren Bestimmung, ob es sich um geteilte (Art. 2 Abs. 2 AEUV) oder ausschließliche (Art. 2 Abs. 1 AEUV) Kompetenzen der EU handelt.[140]

Bei den expliziten Außenkompetenzen der EU[141] (Var. 1) handelt es sich im Grundsatz um geteilte Kompetenzen; es sei denn, die Sachmaterie fällt unter Art. 3 Abs. 1[142] oder 2 AEUV, sodass diese dann ausschließliche, explizite EU-Außenkompetenzen darstellen.

Um eine implizite Außenzuständigkeit zu bejahen, muss zunächst eine Variante des Art. 216 Abs. 1 Var. 2-5 AEUV erfüllt sein. Das bloße Vorliegen einer Innenzuständigkeit reicht dabei nicht aus, um eine Außenkom-

---

138 *Vedder*, in: Hummer/Obwexer (Hrsg.), Der Vertrag von Lissabon, 2009, S. 274; *Schwichtenberg*, Die Kooperationsverpflichtung der Mitgliedstaaten der EU bei Abschluss und Anwendung gemischter Verträge, 2014, S. 9.

139 *Schmalenbach*, in: Calliess/Ruffert (Hrsg.), EUV/AEUV, 2016, Art. 216 AEUV, Rn. 1, 11 f.; *Obwexer*, EuR-Beiheft 2/2012, 49, 56 f.; *Lorz/Meuers*, in: von Arnauld (Hrsg.), Europäische Außenbeziehungen, 2014, § 2, Rn. 15; *Schwichtenberg*, Die Kooperationsverpflichtung der Mitgliedstaaten der EU bei Abschluss und Anwendung gemischter Verträge, 2014, S. 9.

140 So auch *Mayr*, EuR 2015, 575, 577.

141 Vgl. z.B. Gemeinsame Außen- und Sicherheitspolitik (Art. 37 EUV), Europäische Nachbarschaftspolitik (Art. 8 Abs. 2 EUV), Einwanderungspolitik (Art. 79 AEUV), Forschung, technologischen Entwicklung und Raumfahrt (Art. 186 AEUV), der Umweltpolitik (Art. 191 AEUV), Entwicklungszusammenarbeit (Art. 209 AEUV), Kooperationspolitik mit Nicht-Entwicklungsländern (Art. 212 AEUV), humanitäre Hilfe (Art. 214 AEUV), vertragliche Assoziierungen (Art. 217 AEUV) und Währungspolitik (Art 219 AEUV).

142 Lediglich die Zuständigkeit der EU zum Abschluss handelspolitischer Abkommen gemäß Art. 207 Abs. 3 i.V.m. Art. 3 Abs. 1 lit. e) AEUV ist von Beginn an ausschließlicher Natur; vgl. *Mögele*, in: Streinz (Hrsg.), EUV/AEUV, 2012, Art. 216 AEUV, Rn. 27.

petenz zu bejahen.[143] Es handelt sich bei den impliziten Außenkompetenzen unter den Voraussetzungen des Art. 216 Abs. 1 Var. 2-5 AEUV dann im Grundsatz – wie bei den expliziten Außenkompetenzen – um geteilte implizite Zuständigkeiten. Die implizit geteilten Außenzuständigkeiten werden unter den Voraussetzungen von Art. 3 Abs. 2 AEUV zu ausschließlichen impliziten Außenkompetenzen der EU.[144]

Art. 216 Abs. 1 und Art. 3 Abs. 2 AEUV kodifizieren die facettenreiche Rechtsprechung zu den Vertragsschlusskompetenzen der EU. Die Rechtsprechung des EuGH muss unabhängig von der Kodifizierung im Einzelfall beachtet werden,[145] da insbesondere die Auslegung der Voraussetzungen des Art. 3 Abs. 2 AEUV an die intrauniionale Rechtsentwicklung anknüpft[146]. Ein Gleichlauf von ausschließlicher Innen- und Außenkompetenz ist nicht die Regel. Vielmehr bedarf es einer EU-Innenkompetenz, sowie der Erfüllung der Voraussetzungen von Art. 216 Abs. 1 Var. 2-5 AEUV (geteilte implizite Zuständigkeit) und Art. 3 Abs. 2 AEUV (ausschließliche implizite Zuständigkeit).

Die kompetenzielle Letztinterpretationsbefugnis über die Zuständigkeitsaufteilung zwischen der EU und den Mitgliedstaaten obliegt gemäß Art. 19 Abs. 1 S. 2 EUV dem EuGH.[147] Das betrifft zum einen die Frage des „Ob" (Kompetenzzuweisung) und des „Wie" (Ausübung der zugewiesenen Kompetenz). Der EuGH kann demnach neben der vertikalen Kompetenzverteilung auch die Frage nach der ordnungsgemäßen Ausübung der Kompetenzen überprüfen.[148]

---

143 Vgl. EuGH, Gutachten vom 24.03.1995, Gutachten 2/92, OECD, Slg. 1995, I-521, Rn. 32; Gutachten vom 07.02.2006, Gutachten 1/03, Lugano, Slg. 2006, I-1145, Rn. 114.
144 Vgl. hierzu EuGH, Gutachten vom 16.05.2017, Gutachten 2/15, Freihandelsabkommen Singapur, ECLI:EU:C:2017:376, Rn. 239 ff.
145 *Lorz/Meuers*, in: von Arnauld (Hrsg.), Europäische Außenbeziehungen, 2014, § 2, Rn. 16.
146 *Mayer*, Stellt das geplante Freihandelsabkommen der EU mit Kanada (CETA) ein gemischtes Abkommen dar?, S. 6, http://www.bmwi.de/Redaktion/DE/Dossier/ceta.html, 22.03.2018.
147 *Nettesheim*, in: von Bogdandy/Bast (Hrsg.), Europäisches Verfassungsrecht, 2009, S. 402.
148 *Nettesheim*, in: von Bogdandy/Bast (Hrsg.), Europäisches Verfassungsrecht, 2009, S. 408.

2. Völkerrechtliche Vertretung und Sachwalterschaft

Die EU und die Mitgliedstaaten müssen ihre Rechte und Pflichten auf internationaler Ebene durch entsprechende Organe wahrnehmen. Im Rahmen der völkerrechtlichen Vertretung besteht auch die Möglichkeit, dass die EU und die Mitgliedstaaten ihre Rechte und Pflichten in Form der Sachwalterschaft ausüben.

Die Bundesrepublik Deutschland wird bei der Verhandlung und der Durchführung völkerrechtlicher Verträge, als Teil der Außenpolitik, durch die Bundesregierung gemäß Art. 65 GG vertreten.[149]

Auf Unionsseite vertritt die Kommission bzw. der Kommissionspräsident gemäß Art. 17 Abs. 1 S. 6 EUV im Bereich des auswärtigen Handelns bzw. der Außenwirtschaftsbeziehungen gemäß Art. 21 EUV und Art. 205 ff. AEUV oder der Hohe Vertreter für Außen- und Sicherheitspolitik (Hoher Vertreter) bzw. der Präsident des Europäischen Rates im Bereich der GASP[150] gemäß der Artt. 17 Abs. 1 S. 6, 18 Abs. 4 S. 3, 24 ff. EUV bzw. Art. 15 Abs. 6 EUV die EU nach außen. Die vorgeschriebene Vertretung durch die genannten Organe gilt unabhängig davon, ob völkerrechtliche Pflichten begründet werden sollen oder nicht.[151] Die Organkompetenz der Kommission bzw. des Hohen Vertreters umfasst, wie in der BRD durch die Bundesregierung, im Schwerpunkt die außenpolitische Vertretung, insbesondere die Verhandlung und die Durchführung völkerrechtlicher Verträge. Die formale Vertretung für den Abschluss völkerrechtlicher Verträge liegt hingegen gemäß Art. 218 Abs. 3, 5 und 6 AEUV beim Rat.

Hinsichtlich der Wahrnehmung der Außenpolitik kann man zwischen zentraler und dezentraler Außenvertretung unterscheiden. Auf Unionsseite erfolgt die Aufgabenwahrnehmung zentral über die Kommission bzw. den Kommissionspräsidenten und über die Kommissare bzw. den Hohen Vertreter. Sie kann aber auch dezentral durch den Europäischen Auswärtigen

---

149 Auf die völkerrechtliche Vertretung der anderen Mitgliedstaaten wird an dieser Stelle nicht eingegangen. Sie richtet sich nach den jeweiligen nationalen Regelungen.

150 Sämtliche Fragen im Zusammenhang mit der Sicherheit der Union einschließlich der Verteidigungspolitik.

151 Vgl. hierzu Art. 220 Abs. 2 EUV, der auf die Beziehungen zu internationalen Organisationen Anwendung findet, ohne dass dadurch völkerrechtliche Pflichten erzeugt werden.

Dienst[152], der die Delegationen der EU in Drittländern (vgl. Art. 221 AEUV) umfasst, erfolgen. In der BRD wird die zentrale Außenvertretung durch die Bundesregierung und die entsprechenden Fachministerien wahrgenommen und dezentral über die Auslandsvertretungen.

Anhand der dargestellten Grundsätze vertreten sich die EU und die Mitgliedstaaten entsprechend ihrer Kompetenzen auf internationaler Ebene grundsätzlich durch ihre eigenen Organe. In der Praxis existieren aber auch Situationen, in denen entweder die EU oder die Mitgliedstaaten nicht an der Verhandlung oder Durchführung völkerrechtlicher Abkommen teilnehmen können. So ist zum Beispiel die EU nach wie vor nicht an allen Abkommen bzw. internationalen Organisationen beteiligt, obwohl diese zumindest teilweise in die EU-Zuständigkeit fallen. Deshalb kann sie insbesondere bei der Durchführung der Abkommen nicht als vollberechtigtes Mitglied teilnehmen.[153] In einigen Fällen besitzt die EU nur einen Beobachterstatus, der unterhalb einer mitgliedschaftlichen Beteiligung nur beschränkte Mitwirkungsrechte[154], wie etwa ein Teilnahmerecht an Sitzungen der internationalen Gremien, vorsieht[155].

Um die Beeinträchtigungen aufgrund der Statusbeschränkungen[156] zu kompensieren, müssen die EU-Außenkompetenzen auf völkerrechtlicher Ebene teilweise durch die Mitgliedstaaten wahrgenommen werden.[157] Wenn es sich um gemischte Zuständigkeiten handelt, die EU selbst aber nicht am Abkommen beteiligt ist und die Mitgliedstaaten als Sachwalter tätig werden, so wird der entsprechende völkerrechtliche Vertrag auch als „versteckt gemischtes Abkommen" bezeichnet.[158]

Umgekehrt könnten sich die Mitgliedstaaten auch durch die EU völkerrechtlich vertreten lassen, sodass auch eine Sachwalterschaft der Mitglied-

---

152 Vgl. Ratsbeschluss über die Organisation und die Arbeitsweise des Europäischen Auswärtigen Dienstes, 26.07.2010, ABl. 2010, L 210/30.

153 Vgl. z.B. IAO.

154 *Klein/Schmal*, in: Graf Vitzthum/Proelß (Hrsg.), 2013, Völkerrecht, S. 274; *Kaddous*, in: dies. (Hrsg.), The EU in International Organisations and Global Governance, 2015, S. 10.

155 *Scheffler*, Die EU als rechtlich-institutioneller Akteur im System der Vereinten Nationen, 2009, S. 254.

156 Mitteilung der Kommission an den Rat, Die Rolle der EU in der FAO nach dem Vertrag von Lissabon, 29.05.2013, KOM (2013) 333 endg., S. 4.

157 Siehe ausführlich zur Figur des Sachwalters *Pechstein*, Die Mitgliedstaaten der EG als Sachwalter des gemeinsamen Interesses, 1987, S. 145 ff.

158 *Kumin/Bittner*, EuR-Beiheft 2/2012, 75, 77.

staaten durch die EU möglich ist. Von der Sachwalterschaft der EU für die Mitgliedstaaten wird insbesondere bei der Verhandlung im Rahmen einer gemeinsamen Delegation unter Führung der Kommission Gebrauch gemacht, um eine einheitliche Vertretung zu gewährleisten.[159]

Die Sachwalterschaft bietet demnach die Möglichkeit, dass sowohl die EU, als auch die Mitgliedstaaten die jeweiligen „fremden" Außenzuständigkeiten und die damit einhergehenden völkerrechtlichen Aufgaben bei der Verhandlung und der Durchführung gemischter Abkommen übernehmen. Die Mitgliedstaaten sind in der Wahrnehmung der Unionsinteressen aufgrund der umfassenden Völkerrechtsfähigkeit nicht beschränkt, wohingegen die EU die mitgliedstaatlichen Interessen nur im Rahmen der beschränkten Völkerrechtsfähigkeit bzw. bei entsprechender Anerkennung durch Dritte wahrnehmen kann.

Der EuGH sieht die formale gemeinsame Beteiligung der EU und ihrer Mitgliedstaaten an einem gemischten Abkommen grundsätzlich als notwendige Voraussetzung an, um den Anforderungen an eine loyale Zusammenarbeit gerecht zu werden.[160] Daher kann nur in Ausnahmefällen eine Sachwalterschaft in Betracht kommen. Es obliegt demnach den Mitgliedstaaten, in erster Linie dort für eine Beteiligung der EU zu werben, wo diese noch nicht als Völkerrechtssubjekt anerkannt ist oder sich Dritte aus anderen Gründen gegen ein gemischtes Abkommen wehren. Die Mitgliedstaaten müssen auf ein gemischtes Abkommen hinwirken,[161] um eine Sachwalterschaft durch sie selbst zu vermeiden. Gleiches gilt für die Beteiligung der EU an bereits bestehenden Abkommen, die (mittlerweile) teilweise oder ganz in den Kompetenzbereich der EU fallen.[162] Durch die Beteiligung der EU an völkerrechtlichen Verträgen entsprechend der Zuständigkeitsverteilung wird ein Gleichlauf von unionaler und völkerrechtlicher Handlungsfähigkeit der Union erreicht. Falls Dritte nur bereit sind, mit den Mitgliedstaaten zu verhandeln, müssen die Mitgliedstaaten

---

159 Siehe zur Sachwalterschaft bei einer gemeinsamen Delegation unten Verhandlung gemischter Abkommen.

160 EuGH, Urteil vom 10.03.2002, Rs. C. 13/00, Kommission/Irland, Slg. 2002, I-2955, Rn. 20.

161 EuGH, Beschluss vom 14.11.1978, Beschluss 1/78, Objektschutz, Slg. 1978, 2151, Rn. 34 ff.

162 *Wille*, Die Pflicht der Organe der EG zur loyalen Zusammenarbeit mit den Mitgliedstaaten, 2003, S. 137 f.

die Interessen und Ziele der EU berücksichtigen und im Zweifel als Sachwalter der EU im Rahmen der EU-Zuständigkeit tätig werden.

Die Wahrnehmung fremder Interessen und Außenkompetenzen erfordert in besonderem Maß ein zwingendes loyales Verhalten des Sachwalters sowie eine entsprechende enge Koordinierung der Standpunkte, die im Namen des Vertretenen gegenüber Dritten vertreten werden sollen.[163] Insbesondere müssen die Interessen des nicht vertretenen Partners zu jedem Zeitpunkt beachtet werden. Bei konkreten Maßnahmen bedarf es der vorherigen Konsultation und Billigung des Vorgehens durch den Sachwalter.[164] Der Standpunkt des Vertretenen muss dann zwingend durch den Sachwalter auf internationaler Ebene vertreten werden, ohne dass der Sachwalter davon abweichen darf.[165] Insofern ist der Sachwalter nur Werkzeug[166], Sprachrohr bzw. verlängerter Arm des Vertretenen. Er darf sich nur im Rahmen des Verhandlungsmandats bewegen und keine völker-

---

163 Vgl. EuGH, Urteil vom 05.05.1981, Rs. 804/71, Kommission/Vereinigtes Königreich, Slg. 1981, 1045, Rn. 30 ff.; Gutachten vom 19.03.1993, Gutachten 2/91, ILO-Konvention, Slg. 1993, I-1061, Rn. 5, 37 f.; Urteil vom 12.02.2009, Rs. C-45/07, Kommission/Griechenland, Slg. 2009, I-701, Rn. 31; Urteil vom 07.10.2014, Rs. 399/12, Deutschland/Rat, ECLI:EU:C:2014:2258, Rn. 52; Gutachten vom 14.10.2014, Gutachten 1/13, ECLI:EU:C:2014:2303, Rn. 44; *Nettesheim*, in: von Bogdandy/Bast (Hrsg.), Europäisches Verfassungsrecht, 2009, S. 434; *Schwichtenberg*, Die Kooperationsverpflichtung der Mitgliedstaaten der EU bei Abschluss und Anwendung gemischter Verträge, 2014, S. 262, 263 ff.; *Weiß*, in: von Arnauld (Hrsg.), Europäische Außenbeziehungen, 2014, § 10, Rn. 148; *Streinz*, Europarecht, 2016, § 3, Rn. 155; *Koutrakos*, EU International Relations Law, 2015, S. 196 ff.

164 EuGH, Urteil vom 05.05.1981, Rs. 804/71, Kommission/Vereinigtes Königreich, Slg. 1981, 1045, Rn. 34; Urteil vom 15.12.1976, Rs. C-41/76, Donckerwolke u.a./ Procureur de la République u.a., Slg. 1976, 1921, Rn. 31/37; Urteil vom 18.02.1986, Bulk Oil/Sun International, Slg. 1986, 559, Rn. 31; *Cremona*, EUI Working Papers Law, 17/2009, S. 5; vgl. z.B. Ratsentscheidung zur Ermächtigung der Mitgliedstaaten, im Interesse der Gemeinschaft das Internationale Übereinkommen über die zivilrechtliche Haftung für Schäden durch Bunkerölverschmutzung von 2001 („Bunkeröl-Übereinkommen") zu unterzeichnen, zu ratifizieren oder diesem beizutreten, 19.09.2002, Abl. 2002, L 256/7.

165 EuGH, Urteil vom 07.10.2014, Rs. 399/12, Deutschland/Rat, ECLI:EU:C:2014:2 258, Rn. 52.

166 *Kumin/Bittner*, EuR-Beiheft 2/2012, 75, 77.

rechtlichen Pflichten eingehen, die die Ziele der Union (vgl. Art. 3 EUV) beeinträchtigen.[167]

Die Grundsätze gelten sowohl für die Vertretung des Standpunktes bzw. der Interessen, als auch für die Abstimmung in den internationalen Gremien. Art. 4 Abs. 3 EUV verbietet dem Sachwalter mangels eigener Kompetenz insofern Alleingänge und die Vertretung eigener Standpunkte. Betrifft die Verhandlung oder Durchführung eines völkerrechtlichen Abkommens die gemischte Zuständigkeit, so wird der Sachwalter für sich selbst, wie auch für den Vertretenen tätig.

In der Praxis kann durch eine Sachwalterschaft und eine entsprechende loyale Zusammenarbeit eine effektive Interessenvertretung auf internationaler Ebene gewährleistet werden, ohne dass die EU zwingend Mitglied des Abkommens werden muss.[168]

3. Völkerrechtliche (externe) Verantwortlichkeit bei gemischten Abkommen

Als Völkerrechtssubjekte können die EU und ihre Mitgliedstaaten auf völkerrechtlicher Ebene Rechte erwerben und Pflichten eingehen. Mit dem Abschluss von völkerrechtlichen Verträgen werden sie gemäß dem Rechtsprinzip „pacta sunt servanda" an entsprechende völkerrechtliche Pflichten gebunden.[169] Schließen die EU oder die Mitgliedstaaten unabhängig voneinander völkerrechtliche Verträge ab, bestehen die völkerrechtlichen Pflichten zwischen der EU und Dritten oder den Mitgliedstaaten und Dritten. Die völkerrechtliche Verantwortlichkeit ist insoweit unstreitig.

Schließen die EU und die Mitgliedstaaten allerdings gemischte Abkommen ab, stellt sich die Frage, ob sich sowohl die EU als auch die Mitgliedstaaten in vollem Umfang – als Gesamtschuldner – gemeinsam binden

---

167 EuGH, Gutachten vom 19.03.1993, Gutachten 2/91, ILO-Konvention, Slg. 1993, I-1075, Rn. 11, 26; Urteil vom 12.02.2009, Rs. C-45/07, Kommission/Griechenland, Slg. 2009, I-701, Rn. 30.

168 *Smyth*, in: Hillion/Koutrakos (Hrsg.), Mixed Agreements Revisited, 2010, S. 310 f.

169 *Vöneky/Beylage-Haarmann*, in: Grabitz/Hilf/Nettesheim (Hrsg.), EUV/AEUV, 60. Ergänzungslieferung 2016, Art. 216 AEUV, Rn. 25.

oder ob jeder nur entsprechend der internen Kompetenzverteilung für die Umsetzung des Abkommens verantwortlich ist.

Aus Gründen des Vertrauensschutzes im internationalen Rechtsverkehr wird gefolgert (vgl. auch Art. 2 WVRK-IO[170]),[171] dass die Union und die Mitgliedstaaten als Gesamtschuldner die Erfüllung der gemischten Abkommen schulden.[172] Die EU besitzt im Rahmen gemischter Abkommen zwar nicht die alleinige Kompetenz und ist daher streng genommen auch nur im Bereich ihrer Zuständigkeit partiell völkerrechtsfähig. Dritte erkennen im Rahmen des gemischten Abkommens die EU jedoch als vollumfänglich völkerrechtsfähig an und nehmen die EU und die Mitgliedstaaten gesamtschuldnerisch in die Pflicht. Die internen Gründe für den gemischten Abschluss und die interne Kompetenzverteilung sind demnach für die Verantwortlichkeit gegenüber Dritten nicht ausschlaggebend.[173] Sie können zu einer Diskrepanz zwischen interner Abschlusskompetenz und externer völkerrechtlicher Bindungswirkung führen;[174] es sei denn, das gemischte Abkommen enthält selbst Vorschriften, z.B. in der Form von

---

170   BGBl. 1990 II, 1414. Mangels umfassender Ratifikation in den Vertragsstaaten ist die WVRK-IO noch nicht in Kraft getreten. Sie stellt jedoch weitgehend völkerrechtliches Gewohnheitsrecht dar; *Schwichtenberg*, Die Kooperationsverpflichtung der Mitgliedstaaten der EU bei Abschluss und Anwendung gemischter Verträge, 2014, S. 56 m.w.N.

171   *Vöneky/Beylage-Haarmann*, in: Grabitz/Hilf/Nettesheim (Hrsg.), EUV/AEUV, 60. Ergänzungslieferung 2016, Art. 216 AEUV, Rn. 34; *Schwichtenberg*, Die Kooperationsverpflichtung der Mitgliedstaaten der EU bei Abschluss und Anwendung gemischter Verträge, 2014, S. 58.

172   *Scheffler*, Die EU als rechtlich-institutioneller Akteur im System der Vereinten Nationen, 2009, S. 119; *Vöneky/Beylage-Haarmann*, in: Grabitz/Hilf/Nettesheim (Hrsg.), EUV/AEUV, 60. Ergänzungslieferung 2016, Art. 216 AEUV, Rn. 34; *Schwichtenberg*, Die Kooperationsverpflichtung der Mitgliedstaaten der EU bei Abschluss und Anwendung gemischter Verträge, 2014, S. 59; *Kadelbach*, in: von Arnauld (Hrsg.), Europäische Außenbeziehungen, 2014, § 4, Rn. 85; *Mayr*, EuR 2015, 575, 584.

173   *Neframi*, in: Cannizzaro (Hrsg.), The EU as an Actor in International Relations, 2002, S. 193 ff.; *Kadelbach*, in: von Arnauld (Hrsg.), Europäische Außenbeziehungen, 2014, § 4, Rn. 85.

174   *Kaiser*, Gemischte Abkommen im Lichte bundesstaatlicher Erfahrungen, 2009, S. 85; *Grzeszick*, Stellungnahme zur Beteiligung des Deutschen Bundestages an gemischten völkerrechtlichen Abkommen, Anhörung des Rechtsausschusses des Deutschen Bundestages am 13.01.2016, S. 5, https://www.bundestag.de/blob/401 476/.../grzeszick-data.pdf, 22.03.2018.

Trennungsklauseln[175], über explizite Verantwortlichkeiten der EU und der Mitgliedstaaten.[176]

Die Kompetenzverteilung zwischen der EU und den Mitgliedstaaten ist daher in erster Linie eine unionsinterne Angelegenheit[177] und wird in der Regel gegenüber Dritten nicht offengelegt.[178] Dementsprechend stellt der EuGH klar, dass eine Offenlegung der Kompetenzverteilung gegenüber Dritten nicht notwendig ist[179] und favorisiert somit eine gesamtschuldnerische Haftung[180]. Diese Ansicht wird von den Artt. 27 und 46 WRVK und Artt. 27 und 46 WVRK-IO gestützt, die dem völkerrechtlichen Vertrauensschutz Dritter auf die Erfüllung der vertraglichen Pflichten Vorrang gegenüber der inneren Kompetenzverteilung einräumen. Durch eine explizite

---

175 *Stein*, Der gemischte Vertrag im Recht der Außenbeziehungen der EWG, 1986, S. 94 ff.; *Primosch*, ÖJZ 1997, 921, 923; *Kumin/Bittner*, EuR-Beiheft 2/2012, 75, 82; *Bungenberg*, in: von der Groeben/Schwarze/Hatje (Hrsg.), EUV/AEUV, 2015, Art. 217 AEUV, Rn. 34. Vgl. z.B. Art. II Abs. 5 FAO-Verfassung, BGBl. 1971 II, 1033, aktuelle Version unter www.fao.org/docrep/meeting/022/k8024e.pdf, 07.08.2017; Art. 27 Abs. 3 Buchstabe c) UNESCO-Übereinkommens zum Schutz und zur Förderung der Vielfalt kultureller Ausdrucksformen, BGBl. 2007 II, 234.

176 EuGH, Urteil vom 02.03.1994; Rs. C-316/91, Parlament/Rat, Slg. 1994, I-625, Rn. 29, so auch *Stein*, Der gemischte Vertrag im Recht der Außenbeziehungen der EWG, 1986, S. 38 ff.; *Wuermeling*, Kooperatives Gemeinschaftsrecht, 1988, S. 235; *Primosch*, ÖJZ 1997, 921, 923; *Neframi*, in: Cannizzaro (Hrsg.), The EU as an Actor in International Relations, 2002, S. 197; *Vedder*, EuR-Beiheft 3/2007, 57, 80; *Scheffler*, Die EU als rechtlich-institutioneller Akteur im System der Vereinten Nationen, 2009, S. 119; *Eeckhout*, EU External Relations Law, 2011, S. 263 f.; *Kadelbach*, in: von Arnauld (Hrsg.), Europäische Außenbeziehungen, 2014, § 4, Rn. 85; § 33 Abs. 1 RvV.

177 § 33 Abs. 1 RvV.

178 *Nettesheim*, in: Grabitz/Hilf/Nettesheim (Hrsg.), EUV/AEUV, 60. Ergänzungslieferung 2016, Art. 2 AEUV, Rn. 46.

179 EuGH, Beschluss 14.11.1987, 1/78, Objektschutz, Slg. 1978, 2151, Rn. 35; so auch *Kadelbach*, in: von Arnauld (Hrsg.), Europäische Außenbeziehungen, 2014, § 4, Rn. 63.

180 So auch *Stein*, Der gemischte Vertrag im Recht der Außenbeziehungen der EWG, 1986, S. 160, *Wuermeling*, Kooperatives Gemeinschaftsrecht, 1988, S. 234; *Kaiser*, Gemischte Abkommen im Lichte bundesstaatlicher Erfahrungen, 2009, S. 84 ff.; *von Arnauld*, Schriftliche Stellungnahme zur Vorbereitung der Anhörung im Ausschuss für Recht und Verbraucherschutz des Deutschen Bundestages am 13. Januar 2016 zur Beteiligung des Deutschen Bundestages an gemischten völkerrechtlichen Abkommen, S. 1, https://www.bundestag.de/blob/401408/.../arnauld-data.pdf, 22.03.2018.

Offenlegung der internen Kompetenzverteilung würden die EU und ihre Mitgliedstaaten kein Vertrauen für eine gesamtschuldnerische Haftung entstehen lassen, sodass Dritte nicht schutzbedürftig wären und eine getrennte Verantwortlichkeit in Betracht kommt.

Teilweise wird auch angeführt, dass sich die EU nur im Umfang ihrer Kompetenz binden könne, da sie im Gegensatz zu Staaten nur partiell völkerrechtsfähig sei und sich nur im Rahmen ihrer übertragenen Aufgaben binden könne.[181] Die Mitgliedstaaten würden sich hingegen immer vollumfänglich binden, da sie trotz partieller Kompetenzübertragung nicht in ihrer Völkerrechtsfähigkeit beschränkt[182] seien.[183] Dieser Ansicht ist zu entgegnen, dass der Rechtsgrundsatz „pacta sunt servanda" nicht danach differenziert, ob die EU oder die Mitgliedstaaten intern zur Umsetzung verpflichtet sind.[184] Der durch Artt. 27 und 46 WRVK und Artt. 27 und 46 WVRK-IO in den Vordergrund gestellte Drittschutz lässt im modernen Völkerrecht die beschränkte Völkerrechtsfähigkeit insgesamt in den Hintergrund treten. Wenn sich eine internationale Organisation nach außen verpflichtet, muss sie sich an ihren völkerrechtlichen Verpflichtungen, ungeachtet der internen Umsetzungsmöglichkeit, messen lassen.

Eine getrennte völkerrechtliche Verantwortlichkeit aufgrund fehlenden Schutzbedürfnisses Dritter wird teilweise auch bei der Abgabe sog. Zuständigkeitserklärungen angenommen.[185] Zuständigkeitserklärungen sollen gegenüber Dritten die interne Kompetenzverteilung zwischen EU und Mitgliedstaaten offenlegen und für mehr Transparenz gegenüber den Vertragspartnern sorgen.[186]

---

181 *Tomuschat*, in: O'Keeffe/Schermers (Hrsg.), Mixed Agreements, 1983, S. 129.

182 *Van Vooren/Wessel*, EU External Relations Law, 2014, S. 66.

183 *Nettesheim*, in: von Bogdandy/Bast (Hrsg.), Europäisches Verfassungsrecht, 2009, S. 433.

184 *Sell*, Das Gebot der einheitlichen Auslegung gemischter Abkommen, 2005, S. 135.

185 *Neframi*, in: Cannizzaro (Hrsg,), The European Union as an Actor in International Relations, 2002, S. 195; *Heintschel von Heinegg*, in: Rengeling (Hrsg.), Handbuch zum europäischen und deutschen Umweltrecht, Band 1, 2003, § 22, Rn. 38; *Sattler*, Gemischte Abkommen und gemischte Mitgliedschaften der EG und ihrer Mitgliedstaaten, 2007, S. 242; *Olsen*, in: Hillion/Koutrakos (Hrsg.), Mixed Agreements Revisited, 2010, S. 335; *Schwichtenberg*, Die Kooperationsverpflichtung der Mitgliedstaaten der EU bei Abschluss und Anwendung gemischter Verträge, 2014, S. 60.

186 Vgl. z.B. Allgemeine Erklärung der Europäischen Gemeinschaft über die Zuständigkeitsverteilung gemäß Regel VI der Verfahrensordnung der Codex-Alimenta-

Die Zuständigkeitserklärungen sind angesichts einer möglichen Zuständigkeitsverschiebung nicht notwendigerweise statisch und müssen unter Umständen aktualisiert werden.[187] Aus diesem Grund enthalten sie grundsätzlich keine detailgenaue Kompetenzverteilung[188] und betonen teilweise selbst die mögliche Kompetenzverschiebung.[189] Darüber hinaus verweisen die Zuständigkeitserklärungen häufig auf Sekundärrecht.[190] Sie verschaffen Dritten daher nicht zwingend einen eindeutigen Überblick über die Kompetenzverteilung.[191] In der Praxis werden Zuständigkeitserklärungen nicht immer aktualisiert,[192] sodass veraltete Zuständigkeitserklärungen zu zusätzlicher Unsicherheit führen können.

---

rius-Kommission, ABl. 2003 L 309/17; Erklärung über die Zuständigkeit der Europäischen Gemeinschaften in Angelegenheiten, die unter das Abkommen zur Gründung eines Rates für die Zusammenarbeit auf dem Gebiete des Zollwesens fallen, Dok-Rat 10764/07, Anhang; Erklärung betreffend die Zuständigkeiten der Europäischen Gemeinschaften in Bezug auf die durch das Übereinkommen der Vereinten Nationen über die Rechte von Menschen mit Behinderten erfassten Angelegenheiten, Abl. 2010 L 23/35; Erklärung der Europäischen Gemeinschaft gemäß Art. 27 Abs. 3 Buchstabe c des UNESCO-Übereinkommens zum Schutz und zur Förderung der Vielfalt kultureller Ausdrucksformen, ABl. 2006, L 210/28. So auch *Smyth,* in: Hillion/Koutrakos (Hrsg.), Mixed Agreements Revisited, 2010, S. 317; *Kumin/Bittner,* EuR-Beiheft 2/2012, 75, 79 f.

187 Vgl. z.B. Art. II Abs. 7 FAO-Verfassung, BGBl. 1971 II, 1033, aktuelle Version unter www.fao.org/docrep/meeting/022/k8024e.pdf, 22.03.2018; Art. 27 Abs. 3 Buchstabe c) lit. ii) UNESCO-Übereinkommens zum Schutz und zur Förderung der Vielfalt kultureller Ausdrucksformen, BGBl. 2007 II, 234.

188 *Frid,* The Relations between the EC and International Organizations, 1995, S. 365; *Weiß,* in: von Arnauld (Hrsg.), Europäische Außenbeziehungen, 2014, § 10, Rn. 150.

189 Vgl. Erklärung über die Zuständigkeit der Europäischen Gemeinschaften in Angelegenheiten, die unter das Abkommen zur Gründung eines Rates für die Zusammenarbeit auf dem Gebiete des Zollwesens fallen, 19.06.2007, Dok-Rat 10764/07, Anhang.

190 Vgl. z.B. Erklärung über die Zuständigkeit der Europäischen Gemeinschaften in Angelegenheiten, die unter das Abkommen zur Gründung eines Rates für die Zusammenarbeit auf dem Gebiete des Zollwesens fallen, Dok-Rat 10764/07, Anhang zum Anhang.

191 *Marchisio,* in: Cannizzaro (Hrsg.), The EU as an Actor in International Relations, 2002, S. 248; *Klamert,* ZöR 2009, 217, 229 f.; *Schwichtenberg,* Die Kooperationsverpflichtung der Mitgliedstaaten der EU bei Abschluss und Anwendung gemischter Verträge, 2014, S. 61.

192 *Olsen,* in: Hillion/Koutrakos (Hrsg.), Mixed Agreements Revisited, 2010, S. 336; *Schwichtenberg,* Die Kooperationsverpflichtung der Mitgliedstaaten der EU bei Abschluss und Anwendung gemischter Verträge, 2014, S. 62.

Auch wenn sich die EU zur Abgabe der Zuständigkeitserklärung aufgrund einer Klausel[193] des gemischten Abkommen verpflichtet,[194] so handelt es sich um einseitige, nicht statische Klarstellungen der EU und der Mitgliedstaaten. Die Möglichkeit der einseitigen Änderung der völkerrechtlichen Verantwortlichkeit durch Zuständigkeitserklärungen widerspricht grundsätzlich dem Vertrauensschutz und der Rechtssicherheit. Sofern allerdings die Zuständigkeitserklärung von grundsätzlicher Natur ist und eine klare Aufteilung der Verantwortlichkeit, vergleichbar mit einer Trennungsklausel, ermöglicht, können Dritte auf diese Trennung vertrauen, sodass das Prinzip der Rechtssicherheit gewahrt wird. Dritten muss dann kein Recht eingeräumt werden, sich auf eine völkerrechtliche Haftung von der EU und den Mitgliedstaaten berufen zu können.

Sofern es sich allerdings um unkonkrete, nicht statische und demnach einseitig abänderbare Zuständigkeitserklärungen handelt, werden diese nicht Vertragsbestandteile des gemischten Abkommens. Sie sind dann nicht geeignet, eindeutige völkerrechtliche Zuständigkeiten im Außenverhältnis zu begründen und können nur als Orientierung für Dritte bei der Aufgabenverteilung und Aufgabenwahrnehmung bei der Implementierung eines Abkommens dienen. Sie berühren in diesen Fällen, da die vorläufigen Kompetenzzuweisungen unter Umständen noch weiter konkretisiert werden müssen,[195] nicht die gesamtschuldnerische Haftung. Je nach Art und Umfang der Zuständigkeitserklärung muss dann bei der Frage der völkerrechtlichen Haftung differenziert werden.

Wenn die EU und die Mitgliedstaaten gemischte Abkommen abschließen, sind sie gegenüber ihren Vertragspartnern hinsichtlich der gesamten vertraglichen Pflichten, unabhängig von der internen Kompetenzvertei-

---

193 *Klamert*, ZöR 2009, 217, 228 ff. spricht insofern von „Bindungsklauseln" bzw. „commitment clauses" in den gemischten Verträgen oder Satzungen der internationalen Organisationen. Die „Bindungsklauseln" müssen dahingehend unterschieden werden, ob sie lediglich eine Zuständigkeitserklärung fordern (Art. II Abs. 5 FAO-Verfassung) oder eine konkrete völkerrechtliche Aufteilung der Verantwortlichkeit durch den Vertragstext selbst festlegen (Art. 4 Abs. 2 Annex IX UNCLOS).

194 Vgl. z.B. Art. II Abs. 5 FAO-Verfassung, BGBl. 1971 II, 1033, aktuelle Version unter www.fao.org/docrep/meeting/022/k8024e.pdf, 22.03.2018; Art. 27 Abs. 3 Buchstabe c) UNESCO-Übereinkommens zum Schutz und zur Förderung der Vielfalt kultureller Ausdrucksformen, BGBl. 2007 II, 234.

195 Generalanwalt Jacobs, Schlussanträge vom 26.10.1995, Rs. C-25/94, Kommission/Rat, Slg. 1996, I-1472, Rn. 61.

lung, vollumfänglich gebunden. Eine Ausnahme kann nur dort möglich sein, wo sich alle Vertragspartner im Vertragstext oder durch eine detaillierte und konkrete Zuständigkeitserklärung auf eine getrennte Verantwortlichkeit hinsichtlich einzelner Vertragsbestandteile einigen. Es handelt sich zwar dann rein formal um ein Abkommen, beinhaltet aber materiell zwei völkerrechtliche Abkommen zwischen der EU und Dritten bzw. den Mitgliedstaaten und Dritten. In diesem Fall können Dritte nicht auf eine vollumfängliche Erfüllung der Pflichten durch die EU und die Mitgliedstaaten vertrauen und sind insofern nicht schutzbedürftig.

4. Interne Bindung gemischter Abkommen

Neben der externen Bindung bedarf die interne Bindungswirkung von gemischten Abkommen im unionalen und nationalen Recht einer differenzierten Betrachtung. Zunächst wird die interne Bindung von völkerrechtlichen Abkommen in den nationalen Rechtsordnungen und in der unionalen Rechtsordnung im Allgemeinen erläutert. Sodann wird auf die besondere Situation bei gemischten Abkommen eingegangen.

Völkerrechtlich werden unmittelbar nur die Vertragsparteien gebunden, sodass völkerrechtliche Abkommen der Mitgliedstaaten keine Bindungswirkung für die EU erzeugen. Im Gegensatz dazu resultiert jedoch aus einer völkerrechtlichen Bindung eines EU-Only-Abkommens[196] eine Bindung der Mitgliedstaaten, da die völkerrechtlichen Pflichten gemäß Art. 216 Abs. 2 AEUV einen „integrierenden Bestandteil des Unionsrechts" darstellen.[197] Als Teil des sekundären Unionsrechts genießen die völkerrechtlichen Abkommen auch Anwendungsvorrang in den Mitgliedstaaten, sofern nicht – wie neuerdings häufiger – der Vorrang explizit aus-

---

196 Völkerrechtliche Verträge, die nur durch die EU und einem (bilateral) oder mehreren (multilateral) Völkerrechtssubjekt(en) ohne Beteiligung der Mitgliedstaaten abgeschlossen werden, *Gatti/Manzini*, CMLRev 2012, 1703, 1711. In Abgrenzung hierzu existieren auch völkerrechtliche Verträge, die nur durch die Mitgliedstaaten und einem (bilateral) oder mehreren (multilateral) Völkerrechtssubjekt(en) ohne Beteiligung der Mitgliedstaaten abgeschlossen werden (Member-States-Only-Abkommen).
197 EuGH, Urteil vom 08.03.2011, Rs. C-240/09, Lesoochranárske zoskupenie, ECLI:EU:C:2011:125, Rn. 30.

geschlossen ist.[198] Voraussetzung für den Anwendungsvorrang ist, dass die konkrete völkerrechtliche Norm hinreichend bestimmt und unbedingt ist. Ferner darf die Struktur des Abkommens einer unmittelbaren Anwendung nicht widersprechen.[199]

Bei gemischten Abkommen ist die Frage nach der Geltung in der unionalen und nationalen Rechtsordnung weitaus problematischer.[200] Durch den gemischten Abschluss werden sowohl die EU als auch die Mitgliedstaaten völkerrechtlich gebunden.[201] Auf interner Ebene stimmen die EU und die Mitgliedstaaten formal dem gesamten Abkommen nach ihren Verfahrensregeln zu. Im Rahmen des Ratifikationsprozesses wird das gemischte Abkommen nicht in nationale und unionale Teile aufgespalten. Der Verzicht auf eine formale Trennung des Abkommens führt materiell allerdings nicht dazu, dass das Abkommen insgesamt zu nationalem und unionalem Recht wird.

Die Teile des Abkommens, welche in die unionale Zuständigkeit fallen, werden gemäß Art. 216 Abs. 2 AEUV als „integrierender Bestandteil des Unionsrechts"[202] behandelt. Die völkerrechtlichen Pflichten genießen daher unter den bereits erläuterten Voraussetzungen Anwendungsvorrang, ohne dass es eines Transformationsaktes, z.B. einer nationalen Ratifika-

---

198 EuGH, Urteil vom 30.04.1974, Rs. 181/73, Haegemann/Belgischer Staat, Slg. 1974, 449, Rn. 2/6; *Weiß*, in: Grabitz/Hilf/Nettesheim (Hrsg.), EUV/AEUV, 60. Ergänzungslieferung 2016, Art. 207 AEUV, Rn. 198; *Streinz*, Europarecht, 2016, Rn. 1239.

199 *Streinz*, Europarecht, 2016, Rn. 536 f.

200 Siehe hierzu ausführlich *Sell*, Das Gebot der einheitlichen Auslegung gemischter Abkommen, 2005, S. 137 ff.; *Mayr*, EuR 2015, 575, 584 ff.

201 Siehe zur völkerrechtlichen Verantwortlichkeit der EU und der Mitgliedstaaten bei gemischten Abkommen § 2 Teil B.I.3.

202 EuGH, Urteil vom 30.04.1974, Rs. 181/73, Haegemann/Belgischer Staat, Slg. 1974, 449, Rn. 2/6; Urteil vom 19.03.2002, Rs. C-13/00, Kommission/Irland, Slg. 2002, I-2943, Rn. 14; Urteil vom 11.09.2007, C-431/05, Merck Genéricos Produtos Farmacêuticos, Slg. 2007, I-7001, Rn. 31; *Primosch*, ÖJZ 1997, 921, 923; *Lock*, Das Verhältnis zwischen dem EuGH und internationalen Schiedsgerichten, 2010, S. 187; *Schwichtenberg*, Die Kooperationsverpflichtung der Mitgliedstaaten der EU bei Abschluss und Anwendung gemischter Verträge, 2014, S. 64 f. m.w.N.; *Ahner*, Investor-Staat-Schiedsverfahren nach Europäischem Recht, 2015, S. 191 f.; *Lock*, The European Court of Justice and International Courts, 2015, S. 101 ff.

tion des Abkommens, bedarf.[203] Umgekehrt werden die völkerrechtlichen Bestimmungen des Abkommens, welche in nationale Zuständigkeitsbereiche fallen, nicht Teil des Unionsrechts, sondern gehören zu den mitgliedstaatlichen Rechtsordnungen.[204] Da diese Teile des Abkommens die EU intern nicht binden, müssen die entsprechenden Bestimmungen nicht von den Unionsorganen beachtet bzw. umgesetzt werden.

Die formale Ratifizierung eines gemischten Abkommens und die materielle Zuordnung des gemischten Abkommens zum nationalen und unionalen Recht und die damit einhergehende Bindungswirkung unterliegen somit keinem Gleichlauf.

5. Auslegungskompetenz des EuGH

Ob sich die Rechtsprechungskompetenz des EuGH auf das gesamte Abkommen bezieht oder nur auf die Teile des Abkommens, die in die unionale Kompetenz fallen, ist bisher nicht eindeutig geklärt.[205] Die Auslegungskompetenz des EuGH erstreckt sich gemäß Art. 19 Abs. 1 UA 1 S. 2 EUV nur auf Unionsrecht. Deshalb darf der EuGH grundsätzlich nur die Teile des gemischten Abkommens auslegen, die in die ausschließliche

---

203 *Vedder*, EuR-Beiheft 3/2007, 57, 86; *Kaiser*, Gemischte Abkommen im Lichte bundesstaatlicher Erfahrungen, 2009, S. 89; *Schmalenbach*, in: Calliess/Ruffert (Hrsg.), EUV/AEUV, 2016, Art. 216 AEUV, Rn. 28.

204 *Primosch*, ÖJZ 1997, 921, 923; *Sell*, Das Gebot der einheitlichen Auslegung gemischter Abkommen, 2005,
S. 142; EuGH, Urteil vom 14.12.2000; verb. Rs. C-300/98 u. C-392/98, Dior u.a., Slg. 2000, I-11307, Rn. 48.

205 Vgl. zum Streitstand *Wuermeling*, Kooperatives Gemeinschaftsrecht, 1988, S. 246 ff.; *Sell*, Das Gebot der einheitlichen Auslegung gemischter Abkommen, 2005, S. 41 ff., 180 f.; *Kaiser*, Gemischte Abkommen im Lichte bundesstaatlicher Erfahrungen, 2009, S. 97 ff., 194; *Vranes*, Juristische Blätter 2011, 11, 16 f.; *Kumin/Bittner*, EuR-Beiheft 2/2012, 75, 80 f.; *Mögele*, in: Streinz (Hrsg.), EUV/ AEUV, 2012, Art. 216 AEUV, Rn. 70; *Lorz/Meuers*, in: von Arnauld (Hrsg.), Europäische Außenbeziehungen, 2014, § 2, Rn. 59; *Konrad Lachmayer/Stine von Förster*, in: von der Groeben/Schwarze/Hatje (Hrsg.), EUV/AEUV, 2015, Art. 216 AEUV, Rn. 27; *Craig/de Búrca*, EU Law, 2015, S. 372 ff.; *Mayr*, EuR 2015, 575, 586 f.; *Vöneke/Beylage-Haarmann*, in: Grabitz/Hilf/Nettesheim (Hrsg.), EUV/AEUV, 60. Ergänzungslieferung 2016, Art. 216 AEUV, Rn. 57; *Streinz*, Europarecht, 2016, Rn. 1249.

oder geteilte Außenzuständigkeit der EU[206] fallen und insofern integrierender Teil der Unionsrechtsordnung sind.[207] Die Tatsache, dass ein gemischtes Abkommen nicht zu einer Kompetenzverschiebung führt, setzt sich somit auch auf der Ebene der justiziellen Kontrolle fort.[208] Allerdings kann sie zur uneinheitlichen Auslegung der nationalen Teile in den Mitgliedstaaten führen.[209] Sofern die Gefahr einer uneinheitlichen Auslegung in den Mitgliedstaaten besteht, hat der EuGH seine Zuständigkeit angenommen, da ein klares Unionsinteresse an der einheitlichen Auslegung vorliegt.[210] Folgerichtig nimmt der EuGH seine Zuständigkeit auch im Bereich nationaler Kompetenzen an, wenn die Anwendung der nationalen Regelungen einen engen Bezug zum Unionsrecht haben und diese beeinträchtigen könne.[211] Da der Grundsatz loyaler Zusammenarbeit die EU und die Mitgliedstaaten zur einheitlichen und effektiven Durchführung der gemischten Abkommen verpflichtet, ist dem EuGH, sofern die einheitliche Auslegung und die Beeinträchtigung von Unionsrecht in Frage steht, eine weite Zuständigkeit zuzugestehen.[212]

Um die Teile des Abkommens zu identifizieren, die in die Unionszuständigkeit fallen, ist der EuGH, wie bereits erwähnt,[213] dazu befugt, über die Zuständigkeitsverteilung zu urteilen (Kompetenzabgrenzungskompe-

---

206 EuGH, Urteil vom 08.03.2011, Rs. C-240/09, Lesoochranárske zoskupenie, ECLI:EU:C:2011:125, Rn. 30 ff.; *Mayr*, EuR 2015, 575, 586 f.

207 *Epiney*, EuZW 1999, 5, 8; *Schmalenbach*, in: Calliess/Ruffert (Hrsg.), EUV/AEUV, 2016, Art. 216 AEUV Rn. 54; *Mögele*, in: Streinz (Hrsg.), EUV/AEUV, 2012, Art. 216 AEUV, Rn. 70; *Mayr*, EuR 2015, 575, 586. Vgl. hierzu die grundlegende Entscheidung des EuGH, Urteil vom 30.04.1974, Rs. 181/73, Haegemann, Slg. 1974, 449, Rn. 2/6.

208 *Epiney*, EuZW 1999, 5, 8.

209 *Konrad Lachmayer/Stine von Förster*, in: von der Groeben/Schwarze/Hatje (Hrsg.), EUV/AEUV, 2015, Art. 216 AEUV, Rn. 27; *Kadelbach*, in: von Arnauld (Hrsg.), Europäische Außenbeziehungen, 2014, § 4, Rn. 76.

210 EuGH, Urteil vom 16.06.1998, Rs. C-53/96, Hermès International/FHT Marketing Choice, Slg. 1998, I-3603, Rn. 30 f.; *Kaiser*, Gemischte Abkommen im Lichte bundesstaatlicher Erfahrungen, 2009, S. 98.

211 EuGH, Urteil vom 07.10.2004, Rs. C-239/03, Kommission/Frankreich, Slg. 2004, I-9340, Rn. 31; Urteil vom 30.05.2006, Rs. 459/03, Kommission/Irland, Slg. 2006, I-4635, Rn. 121 ff.; *Kaiser*, Gemischte Abkommen im Lichte bundesstaatlicher Erfahrungen, 2009, S. 98.

212 *Kaiser*, Gemischte Abkommen im Lichte bundesstaatlicher Erfahrungen, 2009, S. 98.

213 Siehe § 2 Teil B.I.1.

tenz[214]), um diese einheitlich festzulegen.[215] Die Festlegung der Kompetenzverteilung bzw. des Umfangs der Auslegungskompetenz kann durch ein Vorabentscheidungsverfahren[216] oder im Rahmen eines Gutachtenverfahrens gemäß Art. 218 Abs. 11 AEUV geschehen. Prüfungsmaßstab bei diesen Verfahren ist das Unionsrecht und nicht das (gemischte) Abkommen selbst. Diese bilden nur bei Vertragsverletzungsverfahren (Art. 258 AEUV) und Nichtigkeitsklagen (Art. 263 AEUV) den Prüfungsmaßstab.[217]

Die Frage, ob die EU und die Mitgliedstaaten gemischte Abkommen ordnungsgemäß umsetzen, ist eine interne Angelegenheit. Daher muss sie in erster Linie innerhalb des justiziellen Rahmens der EU geklärt werden. Der EU und den Mitgliedstaaten ist es deshalb nicht erlaubt, Verfahren gegen die EU oder die Mitgliedstaaten bei einem Gericht anhängig zu machen, welches durch ein völkerrechtliches Abkommen errichtet wurde, ohne dass sie sich untereinander darüber informiert und über die Streitpunkte ausgetauscht haben.[218] Sie müssen die Zuständigkeit des EuGH als Ausfluss loyaler Zusammenarbeit respektieren.[219]

---

214 *Schmalenbach*, in: Calliess/Ruffert (Hrsg.), EUV/AEUV, 2016, Art. 216 AEUV Rn. 54.

215 EuGH, Urteil vom 11.09.2007, C-431/05, Merck Genéricos Produtos Farmacêuticos, Slg. 2007, I-7001, Rn. 36 f.; *Epiney*, EuZW 1999, 5, 8; *Kaiser*, Gemischte Abkommen im Lichte bundesstaatlicher Erfahrungen, 2009, S. 100; *Mayr*, EuR 2015, 575, 586; *Kadelbach*, in: von Arnauld (Hrsg.), Europäische Außenbeziehungen, 2014, § 4, Rn. 76 mit Nachweisen zur Rechtsprechung.

216 *Kadelbach*, in: von Arnauld (Hrsg.), Europäische Außenbeziehungen, 2014, § 4, Rn. 76; *Konrad Lachmayer/Stine von Förster*, in: von der Groeben/Schwarze/Hatje (Hrsg.), EUV/AEUV, Art. 216 AEUV, Rn. 27.

217 *Vöneke/Beylage-Haarmann*, in: Grabitz/Hilf/Nettesheim (Hrsg.), EUV/AEUV, 2015, Art. 216 AEUV, Rn. 55. Ausführlich zu den Verfahrensarten *Sell*, Das Gebot der einheitlichen Auslegung gemischter Abkommen, 2005, S. 37 ff.

218 EuGH, Urteil vom 30.05.2006, Rs. C-459/03, Kommission/Irland, Slg. 2006, I-4635, Rn. 168 ff., 179 ff.; *von Bogdandy/Schill*, in: Grabitz/Hilf/Nettesheim (Hrsg.), 60. Ergänzungslieferung 2016, EUV/AEUV, Art. 4 EUV, Rn. 71.

219 EuGH, Urteil vom 30.05.2006, Rs. C-459/03, Kommission/Irland, Slg. 2006, I-4635, Rn. 169.

6. Zusammenfassung: Europa- und völkerrechtliche Grundlagen

Im Rahmen ihrer Vertragsschlusskompetenz kann die EU zusammen mit den Mitgliedstaaten gemischte Abkommen abschließen. Im Falle einer EU-Außenzuständigkeit – ohne eine entsprechende Beteiligung der EU an bestehenden völkerrechtlichen Abkommen – können die Mitgliedstaaten in Ausnahmefällen die Interessen und Zuständigkeiten der EU als Sachwalter wahrnehmen.

Sobald sowohl die EU, als auch die Mitgliedstaaten an einem völkerrechtlichen Abkommen beteiligt sind, sind sie, unabhängig von der internen Kompetenzverteilung, Dritten gegenüber für die Erfüllung des gesamten gemischten Abkommens als Gesamtschuldner verantwortlich.

Die interne Bindung der gemischten Abkommen richtet sich jedoch nach der konkreten Zuständigkeitsverteilung zwischen der EU und den Mitgliedstaaten. Die jeweiligen Teile des gemischten Abkommens, die in die unionale bzw. nationale Kompetenz(en) fallen, werden durch die Ratifikation integrierender Bestandteil des Unionsrechts oder Teil der nationalen Rechtsordnungen. Die Teile von Abkommen, die in die EU-Zuständigkeit fallen, genießen als Teil des Unionsrechts im Einzelfall Anwendungsvorrang gegenüber nationalen Regelungen. Wenngleich auch nationale Gerichte völkerrechtliche Abkommen als Teil des nationalen bzw. unionalen Rechts auslegen, entscheidet der EuGH im Rahmen der Durchführung des Abkommens über die einheitliche Auslegung der Regelungen der gemischten Abkommen und über die Kompetenzverteilung zwischen der EU und den Mitgliedstaaten.

II. Gründe und Zulässigkeit gemischter Abkommen

Um einen Überblick über die Ursachen und die Notwendigkeit gemischter Abkommen zu bekommen, werden im Folgenden die verschiedenen Gründe, die zu einem gemischten Abkommen führen, erläutert. Zunächst werden die rechtlichen Gründe (1.) näher beleuchtet, um aus den verschiedenen Kompetenzverteilungssituationen sowie Kompetenzarten die unionsrechtliche Notwendigkeit von obligatorisch gemischten Abkommen ableiten zu können. Im Anschluss werden in Abgrenzung hierzu auch politische und finanzielle Gründe (2.) und deren Bedeutung für den Abschluss fakultativ gemischter Abkommen untersucht. Abschließend wird auf die Zulässigkeit fakultativ gemischter Abkommen (3.) eingegangen, da sich die Frage stellt, ob gemischte Abkommen nur bei unionsrechtlicher Notwendigkeit (obligatorisch gemischte Abkommen) abgeschlossen werden dürfen.

1. Rechtliche Gründe für gemischte Abkommen

Ursprünglicher und wichtigster rechtlicher Grund für ein gemischtes Abkommen ist die Kompetenzverteilung zwischen der EU und den Mitgliedstaaten.[220] Da ein Gegenstand eines Abkommens teils in die Zuständigkeit der Union und teils in die der Mitgliedstaaten fallen kann, ist es erforderlich, derartige Abkommen durch EU und Mitgliedstaaten abzuschließen.[221] Weder die EU noch die Mitgliedstaaten besitzen in diesen Fällen gemischter Zuständigkeit die alleinige Außenkompetenz zum Abschluss der entsprechenden völkerrechtlichen Verträge. Daher ist ein gemeinsamer Abschluss notwendig, um sowohl nach innen, als auch nach außen die Umsetzung der völkerrechtlichen Pflichten zu gewährleisten. Es handelt sich dann um einen materiell-rechtlichen Abschlussgrund. Dieser findet seinen Ursprung in der Kompetenzverteilung und wird im Folgenden mithilfe der Figur der gemischten Zuständigkeit dargestellt (a)). Sodann wird die geteilte Zuständigkeit erläutert und im Rahmen ihrer verschiedenen Ausformungen daraufhin untersucht, ob aufgrund der verschiedenen Kompetenzsituationen gemischte Abkommen abzuschließen sind (b)). Abschließend wird auf weitere Zuständigkeitsarten eingegangen und auch hier die Notwendigkeit gemischter Abkommen diskutiert (c)).

a) Gemischte Zuständigkeit

Gemischte (Außen-)Kompetenzen der EU und ihrer Mitgliedstaaten stellen den Ausgangspunkt materiell-rechtlicher Gründe dar. Die Aussage, dass im Rahmen gemischter Abkommen geteilte Kompetenzen gemein-

---

220 *Kaiser*, Gemischte Abkommen im Lichte bundesstaatlicher Erfahrungen, 2009, S. 38.
221 *Scheffler*, Die EU als rechtlich-institutioneller Akteur im System der Vereinten Nationen, 2009, S. 117 f.; *Eeckhout*, EU External Relations Law, 2011, S. 213; *Schwichtenberg*, Die Kooperationsverpflichtung der Mitgliedstaaten der EU bei Abschluss und Anwendung gemischter Verträge, 2014, S. 44.

sam ausgeübt werden,[222] ist insoweit missverständlich.[223] Man könnte annehmen, dass die gemeinsame Ausübung der geteilten Zuständigkeiten i.S.v. Art. 2 Abs. 2 AEUV gemeint ist, welche vor dem Vertrag von Lissabon als konkurrierend bezeichnet wurden.[224] Es handelt sich bei gemischten Abkommen aufgrund gemischter Außenkompetenzen vielmehr um eine gemeinsame Ausübung jeweiliger (ausschließlicher oder geteilter) Außenzuständigkeiten der EU und der Mitgliedstaaten.[225] Durch additives Zusammenwirken[226] der einzelnen Zuständigkeiten decken sie die gesamten Sachbereiche des gemischten Vertrages ab und kompensieren einzelne Kompetenzdefizite,[227] ohne dass ein Fall geteilter Zuständigkeit i.S.v. Art. 2 Abs. 2 AEUV i.V.m. Art. 216 Abs. 1 AEUV vorliegt. Wenngleich der EuGH auch teilweise von geteilter Zuständigkeit spricht,[228] so meint er in der Sache eine Kombination von Außenzuständigkeiten, die zum Teil

---

222 *Kaddous*, in: dies. (Hrsg.), The EU in International Organisations and Global Governance, 2015, S. 14; *Nettesheim*, in: Grabitz/Hilf/Nettesheim (Hrsg.), EUV/ AEUV, 60. Ergänzungslieferung 2016, Art. 2 AEUV, Rn. 46; EuGH, Gutachten vom 15.11.1994, Gutachten 1/94, WTO, Slg. 1994, I-526,7 Rn. 105; Urteil vom 07.10.2004, Rs. C-239/03, Kommission/Frankreich, Slg. 2004, I-9325, Rn. 24; Urteil vom 30.05.2006, Rs. C-459/03, Kommission/Irland, Slg. 2006, I-4635, Rn. 83; Urteil vom 20.04.2010, Rs. C-246/07, Kommission/Schweden, Slg. 2010, I-3317, Rn. 72.

223 So auch *Vedder*, in: Vedder/Heintschel von Heinegg (Hrsg.), Europäischer Verfassungsvertrag, 2007, Art. I-12, Rn. 20 nachdem die geteilte Zuständigkeit nunmehr anders besetzt ist und so auch *Streinz*, in: ders. (Hrsg.), EUV/AEUV, 2012, Art. 2 AEUV, Rn. 19.

224 *Vedder*, in: Vedder/Heintschel von Heinegg (Hrsg.), Europäischer Verfassungsvertrag, 2007, Art. I-12, Rn. 10.

225 So auch *Rosas*, in: Koskenniemi (Hrsg.), International Law Aspects of the EU, 1988, S. 129; *Vedder*, in: Vedder/Heintschel von Heinegg (Hrsg.), Europäischer Verfassungsvertrag, 2007, Art. I-12, Rn. 20.

226 *Nettesheim*, in: Grabitz/Hilf/Nettesheim (Hrsg.), EUV/AEUV, 60. Ergänzungslieferung 2016, Art. 2 AEUV, Rn. 46.

227 *Corbach*, Die EG, ihre Mitgliedstaaten und ihre Stellung in ausgewählten Internationalen Organisationen, 2005, S. 52; *Hofmeister*, JA 2010, 203, 204; *Lorenzmeier*, Europarecht, 2011, S. 171; *Streinz*, Europarecht, 2016, Rn. 527; *Kuijper u.a.*, The Law of EU External Relations, 2015, S. 101.

228 EuGH, Gutachten vom 19.03.1993, 2/91, ILO-Konvention, Slg. 1993, I-1061, Rn. 12; Gutachten vom 15.11.1994, Rs. 1/94, WTO, Slg. 1994, I-5267, Rn. 106; Urteil vom 30.05.2006, Rs. C-459/03, Kommission/Irland, Slg. 2006, I-4635, Rn. 83; Urteil vom 20.04.2010, Rs. C-246/07, Kommission/Schweden, Slg. 2010, I-3317, Rn. 72.

in den Kompetenzbereich der Mitgliedstaaten bzw. der Union fallen.[229] Daher liegt es nahe, die Zuständigkeit bzw. Kompetenzverteilung von EU und Mitgliedstaaten bei gemischten Abkommen als korrespondierende, kombinierte,[230] ergänzende bzw. komplementäre,[231] gemeinsame[232] oder auch gemischte[233] zu bezeichnen.

Die EU und ihre Mitgliedstaaten ergänzen sich mit ihren jeweiligen Außenzuständigkeiten[234] zu einer Einheit und kompensieren dadurch die einzelnen Kompetenzdefizite. Daher bietet es sich an, diese Art von Kompetenzausübung als komplementäre Zuständigkeit zu bezeichnen. Eine komplementäre Zuständigkeit erfordert ein Zusammenwirken mehrerer Verbände.[235] Sie setzt sich aus den einzelnen Außenkompetenzen zu einer Ganzheit zusammen und stellt eine gemischte (Außen-)Zuständigkeit dar. Bei Verhandlung, Abschluss und Durchführung gemischter Abkommen werden demnach jeweils ausschließliche bzw. geteilte Außenkompetenzen gemeinsam ausgeübt, ohne dass es sich um eine spezielle Kompetenzart i.S.d. EUV und AEUV handelt.[236]

---

229 EuGH, Gutachten vom 19.03.1993, 2/91, ILO-Konvention, Slg. 1993, I-1061, Rn. 36; Gutachten vom 15.11.1994, Rs. 1/94, WTO, Slg. 1994, I-5267, Rn. 108; Urteil vom 30.05.2006, Rs. C-459/03, Kommission/Irland, Slg. 2006, I-4635, Rn. 176; Urteil vom 20.04.2010, Rs. C-246/07, Kommission/Schweden, Slg. 2010, I-3317, Rn. 73; so auch *Sell*, Das Gebot der einheitlichen Auslegung gemischter Abkommen, 2005, S. 119 f.

230 *Van Vooren/Wessel*, EU External Relations Law, 2014, S. 55.

231 *Balekjian*, in: O'Keeffe/Schermers (Hrsg.), Mixed Agreements, 1983, S. 145; *Nettesheim*, in: von Bogdandy/Bast (Hrsg.), Europäisches Verfassungsrecht, 2009, S. 432; *Schwichtenberg*, Die Kooperationsverpflichtung der Mitgliedstaaten der EU bei Abschluss und Anwendung gemischter Verträge, 2014, S. 44, 116; *Kuijper u.a.*, The Law of EU External Relations, 2015, S. 101.

232 So z.B. „joint" (gemeinsam) in der englischen Fassung und „partagée" (gemeinsam/geteilt) in der französischen Fassung, EuGH, Urteil vom 30.05.2006, Rs. C-459/03, Kommission/Irland, Slg. 2006, I-4635, Rn. 175.

233 *Rosas*, in: Dashwood/Hillion (Hrsg.), The General Law of the EC External Relations, 2000, S. 203 f.; *Vedder*, in: Vedder/Heintschel von Heinegg (Hrsg.), Europäischer Verfassungsvertrag, 2007, Art. I-12, Rn. 20; EuGH, Urteil vom 19.03.1996, Rs. C-25/94, Kommission/Rat, 1996, I-1469, Rn. 9.

234 Vgl. für die ausschließliche EU-Außenkompetenz Art. 216 Abs. 1 Alt 1 AEUV und Art. 3 Abs. 2 AEUV.

235 *Nettesheim*, in: Oppermann/Classen/Nettesheim (Hrsg.), Europarecht, 2016, § 11, Rn. 17.

236 So auch *Streinz*, in: ders. (Hrsg.), EUV/AEUV, 2012, Art. 2 AEUV, Rn. 19, *Lorz/ Meuers*, in: von Arnauld (Hrsg.), Europäische Außenbeziehungen, 2014, § 2, Rn. 39.

Im Hinblick auf den Begriff der gemischten Abkommen, die oft das Resultat der Zuständigkeitsverteilung darstellen, eignet sich allerdings die Bezeichnung gemischte Zuständigkeit bzw. Kompetenz wegen der begrifflichen Nähe am besten. Im Übrigen dient die gemischte Zuständigkeit zur Abgrenzung gegenüber der geteilten Zuständigkeit i.S.v. Art. 2 Abs. 2 AEUV und der unterstützenden, koordinierenden, ergänzenden Zuständigkeit gemäß Art. 6 AEUV.[237] Im Sinne einer Einheitlichkeit wird im Folgenden der Begriff der gemischten (Außen-) Zuständigkeit für diese Art der Kompetenzverteilung verwendet.

Im Rahmen der gemischten Kompetenzen sind auch sogenannte cross-pillar-mixity bzw. inter-pillar-mixity Abkommen zu nennen, die zum einen integrierte Politikbereiche und zum anderen die (intergouvernementale[238]) GASP gemäß Art. 23 ff. EUV vereinen.[239] Bei einer Kombination von EU-Zuständigkeiten hinsichtlich integrierter Politikbereiche und intergouvernementaler Zuständigkeiten handelt es sich aufgrund der Kombination von unionalen und nationalen Zuständigkeiten ebenfalls um gemischte Kompetenzen.

Es stellt sich mithin die Frage, ob aus der gemischten Kompetenzverteilung notwendigerweise ein gemischtes Abkommen folgen muss. Der

---

237 *Lenski*, in: Lenz/Borchardt (Hrsg.), EUV/AEUV, 2012, Art. 6 AEUV, Rn. 1; *Obwexer*, in: von der Groeben/Schwarze/Hatje (Hrsg.), EUV/AEUV, 2015, Art. 6 AEUV, Rn. 3.

238 Ob die GASP nach dem Vertrag von Lissabon noch intergouvernementalen Charakter aufweist, ist umstritten. Vgl. hierzu *Pechstein*, JZ 2010, 425; *Böttner*, European Constitutional Law Review 2016, 499, 516 f.

239 *Nawparwar*, Die Außenbeziehungen der EU zu internationalen Organisationen nach dem Vertrag von Lissabon, 2009, S. 26; *Wessel*, in: Hillion/Koutrakos (Hrsg.), Mixed Agreements Revisited, 2010, S. 30 ff.; *Lorenzmeier*, in Grabitz/Hilf/Nettesheim (Hrsg.), EUV/AEUV, 60. Ergänzungslieferung 2016, Art. 218 AEUV, Rn. 13.

EuGH[240] und die Literatur erachten obligatorische,[241] klassische,[242] notwendige[243] bzw. echte[244] gemischte Abkommen der EU und der Mitgliedstaaten im Rahmen gemischter Zuständigkeiten für rechtlich notwendig.[245] Auch marginale Berührungen der (mitgliedstaatlichen) Kompetenzen führen zur Annahme einer gemischten Zuständigkeit und damit zur Notwendigkeit eines gemischten Abkommens. Letzteres geschieht entgegen einer älteren Ansicht, wonach bei rein marginaler Berührung mitgliedstaatlicher Kompetenzen (unwesentliche Neben- oder Hilfsbestimmungen und Finanzierungspflichten) eine Beteiligung der Mitgliedstaaten nicht notwendig sei.[246] Insofern geht diese im Vordringen befindliche Ansicht davon aus, dass schon minimale Aspekte eines Abkommens, die nicht von einer allei-

---

240 EuGH, Beschluss vom 14.11.1987, Beschluss 1/78, Objektschutz, Slg. 1978, 2151, Rn. 32 ff.

241 *Rosas*, in: Koskenniemi (Hrsg.), International Law Aspects of the EU, 1998, S. 131; *Rosas*, in: Dashwood/Hillion (Hrsg.), The General Law of the EC External Relations, 2000, S. 206; *Kaiser*, Gemischte Abkommen im Lichte bundesstaatlicher Erfahrungen, 2009, S. 40; *Gatti/Manzini*, CMLRev 2012, 1703, 1711; *Engbrink*, Die Kohärenz des auswärtigen Handelns der EU, 2014, S. 204; *Schwichtenberg*, Die Kooperationsverpflichtung der Mitgliedstaaten der EU bei Abschluss und Anwendung gemischter Verträge, 2014, S. 52; *Mayr*, EuR 2015, 575, 583.

242 *Timmermanns*, in: Dashwood/Hillion (Hrsg.), The General Law of the EC External Relations, 2000, S. 241.

243 *Passos,* in: Hillion/Koutrakos (Hrsg.), Mixed Agreements Revisited, 2010, S. 282.

244 *Timmermanns*, in: Dashwood/Hillion (Hrsg.), The General Law of the EC External Relations, 2000, S. 241.

245 Siehe insbesondere *Rosas*, in: Koskenniemi (Hrsg.), International Law Aspects of the EU, 1998, S. 131; *Rosas*, in: Dashwood/Hillion (Hrsg.), The General Law of the EC External Relations, 2000, S. 206; *Nettesheim*, in: von Bogdandy/Bast (Hrsg.), Europäisches Verfassungsrecht, 2009, S. 432; *Scheffler*, Die EU als rechtlich-institutioneller Akteur im System der Vereinten Nationen, 2009, S. 117; *Klamert*, ZöR 2009, 217, 227; Generalanwalt Sharpston, Schlussanträge vom 21.12.2016, Gutachten 2/15, ECLI:EU:C:2016:992, Rn. 78.

246 EuGH, Gutachten vom 04.10.1979, Gutachten 1/78, Naturkautschukübereinkommen, Slg. 1979, 2871, Rn. 56; Urteil vom 19.03.1996, Rs. C-25/94, Kommission/Rat, 1996, I-1469, Rn. 47; Gutachten 1/94, WTO, Slg. 1994, I-5267, Rn. 21; Urteil vom 03.12.1996, Rs. C-268/94, Portugal/Rat, Slg. 1996, I-6177, Rn. 71 ff.; *Rosas*, in: Dashwood/Hillion (Hrsg.), The General Law of the EC External Relations, 2000, S. 204 f.; *Sattler*, Gemischte Abkommen und gemischte Mitgliedschaften der EG und ihrer Mitgliedstaaten, 2007, S. 167 f.; *Mögele*, in: Streinz (Hrsg.), EUV/AEUV, 2012, Art. 216 AEUV, Rn. 40.

nigen Zuständigkeit umfasst werden, einen gemischten Abschluss erforderlich machen ("Pastis-Metapher").[247] Das EuGH Gutachten 2/15, wonach schon kleinere Teile eines Abkommens eine mitgliedstaatliche Beteiligung erfordern, stützt diese Ansicht.[248]

Allerdings sind sich der EuGH[249] und die Literatur[250] darüber bewusst, dass eine Beteiligung der EU und der Mitgliedstaaten an völkerrechtlichen Abkommen bzw. internationalen Organisationen aus völkerrechtlichen und politischen Gründen nicht immer möglich ist.[251] Eine gemischte Kompetenz muss nach Ansicht des EuGH nicht rechtlich zwingend zu einem gemischten Abkommen führen, da entsprechende "fremde" Kompetenzen ausnahmsweise auch über eine Sachwalterschaft[252] durch die Mitgliedstaaten ausgeübt werden können[253].

Umgekehrt ist es für die EU schwierig, als Sachwalter der nationalen Kompetenzen tätig zu werden: Sie ist nur insoweit auf internationaler Ebene handlungsfähig, als ihr die Kompetenzen von den Mitgliedstaaten übertragen werden (Art. 5 Abs. 1 S. 1 EUV). Ebenso muss ihr eine ent-

---

247 Generalanwalt Kokott, Schlussanträge vom 26.3.2009, Rs. C-13/07, Kommission/Rat, ECLI:EU:C:2009:190, Rn. 121. „So wie ein kleiner Tropfen Pastis ein Glas Wasser trüben kann, können auch einzelne, noch so untergeordnete Bestimmungen in einem auf Art. 133 Abs. 5 UA. 1 EGV [jetzt Art. 207 AEUV] gestützten internationalen Vertragswerk den Zwang zum Abschluss eines gemischten Abkommens auslösen." Vgl. auch *Weiß*, DöV 2016, 537, 542; *Cottier*, in: Bungenberg/Herrmann (Hrsg.), Die gemeinsame Handelspolitik der EU, 2016, S. 21 f.

248 Vgl. EuGH, Gutachten vom 16.05.2017, Gutachten 2/15, Freihandelsabkommen Singapur, ECLI:EU:C:2017:376, Rn. 239 ff.

249 EuGH, Gutachten vom 19.03.1993, Gutachten 2/91, ILO-Konvention, Slg. 1993, I-1061, Rn. 37; Urteil vom 12.02.2009, Rs. C-45/07, Kommission/Griechenland, Slg. 2009, I-701, Rn. 31.

250 *Rosas*, in: Dashwood/Hillion (Hrsg.), The General Law of the EC External Relations, 2000, S. 206.

251 Vgl. z.B. Art. 1 Abs. 2 IAO-Verfassung, BGBl. 1957 II, 317; siehe auch *Nettesheim*, in: von Bogdandy/Bast (Hrsg.), Europäisches Verfassungsrecht, 2009, S. 434; *Weiß*, in: von Arnauld (Hrsg.), Europäische Außenbeziehungen, 2014, § 10, Rn. 146.

252 Siehe zur Sachwalterschaft § 2 Teil B.I.2.

253 EuGH, Gutachten vom 19.03.1993, Gutachten 2/91, ILO-Konvention, Slg. 1993, I-1061, Rn. 37; EuGH, Urteil vom 12.02.2009, Rs. C-45/07, Kommission/Griechenland, Slg. 2009, I-701, Rn. 31; so auch *Nettesheim*, in: von Bogdandy/Bast (Hrsg.), Europäisches Verfassungsrecht, 2009, S. 434; *Weiß*, in: von Arnauld (Hrsg.), Europäische Außenbeziehungen, 2014, § 10, Rn. 146.

sprechende (begrenzte) Völkerrechtssubjektivität von der internationalen Gemeinschaft zuerkannt werden. Demgegenüber verlieren die Mitgliedstaaten als souveräne Völkerrechtssubjekte durch eine Übertragung der Zuständigkeiten an die Union nicht ihre Kompetenz, nach außen zu handeln. Sie besitzen aufgrund ihrer Souveränität eine unveräußerliche Vertragsschlussfähigkeit und werden nur hinsichtlich des völkerrechtlichen „Dürfens" bzgl. der EU übertragenen Kompetenzen beschränkt.[254] Ein Handeln der Mitgliedstaaten auf völkerrechtlicher Ebene im Bereich ausschließlicher EU-Außenkompetenzen verstößt demnach nur gegen Unionsrecht.[255]

Zusammenfassung:

Die EU und die Mitgliedstaaten sind im Falle einer gemischten Kompetenz unionsrechtlich verpflichtet, ein gemischtes Abkommen abzuschließen. Im Umkehrschluss müssen gemischte Abkommen abgeschlossen werden, sofern nicht ausschließlich die EU für den gesamten Sachbereich des Abkommens zuständig ist.[256] Ob andere Völkerrechtssubjekte und die völkerrechtlichen Regelungen einen gemeinsamen Abschluss durch die EU und die Mitgliedstaaten zulassen, ist von den unionsrechtlichen Vorgaben zu unterscheiden. Eine Sachwalterschaft ist in den Fällen unionsrechtlich gerechtfertigt, in denen ein gemischtes Abkommen trotz gemischter Zuständigkeiten nicht zustande kommt.

Sofern ein gemischtes Abkommen eine internationale Organisation gründet bzw. einer internationalen Organisation beitritt, wird die Beteiligung der EU und der Mitgliedstaaten als komplementäre, parallele[257] oder

---

254 *Repasi*, EuR 2013, 45, 50.
255 *Nettesheim*, in: von Bogdandy/Bast (Hrsg.), Europäisches Verfassungsrecht, 2009, S. 433.
256 Generalanwalt Sharpston, Schlussanträge vom 21.12.2016, Gutachten 2/15, ECLI:EU:C:2016:992, Rn. 556, 564.
257 *Herrmann*, in: Bauschke u.a. (Hrsg.), Pluralität des Rechts, 2002, S. 140; *Kokott*, in: Streinz (Hrsg.), EUV/AEUV, 2012, Art. 220 AEUV, Rn. 38; *Odendahl*, in: von Arnauld (Hrsg.), Europäische Außenbeziehungen, 2014, § 5, Rn. 63; *Lorz/Meuers*, in: von Arnauld (Hrsg.), Europäische Außenbeziehungen, 2014, § 2, Rn. 44; *Herrmann/Streinz*, in: von Arnauld (Hrsg.), Europäische Außenbeziehungen, 2014, § 11, Rn. 57; *Weiß*, in: von Arnauld (Hrsg.), Europäische Außenbezie-

gemischte[258] Mitgliedschaft bezeichnet. In Anlehnung an den Begriff der gemischten Zuständigkeit bietet es sich im Sinne einer einheitlichen Begriffsverwendung an, von einer gemischten Mitgliedschaft in einer internationalen Organisation zu sprechen.

b) Geteilte Zuständigkeit

Auch bei geteilten (Außen-)Zuständigkeiten i.S.v. Art. 2 Abs. 2 AEUV i.V.m. Art. 216 Abs. 1 AEUV stellt sich die Frage nach gemischten Abkommen. Die Kompetenz liegt bei geteilter Zuständigkeit gemäß Art. 2 Abs. 2 AEUV bei den Mitgliedstaaten, „sofern" und „soweit" die EU ihre Zuständigkeit nicht ausgeübt hat. Ab dem Zeitpunkt der Zuständigkeitsausübung („unionale Aktivierung"[259]) durch die EU geht diese im Regelungsbereich auf die Union über. Die Sperrwirkung, die durch die Ausübung der EU-Kompetenz entsteht, zieht allerdings keinen generellen Kompetenzverlust der Mitgliedstaaten nach sich.[260] Da die Mitgliedstaaten – unabhängig von der Kompetenzübertragung an die EU – souveräne Staaten sind, besitzen sie theoretisch nach wie vor die Kompetenz zur Eingehung völkerrechtlicher Verpflichtungen. Dies gilt auch für die übertragenen Bereiche. Die Mitgliedstaaten würden in dieser Hinsicht allerdings gegen Unionsrecht, insbesondere Art. 4 Abs. 3 EUV und Art. 2 Abs. 2 AEUV, verstoßen.

Der EuGH hat sich im Singapur-Gutachten dahingehend geäußert, dass eine abstrakte geteilte Zuständigkeit ein gemischtes Abkommen erforderlich macht. Er hat sich allerdings nicht mit der Frage auseinander gesetzt,

---

hungen, 2014, § 10, Rn. 147; *Streinz*, Europarecht, 2016, Rn. 1204; BVerfGE 123, 267, 420.

258 *Schermers*, in: FS Mosler, 1983, S. 836; *Sack*, in: GS Grabitz, 1995, S. 640; *Odendahl*, in: von Arnauld (Hrsg.), Europäische Außenbeziehungen, 2014, § 5, Rn. 63; *Kadelbach*, in: von Arnauld (Hrsg.), Europäische Außenbeziehungen, 2014, § 4, Rn. 85; *Weiß*, in: von Arnauld (Hrsg.), Europäische Außenbeziehungen, 2014, § 10, Rn. 149.

259 *Mayer*, Stellt das geplante Freihandelsabkommen der EU mit Kanada (CETA) ein gemischtes Abkommen dar?, S. 6; https://www.bmwi.de/Redaktion/DE/Downloa ds/C-D/ceta-gutachten-einstufung-als-gemischtes-abkommen.html, 22.03.2018; so auch *Klamert*, ZöR 2009, 217, 227.

260 *Nettesheim*, in: von Bogdandy/Bast (Hrsg.), Europäisches Verfassungsrecht, 2009, S. 424; *Schwichtenberg*, Die Kooperationsverpflichtung der Mitgliedstaaten der EU bei Abschluss und Anwendung gemischter Verträge, 2014, S. 116.

ob nun die EU oder die Mitgliedstaaten im konkreten Fall die Kompetenz besitzen.[261] Bei geteilter Zuständigkeit müssen, unabhängig von der Art der Kompetenz, vier Situationen unterschieden werden, um die Frage nach der Notwendigkeit eines gemischten Abkommens zu klären: geteilte Kompetenz ohne unionale Aktivierung, mit unionaler Teilharmonisierung, mit unionaler Vollharmonisierung und mit unionaler Deaktivierung. Im Ausgangsfall liegt die Kompetenz aufgrund fehlender „unionaler Aktivierung" bei den Mitgliedstaaten (aa)). Sodann kann die Union gesetzgeberisch teilharmonisierend („soweit") tätig werden, sodass Regelungsbereiche in die alleinige Zuständigkeit der Union fallen und die Mitgliedstaaten lediglich Restkompetenzen besitzen (bb)). Von dieser Konstellation ist die Vollharmonisierung durch die Union zu unterscheiden (cc)), sofern die EU die gesamte Sachmaterie unionsrechtlich geregelt hat. Darüber hinaus könnte die EU gemäß Art. 2 Abs. 2 S. 3 AEUV ihre ausschließliche Kompetenz wieder deaktivieren, sodass je nach Reichweite der Deaktivierung („soweit") die Mitgliedstaaten wieder zuständig wären (dd)).

aa) Geteilte Zuständigkeit ohne unionale Aktivierung

„Sofern" die Union von der geteilten Zuständigkeit noch keinen Gebrauch gemacht hat, liegt die Kompetenz sowohl intern als auch extern bei den Mitgliedstaaten. Schließen die Mitgliedstaaten im Fall der geteilten Zuständigkeit völkerrechtliche Verträge, so sind sie sowohl intern als auch extern zum alleinigen Abschluss berechtigt. Die EU besitzt mangels Aktivierung keine Kompetenz in den entsprechenden Regelungsbereichen, sodass die Mitgliedstaaten die alleinige Vertragsschlusskompetenz innehaben. Allerdings kann die EU die Innenkompetenz durch Gesetzgebungstätigkeit ausüben. Dann entsteht aus der geteilten Innenzuständigkeit eine geteilte Außenkompetenz gemäß Art. 216 Abs. 1 Var. 2-5 AEUV. Unter den Voraussetzungen des Art. 3 Abs. 2 AEUV kann darüber hinaus eine ausschließliche Zuständigkeit vorliegen, insbesondere wenn die EU ihre interne Zuständigkeit noch nicht ausgeübt hat (Art. 3 Abs. 2 Var. 2 AEUV). Die EU wird dann auch im Bereich bereits abgeschlossener Abkommen (ausschließlich) zuständig.

---

261 EuGH, Gutachten vom 16.06.2017, Gutachten 2/15, Freihandelsabkommen Singapur, ECLI:EU:C:2017:376, Rn. 239 ff.

Die Aktivierung der Kompetenz durch die Union ist ein rein interner Vorgang, der zunächst keinen Einfluss auf bestehende völkerrechtliche Abkommen hat. Anfängliche Member-States-Only-Abkommen im Bereich geteilter Kompetenzen würden in diesem Fall zur Situation führen, dass die EU trotz „herangewachsener" Außenkompetenz nicht Vertragspartner des Abkommens ist. Die EU wäre dann auf eine Sachwalterschaft durch die Mitgliedstaaten angewiesen bzw. müsste sich nachträglich um einen (zeitaufwändigen) Beitritt bemühen.

Rein kompetenzrechtlich betrachtet sind die Mitgliedstaaten im Falle fehlender unionaler Aktivierung nicht auf die EU angewiesen und können entsprechende Abkommen ohne EU-Beteiligung abschließen. Umgekehrt ist eine geteilte Außenkompetenz der EU als solche für ein EU-Only-Abkommen nicht ausreichend, da die EU erst unter den Voraussetzungen des Art. 216 Abs. 1 AEUV und des Art. 3 Abs. 2 AEUV zum alleinigen Abschluss berechtigt ist. Die mögliche Kompetenzverschiebung zugunsten der EU führt nicht zwingend zur alleinigen Vertragsschlusskompetenz. Ohne unionale Aktivierung verbleibt die Kompetenz auch im Bereich des Außenhandelns bei den Mitgliedstaaten (vgl. Art. 2 Abs. 2 S. 2 AEUV).

Aufgrund der Möglichkeit der unionalen Aktivierung und der damit einhergehenden Ungewissheit über die Zuständigkeitsverschiebung ist allerdings ein gemischter Abschluss sinnvoll[262].[263] Wenn völkerrechtliche Verträge ohne kompetenzrechtlichen Grund, wie im vorliegenden Fall, als gemischte Abkommen geschlossen werden, handelt es sich um sog. optio-

---

262 *Scheffler*, Die EU als rechtlich-institutioneller Akteur im System der Vereinten Nationen, 2009, S. 119.
263 Siehe zur Zulässigkeit fakultativ gemischter Abkommen § 2 Teil B.II.3.

nale,[264] falsche,[265] unechte,[266] quasi,[267] freiwillige[268] bzw. fakultative[269] gemischte Abkommen. Hier ist ein Zusammenwirken von EU und Mitgliedstaaten zur Kompetenzergänzung nicht notwendig, um eine umfassende völkerrechtliche Handlungsfähigkeit der zur Kompetenzausübung Berechtigten herzustellen.[270]

bb) Unionale Teilharmonisierung

Hat die Union von der geteilten Innenkompetenz insofern Gebrauch gemacht, als sie eine Teilharmonisierung in bestimmten Regelungsbereichen vorgenommen hat, ergibt sich folgende Situation: Sobald die Ausübung der Innenkompetenz Variante 2, 3, 4 oder 5 von Art. 216 Abs. 1 AEUV erfüllt, besteht zugleich eine geteilte implizite Außenkompetenz. Diese stellt darüber hinaus die unionale Aktivierung der geteilten Zuständigkeit dar. Erfüllt die Ausübung der Innenkompetenz zugleich auch die Voraussetzung von Art. 3 Abs. 2, fällt der teilharmonisierte Bereich in die ausschließliche EU-Zuständigkeit (vgl. Art. 3 Abs. 2 AEUV). Dies bedeutet, dass die Mitgliedstaaten an entsprechenden außenpolitischen Maßnahmen gehindert sind (Art. 2 Abs. 1 AEUV).

---

264 *Rosas*, in: Dashwood/Hillion (Hrsg.), The General Law of the EC External Relations, 2000, S. 206.

265 *Schermers*, in: O'Keeffe/Schermers (Hrsg.), Mixed Agreements, 1983, S. 27 f.; *Timmermanns*, in: Dashwood/Hillion (Hrsg.), The General Law of the EC External Relations, 2000, S. 241; *Rosas*, in: Dashwood/Hillion (Hrsg.), The General Law of the EC External Relations, 2000, S. 203, 205.

266 *Wuermeling*, Kooperatives Gemeinschaftsrecht, 1988, S. 215, Fn. 5; *Kaiser*, Gemischte Abkommen im Lichte bundesstaatlicher Erfahrungen, 2009, S. 41.

267 *Timmermanns*, in: Dashwood/Hillion (Hrsg.), The General Law of the EC External Relations, 2000, S. 241.

268 *Passos*, in: Hillion/Koutrakos (Hrsg.), Mixed Agreements Revisited, 2010, S. 282.

269 *Rosas*, in: Koskenniemi (Hrsg.), International Law Aspects of the EU, 1998, S. 131; *Rosas*, in: Dashwood/Hillion (Hrsg.), The General Law of the EC External Relations, 2000, S. 206; *Kaiser*, Gemischte Abkommen im Lichte bundesstaatlicher Erfahrungen, 2009, S. 41; *Klamert*, ZöR 2009, 217, 228; *Gatti/Manzini*, CMLRev 2012, 1703, 1711; *Schwichtenberg*, Die Kooperationsverpflichtung der Mitgliedstaaten der EU bei Abschluss und Anwendung gemischter Verträge, 2014, S. 52; *Mayr*, EuR 2015, 575, 583.

270 Siehe zur Zulässigkeit fakultativ gemischter Abkommen § 2 Teil B.II.3.

Der nicht harmonisierte Teilbereich verbleibt außenkompetenzrechtlich komplett bei den Mitgliedstaaten oder gehört unter den Voraussetzungen des Art. 216 Abs. 1 Var. 2-5 AEUV zur Außenkompetenz der EU.

Die unionale Teilharmonisierung führt zur Situation, dass weder die EU, noch die Mitgliedstaaten die vollständige Kompetenz zum Abschluss eines völkerrechtlichen Abkommens besitzen. Eine entsprechende Ausübung der Außenkompetenzen bei unionaler Teilharmonisierung bedeutet, dass die jeweiligen Außenkompetenzen gemeinsam ausgeübt werden müssen. Durch additives Zusammenwirken der einzelnen Außenzuständigkeiten können die gesamten Sachbereiche eines etwaigen völkerrechtlichen Vertrages und die einzelnen Kompetenzdefizite abgedeckt werden. Es handelt sich dann nicht mehr um einen reinen Fall geteilter Zuständigkeit, sondern um eine Kombination aus geteilter Zuständigkeit, die weiterhin den Mitgliedstaaten verbleibt, und ausschließlicher unionaler Zuständigkeit (vgl. Art. 3 Abs. 2 AEUV).

Diese kompetenzrechtliche Situation entspricht der gemischten Zuständigkeit.[271] Eine gemischte (Außen-)Zuständigkeit von EU und Mitgliedstaaten muss sich im Rahmen des völkerrechtlichen Handelns widerspiegeln, sodass ein gemischtes Abkommen rechtlich notwendig ist. Denn weder die EU noch die Mitgliedstaaten besitzen die alleinige Außenkompetenz. Falls die EU an einzelnen völkerrechtlichen Abkommen nicht beteiligt werden kann, kommt wie bei den gemischten Kompetenzen eine Sachwalterschaft durch die Mitgliedstaaten als unionsrechtlich gerechtfertigte Ausnahme in Betracht.[272]

cc) Unionale Vollharmonisierung

„Sofern" und „soweit" die Union Materien geteilter Innenzuständigkeit vollumfänglich gesetzgeberisch geregelt hat, muss im Hinblick auf eine Außenkompetenz danach differenziert werden, ob die Voraussetzungen von Art. 216 Abs. 1 und Art. 3 Abs. 2 AEUV vorliegen. Sind die Voraussetzungen von Art. 216 Abs. 1 Var. 1-5 AEUV erfüllt, liegt eine geteilte Außenzuständigkeit vor. Diese wird unter den weiteren Voraussetzungen von Art. 3 Abs. 2 AEUV zu einer ausschließlichen EU-Außenkompetenz.

---

271 Siehe zur gemischten Zuständigkeit § 2 Teil B.II.1.a).
272 Siehe zur Sachwalterschaft § 2 Teil B.I.2.

Nur bei einer ausschließlichen EU-Außenkompetenz gemäß Art. 3 Abs. 2 AEUV oder der Aktivierung ihrer geteilten Zuständigkeit nach Art. 216 Abs. 1 Var. 2-5 AEUV besteht kein materiell-rechtlicher Grund mehr, die Mitgliedstaaten an einem völkerrechtlichen Abkommen zu beteiligen. Die Union ist hierbei intern und dementsprechend auch extern vollumfänglich handlungsfähig. Insofern besteht eine Parallelität von Innen- und Außenkompetenz. Die EU kann dann ein reines EU-Only-Abkommen mit Dritten abschließen, da den Mitgliedstaaten keinerlei Kompetenzen verbleiben.

dd) Unionale Deaktivierung

Art. 2 Abs. 2 S. 3 AEUV sieht die Möglichkeit vor, dass die EU ihre Kompetenz nach ausgeübter Teil- oder Vollharmonisierung wieder an die Mitgliedstaaten zurück übertragen kann. Diese Konstellation sollte angesichts derzeitiger Vorbehalte gegenüber den weitreichenden Kompetenzen der EU nicht vernachlässigt werden. Ebenso sollte eine Rückübertragung durch eine Deaktivierung oder durch eine Vertragsänderung nicht ausgeschlossen werden. Es könnte sich daher die Konstellation ergeben, dass die Mitgliedstaaten trotz ihrer reaktivierten Kompetenz nicht an völkerrechtlichen Abkommen beteiligt sind. Zum Beispiel, wenn die Union EU-Only-Abkommen abgeschlossen hat und ihre Vertragsschlusszuständigkeit nachträglich wegfällt. Die EU ist in dieser Konstellation unionsrechtlich mit Bezug auf ihre partielle Völkerrechtsfähigkeit nicht mehr berechtigt, an entsprechenden völkerrechtlichen Verträgen teilzunehmen, da ihr gemäß dem Prinzip der begrenzten Einzelermächtigung (Art. 5 Abs. 1 S. 1 EUV) keine Kompetenz – weder intern noch extern – zusteht. Diese Situation könnte zu einem Vakuum führen: Die Mitgliedstaaten müssten sich erst noch um entsprechende Verhandlungen und Abschlüsse bemühen, um die EU auf internationaler Ebene zu ersetzen. Dieser ungünstigen Situation könnten die EU und die Mitgliedstaaten mit einem fakultativ gemischten Abkommen vorbeugen.[273] Darüber hinaus könnte die EU ihre Kompetenz erst dann deaktivieren, wenn die Mitgliedstaaten dem entsprechenden Abkommen beigetreten sind. Gegen einen gleichzeitigen Austritt

273 Siehe zur Frage der Zulässigkeit fakultativ gemischter Abkommen § 2 Teil B.II.3.

der EU aus den entsprechenden Abkommen spricht allerdings die Möglichkeit, dass die EU ihre Kompetenz jederzeit wieder aktivieren kann.

ee) Zusammenfassung: Geteilte Zuständigkeit

Wenn die EU ihre Kompetenz im Rahmen geteilter Innenzuständigkeiten noch nicht aktiviert hat (aa)), besitzen die Mitgliedstaaten die Außenkompetenz. Die Kompetenzverteilung ist dann klar aufgeteilt und rechtfertigt aus rein kompetenzrechtlicher bzw. materiell-rechtlicher Sicht kein gemischtes Abkommen. Der Grundsatz loyaler Zusammenarbeit gebietet allerdings eine Berücksichtigung der EU-Interessen im Hinblick auf eine Kompetenzverschiebung und spätere Beteiligung der EU.[274] Im Falle unionaler Teilharmonisierung (bb)) ist ein gemischtes Abkommen materiell-rechtlich notwendig, da es sich um eine gemischte Kompetenz handelt. Hat die EU im Innenverhältnis eine Vollharmonisierung vorgenommen, sodass die Voraussetzungen der Art. 216 Abs. 1 Var. 2-5 und/oder Art. 3 Abs. 2 AEUV erfüllt sind, sind gemischte Abkommen unionsrechtlich nicht notwendig (cc)). Eine unionale Deaktivierung kann im Einzelfall dazu führen, dass gemischte Abkommen wieder erforderlich werden (dd)).

Die differenzierte Darlegung der verschiedenen Kompetenzsituationen zeigt, dass die Notwendigkeit von gemischten Abkommen im Hinblick auf die verschiedenen Kompetenzsituationen variieren kann. Ob gemischte Abkommen unionsrechtlich notwendig sind, bedarf deshalb der genauen Beurteilung eines (geplanten) völkerrechtlichen Abkommens. Angesichts der Möglichkeit der Kompetenzverschiebung durch innerunionale Gesetzgebungstätigkeiten der EU, wodurch die Voraussetzungen von Art. 216 Abs. 1 Var. 2-5 AEUV und Art 3 Abs. 2 AEUV erfüllt werden und eine Verschiebung der Außenkompetenz eintreten kann, besteht die Gefahr, dass sich die Außenkompetenz nicht in der Beteiligung an völkerrechtlichen Abkommen widerspiegelt. Diesem Umstand könnte nur dadurch entgegengewirkt werden, wenn die EU und die Mitgliedstaaten unabhängig von der Kompetenzverteilung (fakultativ) gemischte Abkommen abschließen.[275]

---

274 EuGH, Urteil vom 14.06.1976, verb. Rs. 3/76, 4/76 und 6/76, *Cornelius Kramer u.a.*, Slg. 1976, 1279, Rn. 44/45; *Schmalenbach*, in: Calliess/Ruffert (Hrsg.) EUV/AEUV, 2016, Art. 216 AEUV, Rn. 22.
275 Siehe zur Frage der Zulässigkeit fakultativ gemischter Abkommen § 2 Teil B.II.3.

c) Weitere Zuständigkeitsarten

Die Frage nach der Notwendigkeit gemischter Abkommen stellt sich auch im Bereich paralleler Zuständigkeiten gemäß Art. 4 Abs. 3 und 4 AEUV als Unterfall geteilter Zuständigkeit. In diesen Fällen führt die unionale Kompetenzaktivierung nicht dazu, dass die Mitgliedstaaten ihre Kompetenz nicht mehr ausüben dürfen. Das Unionsrecht kann im Einzelfall kollisionsrechtliche Vorrangwirkung erfahren.[276] Bei der parallelen Zuständigkeit können die EU und die Mitgliedstaaten gemischte Abkommen abschließen, um die interne Kompetenzverteilung nach außen abzubilden und gleichzeitig die völkerrechtlichen Pflichten entsprechend der internen Zuständigkeiten einzugehen. Sofern ein völkerrechtliches Abkommen eine internationale Organisation darstellt, handelt es sich bei einer Beteiligung der EU und der Mitgliedstaaten um eine zusätzliche, unabhängige Mitgliedschaft.[277]

Die Unterstützungs-, Koordinierungs- und Ergänzungsmaßnahmen der EU spielen für das Außenhandeln der EU und ihrer Mitgliedstaaten keine Rolle. Sie stellen gemäß Art. 2 Abs. 5 AEUV weniger eine Rechtssetzungskompetenz im engeren Sinne als vielmehr Formen der finanziellen Förderung mitgliedstaatlichen Handelns dar.[278] Eine entsprechende Erörterung im Hinblick auf materielle Gründe für gemischte Abkommen erübrigt sich demnach.

2. Politische und finanzielle Gründe für gemischte Abkommen

Gemischte Abkommen werden in der Praxis unabhängig von der Kompetenzverteilung aus politischen oder finanziellen Gründen abgeschlossen.

Neben den materiellen Gründen existieren wie erwähnt auch politische Motive. Zum einen favorisieren Drittstaaten gemischte Abkommen.[279]

---

276 *Nettesheim*, in: Grabitz/Hilf/Nettesheim (Hrsg.), EUV/AEUV, 60. Ergänzungslieferung 2016, Art. 2 AEUV, Rn. 33.

277 *Schermers*, in: FS Mosler, 1983, S. 831 f.; *Frid*, The Relations Between the EC and International Organizations, 1995, S. 215.

278 *Lorz/Meuers*, in: von Arnauld (Hrsg.), Europäische Außenbeziehungen, 2014, § 2, Rn. 31.

279 *Lenaerts/van Nuffel*, European Union Law, 2011, Rn. 26-015; *Weiß*, in: von Arnauld (Hrsg.), Europäische Außenbeziehungen, 2014, § 10, Rn. 139; a.A. *Ehlermann*, in: O'Keeffe/Schermers, Mixed Agreements, 1983, S. 4; *Schwichten-*

Zum anderen bestehen insbesondere die Mitgliedstaaten, selbst bei ausschließlich unionalen Kompetenzen, auf einem Verbleib, da sie die Ersetzung durch die EU auf internationaler Ebene befürchten.[280] Demgegenüber ist die EU bestrebt, ihre internationale Wahrnehmung durch die Beteiligung an völkerrechtlichen Abkommen zu erhöhen. Ungeachtet der Kompetenzverteilung zwischen der EU und den Mitgliedstaaten kann eine Mitgliedschaft aller Mitgliedstaaten und der EU zu einer Stimmenerhöhung in den Gremien gemischter Abkommen führen (insgesamt also 29)[281] und so das politische Gewicht und den Einfluss erhöhen. Mit dem Verbleib der Mitgliedstaaten kann allerdings auch einem etwaigen Stimmenverlust im Falle eines Austritts der Mitgliedstaaten vorgebeugt werden.[282] Mitunter kann ein gemischter Abschluss zudem einen zusätzlichen Legitimationseffekt nach innen bewirken und die Akzeptanz eines völkerrechtlichen Abkommens stärken.[283]

In Anlehnung an die materiellen Gründe kann, wie häufig in der Praxis, eine unklare bzw. umstrittene Kompetenzverteilung zwischen der EU und den Mitgliedstaaten zum gemischten Abschluss führen.[284] Eine detaillierte

---

berg, Die Kooperationsverpflichtung der Mitgliedstaaten der EU bei Abschluss und Anwendung gemischter Verträge, 2014, S. 50 f.

280 *Ehlermann*, in: O'Keeffe/Schermers, Mixed Agreements, 1983, S. 6; *Sack*, CML-Rev 1995, 1227, 1233; *Kaiser*, Gemischte Abkommen im Rahmen bundesstaatlicher Erfahrungen, 2009, S. 36; *Nettesheim*, in: von Bogdandy/Bast (Hrsg.), Europäisches Verfassungsrecht, 2009, S. 434; *Scheffler*, Die EU als rechtlich-institutioneller Akteur im System der Vereinten Nationen, 2009, S. 119; *Eeckhout*, EU External Relations Law, 2011, S. 221, 223; *Schwichtenberg*, Die Kooperationsverpflichtung der Mitgliedstaaten der EU bei Abschluss und Anwendung gemischter Verträge, 2014, S. 47; *van Vooren/Wessel*, EU External Relations Law, 2014, S. 56; *Koutrakos*, EU International Relations Law, 2015, S. 164.

281 Vgl. z.B. Madrider Verband und Europäische Bank für Wiederaufbau und Entwicklung (EBWE), *Odendahl*, in: von Arnauld (Hrsg.) Europäische Außenbeziehungen, 2014, § 5, Rn. 60 f.

282 *Ehlermann*, in: O'Keeffe/Schermers, Mixed Agreements, 1983, S. 6 f.; *Scheffler*, Die EU als rechtlich-institutioneller Akteur im System der Vereinten Nationen, 2009, S. 119; *Lenaerts/van Nuffel*, European Union Law, 2011, Rn. 26-015.

283 *Mayer*, Stellt das geplante Freihandelsabkommen der EU mit Kanada (CETA) ein gemischtes Abkommen dar?, S. 25; https://www.bmwi.de/Redaktion/DE/Downloads/C-D/ceta-gutachten-einstufung-als-gemischtes-abkommen.html, 22.03.2018.

284 *Bleckmann*, in: O'Keeffe/Schermers, Mixed Agreements, 1983, S. 155; *Klamert*, ZöR 2009, 217, 226; *Kaiser*, Gemischte Abkommen im Lichte bundesstaatlicher Erfahrungen, 2009, S. 36; *Gatti/Manzini*, CMLRev 2012, 1703, 1711 f.; *Haag*, in: Bieber/Epiney/Haag (Hrsg.), Die Europäische Union, 2015, § 33, Rn. 19.

verbindliche Analyse der Kompetenzverteilung ist nämlich nur über ein Gutachten des EuGH gemäß Art. 218 Abs. 11 AEUV zu erreichen. Ein Gutachtenverfahren kann zum einen längere Zeit in Anspruch nehmen, sodass die Verhandlungen bis zur endgültigen Klärung ins Stocken geraten würden.[285] Zum anderen kann ein Gutachten des EuGH politisch nicht gewollt sein, da ein negatives Gutachten eine Vertragsänderung nach sich ziehen könnte.[286]

Letztlich rechtfertigen auch Finanzierungspflichten der Mitgliedstaaten gemischte Abkommen.[287] Die Notwendigkeit der Beteiligung der Mitgliedstaaten wurde insbesondere aus dem Gutachten 1/78[288] gefolgert und durch das Lomé-Urteil konkretisiert.[289] Maßgeblich für eine Beteiligung ist demnach die Frage, ob der EU oder den Mitgliedstaaten die Aufbringung der Finanzmittel obliegt.[290] Trotz der Einführung von finanziellen EU-Eigenmitteln wurden vor allem im Bereich der Entwicklungspolitik gemischte Abkommen abgeschlossen.[291] Grund hierfür ist die Tatsache, dass der EuGH eine zwingende Beteiligung der Mitgliedstaaten vorsieht, wenn Gremien gemischter Abkommen über finanzielle Handlungsinstrumente – wie etwa Entwicklungshilfe – verfügen und nicht auf eine Verwaltung der Mitgliedsbeiträge beschränkt sind.[292] Der Abschluss eines gemischten Abkommens aufgrund einer gemeinsamen Finanzierung ist –

---

285 *Kaiser*, Gemischte Abkommen im Rahmen bundesstaatlicher Erfahrungen, 2009, S. 36 f.; *Schwichtenberg*, Die Kooperationsverpflichtung der Mitgliedstaaten der EU bei Abschluss und Anwendung gemischter Verträge, 2014, S. 49 f.

286 *Kaiser*, Gemischte Abkommen im Rahmen bundesstaatlicher Erfahrungen, 2009, S. 36 f.

287 *Kaiser*, Gemischte Abkommen im Rahmen bundesstaatlicher Erfahrungen, 2009, S. 39; *Lenaerts/van Nuffel*, European Union Law, 2011, Rn. 26-015; *Streinz*, in: Streinz (Hrsg.), EUV/AEUV, 2012, Art. 216 AEUV, Rn. 39; *Weiß*, in: von Arnauld (Hrsg.), Europäische Außenbeziehungen, 2014, § 10, Rn. 141.

288 EuGH, Gutachten vom 04.10.1979, Gutachten 1/78, Internationales Naturkautschukübereinkommen, Slg. 1979, 2871.

289 EuGH, Urteil vom 02.03.1994, Rs. C-316/91, Parlament/Rat, Slg. 1994, I-653.

290 *Kaiser*, Gemischte Abkommen im Rahmen bundesstaatlicher Erfahrungen, 2009, S. 40.

291 *Kaiser*, Gemischte Abkommen im Rahmen bundesstaatlicher Erfahrungen, 2009, S. 39 f.

292 EuGH, Gutachten vom 15.11.1994, Gutachten 1/94, WTO, Slg. 1994, I-5267, Rn. 21; so auch *Scheffler*, Die EU als rechtlich-institutioneller Akteur im System der Vereinten Nationen, 2009, S. 117; *Schwichtenberg*, Die Kooperationsverpflichtung der Mitgliedstaaten der EU bei Abschluss und Anwendung gemischter Verträge, 2014, S. 46.

sofern nicht zusätzlich eine gemischte Zuständigkeit vorliegt – nur als politischer und nicht als rechtlicher Grund anzusehen.

Die auf politischen und finanziellen Gründen basierenden gemischten Abkommen werden als optionale,[293] falsche,[294] unechte,[295] quasi,[296] freiwillige[297] bzw. fakultativ[298] gemischte Abkommen bezeichnet. Eine Beteiligung der EU und der Mitgliedstaaten ist hierbei unionsrechtlich nicht notwendig. Es handelt sich in der Regel um eine ideelle Beteiligung der Mitgliedstaaten. Ausgehend von der hier vertretenen formellen Definition fallen aber auch diese völkerrechtlichen Verträge unter den Begriff eines gemischten Abkommens. Im Folgenden werden sie auf ihre unionsrechtliche Zulässigkeit hin untersucht.

3. Zulässigkeit fakultativ gemischter Abkommen

Die Erläuterung der Gründe, die zum Abschluss gemischter Abkommen führen, hat aufgezeigt, dass neben obligatorisch gemischten Abkommen auch fakultativ gemischte Abkommen existieren. Die unionsrechtliche Notwendigkeit basiert im Bereich der obligatorisch gemischten Abkommen, wie oben erwähnt, auf der gemischten Zuständigkeit im Hinblick auf den Vertragsgegenstand. Fakultativ gemischte Abkommen hingegen erfor-

---

293 *Rosas*, in: Dashwood/Hillion (Hrsg.), The General Law of the EC External Relations, 2000, S. 206.

294 *Schermers*, in: O'Keeffe/Schermers (Hrsg.), Mixed Agreements, 1983, S. 27 f.; *Timmermanns*, in: Dashwood/Hillion (Hrsg.), The General Law of the EC External Relations, 2000, S. 241; *Rosas*, in: Dashwood/Hillion (Hrsg.), The General Law of the EC External Relations, 2000, S. 203, 205.

295 *Wuermeling*, Kooperatives Gemeinschaftsrecht, 1988, S. 215, Fn. 5; *Kaiser*, Gemischte Abkommen im Lichte bundesstaatlicher Erfahrungen, 2009, S. 41.

296 *Timmermanns*, in: Dashwood/Hillion (Hrsg.), The General Law of the EC External Relations, 2000, S. 241.

297 *Passos,* in: Hillion/Koutrakos (Hrsg.), Mixed Agreements Revisited, 2010, S. 282.

298 *Rosas*, in: Koskenniemi (Hrsg.), International Law Aspects of the EU, 1998, S. 131; *Rosas*, in: Dashwood/Hillion (Hrsg.), The General Law of the EC External Relations, 2000, S. 206; *Kaiser*, Gemischte Abkommen im Lichte bundesstaatlicher Erfahrungen, 2009, S. 41; *Klamert*, ZöR 2009, 217, 228; *Gatti/Manzini*, CMLRev 2012, 1703, 1711; *Schwichtenberg*, Die Kooperationsverpflichtung der Mitgliedstaaten der EU bei Abschluss und Anwendung gemischter Verträge, 2014, S. 52; *Mayr*, EuR 2015, 575, 583.

dern aus unionsrechtlicher Sicht keine Beteiligung der EU und der Mitgliedstaaten. Denn hierbei besitzen entweder die EU oder die Mitgliedstaaten die alleinige Außenkompetenz in Bezug auf den Vertragsgegenstand.

Im Rahmen der fakultativ gemischten Abkommen sind zwei Situationen zu unterscheiden. Es kann sich um ein anfänglich oder nachträglich fakultativ gemischtes Abkommen handeln. Insofern gibt es die Möglichkeit, dass der rechtliche Grund zum Abschluss eines gemischten Abkommens in Form einer gemischten Zuständigkeit der EU und ihrer Mitgliedstaaten nicht von Anfang an besteht. Die andere Variante ist diejenige, dass die Ursache durch eine Kompetenzverschiebung nachträglich wegfällt bzw. zu einer alleinigen Zuständigkeit der EU wird. Bei einem anfänglich fakultativ gemischten Abkommen stellt sich die Frage nach der Zulässigkeit eines gemeinsamen Abschlusses durch EU und Mitgliedstaaten trotz fehlender gemischter Zuständigkeit. Wenn eine Kompetenzverschiebung zugunsten der EU eintritt und dadurch eine alleinige Außenkompetenz der EU entsteht, handelt es sich um ein nachträglich fakultatives Abkommen. Diese Situation wirft in gleicher Weise die Problematik der unionsrechtlichen Zulässigkeit auf.

Da die unionsrechtliche Zulässigkeit von fakultativ gemischten Abkommen von der Art der EU-Außenkompetenz abhängt, wird zunächst auf die Unterschiede zwischen geteilter und ausschließlicher EU-Außenzuständigkeiten eingegangen (a)). Im Anschluss werden etwaige Folgen für bestehende fakultativ gemischte Abkommen beleuchtet (b)). Aus völkerrechtlicher Sicht lassen sich keine Gründe für eine Unzulässigkeit fakultativ gemischter Abkommen erkennen, sodass auf eine nähere Erläuterung hierzu verzichtet wird.

a) Geteilte und ausschließliche EU-Außenzuständigkeiten

Unabhängig von anfänglicher oder nachträglicher Unzuständigkeit der Mitgliedstaaten ist zwischen ausgeübter geteilter (Art. 216 Abs. 1 Var. 2-5 AEUV) und ausschließlicher (Art. 3 Abs. 2 AEUV) EU-Außenkompetenz zu unterscheiden.

Im Falle ausschließlicher unionaler Zuständigkeiten steht Art. 2 Abs. 1 AEUV einer mitgliedstaatlichen Beteiligung entgegen. Danach dürfen die Mitgliedstaaten nur tätig werden, wenn sie von der EU ermächtigt werden oder Unionsrechtsakte durchführen. Insofern wird teilweise angenommen, dass die Mitgliedstaaten auch völkerrechtlich nicht mehr handlungsbefugt seien und eine Beteiligung an völkerrechtlichen Abkommen unionswidrig sei. Begründet wird diese Ansicht neben Art. 2 Abs. 1 AEUV vor allem damit, dass eine gleichzeitige Beteiligung der Mitgliedstaaten der Unionskompetenz deren volle Wirksamkeit beraube.[299] Die Kompetenzbeeinträchtigung liegt zunächst darin, dass das Abkommen von allen Mitgliedstaaten – als formellen Vertragspartnern – unterzeichnet und ratifiziert werden muss, obwohl der Abschluss durch die EU ausreichend wäre. Somit kann es zu erheblichen Verzögerungen oder dem Scheitern gemischter Abkommen kommen. Darüber hinaus muss sich die EU auf der Implementierungsebene gegen die Mitgliedstaaten und Dritte als Ansprechpartner nach außen durchsetzen. Im Anschluss muss sich die EU mit den Mitgliedstaaten entsprechend der völkerrechtlichen Beteiligungs- und Stimmrechte innerhalb der Gremien der gemischten Abkommen koordinieren, wenngleich die Ausübung der Beteiligungsrechte unionsrechtlich betrachtet allein bei der EU liegt. Fakultativ gemischte Abkommen im Bereich ausschließlicher EU-Außenzuständigkeit sind daher nur bei entsprechender Genehmigung durch die EU gemäß Art. 2 Abs. 1 HS. 2 Var. 1 AEUV zulässig.

Sofern die EU die geteilte Außenzuständigkeit gemäß Art. 216 Abs. 1 Var. 2-5 AEUV besitzt, greift Art. 2 Abs. 1 AEUV – da es sich nicht um eine ausschließliche Zuständigkeit handelt – unmittelbar nicht mehr. Allerdings besteht auch bei geteilter EU-Außenzuständigkeit die Gefahr der Kompetenzbeeinträchtigung durch die Mitgliedstaaten. Das Unionsrecht verbietet nicht explizit, aber dennoch implizit, fakultativ gemischte Abkommen, sofern die EU die geteilte Außenkompetenz im Hinblick auf den Vertragsgegenstand innehat. Die Beteiligung der Mitgliedstaaten an einem Abkommen im Bereich geteilter EU-Außenzuständigkeiten muss, wie Art. 2 Abs. 1 HS. 2 Var. 1 AEUV für ausschließliche Zuständigkeiten in Form einer Ermächtigung vorsieht, erst recht hier möglich sein. Das

---

299 *Sattler*, Gemischte Abkommen und gemischte Mitgliedschaften der EG und ihrer Mitgliedstaaten, 2007, S. 169 m.w.N., der den Streitstand umfassend darstellt; *Streinz/Ohler/Herrmann*, Der Vertrag von Lissabon zur Reform der EU, 2010, S. 151; *Weiß*, in: Grabitz/Hilf/Nettesheim (Hrsg.), EUV/AEUV, 60. Ergänzungslieferung 2016, Art. 207 AEUV, Rn. 91; im Ergebnis auch *Nawparwar*, Die Außenbeziehungen der EU zu internationalen Organisationen nach dem Vertrag von Lissabon, 2009, S. 26; *Klamert*, ZöR 2009, 217, 233.

Singapur-Gutachten des EuGH ist insofern nicht eindeutig formuliert.[300] Aus der unklaren Formulierung, dass aus einer geteilten Kompetenz ein gemischtes Abkommen folgt, könnte man schlussfolgern, dass alleine die Art der Kompetenz (geteilte Kompetenz) ein gemischtes Abkommen erforderlich macht. Allerdings muss man die konkrete Kompetenzverteilung auch im Rahmen der geteilten Kompetenz untersuchen und sie im Einzelfall entweder der EU oder den Mitgliedstaaten zuschreiben. Aus der Folgerung des EuGH, dass die Mitgliedstaaten dem Singapur-Abkommen zustimmen müssen, kann man deshalb ableiten, dass Art. 216 Abs. 1 Var. 2-5 AEUV nicht erfüllt ist. Aus einer konkreten Außenkompetenz der Mitgliedstaaten folgt die Notwendigkeit eines gemischten Abkommens – nicht hingegen, wie man aus dem EuGH-Gutachten lesen könnte, aus der rein abstrakt geteilten Kompetenz.

Fakultativ gemischte Abkommen sind unionsrechtlich unzulässig, sofern die EU unter den Voraussetzungen der Art. 216 Abs. 1 Var. 2-5 AEUV und Art. 3 Abs. 2 AEUV die geteilte oder ausschließliche Außenkompetenz besitzt.[301] Es sei denn, es liegt eine Ermächtigung durch die EU vor. Eine fakultative Beteiligung der Mitgliedstaaten hätte trotz des unionalen Ausübungsverbots[302] aufgrund der umfassenden Völkerrechtssubjektivität der Mitgliedstaaten keine Auswirkungen auf die völkerrechtlichen Verpflichtungen, obwohl mitgliedstaatliches völkerrechtliches Handeln gegen Unionsrecht verstößt (insbesondere gegen Art. 2 Abs. 1 AEUV und Art. 4 Abs. 3 EUV).[303]

Sofern die EU trotz geteilter oder ausschließlicher Außenzuständigkeit völkerrechtlich nicht dazu berechtigt ist, an völkerrechtlichen Abkommen

---

300 EuGH, Gutachten vom 16.06.2017, Gutachten 2/15, ECLI:EU:C:2017:376, Rn. 239 ff.
301 Siehe zu den Voraussetzungen der geteilten und ausschließlichen Außenkompetenz der EU sowie der Frage nach der unionsrechtlichen Notwendigkeit eines gemischten Abschlusses § 2 Teil B.II.1.b).
302 So *Frid*, The Relations Between the EC and International Organizations, 1995, S. 323; Generalanwalt Jacobs, Schlussanträge vom 26.10.1995, Rs. C-25/94, Kommission/Rat, Slg. 1996, I-1472, Rn. 64.
303 *Frid*, The Relations Between the EC and International Organizations, 1995, S. 323.

teilzunehmen,[304] können die Mitgliedstaaten als Sachwalter[305] der EU völkerrechtliche Pflichten eingehen, ohne durch die EU ermächtigt sein zu müssen (vgl. Art. 2 Abs. 1 HS. 2 Var. 1 AEUV).[306] Die Mitgliedstaaten sind dann verpflichtet, entsprechend dem Grundsatz loyaler Zusammenarbeit, auf eine Beteiligung an entsprechenden Abkommen hinzuwirken.[307]

b) Folgen für bestehende fakultativ gemischte Abkommen

Neben der unionsrechtlichen Unzulässigkeit fakultativ gemischter Abkommen stellt sich die Frage, wie sich diese auf bestehende gemischte Abkommen auswirkt, die durch eine Kompetenzverschiebung zu fakultativ gemischten Abkommen werden. Ob mit dem unionalen Ausübungsverbot[308] eine Austrittspflicht der Mitgliedstaaten aus bereits bestehenden gemischten Abkommen korreliert, ist umstritten.

Einerseits wird ein Austritt der Mitgliedstaaten als logische Konsequenz[309] angesehen. Jedoch folgert *Pernice* daraus keine rechtliche Pflicht, da die reine Mitgliedschaft der Mitgliedstaaten keinen Einfluss auf die Unionskompetenz haben könne und es bei einem erhöhten Sachverstand und Gesamtgewicht innerhalb des Abkommen bleibe.[310] Der Grundsatz loyaler Zusammenarbeit verpflichtet die Mitgliedstaaten in dieser Situation, die Interessen der Union zu fördern bzw. zu unterstützen und gegebenenfalls Maßnahmen zu unterlassen, die die Verwirklichung der

---

304 Die EU ist z.B. noch kein Mitglied der WZO, obwohl das Zollrecht gemäß Art. 3 Abs. 1 lit. a) i.V.m. Art. 216 Abs. 1 AEUV in die Außenzuständigkeit der EU fällt.

305 Siehe zur Sachwalterschaft § 2 Teil B.I.2.

306 *Kotzur*, in: Geiger/Khan/Kotzur (Hrsg.), EUV/AEUV, 2017, Art. 2 AEUV, Rn. 3; *Pelka*, in: Schwarze u.a. (Hrsg.), EUV/AEUV, 2012, Art. 2 AEUV, Rn. 12; kritisch zur Ausnahme ohne Ermächtigung *Calliess*, in: Calliess/Ruffert (Hrsg.), EUV/AEUV, 2016, Art. 2 AEUV, Rn. 9. Vgl. generell zur Sachwalterschaft § 2 Teil B.I.2.

307 *Odendahl*, in: von Arnauld (Hrsg.), Europäische Außenbeziehungen, 2014, § 5, Rn. 45.

308 So *Frid*, The Relations Between the EC and International Organizations, 1995, S. 323; Generalanwalt Jacobs, Schlussanträge vom 26.10.1995, Rs. C-25/94, Kommission/Rat, Slg. 1996, I-1472, Rn. 64.

309 *Frid*, The Relations Between the EC and International Organizations, 1995, S. 323.

310 *Pernice*, EuR 1991, 273, 280.

Unionsziele gefährden können (vgl. Art. 4 Abs. 3 UA 2 und 3 EUV). Die Mitgliedstaaten sind dann im Rahmen ihrer Arbeit in den entsprechenden Gremien der gemischten Abkommen darauf beschränkt, die EU in Absprache mit dieser zu unterstützen und gegebenenfalls zu schweigen.

Andererseits besteht, wie bereits erläutert, die Möglichkeit der Beeinträchtigung der effektiven Aufgabenwahrnehmung der EU, sobald eine gemischte Beteiligung vorliegt. Die EU muss es aus diesem Grund in der Hand haben, ob sie die Mitgliedstaaten in dieser Situation zum Verbleib gemäß Art. 2 Abs. 1 HS. 2 Var. 1 AEUV (analog) ermächtigt. Ohne Ermächtigung sind die Mitgliedstaaten unionsrechtlich dazu verpflichtet, fakultativ gemischte Abkommen zu verlassen. Falls die EU trotz ihrer unionalen Außenkompetenz (noch) nicht an einem Abkommen beteiligt ist, wäre die EU nach einem etwaigen Austritt der Mitgliedstaaten handlungsunfähig. Diese Situation würde zu erheblichen praktischen Problemen führen, sodass eine Ermächtigung der Mitgliedstaaten durch die EU (Sachwalterschaft) faktisch wohl der schnellste und effektivste Weg ist, eine unionsrechtswidrige Situation aufzulösen. In der Praxis kommt es nur in Einzelfällen vor, dass die Mitgliedstaaten bei ausschließlichen Zuständigkeiten der EU das gemischte Abkommen kündigen.[311]

c) Zusammenfassung: Zulässigkeit fakultativ gemischter Abkommen

Fakultativ gemischte Abkommen sind unionsrechtlich unzulässig, weil sie die Gefahr in sich tragen, die Unionskompetenz zu beeinträchtigen. Da gemischte Abkommen im Allgemeinen nicht nur auf rechtlichen, sondern auch auf politischen und somit „freiwilligen" Gründen beruhen, existieren in der Praxis, unabhängig von der Unzulässigkeit, zahlreiche fakultativ gemischte Abkommen. Politische und taktische Gründe spielen eine wesensimmanente Rolle bei gemischten Abkommen und werden auch in Zukunft nicht völlig ausgeschlossen werden können. In der Praxis besteht die Möglichkeit, dass die Beteiligung der Mitgliedstaaten toleriert oder durch eine Ermächtigung legitimiert wird. Daneben könnte ein Vertragsverletzungsverfahren gegen die Mitgliedstaaten angestrebt werden, um diese zu einem Austritt zu zwingen.

---

311 *Sack*, ZEuS 2001, 267, 277 mit Beispielen aus dem Agrar- und Fischereibereich in Fn. 10.

4. Zusammenfassung: Gründe und Zulässigkeit gemischter Abkommen

Es zeigt sich, dass die Motive, die zu einem gemischten Abkommen führen, umfangreich sind und sich nicht nur auf rechtliche Gründe beschränken. Aus unionsrechtlicher Sicht sind gemischte Abkommen allerdings
nur bei gemischten Zuständigkeiten rechtlich zulässig (obligatorisch
gemischte Abkommen). Sofern die Unionszuständigkeit das gesamte völkerrechtliche Abkommen abdeckt, kommt ein fakultativ gemischtes
Abkommen aus politischen Gründen nur bei entsprechender Genehmigung
durch die EU in Betracht. Allerdings existieren auch fakultativ gemischte
Abkommen ohne EU-Ermächtigung, sodass sich die unionsrechtliche
Zulässigkeit gemischter Abkommen nicht mit der bestehenden Abkom-
menspraxis deckt.

III. Zusammenfassung: Gemischte Abkommen

Gemischte Abkommen nehmen im Rahmen der internationalen Beziehungen der EU und der Mitgliedstaaten eine bedeutende Stellung ein: Sie
umklammern die sachlichen Themen internationaler Zusammenarbeit, die
häufig in die Zuständigkeit der EU und in die der Mitgliedstaaten fallen.
In der Praxis kommen gemischte Abkommen nicht nur im Rahmen einer
gemischten Zuständigkeit vor, sind jedoch unionsrechtlich grundsätzlich
nur im Falle einer gemischten Zuständigkeit zulässig. Durch ein gemischtes Abkommen werden die EU und die Mitgliedstaaten unabhängig von
der internen Kompetenzverteilung völkerrechtlich gebunden und schulden
gemeinsam die Erfüllung der völkerrechtlichen Verpflichtungen. So ergibt
sich allein aus der gemeinsamen externen Bindung die Notwendigkeit
einer Zusammenarbeit bei der Durchführung der gemischten Abkommen.
Unabhängig von der faktischen Notwendigkeit der Zusammenarbeit zwischen der EU und den Mitgliedstaaten verpflichtet Art. 4 Abs. 3 EUV
sowohl die EU als auch die Mitgliedstaaten zur loyalen Zusammenarbeit,
da der Grundsatz auch im Bereich gemischter Abkommen Anwendung
findet.[312] Wie die Loyalitätspflichten zwischen der EU und den Mitgliedstaaten im Rahmen der Verhandlung, der Unterzeichnung, des Abschlus-

---

312 Siehe zum Anwendungsbereich loyaler Zusammenarbeit § 2 Teil A.III. und IV.

ses und der Durchführung gemischter Abkommen konkret ausgestaltet sind, wird im nächsten Kapitel untersucht.

C. Loyale Zusammenarbeit bei Verhandlung, Unterzeichnung, Abschluss und Durchführung gemischter Abkommen

Nachdem die Grundlagen loyaler Zusammenarbeit und gemischter Abkommen erörtert wurden, werden im Folgenden der Einfluss und die konkrete Ausgestaltung der Zusammenarbeitspflichten im Rahmen der Verhandlung, des Abschlusses, der Unterzeichnung und der Durchführung gemischter Abkommen näher untersucht. Die gewonnenen Erkenntnisse aus den vorherigen Kapiteln (A. und B.) werden somit zusammengeführt.

Die Zusammenarbeitspflichten zwischen der EU und den Mitgliedstaaten im Rahmen gemischter Abkommen gemäß Art. 4 Abs. 3 EUV konkretisieren sich in der Praxis zu einem informellen Mechanismus zur Interessenkoordinierung und Interessenvertretung. Dieser informelle Koordinierungsmechanismus dient – in Abwesenheit eines formellen Kooperationsmechanismus in Form einer Kooperationsvereinbarung – als Grundlage für die Verhandlung, den Abschluss, die Unterzeichnung sowie die Durchführung von gemischten Abkommen. Er kann darüber hinaus mit den Kooperationsvereinbarungen verglichen werden.

Der informelle Koordinierungsmechanismus und die entsprechenden praktischen Zusammenarbeitspflichten werden zur besseren Unterscheidung in Verhandlung, Unterzeichnung und Abschluss (I.), sowie in die anschließende Durchführung (II.) gemischter Abkommen aufgeteilt und im Folgenden erläutert.

I. Kooperationspflichten bei Verhandlung, Unterzeichnung und Abschluss gemischter Abkommen

Die Verhandlung, die Unterzeichnung und der Abschluss gemischter Abkommen bzw. der Beitritt der EU und ihrer Mitgliedstaaten zu internationalen Organisationen erfordern ein konkretes Zusammenwirken der EU und der Mitgliedstaaten. Die Anforderungen und die Ausgestaltung des Zusammenwirkens beim gemischten Vertragsschluss werden im Folgenden näher untersucht. Die Gründe für ein gemischtes Abkommen sollen an dieser Stelle außen vor bleiben. Die genaue Kompetenzverteilung zwischen der EU und den Mitgliedstaaten ist ohnehin während des Verhandlungsprozesses aufgrund des nur grob umrissenen Verhandlungsziels oft nicht (abschließend) geklärt. Daher wird häufig aus praktischen Gründen zunächst gemeinsam mit Dritten über den Umfang und den Inhalt eines völkerrechtlichen Abkommens verhandelt.

Das Vertragsschlussverfahren für ein gemischtes Abkommen lässt sich in eine unionale und nationale Ebene teilen. Die unionale und nationale Beteiligung erfolgt durch ein additives Zusammenwirken hinsichtlich der einzelnen Verfahrensschritte[313] im Rahmen von 28 nationalen und einem unionalen Vertragsschlussverfahren für dasselbe Abkommen.[314] Insofern handelt es sich zwar in der Theorie um ein getrenntes Handeln von EU und Mitgliedstaaten, das allerdings in der Praxis die jeweiligen Zuständigkeiten im Rahmen eines koordinierten Gesamtgeschehens auf allen Stufen eines gemischten Abkommens zusammenführt.[315]

Für die BRD ergeben sich die zu beachtenden Vorschriften aus dem GG, der GOBReg, der GGO und den RvV. Die anderen Mitgliedstaaten müssen völkerrechtliche Abkommen anhand ihrer jeweiligen verfassungsrechtlichen Vorschriften abschließen. Die einzelnen 28 nationalen Vertragsschlussverfahren sollen an dieser Stelle nicht im Einzelnen beleuchtet werden,[316] da der Fokus auf dem unionalen Vertragsschlussverfahren liegt.

Die Verhandlung, die Unterzeichnung und die Ratifikation seitens der EU richten sich auch bei gemischten Abkommen nach dem Vertragsschlussverfahren gemäß Art. 218 AEUV.[317] Art. 218 AEUV unterscheidet demzufolge nicht, ob völkerrechtliche Abkommen nur durch die EU mit Dritten oder als gemischte völkerrechtliche Abkommen abgeschlossen werden. Die Vertragsschlussnorm bezieht sich auf „jede von Völkerrechts-

---

313 *Vedder*, EuR-Beiheft 3/2007, 57, 78; *Weiß*, DÖV 2016, 537, 537.
314 Art. 33 Abs. 4 RvV.
315 *Weiß*, DÖV 2016, 537, 537.
316 Vgl. z.B. für die Niederlande *van der Steen,* in: Hillion/Koutrakos (Hrsg.), Mixed Agreements Revisited, 2010, S. 301 f.; für Österreich *Kumin/Bittner*, EuR-Beiheft 2/2012, 75, 84 ff.
317 *Czuczai*, in: Hillion/Koutrakos (Hrsg.), Mixed Agreements Revisited, 2010, S. 233; *Schmalenbach*, in: Calliess/Ruffert (Hrsg.), EUV/AEUV, 2016, Art. 218, Rn. 33; *Mögele*, in: Streinz (Hrsg.), EUV/AEUV, 2012, Art. 218 AEUV, Rn. 30; EuGH, Beschluss vom 14.11.1978, Beschluss 1/78, Objektschutz, Slg. 1978, 2151, Rn. 34.

subjekten eingegangene bindende Verpflichtung ungeachtet ihrer Form"[318] und ist somit nicht nur auf den Abschluss, sondern auch bei einem Beitritt zu einem völkerrechtlichen Abkommen anzuwenden[319]. Abweichungen hinsichtlich des Vertragsschlussverfahrens und der Organzuständigkeit finden sich in Art. 207 AEUV für die Gemeinsame Handelspolitik und in Art. 219 AEUV für die Währungspolitik der Eurozone.[320]

Das Vertragsschlussverfahren für gemischte Abkommen unterliegt in seinen jeweiligen Verfahrensstufen dem Grundsatz loyaler Zusammenarbeit. Es erfordert eine gesteigerte[321] Kooperation zwischen der EU und den Mitgliedstaaten, sowie entsprechende koordinierte Maßnahmen, um eine völkerrechtlich einheitliche Vertretung der EU und ihrer Mitgliedstaaten zu gewährleisten.[322] Der koordinierten Ausübung der jeweiligen Kompetenzen der EU und der Mitgliedstaaten kommt demnach nicht nur bei der Durchführung, sondern bereits bei der Verhandlung, der Unterzeichnung und dem Abschluss gemischter Abkommen besondere Bedeutung zu.[323]

---

318 EuGH, Gutachten vom 11.11.1975, Gutachten 1/75, Slg. 1975, 1355, 1360; Urteil vom 09.08.1994, Rs. C-327/91, Frankreich/Kommission, Slg. 1994, I-3641, Rn. 27; Urteil vom 26.11.2014, verb. Rs. C-103/12 und C-165/12, Parlament und Kommission/Rat, ECLI:EU:C:2014:2400, Rn. 83; *Schmalenbach*, in: Calliess/Ruffert (Hrsg.), EUV/AEUV, 2016, Art. 216 AEUV, Rn. 1; *Obwexer*, EuR-Beiheft 2/2012, 49, 52.

319 *Scheffler*, Die EU als rechtlich-institutioneller Akteur im System der Vereinten Nationen, 2009, S. 88.

320 Auf die Besonderheiten beim Vertragsschluss im Rahmen der gemeinsamen Handelspolitik und der Währungspolitik wird nicht weiter eingegangen.

321 *Von Arnauld*, in: ders. (Hrsg.), Europäische Außenbeziehungen, 2014, § 1, Rn. 53; EuGH, Urteil vom 22.10.2002, Rs. C-94/00, Roquette Frères, Slg. 2002, I-9011; Rn. 32.

322 EuGH, Beschluss vom 14.11.1978, Beschluss 1/78, Slg. 1978, 2151, Rn. 34 bis 36; Gutachten vom 19.03.1993, Gutachten 2/91, Slg. 1993, I-1061, Rn. 36, 38; Gutachten vom 15.11.1994, Gutachten 1/94, Slg. 1994, I-5267, Rn. 108; Urteil vom 19.03.1996, Rs. C-25/94, Kommission/Rat, 1996, I-1469, Rn. 48; *Wuermeling*, Kooperatives Gemeinschaftsrecht, 1988, S. 242; *Rodenhoff*, Die EG und ihre Mitgliedstaaten als völkerrechtliche Einheit bei umweltvölkerrechtlichen Übereinkommen, 2008, S. 277; *Obwexer*, EuR-Beiheft 2/2012, 49, 64; *Bungenberg*, in: von der Groeben/Schwarze/Hatje (Hrsg.), EUV/AEUV, 2015, Art. 218 AEUV, Rn. 50; Art. 33 Abs. 3 RvV.

323 EuGH, Urteil vom 22.10.2002, Rs. C-94/00, Roquette Frères, Slg. 2002, I-9011; Rn. 32.

Die Verfahrensschritte, sowie der informelle Koordinierungsmechanismus, die zum Abschluss eines gemischten Abkommens führen, werden deshalb anhand des unionalen Verfahrens im Zusammenspiel mit den Mitgliedstaaten unter dem Gesichtspunkt loyaler Zusammenarbeit erläutert. Das unionale Verfahren, an dem sich auch die nationalen Verfahrensschritte orientieren, lässt sich in fünf Verfahrensstufen unterscheiden: Verhandlungsempfehlung, Verhandlungsermächtigung, Aushandlung, Unterzeichnung und Abschluss. Die ersten drei Verfahrensstufen werden unter dem Oberbegriff Verhandlung zusammengefasst, sodass im Folgenden zwischen Verhandlung (1.), Unterzeichnung (2.) und Abschluss (3.) gemischter Abkommen unterschieden wird.

1. Verhandlung gemischter Abkommen

Unter Verhandlung ist allgemein der Prozess zu verstehen, bei dem die Vertreter der potentiellen Vertragspartner den Inhalt eines völkerrechtlichen Abkommens aushandeln und sich auf einen Vertragstext einigen, der im Anschluss unterzeichnet und abgeschlossen wird.[324] Die Verhandlung gemischter Abkommen unterscheidet sich dadurch, dass die EU und die Mitgliedstaaten als potentieller Vertragspartner auftreten und zusammen mit Dritten über den Vertragstext verhandeln. Im Rahmen der Verhandlungskoordinierung zwischen der EU und den Mitgliedstaaten stellen sich im Wesentlichen zwei Fragen: Wer tritt nach außen als Verhandlungsführer für die EU und/oder die Mitgliedstaaten auf und wie werden die Verhandlungen zwischen der EU und ihren Mitgliedstaaten koordiniert?

Zunächst wird deshalb ein Überblick über die formalen Voraussetzungen des Verhandlungsablaufs aus unionsrechtlicher Sicht (a)) sowie über die verschiedenen Delegationsarten zur Interessenvertretung (b)) gegeben. Im Anschluss wird die Interessenkoordinierung zwischen der EU und den Mitgliedstaaten unter dem Gesichtspunkt loyaler Zusammenarbeit erläutert (c)), um die Besonderheiten bei der Verhandlung gemischter Abkommen herauszustellen.

---

324 *Gatti/Manzini*, CMLRev 2012, 1703, 1707.

a) Überblick über den Verhandlungsablauf

Der eigentlichen Verhandlung des Vertragstextes ist unionsrechtlich die Verhandlungsempfehlung und die Verhandlungsermächtigung vorgeschaltet. Deshalb beinhaltet der Verhandlungsprozess insgesamt, wie in Art. 218 AEUV vorgesehen, drei Verfahrensstufen (Verhandlungsempfehlung, Verhandlungsermächtigung, Verhandlung). Die Mitgliedstaaten müssen ihre jeweiligen nationalen Verfahrensregeln im Hinblick auf Empfehlung, Ermächtigung und Aushandlung beachten,[325] auf die hier im Einzelnen nicht näher eingegangen werden soll.

Auf Unionsseite liegt die formelle Initiative bezüglich der Empfehlung zur Aufnahme von Verhandlungen gemäß Art. 218 Abs. 3 S. 1 HS 1 AEUV je nach Sachgebiet entweder bei der Kommission (vgl. Art. 17 Abs. 1 S. 6 EUV) oder beim Hohen Vertreter. Vorher können bereits informelle Sondierungsgespräche zwischen den potenziellen Vertragspartnern erfolgen, die noch keiner Zustimmung durch den Rat bedürfen.[326] Allerdings kann im Rahmen von Sondierungsgesprächen bereits eine informelle EU-interne Koordinierung stattfinden, um frühestmöglich gemeinsame Interessen abzustimmen und etwaiges Konfliktpotential besser und frühzeitig erkennen zu können.[327]

Die Kommission oder der Hohe Vertreter empfiehlt dem Rat in einer ersten Verfahrensstufe die Aufnahme von Verhandlungen bezüglich eines geplanten Abkommens (Verhandlungsempfehlung), welches materiellrechtlich betrachtet zumindest teilweise in die Außenkompetenz der EU fällt. Die Empfehlung ist ein zunächst vertrauliches Dokument an den Rat, welches den Hintergrund und die Unionsinteressen für die Verhandlungen

---

325 *Ehlermann*, in: O'Keeffe/Schermers (Hrsg.), 1983, Mixed Agreements, S. 10; *Kaiser*, Gemischte Abkommen im Lichte bundesstaatlicher Erfahrungen, 2009, S. 58; *Scheffler*, Die EU als rechtlich-institutioneller Akteur im System der Vereinten Nationen, 2009, S. 152; *Weiß*, DöV 2016, 661, 661 f.

326 *Rodenhoff*, Die EG und ihre Mitgliedstaaten als völkerrechtliche Einheit bei umweltvölkerrechtlichen Übereinkommen, 2008, S. 260; *Gatti/Manzini*, CMLRev 2012, 1703, 1707; *Schwichtenberg*, Die Kooperationsverpflichtung der Mitgliedstaaten der Europäischen Union bei Abschluss und Anwendung gemischter Verträge, 2014, S. 132; *Bungenberg*, in: von der Groeben/Schwarze/Hatje (Hrsg.), 2015, EUV/AEUV, Art. 218 AEUV, Rn. 35.

327 *Rodenhoff*, Die EG und ihre Mitgliedstaaten als völkerrechtliche Einheit bei umweltvölkerrechtlichen Übereinkommen, 2008, S. 261.

darlegt.[328] Unabhängig von der Vertraulichkeit wird das Europäische Parlament gemäß Art. 218 Abs. 10 AEUV bereits in dieser Phase und in allen weiteren Verfahrensschritten unverzüglich und umfassend über die Verhandlungen informiert.

Der Rat erteilt in einer zweiten Verfahrensstufe – nach interner Prüfung der Kompetenzverteilung durch die Vorbereitungsgremien des Rates[329] – der Kommission oder dem Hohen Vertreter gemäß Art. 218 Abs. 2 und 3 S. 1 HS 2 AEUV durch einen Beschluss die Ermächtigung zur Aufnahme von Verhandlungen im Namen der Union („1. Ratsbeschluss im Rahmen des Vertragsschlussverfahrens"). Dieser 1. Ratsbeschluss legt inhaltlich das Verhandlungsmandat fest und ernennt den Verhandlungsführer oder den Leiter des Verhandlungsteams (Verhandlungsermächtigung).[330] Darüber hinaus kann der Rat dem Verhandlungsführer gemäß Art. 218 Abs. 4 AEUV zunächst vertrauliche[331] Richtlinien auferlegen,[332] die den Rahmen für den Verhandlungsablauf bilden und einen Sonderausschuss[333] für die Verhandlungen bestellen, der mit Vertretern der Mitgliedstaaten besetzt wird[334]. Im Falle der Ausschussbestellung müssen die Verhandlungen im Benehmen mit dem Ausschuss erfolgen, sodass der Rat und dessen Vorbereitungsgremien wesentlichen Einfluss auf die Eckpunkte der auszu-

---

328 *Kuijper u.a.*, The Law of EU External Relations, 2015, S. 57.

329 *Schwichtenberg*, Die Kooperationsverpflichtung der Mitgliedstaaten der Europäischen Union bei Abschluss und Anwendung gemischter Verträge, 2014, S. 135 f.

330 Vgl. z.B. Verhandlungsermächtigung für die UNESCO-Konvention zum Schutz der Vielfalt kultureller Inhalte und künstlerischer Ausdrucksformen, 29.10.2004, Dok-Rat 13840/04, Anlage.

331 Vgl. hierzu z.B. Leitlinien für die Verhandlungen über die transatlantische Handels- und Investitionspartnerschaft zwischen der Europäischen Union und den Vereinigten Staaten von Amerika, 17.06.2013, Dok-Rat 11103/13, Annex, öffentlich zugänglich seit 09.10.2014.

332 Vgl. z.B. Verhandlungsrichtlinien für die UNESCO-Konvention zum Schutz der Vielfalt kultureller Inhalte und künstlerischer Ausdrucksformen, 29.10.2004, Dok-Rat 13840/04, Anlage; Verhandlungsrichtlinien für ein Übereinkommen zwischen der Gemeinschaft und Drittländern über Regeln für die Fracht- und Passagierbeförderung im Binnenschiffsverkehr zwischen den Vertragsparteien, 14.12.1992, Dok-Rat 10828/92, Annex I.

333 Vgl. den obligatorischen Sonderausschuss im Bereich der GHP (Art. 207 Abs. 3 UA 3 AEUV).

334 *Weiß*, in: Grabitz/Hilf/Nettesheim (Hrsg.), EUV/AEUV, 60. Ergänzungslieferung 2016, Art. 207 AEUV, Rn. 96.

handelnden Sachmaterien haben.[335] An Äußerungen oder Vorgaben dieser Ausschüsse ist die Kommission allerdings nicht gebunden.[336] Der Ausschuss sichert den Mitgliedstaaten jedoch eine inhaltliche Positionierung, die Einfluss auf das Verhandlungsergebnis haben kann.[337] Die Berücksichtigung nationaler Interessen durch die Kommission kann die spätere Zustimmungsbereitschaft des Rates im Hinblick auf das Verhandlungsresultat erhöhen.[338] Daher wird insbesondere bei gemischten Abkommen von einem Sonderausschuss Gebrauch gemacht.[339]

Wenngleich der Grundsatz loyaler Zusammenarbeit generell Anwendung findet, so markiert die Erteilung des Verhandlungsmandats an die Kommission den Beginn der Kooperationspflicht zwischen den Mitgliedstaaten und der EU. Sie müssen spätestens ab diesem Zeitpunkt eng miteinander zusammenarbeiten und Alleingänge hinsichtlich eigener Verhandlungen unterlassen.[340] Unter Umständen können auch besondere Handlungs- und Unterlassungspflichten bestehen, wenn bereits Vorschläge über ein abgestimmtes gemeinsames Vorgehen hinsichtlich der Planung zu völkerrechtlichen Verträgen vorliegen.[341]

---

335 *Lorenzmeier*, in: Grabitz/Hilf/Nettesheim (Hrsg.), EUV/AEUV, 60. Ergänzungslieferung, Art. 218 AEUV, Rn. 29.

336 *Rodenhoff*, Die EG und ihre Mitgliedstaaten als völkerrechtliche Einheit bei umweltvölkerrechtlichen Übereinkommen, 2008, S. 269; *Scheffler*, Die EU als rechtlich-institutioneller Akteur im System der Vereinten Nationen, 2009, S. 135; *Mögele*, in: Streinz (Hrsg.), 2012, EUV/AEUV, Art. 218 AEUV, Rn. 7; *Kuijper u. a.*, The Law of EU External Relations, 2015, S. 66; Generalanwalt Wathelet, Schlussanträge vom 17.03.2015,
Rs. C-245/13, Kommission/Rat, ECLI:EU:C:2015:174, Rn. 68 ff.; EuGH, Urteil vom 16.07.2015, Rs. C-245/13, Kommission/Rat, ECLI:EU:C:2015:483, Rn. 76 ff.

337 *Hoffmeister*, in: Hillion/Koutrakos (Hrsg.), Mixed Agreements Revisited, 2010, S. 254; *Lorenzmeier*, in: Grabitz/Hilf/Nettesheim (Hrsg.), EUV/AEUV, 60. Ergänzungslieferung 2016, Art. 218 AEUV, Rn. 30.

338 *Streinz*, Europarecht, 2016, § 19, Rn. 1283.

339 *Schwichtenberg*, Die Kooperationsverpflichtung der Mitgliedstaaten der Europäischen Union bei Abschluss und Anwendung gemischter Verträge, 2014, S. 148; *Lorenzmeier*, in: Grabitz/Hilf/Nettesheim (Hrsg.), EUV/AEUV, 60. Ergänzungslieferung 2016, Art. 218 AEUV, Rn. 30.

340 EuGH, Urteil vom 14.07.2005, Rs. C-433/03, Kommission/Rat, Slg. 2005, I-6985, Rn. 66, 73.

341 EuGH, Urteil vom 05.05.1981, Rs. 804/79, Kommission/Vereinigtes Königreich, Slg. 1981, 1045, Rn. 28; Urteil vom 02.06.2005, Rs. C-266/03; Kommission/ Luxemburg, Slg. 2005, I-4805, Rn. 59; Urteil vom 14.07.2005, Rs. C-433/03,

Im Anschluss an die Verhandlungsempfehlung (1. Verfahrensstufe) und die Verhandlungsermächtigung mit entsprechenden Richtlinien und gegebenenfalls einem Sonderausschuss (2. Verfahrensstufe) besteht die Hauptaufgabe in der Verhandlung des Vertragstextes (3. Verfahrensstufe) mit den potentiellen Abkommenspartnern. Dieser stellt die Basis des Ratifizierungsprozesses und der späteren Umsetzung der gemischten Abkommen dar.

Am Ende eines erfolgreichen Verhandlungsprozesses wird der ausgehandelte Entwurf von den Verhandlungsführern auf EU- bzw. Mitgliedstaatsseite und von Dritter Seite paraphiert. Das heißt, die Verhandlungsführer versichern die Authentizität des Entwurfstextes durch die Abzeichnung mit ihren Kürzeln.[342] Vor der Paraphierung muss der Vertragsentwurf gemäß dem Grundsatz loyaler Zusammenarbeit durch die Kommission an die Mitgliedstaaten zur vertragsförmlichen Prüfung geleitet werden, damit etwaige Änderungen vor der Paraphierung berücksichtigt werden können.[343] Nach der Paraphierung des Vertragstextes durch den Delegationsführer schließt sich die Unterzeichnung und der Abschluss (Ratifikation) des gemischten Abkommens in einem zweiphasigen Verfahren an.[344] Grundlage hierfür ist der paraphierte Vertragstext, der nachträglich nur noch in einem förmlichen Berichtigungsverfahren geändert werden kann.[345]

Kommission/Rat, Slg. 2005, I-6985, Rn. 65; *Hillion,* in: Hillion/Koutrakos (Hrsg.), Mixed Agreements Revisited, 2010, S. 99. f.

342 *Stein,* Der gemischte Vertrag im Recht der Außenbeziehungen der EWG, 1986, S. 169; *Graf Vitzthum,* in: Graf Vitzthum/Proelß (Hrsg.) Völkerrecht, 2013, S. 44; *Schwichtenberg,* Die Kooperationsverpflichtung der Mitgliedstaaten der Europäischen Union bei Abschluss und Anwendung gemischter Verträge, 2014, S. 133; *Lorenzmeier,* in: Grabitz/Hilf/Nettesheim (Hrsg.), EUV/AEUV, 60. Ergänzungslieferung 2016, Art. 218 AEUV, Rn. 33; § 21 Abs. 1 RvV.

343 § 33 Abs. 4 lit. c) RvV.

344 Theoretisch ist auch ein einphasiges Verfahren möglich (vgl. Art. 11 WVRK und Art. 11 WVRK-IO). Da Art. 218 AEUV ein zweiphasiges Verfahren vorsieht, wird auf die Darstellung des einphasigen Verfahrens verzichtet.

345 § 21 Abs. 1 lit. a) RvV.

b) Delegationsarten

Handelt es sich um Verhandlungen zu einem gemischten Abkommen, sind neben der EU auch die Mitgliedstaaten zur Verhandlung befugt.[346] Der beabsichtigte gemeinsame Abschluss aufgrund gemischter Zuständigkeit und/oder anderen Gründen[347] berechtigt die EU und die Mitgliedstaaten, eigene Verhandlungsdelegationen zu entsenden[348] und in ihren jeweiligen Kompetenzbereichen getrennt voneinander mit Drittparteien über den Vertragstext zu verhandeln. Allerdings ist eine genaue Kompetenzabgrenzung in der Praxis, insbesondere im offenen Verhandlungsprozess, regelmäßig nicht möglich, sodass gemeinsame Delegationen in Form von bi- oder multicephalen Delegationen[349] oder auch gemeinsame Delegationen nach der „Rom-Formel" üblich sind.[350]

Im Rahmen der bi- oder multicephalen Delegation hat/haben der Rat bzw. die Mitgliedstaaten und die Kommission je nach Zuständigkeit die Führungsrolle inne, ohne dass nach außen getrennte Verhandlungen erfol-

---

346 *Epiney/Gross*, NuR 2005, 353, 355; *Kaiser*, Gemischte Abkommen im Lichte bundesstaatlicher Erfahrungen, 2009, S. 57; *Schwichtenberg*, Die Kooperationsverpflichtung der Mitgliedstaaten der Europäischen Union bei Abschluss und Anwendung gemischter Verträge, 2014, S. 137; *Lorenzmeier*, in: Grabitz/Hilf/Nettesheim (Hrsg.), EUV/AEUV, 60. Ergänzungslieferung 2016, Art. 218 AEUV, Rn. 24.

347 Siehe zu den Gründen für gemischte Abkommen § 2 Teil B.II.

348 So generell ohne nähere Begründung auch *Gatti/Manzini*, CMLRev 2012, 1703, 1713.

349 Eine bicephale Delegation besteht aus dem Vertreter der Ratspräsidentschaft und der Kommission. Eine multicephale Delegation besteht aus den Vertretern der Mitgliedstaaten und der Kommission.

350 *Groux*, in: O'Keeffe/Schermers (Hrsg.), Mixed Agreements, 1983, S. 92 f.; *Rodenhoff*, Die EG und ihre Mitgliedstaaten als völkerrechtliche Einheit bei umweltvölkerrechtlichen Übereinkommen, 2008, S. 268 f.; *Kaiser*, Gemischte Abkommen im Lichte bundesstaatlicher Erfahrungen, 2009, S. 57 ff.; *Schwichtenberg*, Die Kooperationsverpflichtung der Mitgliedstaaten der Europäischen Union bei Abschluss und Anwendung gemischter Verträge, 2014, S. 140 ff.; *Kadelbach*, in: von Arnauld (Hrsg.), Europäische Außenbeziehungen, 2014, § 4, Rn. 64; *Lorenzmeier*, in: Grabitz/Hilf/Nettesheim (Hrsg.), 60. Ergänzungslieferung 2016, EUV/AEUV, Art. 218 AEUV, Rn. 55; *Bungenberg*, in: von der Groeben/Schwarze/Hatje (Hrsg.), EUV/AEUV, 2015, Art. 218 AEUV, Rn. 51; vgl. auch *Stein*, Der gemischte Vertrag im Recht der Außenbeziehungen der EWG, 1986, S. 33 ff.

gen. Die Verhandlungsführung wechselt bei dieser Delegationsart je nach Zuständigkeit.

Die Delegation nach der „Rom-Formel" beinhaltet eine gemeinsame Delegation der EU und ihrer Mitgliedstaaten, bei der die Kommission, unabhängig von der Kompetenzverteilung, als alleiniger Verhandlungsführer für die EU und die Mitgliedstaaten auftritt. Die Verhandlungsführung wird im Regelfall von einer Delegation von hohen Kommissionsbeamten wahrgenommen,[351] wenngleich der Leiter des Verhandlungsteams durch den Ermächtigungsbeschluss des Rates zur Aufnahme von Verhandlungen gemäß Art. 218 Abs. 3 HS 2 AEUV vorgegeben ist.[352] Nationale Experten aus dem Rat können zur Unterstützung der Kommission herangezogen werden, um diese bei der Verhandlung zu unterstützen.[353]

Sobald die Kommission im Rahmen einer gemeinsamen Delegation und im Bereich nationaler Kompetenzen als Sachwalter für die Mitgliedstaaten tätig wird, bedarf es auch eines Verhandlungsmandats seitens der Mitgliedstaaten. Der Rat als Unionsorgan kann der Kommission nur im Rahmen der EU-Zuständigkeit (vgl. Art. 5 Abs. 2 EUV) das Mandat für die Verhandlungen mit Dritten erteilen.[354] Die Kommission benötigt, um auch die Bereiche nationaler Zuständigkeiten mit Dritten verhandeln zu können, eine Ermächtigung durch die Mitgliedstaaten. Diese Ermächtigung erfolgt bei einer gemeinsamen Delegation unter Führung der Kommission durch einen uneigentlichen Ratsbeschluss, d.h. durch einen Beschluss der im Rat vereinigten Vertreter der Mitgliedstaaten. Jener Beschluss legitimiert die

---

351 *Bungenberg*, in: von der Groeben/Schwarze/Hatje (Hrsg.), EUV/AEUV, 2015, Art. 218 AEUV, Rn. 43.

352 *Lorenzmeier*, in: Grabitz/Hilf/Nettesheim (Hrsg.), 60. Ergänzungslieferung 2016, EUV/AEUV, Art. 218 AEUV, Rn. 27.

353 *Czuczai*, in: Hillion/Koutrakos (Hrsg.), Mixed Agreements Revisited, 2010, S. 238.

354 Ermächtigungsbeschlüsse seitens der Mitgliedstaaten können die Vorgehensweise des Verhandlungsteams und die Kooperation festlegen, sind aber nicht Gegenstand der vorliegenden Untersuchung. Vgl. hierzu z.B. Art. 2 Abs. 1 des Beschlusses der im Rat vereinigten Vertreter der Regierungen der Mitgliedstaaten zur Ermächtigung der Europäischen Kommission, im Namen der Mitgliedstaaten über die in die Zuständigkeit der Mitgliedstaaten fallenden Bestimmungen eines Rahmenabkommens zwischen der Europäischen Union und ihren Mitgliedstaaten einerseits und Kanada andererseits zu verhandeln, 30.11.2010, Dok-Rat 17037/10.

Kommission, auch im Namen der Mitgliedstaaten zu verhandeln.[355] Der Ratsbeschluss zur Verhandlungsermächtigung gemäß Art. 218 Abs. 3 AEUV und der uneigentliche Ratsbeschluss müssen aufgrund unterschiedlicher Verfahrenserfordernisse, insbesondere Abstimmungsquoren, formal in zwei Beschlüsse getrennt werden und dürfen nicht im Rahmen eines hybriden Beschlusses[356] ergehen.[357] In der Praxis würde ein hybrider Ratsbeschluss allerdings das Verfahren formal entlasten. In ihm wäre dann die unionale und nationale bzw. zwischenstaatliche Komponente vereint. Unterschiedliche Verfahrensanfordernisse, insbesondere Abstimmungsquoren, müssten dann natürlich jeweils gewahrt werden. In diesem Sinne wäre ein hybrider Beschluss immer einstimmig zu verabschieden, wenngleich für die Verhandlungsermächtigung seitens der Union grundsätzlich eine qualifizierte Mehrheit ausreichen würde (vgl. Art. 218 Abs. 8 UA 1 und 2 AEUV).

Die Kommission bewegt sich bei einer gemeinsamen Delegation unter ihrer Führung (insbesondere nach der „Rom-Formel") innerhalb ihres Verhandlungsmandats gemäß Art. 218 Abs. 2 AEUV und nimmt zugleich die Interessen der Mitgliedstaaten im Rahmen der nationalen Zuständigkeiten als Sachwalter wahr.[358] Da die Interessenvertretung im Rahmen der Verhandlung in der Regel unabhängig von den Kompetenzverteilung durch die EU und die Mitgliedstaaten gemeinsam geführt wird, trifft eine etwaige Führungsrolle der Kommission keine Aussage über die Kompetenzverteilung. Die Verhandlungsführung durch die Kommission hat keine

---

355 *Gatti/Manzini*, CMLRev 2012, 1703, 1718; *van Vooren/Wessel*, EU External Relations Law, 2014, S. 61; *Schwichtenberg*, Die Kooperationsverpflichtung der Mitgliedstaaten der Europäischen Union bei Abschluss und Anwendung gemischter Verträge, 2014, S. 149; vgl. z.B. Beschlusses der im Rat vereinigten Vertreter der Regierungen der Mitgliedstaaten zur Ermächtigung der Europäischen Kommission, im Namen der Mitgliedstaaten über die in die Zuständigkeit der Mitgliedstaaten fallenden Bestimmungen eines Rahmenabkommens zwischen der Europäischen Union und ihren Mitgliedstaaten einerseits und Kanada andererseits zu verhandeln, 30.11.2010, Dok-Rat 17037/10.

356 Ein hybrider Beschluss ist rein formal ein einheitlicher Beschluss, beinhaltet aber inhaltlich einen eigentlichen und uneigentlichen Beschluss und wird in einem einheitlichen Verfahren beschlossen.

357 EuGH, Urteil vom 28.04.2015, Rs. C-28/12, Kommission/Rat, ECLI:EU:C:2015: 282, Rn. 52; *van Vooren/Wessel*, EU External Relations Law, 2014, S. 61.

358 *Schwichtenberg*, Die Kooperationsverpflichtung der Mitgliedstaaten der Europäischen Union bei Abschluss und Anwendung gemischter Verträge, 2014, S. 143; *Koutrakos*, EU International Relations Law, 2015, S. 170.

Auswirkungen auf die interne Kompetenzverteilung im Allgemeinen[359] und präjudiziert nicht die spätere Umsetzung des gemischten Abkommens[360]. Wenn im Verhandlungsstatus noch Unklarheit darüber besteht, ob ein gemischtes Abkommen unionsrechtlich notwendig ist oder ein fakultativ gemischtes Abkommen geplant ist, empfiehlt es sich, nicht zuletzt aufgrund des Art. 4 Abs. 3 EUV, in der Verhandlungsphase eine Aufspaltung in nationale und unionale Zuständigkeiten zu vermeiden.[361] Die gemeinsame Verhandlungsdelegation unter Führung der Kommission (Verhandlungsdelegation nach der „Rom-Formel") gewährleistet Dritten gegenüber – unabhängig von der innerunionalen Kompetenzverteilung – einen einheitlichen Ansprechpartner. Außerdem besitzt sie den Vorteil, dass der Verhandlungspartner während der Verhandlungsphase nicht „ausgetauscht" werden muss,[362] sodass die Kommission das gesamte Vertragswerk für die EU und die Mitgliedstaaten verhandeln kann[363]. Die Interessenvertretung durch eine Stimme bietet der EU die Möglichkeit, ihre Interessen einheitlich zu vertreten. Gleichzeitig vermeidet sie, dass Dritte etwaige unterschiedliche Standpunkte der EU und ihrer Mitgliedstaaten als Schwachpunkt bei den Verhandlungen erkennen und zugunsten ihrer

---

359 EuGH, Gutachten vom 15.11.1994, Gutachten 1/94, WTO, Slg. 1994, I-5267, Rn. 107; *Epiney/Gross*, NuR 2005, 353, 356; *Gatti/Manzini*, CMLRev 2012, 1703, 1717; *Schwichtenberg*, Die Kooperationsverpflichtung der Mitgliedstaaten der Europäischen Union bei Abschluss und Anwendung gemischter Verträge, 2014, S. 143.

360 EuGH, Gutachten vom 15.11.1994, Gutachten 1/94, WTO, Slg. 1994, I-5267, Rn. 3; *Gatti/Manzini*, CMLRev 2012, 1703, 1717.

361 *Epiney/Gross*, NuR 2005, 353, 356 f.; *Koutrakos*, EU International Relations Law, 2015, S. 170 f.

362 *Groux*, in: O'Keeffe/Schermers (Hrsg.), Mixed Agreements, 1983, S. 92 f.; *Stein*, Der gemischte Vertrag im Recht der Außenbeziehungen der EWG, 1986, S. 25 f.; *Frenz*, Außenkompetenzen der EG und der Mitgliedstaaten im Umweltbereich, 2001, S. 150; *Epiney/Gross*, NuR 2005, 353, 359; *Kaiser*, Gemischte Abkommen im Lichte bundesstaatlicher Erfahrungen, 2009, S. 62 ff.; *Gatti/Manzini*, CML-Rev 2012, 1703, 1717; *Schwichtenberg*, Die Kooperationsverpflichtung der Mitgliedstaaten der Europäischen Union bei Abschluss und Anwendung gemischter Verträge, 2014, S. 143; *Lorenzmeier*, in: Grabitz/Hilf/Nettesheim (Hrsg.), EUV/AEUV, 60. Ergänzungslieferung 2016, Art. 218 AEUV, Rn. 51, 55.

363 *Hoffmeister*, in: Hillion/Koutrakos (Hrsg.), Mixed Agreements Revisited, 2010, S. 254.

Interessendurchsetzung ausnutzen.[364] Auch der EuGH favorisiert im Sinne einer völkerrechtlich einheitlichen Vertretung eine gemeinsame Delegation unter Führung der Kommission nach der „Rom-Formel", da er eine solche Schwächung der Verhandlungsmacht durch andere Delegationsarten befürchtet.[365]

Die gemeinsame Delegation unter Führung der Kommission ist inzwischen weit verbreitet,[366] in Art. 218 Abs. 3 HS 2 AEUV als Verhandlungsteam erwähnt[367] und auch durch Kooperationsvereinbarungen vorgesehen.[368] In der Praxis neigen die Mitgliedstaaten eher dazu, der Kommission die Verhandlungsführung bei bilateralen gemischten Abkommen zu übertragen. Bei multilateralen Verhandlungen hingegen lassen sie ihre Positionen im Rahmen ihrer Zuständigkeiten vorzugsweise durch die Ratspräsidentschaft vortragen.[369]

Auch die Auswahl der Delegationsart (getrennte, bi- oder multicephale Delegation(en), Delegation nach der „Rom-Formel") unterliegt der Pflicht zur loyalen Zusammenarbeit. Die Delegationsart muss für die Verhand-

---

364 *Stein*, Der gemischte Vertrag im Recht der Außenbeziehungen der EWG, 1986, S. 167; *Hoffmeister*, in: Hillion/Koutrakos (Hrsg.), Mixed Agreements Revisited, 2010, S. 254; *van Vooren/Wessel*, EU External Relations Law, 2014, S. 56.

365 EuGH, Gutachten vom 15.11.1994, Gutachten 1/94, WTO, Slg. 1994, I-5267, Rn. 3, 106.

366 *Stein*, Der gemischte Vertrag im Recht der Außenbeziehungen der EWG, 1986, S. 166; *Epiney/Gross*, NuR 2005, 353, 359; *Vedder*, EuR-Beiheft 3/2007, 57, 78; *Scheffler*, Die EU als rechtlich-institutioneller Akteur im System der Vereinten Nationen, 2009, S. 152; *Passos,* in: Hillion/Koutrakos (Hrsg.), Mixed Agreements Revisited, 2010, S. 282 f.; *Gatti/Manzini*, CMLRev 2012, 1703, 1717; *Weiß*, in: von Arnauld (Hrsg.), Europäische Außenbeziehungen, 2014, § 10, Rn. 142; *Schwichtenberg*, Die Kooperationsverpflichtung der Mitgliedstaaten der Europäischen Union bei Abschluss und Anwendung gemischter Verträge, 2014, S. 147; *Koutrakos*, EU International Relations Law, 2015, S. 170; *Craig/de Búrca*, EU Law, 2015, S. 352; *Cottier*, in: Bungenberg/Herrmann (Hrsg.), Die gemeinsame Handelspolitik der EU, 2016, S. 22; *Lorenzmeier*, in: Grabitz/Hilf/ Nettesheim (Hrsg.), EUV/AEUV, 60. Ergänzungslieferung 2016, Art. 218 AEUV, Rn. 51, 55; § 33 Abs. 1 RvV.

367 *Koutrakos*, EU International Relations Law, 2015, S. 170.

368 Vgl. z.B. Nr. I.1. des Gentleman's Agreement über das Verfahren für die Verhandlungen mit Drittländern im Bereich Binnenschifffahrt; Teil A UA 3 PROBA 20.

369 *Stein*, Der gemischte Vertrag im Recht der Außenbeziehungen der EWG, 1986, S. 33 ff.; *Smyth,* in: Hillion/Koutrakos (Hrsg.), Mixed Agreements Revisited, 2010, S. 305; *Hoffmeister,* in: Hillion/Koutrakos (Hrsg.), Mixed Agreements Revisited, 2010, S. 253 ff.

lung eines gemischten Abkommens im Einzelfall festgelegt werden.[370] Angesichts der Vorteile der gemeinsamen Delegation entspricht diese am ehesten dem Erfordernis einer einheitlichen völkerrechtlichen Vertretung der EU und ihrer Mitgliedstaaten. Getrennte Delegationen scheinen nur schwerlich mit einer einheitlichen Vertretung in Einklang zu bringen zu sein; wenngleich auch eine mangelnde einheitliche völkerrechtliche Vertretung nicht nur formal an zwei Verhandlungsdelegationen gemessen werden kann.[371] Von daher mag die Forderung, insbesondere des EuGH, nach einer gemeinsamen Delegation unter Führung der Kommission sinnvoll sein. Jedoch kann ein einheitliches völkerrechtliches Auftreten gegenüber Dritten auch im Rahmen von mehreren oder einer gemeinsamen Delegation/en ohne generelle Führungsrolle der Kommission erreicht werden. Voraussetzung ist dann eine umso engere und intensivere Koordinierung der gemeinsamen Interessen und Standpunkte, sowie deren gemeinsame Vertretung. Wird durch getrennte Delegationen verhandelt, so müssen sich die EU und die Mitgliedstaaten abstimmen, wer zu welchen Themen verhandelt. Bei einer gemeinsamen Delegation unter Führung der Kommission entfällt die ständige Frage nach der Außenvertretung. Diese Delegationsart ermöglicht die Konzentration auf die inhaltliche Abstimmung ohne Diskussionen und Streitigkeiten hinsichtlich der Sprecherrolle.

c) Koordinierung im Rahmen der Verhandlung

Neben der Festlegung auf eine Delegationsart bedarf es einer entsprechenden inhaltlichen Koordinierung zwischen der EU und den Mitgliedstaaten. Dies soll eine einheitliche Außenvertretung im Rahmen der Verhandlungsphase gewährleisten. In diesem Zusammenhang hebt der EuGH in ständiger Rechtsprechung die Pflicht zur loyalen Zusammenarbeit bei der Verhandlung gemischter Abkommen hervor und fordert eine enge Zusam-

---

370 Siehe zur allgemeinen Geltung des Loyalitätsgrundsatzes § 2 Teil A.
371 So auch *Kaiser*, Gemischte Abkommen im Lichte bundesstaatlicher Erfahrungen, 2009, S. 57; *Gatti/Manzini*, CMLRev 2012, 1703, 1707, 1715; *Bungenberg*, in: von der Groeben/Schwarze/Hatje (Hrsg.), EUV/AEUV, 2015, Art. 218 AEUV, Rn. 51 f.; a. A. *Schwichtenberg*, Die Kooperationsverpflichtung der Mitgliedstaaten der Europäischen Union bei Abschluss und Anwendung gemischter Verträge, 2014, S. 140 f.

menarbeit zwischen der EU und den Mitgliedstaaten.[372] Zur Pflicht loyaler Zusammenarbeit gehört neben Handlungspflichten auch das Unterlassen der Aufnahme eigener selbstständiger Verhandlungen der Mitgliedstaaten mit Dritten, wenn die EU bereits Verhandlungsabsichten geäußert hat.[373] Der EuGH unterstreicht insofern den umfassenden Anwendungsbereich von Art. 4 Abs. 3 EUV und macht deutlich, dass bereits vor dem offiziellen Verhandlungsbeginn Berücksichtigungspflichten im Rahmen der loyalen Zusammenarbeit existieren.

Kernpunkt der Koordinierung ist die Erarbeitung gemeinsamer Standpunkte der EU und der Mitgliedstaaten, die nationale und/oder unionale Kompetenzen umfassen.[374] Ein Standpunkt ist ein gemeinsamer Ansatz bzw. Haltung der EU und ihrer Mitgliedstaaten zu einem konkreten geographischen oder thematischen Gegenstand, der ein einheitliches Auftreten nach außen sicherstellen soll.[375] Im Folgenden werden die Erarbeitung gemeinsamer Standpunkte (aa)) sowie die Situation im Falle eines Dissenses (bb)) erläutert.

---

372 EuGH, Beschluss vom 14.11.1978, Beschluss 1/78, Slg. 1978, 2151, Rn. 34-36; Gutachten vom 19.03.1993, Gutachten 2/91, ILO-Konvention, Slg. 1993, I-1061, Rn. 12, 36, 38; Gutachten vom 15.11.1994, Gutachten 1/94, WTO, Slg. 1994, I-5267, Rn. 108; Gutachten vom 19.03.1996, Gutachten 25/94, Kommission/Rat, Slg. 1996, I-1469, Rn. 48; Urteil vom 20.04.2010, Rs. C-246/07, Kommission/ Schweden, Slg. 2010, I-3317, Rn. 73; Urteil vom 22.10.2002, Rs. C-94/00, Roquette Frères, Slg. 2002, I-9011; Rn. 32; Urteil vom 30.05.2006, Rs. C-459/03, Kommission/Irland (Mox Plant), Slg. 2006, I-4635, Rn 175; Urteil vom 14.12.2000, Rs. C-300/98, Dior u.a., Slg. 2000, I-11307, Rn. 68.

373 EuGH, Urteil vom 20.04.2010, Rs. C-246/07, Kommission/Schweden, Slg. 2010, I-3317, Rn. 71-75; *Weiß*, in: von Arnauld (Hrsg.), Europäische Außenbeziehungen, 2014, § 10, Rn. 142. Wenn ein Mitgliedstaat gemäß Art. 50 Abs. 2 EUV das Austrittsverfahren in Gang gesetzt hat, muss man diesem Mitgliedstaat den formellen Austrittsgesuch unter dem Gesichtspunkt loyaler Zusammenarbeit eigene Verhandlungen mit Dritten erlauben. Umgekehrt darf der Mitgliedsstaat während des Austrittsprozesses im Rahmen der Verhandlung und der Durchführung gemischter Abkommen die EU-Interessen nicht behindern. Die Rolle des Mitgliedsstaats wird in diesem Fall auf eine bloße Anwesenheit bei der Interessenkoordinierung und Interessenvertretung beschränkt sein.

374 Siehe ausführlich zu den unterschiedlichen Standpunkten § 2 Teil C.II.1.a).

375 *Kadelbach*, in: von Arnauld (Hrsg.), Europäische Außenbeziehungen, 2014, § 4, Rn. 21; *Terhechte*, in: Schwarze u.a. (Hrsg.), EUV/AEUV, 2012, Art. 29 EUV, Rn. 3.

aa) Erarbeitung gemeinsamer Standpunkte

Das Ziel der internen Koordinierung ist eine Einigung auf ein gemeinsames Vorgehen in Form von gemeinsamen Standpunkten. Der Schwerpunkt der inhaltlichen loyalen Zusammenarbeit liegt auf der Erarbeitung gemeinsamer Standpunkte der EU und ihrer Mitgliedstaaten („im Namen der EU und ihrer Mitgliedstaaten"), ohne dass während der Verhandlung zwischen Standpunkten der EU bzw. Unionsstandpunkten („im Namen der EU") bei unionaler Zuständigkeit und (koordinierten) Standpunkten der Mitgliedstaaten („im Namen der Mitgliedstaaten") bei nationalen Kompetenzen unterschieden werden sollte[376].[377] Eine inhaltliche Aufspaltung der Standpunkte in der Verhandlungsphase könnte die einheitliche völkerrechtliche Vertretung gefährden, Dritte angesichts einer gemeinsamen Verhandlungsführung verwirren und die Verhandlungsposition der EU und ihrer Mitgliedstaaten schwächen. In der Verhandlungsphase sollte deshalb die interne Kompetenzverteilung im Konsensfall nicht durch eigene Standpunkte nach außen getragen werden. Im Übrigen wird sich eine genaue Trennlinie zwischen den unionalen und nationalen Kompetenzen während den Verhandlungen nicht klar ziehen lassen,[378] sodass sich eigene Standpunkte der EU bzw. der Mitgliedstaaten auch praktisch kaum realisieren lassen. Dennoch kommen in der Praxis neben gemeinsamen Standpunkte auch Unionsstandpunkte und koordinierte Standpunkte vor.[379]

Gemeinsame Standpunkte werden in der Regel in einem informellen Koordinierungsprozess festgelegt. Dies geschieht entweder durch die Vorbereitungsgremien des Rates und/oder den AStV und/oder den Rat selbst in Brüssel, oder täglich, gegebenenfalls auch mehrmals täglich, am Ort der Verhandlungsrunden unter dem Vorsitz der Ratspräsidentschaft.[380] Der Rat und dessen Vorbereitungsgremien dienen in der Praxis auch als Koordinie-

---

376 A.A. *Hoffmeister*, in: Hillion/Koutrakos (Hrsg.), Mixed Agreements Revisited, 2010, S. 255; *Smyth*, in: Hillion/Koutrakos (Hrsg.), Mixed Agreements Revisited, 2010, S. 310 für die Verhandlung gemischter Abkommen.

377 Siehe zu den unterschiedlichen Standpunkten § 2 Teil C.II.1.a).

378 Vgl. *Cottier*, in: Bungenberg/Herrmann (Hrsg.), Die gemeinsame Handelspolitik der EU, 2016, S. 12.

379 *Smyth*, in: Hillion/Koutrakos (Hrsg.), Mixed Agreements Revisited, 2010, S. 310.

380 *Timmermanns*, in: Dashwood/Hillion (Hrsg.), The General Law of EC External Relations, 2000, S. 245; *Epiney/Gross*, NuR 2005, 353, 358; *Rodenhoff*, Die EG und ihre Mitgliedstaaten als völkerrechtliche Einheit bei umweltvölkerrechtlichen Übereinkommen, 2008, S. 269 f.

rungsgremium für Themen, die unter nationale Kompetenzen fallen. Die Kombination der Koordinierung von unionalen und nationalen Kompetenzen im Rat und dessen Vorbereitungsgremien verstößt nicht gegen Unionsrecht, insbesondere Art. 13 Abs. 2 EUV, da für die Interessenkoordinierung keine sich widersprechenden Verfahrensregeln existieren.[381] Die Wahl des Rates als Koordinierungsgremium, als EU-Organ mit nationaler Besetzung, entspricht vielmehr der legitimen Konkretisierung und Zusammenarbeit im Sinne von Art. 4 Abs. 3 EUV.

Es handelt sich bei der Erarbeitung gemeinsamer Standpunkte um eine Verhandlungspflicht (pactum de negotiando). Eine Ergebnispflicht[382] bzw. eine unbedingte Pflicht (pactum de contrahendo) lässt sich aus Art. 4 Abs. 3 EUV nicht herleiten.[383] Konkret bedeutet dies, dass sich die EU und die Mitgliedstaaten zunächst über ihre Verhandlungsstandpunkte und Verhandlungsinteressen unterrichten und konsultieren.[384] Im Anschluss müssen die EU und die Mitgliedstaaten bestmögliche Anstrengungen unternehmen, um anhand der unionalen und nationalen Interessen gemeinsame Standpunkte für die einzelnen Verhandlungsthemen zu erarbeiten. Da es sich um eine zwischenstaatliche Koordinierung zwischen der EU und ihren Mitgliedstaaten im Bereich gemischter Kompetenzen – und nicht um eine unionale Abstimmung mit etwaiger qualifizierter Mehrheit – handelt, kann ein gemeinsamer Standpunkt nur durch Konsens aller Beteiligten zustande kommen.

Sobald ein gemeinsamer Standpunkt erarbeitet wurde, obliegt es in der Regel der Kommission, gemäß der favorisierten Delegation nach der „Rom-Formel", den Standpunkt gegenüber Dritten zu vertreten und sich während Verhandlungen an die Inhalte der gemeinsamen Standpunkte zu halten. Möchte die Delegation aufgrund unvorhergesehener Verhandlungsumstände davon abweichen, so gebietet es der Grundsatz loyaler Zusammenarbeit, das Einverständnis aller Mitgliedstaaten unter Rückgriff auf die Ratsgremien oder einer ad-hoc-Koordinierung vor Ort einzuholen. Der

---

381 Vgl. zur unerlaubten Kombination von unionalem und nationalem Verfahren beim Abschluss völkerrechtlicher Abkommen aufgrund entgegenstehender Verfahrensregeln, EuGH, Urteil vom 28.04.2015, Rs. C-28/12, Kommission/Rat, ECLI:EU.C2015:282, Rn. 38 ff.

382 *Epiney/Gross*, NuR 2005, 353, 358.

383 *Kaiser*, Gemischte Abkommen im Lichte bundesstaatlicher Erfahrungen, 2009, S. 62; So auch *Smyth*, in: Hillion/Koutrakos (Hrsg.), Mixed Agreements Revisited, 2010, S. 310.

384 *Epiney/Gross*, NuR 2005, 353, 357.

Verhandlungsführer ist deshalb grundsätzlich gemäß Art. 4 Abs. 3 EUV dazu verpflichtet, eine Verhandlungspause anzustreben, um eine ad-hoc-Koordinierung mit den Mitgliedstaaten durchführen zu können. Die Dynamik der Verhandlungsphase erlaubt es dem Verhandlungsführer allerdings auch, in geringem Umfang vom gemeinsamen Standpunkt abzuweichen, falls eine Koordinierung aufgrund zeitlichen Drucks nicht möglich ist und sich die Abweichung innerhalb der Verhandlungsziele bewegt.

bb) Dissens bei gemeinsamen Standpunkten

Falls gemeinsame Standpunkte an einem fehlenden Konsens scheitern, stellt sich die Frage, wie im Hinblick auf die laufenden Verhandlungen zu verfahren ist.

Einerseits könnte man annehmen, dass ein fehlender Konsens die EU und die Mitgliedstaaten daran hindert, in Bezug auf die betroffenen Themen zu verhandeln.[385] Andererseits besteht die Möglichkeit, dass die EU und die Mitgliedstaaten entsprechend der Kompetenzverteilung einen Unionsstandpunkt bzw. einen koordinierten Standpunkt der Mitgliedstaaten als Ausnahme zu einem gemeinsamen Standpunkt erarbeiten und die entsprechenden Themengebiete von der EU oder den Mitgliedstaaten getrennt verhandelt werden.[386] Der Nachteil gegenüber der hier favorisierten gemeinsamen Delegation mit der Kommission als Verhandlungsführer besteht darin, dass der einheitliche Verhandlungspartner und die einheitliche Wahrnehmung der EU und ihrer Mitgliedstaaten nach außen hin verloren gehen. Ergebnis ist dann eine „Aufspaltung" der gemeinsamen Delegation, zumindest was die Themenbereiche ohne gemeinsame Standpunkte betrifft. Eine Interessendurchsetzung gegenüber Dritten kann sich in diesem Fall schwieriger gestalten.

---

385 So *Timmermanns*, in: Dashwood/Hillion (Hrsg.), The General Law of EC External Relations, 2000, S. 242. Vgl. hierzu auch *Dutzler*, in: Griller/Weidel (Hrsg.), External Economic Relations and Foreign Policy in the EU, 2002, S. 170 f.

386 Vgl. z.B. Nr. 7 Verhaltenskodex zwischen dem Rat, den Mitgliedstaaten und der Kommission für die UNESCO-Verhandlungen über den Entwurf einer Konvention zum Schutz der Vielfalt kultureller Inhalte und künstlerischer Ausdrucksformen. Siehe zu den unterschiedlichen Standpunkten und der entsprechenden Vertretung im Rahmen der Verhandlung *Hoffmeister*, in: Hillion/Koutrakos (Hrsg.), Mixed Agreements Revisited, 2010, S. 255; *Smyth*, in: Hillion/Koutrakos (Hrsg.), Mixed Agreements Revisited, 2010, S. 310.

Die EU und die Mitgliedstaaten sind allerdings auch bei der Wahrnehmung ihrer Zuständigkeiten außerhalb gemeinsamer Standpunkte an die gemeinsamen, wesentlichen unionalen und nationalen Interessen gebunden. Sie trifft folglich eine materielle Berücksichtigungspflicht.[387] Die EU und ihre Mitgliedstaaten dürfen trotz ihrer getrennten Standpunkte die gemeinsamen Ziele nicht gefährden und müssen dementsprechend alle (Verhandlungs-)Maßnahmen dahingehend unterlassen (vgl. Art. 4 Abs. 3 UA 3 EUV).[388] Gerade im Bereich geteilter Zuständigkeit, die jederzeit durch eine unionale Aktivierung zur alleinigen EU-Kompetenz heranwachsen kann, fordert der Grundsatz loyaler Zusammenarbeit besondere Rücksichtnahme der Mitgliedstaaten gegenüber den EU-Interessen.[389]

Eine einheitliche völkerrechtliche Vertretung lässt sich, wie bereits angesprochen, aufgrund der Loyalitätspflichten auch außerhalb gemeinsamer Standpunkte gewährleisten. Eigene Standpunkte der EU oder der Mitgliedstaaten gefährden nicht per se die völkerrechtlich einheitliche Vertretung, solange die EU oder die Mitgliedstaaten im Bereich ihrer Zuständigkeit verhandeln und wesentliche Unionsinteressen nicht beeinträchtigen. Ein Verbot eigener Standpunkte im jeweiligen Zuständigkeitsbereich vorzutragen käme einem generellen Verhandlungsverbot im Falle fehlender gemeinsamer Standpunkte gleich.[390] Zudem würde es die Ausübung der jeweiligen Kompetenzen unmöglich machen und damit in unzulässiger Weise in die jeweilige Kompetenzhoheit eingreifen.

Im Falle eines Dissenses mag es unabhängig von der Möglichkeit, eigene Standpunkte zu vertreten, sinnvoll sein, vorerst auf diese zu verzichten oder eine Verhandlungspause bis zur Konfliktlösung anzustreben. Insbesondere dann, wenn sich gemischte Kompetenzen nur schwer oder nicht mit hinreichender Sicherheit in nationale und unionale Kompetenzen unterscheiden lassen.

---

387 *Epiney/Gross*, NuR 2005, 353, 357; so allgemein auch EuGH, Gutachten vom 19.03.1993, Gutachten 2/91, ILO-Konvention, Slg. 1993, I-1075, Rn. 10.

388 *Epiney/Gross*, NuR 2005, 353, 358 f.

389 *Epiney/Gross*, NuR 2005, 353, 358.

390 So aber *Timmermanns*, in: Dashwood/Hillion (Hrsg.), The General Law of EC External Relations, 2000, S. 242.

cc) Zusammenfassung: Koordinierung im Rahmen der Verhandlung

Eine allgemeingültige Formel, wie die EU und die Mitgliedstaaten einen gemeinsamen Standpunkt erarbeiten und diesen vertreten, existiert nicht. Die Rechtsprechung des EuGH bestätigt diese Ansicht.[391] Wenngleich es sich bei der Interessenkoordinierung und Interessenvertretung um wiederkehrende Standardsituationen handelt, muss der Einzelfall berücksichtigt werden, da die Kompetenzverteilung jeweils sehr komplex und nicht unbedingt statisch ist. Die Verhandlungen für konkrete gemischte Abkommen lassen sich daher nicht durch einen unveränderlichen Koordinierungsmechanismus festlegen. Der konkrete Verhandlungsverlauf kann Flexibilität auf beiden Seiten und die kurzfristige Anpassung der Standpunkte sowie die damit einhergehende Interessenkoordinierung und Interessenvertretung erforderlich machen.[392] Aus diesem Grund sollten die gemeinsamen Standpunkte inhaltlich nicht zu eng formuliert sein, da starre Positionen die Verhandlung mit Dritten erschweren und den Verhandlungsspielraum einengen.[393]

Der EuGH überlässt den unionalen und nationalen Akteuren bei der Verhandlung die konkrete Ausgestaltung der loyalen Zusammenarbeit. Mit seinen allgemeinen Aussagen zur loyalen Zusammenarbeit gibt er lediglich den Rahmen vor, innerhalb dessen sich die EU und die Mitgliedstaaten bewegen müssen.[394] Der EuGH hat insofern die Zusammenarbeit bei

---

391 *Koutrakos*, EU International Relations Law, 2015, S. 171, 174.

392 *Van Vooren/Wessel*, EU External Relations Law, 2014, S. 56.

393 *Schwichtenberg*, Die Kooperationsverpflichtung der Mitgliedstaaten der Europäischen Union bei Abschluss und Anwendung gemischter Verträge, 2014, S. 151; für eine hohe Flexibilität des Verhandlungsführers *Stein*, Der gemischte Vertrag im Recht der Außenbeziehungen der EWG, 1986, S. 166; kritisch hinsichtlich starrer gemeinsamer Standpunkte auch *Eeckhout*, EU External Relations Law, 2011, S. 256.

394 Vgl. zu den Vorgaben des EuGH, Beschluss vom 14.11.1978, Beschluss 1/78, Objektschutz, Slg. 1978, 2151, Rn. 34-36; Gutachten vom 19.03.1993, Gutachten 2/91, ILO-Konvention, Slg. 1993, I-1061, Rn. 12, 36, 38; Gutachten vom 15.11.1994, Gutachten 1/94, WTO, Slg. 1994, I-5267, Rn. 108; Urteil vom 19.03.1996, Rs. C-25/94, Kommission/Rat, 1996, I-1469, Rn. 48; Urteil vom 20.04.2010, Rs. C-246/07, Kommission/Schweden, Slg. 2010, I-3317, Rn. 73; Urteil vom 22.10.2002, Rs. C-94/00, Roquette Frères, Slg. 2002, I-9011; Rn. 32; Urteil vom 30.05.2006, Rs. C-459/03, Kommission/Irland, Slg. 2006, I-4635, Rn 175; Urteil vom 14.12.2000, Rs. C-300/98, Dior u.a., Slg. 2000, I-11307, Rn. 68. Vgl. Auch *Delgado Casteleiro*, in: Díez-Hochleitner u.a. (Hrsg.), Recent

der Verhandlung gemischter Abkommen in einzelnen Konfliktfällen konkretisiert, den Beteiligten aber insgesamt einen weiten Spielraum für die Konkretisierung der Zusammenarbeit überlassen. Er steckt jedoch die Grenzen ab und macht deutlich, dass die EU und die Mitgliedstaaten die Bestimmungen der EU-Verträge, insbesondere die Aufgabenverteilung nach Art. 13 Abs. 2 EUV als „leges specialis" zu Art. 4 Abs. 3 EUV,[395] beachten müssen.[396] Wenngleich Art. 13 Abs. 2 EUV in erster Linie die innere Zusammenarbeit zwischen den EU-Organen betrifft, so wird diese Vorschrift im Rahmen der Verhandlung relevant, da das Abschlussverfahren gemäß Art. 218 AEUV für die Akteure auf unionaler Seite bindend ist und nicht zur Disposition steht.[397]

d) Zusammenfassung: Verhandlung gemischter Abkommen

Die Verhandlung gemischter Abkommen erfordert zwischen der EU und den Mitgliedstaaten eine enge loyale Zusammenarbeit. Sowohl die Frage nach der Interessenkoordinierung, als auch die Frage nach der Interessenvertretung müssen dem Grundsatz loyaler Zusammenarbeit, der besondere Zusammenarbeitspflichten für die EU und die Mitgliedstaaten aufstellt, Rechnung tragen.

Die Zusammenarbeit auf der Verhandlungsebene beginnt mit der Konsultation und Information (Kooperations- und Koordinierungspflichten) über die einzelnen Verhandlungsinteressen, sowie der Sicherstellung, dass sowohl die Mitgliedstaaten, als auch die EU an den Verhandlungen beteiligt werden (Unterstützungspflichten). Gleichzeitig müssen die EU und die Mitgliedstaaten mit Beginn der (informellen) Verhandlungen unkoordinierte Alleingänge unterlassen (Unterlassungspflicht). Aus den allgemeinen Kooperations- und Koordinierungspflichten resultiert die Notwendigkeit zur Interessenkoordinierung und Interessenvertretung in Form gemeinsamer Standpunkte, sowie deren einheitliche Vertretung auf inter-

---

Trends in the Case Law of the Court of Justice of the European Union, 2012, S. 731.

395 *Calliess/Kahl/Puttler*, in: Calliess/Ruffert (Hrsg.), EUV/AEUV, 2016, Art. 4 EUV, Rn. 48; *Streinz*, in ders. (Hrsg.) EUV/AEUV, 2012, Art. 4 EUV, Rn. 7; *Obwexer*, in: von der Groeben/Schwarze/Hatje (Hrsg.), EUV/AEUV, 2015, Art. 4 EUV, Rn. 67.

396 EuGH, Rs. C-28/12, Kommission/Rat, ECLI:EU:C:2015:282, Rn. 41.

397 EuGH, Rs. C-28/12, Kommission/Rat, ECLI:EU:C:2015:282, Rn. 42 f., 49 ff.

nationaler Ebene, ohne dass die Kompetenzverteilung im Vordergrund steht. In Bezug auf die Verhandlungen mit Dritten mag es für die EU und die Mitgliedstaaten – unabhängig von den Loyalitätspflichten – sinnvoller sein, interne Streitigkeiten durch informelle oder formelle Kooperationsstrukturen unter Zurückstellung eigener Interessen zu verhindern. Dies vor allem deshalb, um Dritte nicht von internen Streitigkeiten und Machtkämpfen profitieren zu lassen.

2. Unterzeichnung gemischter Abkommen

An die Verhandlung eines (gemischten) Abkommens schließt sich die Unterzeichnung (4. Verfahrensstufe) an. Die Unterzeichnung bestätigt den endgültigen Vertragstext,[398] der die Grundlage des Ratifikationsprozesses darstellt.[399] Mit der Unterzeichnung des Vertragstextes darf der Unterzeichner das Ziel und den Zweck des Vertrages nicht mehr vereiteln (sog. Frustrationsverbot, vgl. Art. 18 Abs. a WVRK und Art. 18 Abs. a WVRK-IO), wenngleich eine Bindungswirkung erst mit der Ratifikation des Vertrages eintritt.[400]

Die Unterzeichnung von gemischten Abkommen besteht aus einer Kombination von einem unionalen und 28 nationalen Verfahren, da sowohl die EU als auch die Mitgliedstaaten das Abkommen entsprechend ihren jeweiligen prozessualen Anforderungen unterzeichnen müssen.[401] Auch die Unterzeichnung unterliegt dem Grundsatz loyaler Zusammenar-

---

398 *Nawparwar*, Die Außenbeziehungen der EU zu internationalen Organisationen nach dem Vertrag von Lissabon, 2009, S. 29; *Gatti/Manzini*, CMLRev 2012, 1703, 1723; *Barrón*, Der Europäische Verwaltungsverbund und die Außenbeziehungen der EU, 2016, S. 238; § 27 Abs. 1 lit. a) RvV.

399 *Kadelbach*, in: von Arnauld (Hrsg.), Europäische Außenbeziehungen, 2014, § 4, Rn. 52; § 27 Abs. 1 RvV.

400 *Gatti/Manzini*, CMLRev 2012, 1703, 1723 f.; *Graf Vitzthum*, in: Graf Vitzthum/Proelß (Hrsg.), Völkerrecht, 2013, S. 44; *Schwichtenberg*, Die Kooperationsverpflichtung der Mitgliedstaaten der Europäischen Union bei Abschluss und Anwendung gemischter Verträge, 2014, S. 133.

401 *Rodenhoff*, Die EG und ihre Mitgliedstaaten als völkerrechtliche Einheit bei umweltvölkerrechtlichen Übereinkommen, 2008, S. 293; *Scheffler*, Die EU als rechtlich-institutioneller Akteur im System der Vereinten Nationen, 2009, S. 154; *Bungenberg*, in: von der Groeben/Schwarze/Hatje (Hrsg.), 2015, EUV/AEUV, Art. 218 AEUV, Rn. 77.

beit, sodass im Folgenden die formellen Voraussetzungen unter diesem Gesichtspunkt erläutert werden.

Auf Unionsseite schlägt der Verhandlungsführer dem Rat gemäß Art. 218 Abs. 5 AEUV die Unterzeichnung des geplanten Abkommens vor, wobei das Abkommen bereits durch die Kommission paraphiert ist. Der Rat entscheidet in einem „2. Beschluss" über die Unterzeichnung des Abkommens (4. Verfahrensstufe) und, um das Abkommen möglichst zeitnah anwenden zu können und nicht den Abschluss des langwierigen Ratifikationsprozesses abwarten zu müssen (vgl. Art. 25 Abs. 1 WVRK und Art. 25 Abs. 1 WVRK-IO), gegebenenfalls über dessen vorläufige Anwendung. Alternativ kann die EU im Rahmen ihrer Zuständigkeit mit Dritten auch ein Interim-Abkommen abschließen, um die Zeit bis zur Ratifikation zu überbrücken.[402]

Inhalt und Umfang der vorläufigen Anwendung werden im Vertragstext festgelegt. Der Rat kann gemäß Art. 218 Abs. 5 AEUV die vorläufige Anwendung des gemischten Abkommens nur im Umfang der ausschließlichen EU-Zuständigkeit anordnen.[403] Im Einzelfall muss die Zuständigkeit der EU genau abgegrenzt und gegenüber dem Vertragspartner bezeichnet werden. Eine pauschale Bezugnahme auf die EU-Zuständigkeit reicht nicht aus.[404] Das Europäische Parlament wird in der neueren Praxis um die vorherige Zustimmung zur vorläufigen Anwendung gebeten, auch

---

402 *Eeckhout*, EU External Relations Law, 2011, S. 259.

403 *Smyth,* in: Hillion/Koutrakos (Hrsg.), 2010, Mixed Agreements Revisited, S. 313; *Kumin/Bittner*, EuR-Beiheft 2/2012, 75, 86; *Weiß*, Verfassungsprobleme der vorläufigen Anwendung von EU-Freihandelsabkommen, S. 2, 4, http://www.foodwa tch.org/de/informieren/freihandelsabkommen/aktuelle-nachrichten/ceta-minister-gabriel-plant-entmachtung-des-bundestages/, 22.03.2018; vgl. z.B. Beschränkung der vorläufigen Anwendung in Art. 3 Abs. 1 des Ratsbeschlusses über die Unterzeichnung – im Namen der Europäischen Union – und vorläufige Anwendung des Freihandelsabkommens zwischen der Europäischen Union und ihren Mitgliedstaaten einerseits und der Republik Korea andererseits, 16.09.2010, Abl. 2011, L 127/1; vgl. zur vorläufigen Anwendung im Bereich unionaler Zuständigkeiten BVerfG, Urteil vom 13.10.2016, 2 BvR 1368/16 u.a., ECLI:DE:BVerfG:2016:rs20161013.2bvr136816, Rn. 67 ff., wobei hier nicht exakt deutlich wird, ob es sich um unionale ausschließliche oder geteilte Zuständigkeit handelt.

404 *Kumin/Bittner*, EuR-Beiheft 2/2012, 75, 86.

wenn es lediglich über die vorläufige Anwendung zu informieren wäre (Art. 218 Abs. 10 AEUV).[405]

Die völkerrechtliche Bindung der vorläufigen Anwendung kann durch die EU in Form eines Ratsbeschlusses („actus contrarius") jederzeit beendet werden, um eine dauerhafte Bindung im Falle eines fehlgeschlagenen Ratifikationsprozesses zu umgehen (vgl. Art. 25 Abs. 2 WVRK und Art. 25 Abs. 2 WVRK-IO).[406] Ein endgültiges Scheitern hat im Umkehrschluss nicht automatisch den Wegfall der vorläufigen Bindung zur Folge.[407]

Die Unterzeichnung des gemischten Abkommens bedarf auch der Mitwirkung der Mitgliedstaaten, die ihrerseits anhand der nationalen Regeln

---

405 *Weiß*, Verfassungsprobleme der vorläufigen Anwendung von EU-Freihandelsabkommen, S. 2, 4 f.; http://www.foodwatch.org/de/informieren/freihandelsabkommen/aktuelle-nachrichten/ceta-minister-gabriel-plant-entmachtung-des-bundestages/, 22.03.2018, der sich insbesondere zur Problematik des fehlenden Einbezugs des Europäischen Parlaments und des Bundestags bei der vorläufigen Anwendung äußert; vgl. auch *Bungenberg*, in: von der Groeben/Schwarze/Hatje (Hrsg.), EUV/AEUV, 2015, Art. 218 AEUV, Rn. 58 der sich entgegen des Wortlauts für ein Zustimmungserfordernis des Europäischen Parlaments bei der vorläufigen Anwendung ausspricht.

406 *Schmalenbach*, in: Calliess/Ruffert (Hrsg.), EUV/AEUV, 2016, Art. 218 AEUV, Rn. 7; *Weiß*, Verfassungsprobleme der vorläufigen Anwendung von EU-Freihandelsabkommen, S. 2; http://www.foodwatch.org/de/informieren/freihandelsabkommen/aktuelle-nachrichten/ceta-minister-gabriel-plant-entmachtung-des-bundestages/, 22.03.2018. Ob die Mitgliedstaaten die vorläufige Anwendung im Falle eines endgültigen Scheiterns ohne den Rat eigenmächtig widerrufen können ist streitig. Vgl. hierzu das laufende Hauptsacheverfahren zu BVerfG, Urteil vom 13.10.2016, 2 BvR 1368/16 u.a., ECLI:DE:BVerfG:2016:rs20161013.2bvr13681 6.

407 Ob die Mitgliedstaaten die vorläufige Anwendung im Falle eines endgültigen Scheiterns ohne den Rat eigenmächtig widerrufen können, ist streitig. Die Regelungen zur Beendigung der vorläufigen Anwendung in der WVRK sind insofern nur allgemein und können im konkreten Abkommen abweichen. Bei der vorläufigen Anwendung handelt es sich um ein völkerrechtliches Abkommen zwischen der EU und Dritten, sodass die Mitgliedstaaten keinen Einfluss auf die Beendigung haben. Man könnte unabhängig von der Zuständigkeitsverteilung und der formellen Beteiligung an der vorläufigen Anwendung annehmen, dass aufgrund einer völkerrechtlichen Gesamtverantwortung auch eine Beendigung durch die Mitgliedstaaten gegeben sein muss. Auch kommen die Grundsätze über den Wegfall der Geschäftsgrundlage für die Beendigung der vorläufigen Anwendung in Betracht. Vgl. hierzu das laufende Hauptsacheverfahren zu BVerfG, Urteil vom 13.10.2016, 2 BvR 1368/16 u.a., ECLI:DE:BVerfG:2016:rs20161013.2bvr1 36816.

dem ausgehandelten Vertragstext zustimmen müssen. Die Unterzeichnung erfolgt immer durch die Mitgliedstaaten selbst, ohne dass sich diese, wie z.b. bei der Verhandlung, durch die Kommission vertreten lassen.[408]

Soll das ausgehandelte Abkommen auch im Bereich nationaler Zuständigkeiten vorläufig angewendet werden, so müssen die Mitgliedstaaten neben der EU die vorläufige Anwendung gemäß ihrer nationalen (verfassungsrechtlichen) Regeln beschließen. Die vorläufige Anwendung der Teile des Abkommens, die in nationale Zuständigkeiten fallen, könnte im Rahmen eines uneigentlichen Ratsbeschlusses erfolgen, der die vorläufige Anwendung seitens der Mitgliedstaaten gewährleistet.[409]

Im Grundgesetz fehlt allerdings eine Sondervorschrift, die die vorläufige Anwendung eines Abkommens durch die Regierung ohne Parlamentsbeteiligung vorsieht (vgl. Art. 59 Abs. 2 GG).[410] Mit Ausnahme von Verwaltungsabkommen (Art. 59 Abs. 2 S. 2 GG), die von der Exekutive abgeschlossen werden und nicht unter Art. 59 Abs. 2 S. 1 GG fallen, wäre der Bundestag bei einer vorläufigen Anwendung für die nationalen Zuständigkeiten in Form eines Bundesgesetzes gemäß Art. 59 Abs. 2 S. 1 GG miteinzubeziehen. Auch existiert keine andere Rechtsgrundlage (z.B. Integrationsverantwortungsgesetz) bzw. ein Verfahren „sui generis" für eine vorläufige Anwendung eines völkerrechtlichen Vertrags.[411] Aus deutscher Sicht besteht deshalb keine Möglichkeit, die nationalen Teile eines gemischten Abkommens ohne Parlamentsbeteiligung für vorläufig anwendbar zu erklären.[412]

---

408 *Gatti/Manzini*, CMLRev 2012, 1703, 1728 f. Vgl. die Personen, die für die BRD völkerrechtliche Verträge unterzeichnen, Art. 27 Abs. 2 der Richtlinien des Auswärtigen Amtes für die Behandlung völkerrechtlicher Verträge.

409 Vgl. z.B. Beschluss des Rates und der im Rat vereinigten Vertreter der Regierungen der Mitgliedstaaten der Europäischen Union über die Unterzeichnung und vorläufige Anwendung des Luftverkehrsabkommens zwischen der Europäischen Gemeinschaft und ihren Mitgliedstaaten einerseits und den Vereinigten Staaten von Amerika andererseits, 25.04.2007, ABl. 2007, L 134/1; EuGH, Urteil vom 28.04.2015, Rs. C-28/12, Kommission/Rat, ECLI:EU:C:2015:282, Rn. 48 ff.; *Kuijper u.a.*, The Law of EU External Relations, 2015, S. 83 f. Vgl. zum uneigentlichen Ratsbeschluss § 4 Teil A.V.1.b).

410 *Krenzler*, Die vorläufige Anwendung völkerrechtlicher Verträge, 1963, S. 101 ff.

411 Vgl. *Krenzler*, Die vorläufige Anwendung völkerrechtlicher Verträge, 1963, S. 111 ff., 127 f., der generell eine Ermächtigung durch einfaches Gesetz ablehnt und eine Grundgesetzänderung fordert.

412 So z.B. auch in Österreich, *Kumin/Bittner*, EuR-Beiheft 2/2012, 75, 85 f.; *Mayer*, Thesen zur öffentlichen Anhörung im Ausschuss für Wirtschaft und Energie im

Der Grundsatz loyaler Zusammenarbeit, der auch bei der Unterzeichnung gemischter Abkommen Anwendung findet[413], gebietet die zügige Schaffung der jeweiligen Legitimationsvoraussetzungen, sowie die gleichzeitige Unterzeichnung des gemischten Abkommens[414].

Da die Unterzeichnung den jeweiligen prozessualen Regelungen der EU und ihrer Mitgliedstaaten ohne inhaltlichen Gestaltungsspielraum unterliegt, existieren für die Unterzeichnung weder ein informeller noch ein formeller Koordinierungsmechanismus. Aus diesem Grund enthalten auch die untersuchten Kooperationsvereinbarungen keine Regelung zur Unterzeichnung gemischter Abkommen.

Im Rahmen der vorläufigen Anwendung eines Abkommens, bezogen auf die ausschließlichen EU-Zuständigkeiten eines gemischten Abkommens, besteht im Rahmen des Grundsatzes loyaler Zusammenarbeit die Pflicht der Mitgliedstaaten zur entsprechenden vorläufigen Umsetzung der vorläufig anzuwendenden Bestimmungen (vgl. Art. 216 Abs. 2 AEUV). Sie müssen aufgrund von Art. 4 Abs. 3 EUV bereits vor der endgültigen Ratifizierung zur Durchsetzung der entsprechenden Vorschriften des gemischten Abkommens in angemessener Weise beitragen.[415]

Zusammengefasst müssen die EU und die Mitgliedstaaten im Rahmen ihrer Loyalitätspflichten schnellstmöglich die Voraussetzungen zur Unterzeichnung schaffen und gegebenenfalls das gemischte Abkommen vorläufig und angemessen anwenden.

Deutschen Bundestag, 15.12.2014, Ausschussdrucksache des Bundestags 18 (9) 303, S. 2, www.bundestag.de/blob/348398/.../franz-c--mayer--uni-bielefeld-data. pdf, 22.03.2018.

413 EuGH, Beschluss vom 04.10.1979, Beschluss 1/78, Objektschutz, Slg. 1978, 2151, Rn. 34; Gutachten vom 15.11.1994, Gutachten 1/94, WTO Slg. 1994, I-5267, Rn. 108; Urteil vom 19.03.1996, Rs. C-25/94, Kommission/Rat, Slg. 1996, I-1469, Rn. 48; Urteil vom 20.04.2010, Rs. C-246/07, Kommission/ Schweden, Slg. 2010, I-3317, Rn. 73.

414 § 33 Abs. 4 lit. d) RvV.

415 Vgl. z.B. Erwägungsgrund 6 des Ratsbeschlusses zur Unterzeichnung im Namen der Europäischen Gemeinschaft und vorläufigen Anwendung des Internationalen Tropenholz-Übereinkommens von 2006, 26.09.2007, Abl. 2007, L 262/6.

3. Abschluss (Ratifikation) gemischter Abkommen

Sobald der Vertragsentwurf unterzeichnet ist, schließt sich in einer weiteren Verfahrensstufe das eigentliche Ratifikationsverfahren (5. Verfahrensstufe) an.[416] Die Ratifikation bestätigt die endgültige Verbindlichkeit des Vertragstextes gegenüber Dritten.[417] Diese letzte Verfahrensstufe beinhaltet die unionale und nationale parlamentarische Beteiligung, wohingegen die Verhandlung und die Unterzeichnung durch die Exekutive erfolgt.

Verfahrensrechtlich liegt der Hauptunterschied zu reinen EU-Abkommen oder nationalen Abkommen darin, dass neben einem Ratifikationsverfahren auf Unionsebene auch Ratifikationsverfahren in allen 28 Mitgliedstaaten nach den jeweiligen verfassungsrechtlichen Vorgaben (vgl. für die BRD Art. 59 Abs. 2 GG) durchgeführt werden müssen.[418] Der Grund hierfür ist, dass die EU und die Mitgliedstaaten in vollem Umfang völkerrechtlich gebunden werden.[419] Die Ratifikation durch die EU und die Mitgliedstaaten ist für ein gemischtes Abkommen konstitutiv.

Die Ratifikation wird somit auf zwei horizontalen (unionale und nationale) Ebenen durchgeführt. Die notwendige Aufspaltung der Ratifikation in nationale und unionale Verfahren kann zu erheblichen Zeitverzögerungen führen. Um einer etwaigen Zeitverzögerung bei der Umsetzung aufgrund einer schleppenden Ratifikation vorzubeugen, besteht wie oben erläutert bei der Unterzeichnung des Abkommens die Möglichkeit der vorläufigen Anwendung.[420] Darüber hinaus besteht in der Praxis das Risiko, dass ein oder mehrere nationale Parlamente das gemischte Abkommen nicht ratifizieren, sodass das (gemischte) Abkommen insgesamt scheitert.

---

416 Die Trennung von Unterzeichnung und Abschluss eines völkerrechtlichen Vertrages ist völkerrechtlich nicht zwingend (vgl. hierzu Artt. 11 ff. WVRK und Artt. 11 ff. WVRK-IO). Allerdings ist das zweistufige Verfahren gemäß Art. 218 AEUV auf Unionsseite vorgesehen.

417 § 31 Abs. 1 RvV.

418 *Stein*, Der gemischte Vertrag im Recht der Außenbeziehungen der EWG, 1986, S. 170; *Kaiser*, Gemischte Abkommen im Lichte bundesstaatlicher Erfahrungen, S. 81; *Mögele*, in: Streinz (Hrsg.), EUV/AEUV, 2012, Art. 218 AEUV, Rn. 30; *Bungenberg,* in: von der Groeben/Schwarze/Hatje (Hrsg.), EUV/AEUV, 2015, Art. 218 AEUV, Rn. 77; *Cottier*, in: Bungenberg/Herrmann (Hrsg.), Die gemeinsame Handelspolitik der EU, 2016, S. 14; § 33 Abs. 4 lit. e) RvV.

419 Siehe zur völkerrechtlichen Verantwortlichkeit der EU und der Mitgliedstaaten § 2 Teil B.I.3.

420 Siehe zur vorläufigen Anwendung gemischter Verträge § 2 Teil C.I.2.

Zunächst wird der unionale Ratifikationsprozess im Überblick dargestellt (a)) und im Anschluss auf die konkreten Anforderungen an die
loyale Zusammenarbeit zwischen der EU und den Mitgliedstaaten im Rahmen des Ratifikationsprozesses erläutert (b)).

a) Überblick über den Ratifikationsprozess

Der Ratifikationsprozess setzt sich aus einem inneren Zustimmungsver-
fahren und dem förmlichen Akt gegenüber Dritten zusammen.[421] Der
Annahmebeschluss gemäß Art. 218 Abs. 6 AEUV ist der entscheidende
(innere) Annahmeakt auf Unionsseite[422] und macht deutlich, dass die EU
an das Abkommen gebunden sein will[423]. Um die innere Ratifikation herbeizuführen, erlässt der Rat gemäß Art. 218 Abs. 6 AEUV einen Beschluss
über die eigentliche Verabschiedung bzw. den Abschluss des Abkommens
(3. Ratsbeschluss). Für die eigentliche Ratifizierung des Abkommens
bedarf es außerhalb der GASP grundsätzlich der Anhörung des Europäischen Parlaments (Art. 218 Abs. 6 UA 2 b) AEUV) und in bestimmten
Fällen dessen Zustimmung (Art. 218 Abs. 6 UA 2 a) AEUV).

An die unionsinterne Ratifizierung schließt sich die völkerrechtliche
Ratifizierung an, mit der die Union – in der Regel durch Austausch der
Ratifikationsurkunden[424] – ihren völkerrechtlichen Willen ausdrückt, an
den Vertrag gebunden zu sein (vgl. Art. 11 Abs. 2 WVK IO).[425]

Die EU und die Mitgliedstaaten ratifizieren gemischte Abkommen formell im Ganzen. Das heißt, dass das Abkommen nicht in die einzelnen
Teile entsprechend der jeweiligen Zuständigkeit aufgespalten wird, da

---

421 *Stein*, Der gemischte Vertrag im Recht der Außenbeziehungen der EWG, 1986,
S. 169 f.; *Graf Vitzthum*, in: Graf Vitzthum/Proelß (Hrsg.), Völkerrecht, 2013,
S. 44.
422 *Kaiser*, Gemischte Abkommen im Lichte bundesstaatlicher Erfahrungen, S. 80;
Schwichtenberg, Die Kooperationsverpflichtung der Mitgliedstaaten der Europäischen Union bei Abschluss und Anwendung gemischter Verträge, 2014, S. 134;
Kuijper u.a., The Law of EU External Relations, 2015, S. 73.
423 *Kaiser*, Gemischte Abkommen im Lichte bundesstaatlicher Erfahrungen, 2009,
S. 80; *Czuczai*, in: Hillion/Koutrakos (Hrsg.), Mixed Agreements Revisited,
2010, S. 233.
424 *Schwichtenberg*, Die Kooperationsverpflichtung der Mitgliedstaaten der Europäischen Union bei Abschluss und Anwendung gemischter Verträge, 2014, S. 134 f.
425 *Schmalenbach*, in: Calliess/Ruffert (Hrsg.), EUV/AEUV, 2016, Art. 218 AEUV,
Rn. 8.

sowohl die EU als auch die Mitgliedstaaten völkerrechtlich für die Durchführung verantwortlich sind.[426]

Bis zur vollständigen Ratifikation der EU und ihrer Mitgliedstaaten hinterlegen grundsätzlich weder die EU noch andere Mitgliedstaaten Ratifikationsurkunden. Sie wollen sich durch die Hinterlegung nicht auf völkerrechtlicher Ebene verpflichten, ohne dass eine Ratifizierung durch alle Beteiligten gewährleistet ist.[427] Selbst bei gemeinsamem Verhandlungsergebnis der EU und ihrer Mitgliedstaaten ist eine Ratifikation durch alle Beteiligten nicht sicher. Gerade die nationalen Parlamente haben auf den Verhandlungsprozess wenig Einfluss und könnten das durch die Exekutive ausgehandelte Abkommen unter Umständen ablehnen. Ein Scheitern der Ratifikation in einem Mitgliedstaat führt insofern zur rechtlichen Unsicherheit über das gesamte gemischte Abkommen.[428] Der EU würde angesichts einer ablehnenden Entscheidung eines nationalen Parlaments lediglich die Möglichkeit bleiben, ein „unvollständig gemischtes Abkommen"[429] abzuschließen bzw. einen erneuten Verhandlungsprozess für ein EU-Only-Abkommen in Gang zu setzen und den Vertragstext hinsichtlich der Vertragsparteien abzuändern. In der Praxis wartet die EU teilweise ab und hinterlegt erst nach allen Mitgliedstaaten ihre Urkunde.[430] Der Verhandlungsführer hinterlegt dann den Genehmigungsbeschluss des Rates

---

426 *Weiß*, DöV 2016, 537, 537; *Weiß,* DöV 2016, 661, 661; Für eine Zustimmung zum gesamten Abkommen auch *Stein*, Der gemischte Vertrag im Recht der Außenbeziehungen der EWG, 1986, S. 171 f.; *Primosch*, ÖJZ 1997, 921, 925; *Kaiser*, Gemischte Abkommen im Lichte bundesstaatlicher Erfahrungen, 2009, S. 81; a.A. *Thun-Hohenstein/Cede/Hafner*, Europarecht, 2005, S. 230; *Kumin/ Bittner*, EuR-Beiheft 2/2012, 75, 87; siehe zur völkerrechtlichen Verantwortlichkeit § 2 Teil B.I.3.
427 Für eine gleichzeitige Hinterlegung der Ratifikationsurkunden siehe auch § 33 Abs. 4 lit. e) RvV.
428 *Czuczai*, in: Hillion/Koutrakos (Hrsg.), Mixed Agreements Revisited, 2010, S. 233.
429 *Rodenhoff*, Die EG und ihre Mitgliedstaaten als völkerrechtliche Einheit bei umweltvölkerrechtlichen Übereinkommen, 2008, S. 298.
430 *Kaiser*, Gemischte Abkommen im Lichte bundesstaatlicher Erfahrungen, 2009, S. 82; *Czuczai*, in: Hillion/Koutrakos (Hrsg.), Mixed Agreements Revisited, 2010, S. 241 ff.; *Hoffmeister*, in: Hillion/Koutrakos (Hrsg.), Mixed Agreements Revisited, 2010, S. 256; *van Vooren/Wessel*, EU External Relations Law, 2014, S. 57; § 33 Abs. 4 lit. e) RvV.

samt Vertragsurkunde beim Depositar,[431] der für die Verwahrung der Vertragsurkunden zuständig ist[432].

b) Anforderungen an die loyale Zusammenarbeit

Da durch die Ratifikation endgültig völkerrechtliche Bindungen eingegangen werden, müssen die EU und die Mitgliedstaaten den Ratifikationsprozess untereinander koordinieren.[433] Das betrifft zum einen die Pflicht zur zügigen innerstaatlichen und unionalen Ratifikation durch die Mitgliedstaaten und die EU.[434] Zum anderen die koordinierte Hinterlegung bzw. den Austausch der Ratifikationsurkunden als äußeren Ratifikationsakt gegenüber Dritten.

Die Pflicht zur zügigen Einleitung und Durchführung des Ratifikationsprozesses lässt sich aus Art. 4 Abs. 3 EUV ableiten. Aufgrund der jeweiligen ausschließlichen Zuständigkeiten stellt die Ratifikation ein souveräner Akt der Beteiligten dar, ohne dass grundsätzlich ein Zwang zur Ratifikation besteht.[435] Aus diesem Grund erscheint auch eine Fristsetzung zur Ratifikation im Rahmen der loyalen Zusammenarbeit wenig sinnvoll und sollte vermieden werden,[436] wenngleich alle Beteiligten auf eine gleichzei-

---

431 *Schmalenbach*, in: Calliess/Ruffert (Hrsg.), EUV/AEUV, 2011, Art. 218 AEUV, Rn. 8.

432 *Kaiser*, Gemischte Abkommen im Lichte bundesstaatlicher Erfahrungen, 2009, S. 81.

433 Art. 33 Abs. 4 lit. e) RvV. Vgl. wiederum EuGH, Beschluss vom 04.10.1979, Beschluss 1/78, Objektschutz, Slg. 1978, 2151, Rn. 34; Gutachten vom 15.11.194, Gutachten 1/94, WTO Slg. 1994, I-5267, Rn. 108; Urteil vom 19.03.1996, Rs. C-25/94, Kommission/Rat, 1996, I-1469, Rn. 48; Urteil vom 20.04.2010, Rs. C-246/07, Kommission/Schweden, Slg. 2010, I-3317, Rn. 73.

434 *Eeckhout*, EU External Relations Law, 2011, S. 259; *Schwichtenberg*, Die Kooperationsverpflichtung der Mitgliedstaaten der Europäischen Union bei Abschluss und Anwendung gemischter Verträge, 2014, S. 151 ff.; *Bungenberg*, in: von der Groeben/Schwarze/Hatje (Hrsg.), EUV/AEUV, 2015, Art. 218 AEUV, Rn. 77.

435 *Kaiser*, Gemischte Abkommen im Lichte bundesstaatlicher Erfahrungen, 2009, S. 82; *Bungenberg,* in: von der Groeben/Schwarze/Hatje (Hrsg.), EUV/AEUV, 2015, Art. 218 AEUV, Rn. 77.

436 *Hoffmeister*, in: Hillion/Koutrakos (Hrsg.), Mixed Agreements Revisited, 2010, S. 256; *Smyth,* in: Hillion/Koutrakos (Hrsg.), Mixed Agreements Revisited, 2010, S. 316.

tige Ratifikation hinwirken sollten[437]. Insofern verstoßen grundsätzlich nur grobe offensichtliche Verzögerungen im Ratifikationsprozess gegen Art. 4 Abs. 3 EUV.

Handelt es sich hingegen um eine Sachwalterschaft, folgt hieraus auch die Pflicht zur Ratifikation im Sinne der Vorgabe des Vertretenen.[438] Der/die Sachwalter sind dann dazu verpflichtet, die Ratifikation schnellstmöglich herbeizuführen. Gleiches gilt für die Mitgliedstaaten bei fakultativ gemischten Abkommen. Da diese Situation mit der eines Sachwalters vergleichbar ist, kann man von einer Beitrittspflicht ausgehen, wenn insbesondere die EU ein fakultativ gemischtes Abkommen entgegen der unionsrechtlichen Notwendigkeit zusammen mit den Mitgliedstaaten wünscht.[439] Teilweise wird auch bei einer „Unteilbarkeit" der Zuständigkeiten von einer Ratifikationspflicht der EU und der Mitgliedstaaten ausgegangen.[440] Unteilbar sind die Zuständigkeiten allerdings nur bei einer parallelen Zuständigkeit der EU und der Mitgliedstaaten i.S.v. Art. 4 Abs. 3 und 4 AEUV. Ansonsten liegt die Zuständigkeit entweder bei der EU oder den Mitgliedstaaten. Die Schwierigkeit der Kompetenzabgrenzung kann nicht zu Lasten der Souveränität der EU und ihrer Mitgliedstaaten in ihren jeweiligen Kompetenzbereichen gehen. Eine Ratifikationspflicht allein aus Praktibilitätsgründen ist von Art. 4 Abs. 3 EUV nicht gedeckt. Im Zweifel muss der EuGH gemäß Art 218 Abs. 11 AEUV angerufen werden, um über die Zuständigkeitsverteilung zu entscheiden. Auch der Umstand, dass ein gemischtes Abkommen die völkerrechtlich einheitliche Vertretung der EU und ihrer Mitgliedstaaten untermauert bzw. die Verhandlungsmacht stärkt und unter Umständen mit einem erhöhten Stimmgewicht einhergeht, führt nicht zu einer Ratifikationspflicht. Allenfalls lässt sich aus Art. 4 Abs. 3 EUV die Pflicht ableiten, insbesondere mit politischen Mitteln auf eine entsprechende Ratifikation hinzuwirken. Denn die Entscheidung über die Ratifikation liegt in der Regel beim Parlament, welches ohnehin keinen Weisungen der Regierung unterliegt.

Sobald der innere Ratifikationsprozess abgeschlossen ist, muss die gemeinsame oder zumindest koordinierte Hinterlegung der Ratifikations-

---

437 *Rodenhoff*, Die EG und ihre Mitgliedstaaten als völkerrechtliche Einheit bei umweltvölkerrechtlichen Übereinkommen, 2008, S. 311.
438 Siehe zu den Pflichten bei der Sachwalterschaft § 2 Teil B.I.2.
439 So bei EuGH, Urteil vom 10.03.2002, Rs. C. 13/00, Kommission/Irland, Slg. 2002, I-2955, Rn. 20.
440 *Kumin/Bittner*, EuR-Beiheft 2/2012, 75, 82 f.

urkunden im Hinblick auf etwaige kurzfristige oder endgültige Verzögerungen im Rahmen der einzelnen Ratifikationsverfahren abgestimmt werden. Die Koordinierung bedarf einer ständigen Konsultation und Information über den Stand der einzelnen Prozesse.[441]

Auch hinsichtlich der Ratifikation gemischter Abkommen hat sich der EuGH nicht konkret zu den Zusammenarbeitspflichten beim Abschluss geäußert. Ähnlich wie bei der Unterzeichnung von (gemischten) Abkommen sind die unionalen und nationalen Verfahrensregeln vorgegeben, sodass für eine Konkretisierung der loyalen Zusammenarbeit wenig Spielraum bleibt.[442] Die EU und die Mitgliedstaaten müssen jeweils den inneren Ratifikationsprozess vorantreiben und sich hinsichtlich des äußeren Ratifikationsprozesses entsprechend abstimmen und die Ratifikationsurkunden am besten gleichzeitig hinterlegen.

c) Zusammenfassung: Abschluss (Ratifikation) gemischter Abkommen

Da die Ratifikation den unionalen und nationalen Vorschriften folgt und insofern genau vorgeschrieben ist, existieren weder Raum noch Notwendigkeit für einen gesonderten Koordinierungsmechanismus zwischen der EU und den Mitgliedstaaten. Gleichwohl verpflichtet Art. 4 Abs. 3 EUV die EU und die Mitgliedstaaten, zügig die Ratifikation durchzuführen und gegebenenfalls die Ratifikationsurkunden gemeinsam zu hinterlegen. Eine generelle Ratifikationspflicht lässt sich aus Art. 4 Abs. 3 EUV nicht ableiten.

---

441 *Rodenhoff*, Die EG und ihre Mitgliedstaaten als völkerrechtliche Einheit bei umweltvölkerrechtlichen Übereinkommen, 2008, S. 306; *Schwichtenberg*, Die Kooperationsverpflichtung der Mitgliedstaaten der Europäischen Union bei Abschluss und Anwendung gemischter Verträge, 2014, S. 152.

442 Vgl hierzu EuGH, Rs. C-28/12, Kommission/Rat, ECLI:EU:C:2015:282, Rn. 42 f., 49 ff.

4. Zusammenfassung: Kooperationsverpflichten bei Verhandlung, Unterzeichnung und Abschluss gemischter Abkommen

Die Untersuchung der Verhandlung, der Unterzeichnung und der Ratifikation hat gezeigt, dass auf allen diesen Stufen eine enge loyale Zusammenarbeit zwischen der EU und den Mitgliedstaaten notwendig ist, um eine einheitliche völkerrechtliche Vertretung zu gewährleisten. In der Praxis wird die loyale Zusammenarbeit durch einen informellen Koordinierungsmechanismus konkretisiert.

Die einzelnen Zusammenarbeitspflichten können hinsichtlich Art und Umfang variieren (Kooperations-, Koordinierungs-, Informations-, Konsultations-, Unterstützungs- und Rücksichtnahmepflichten[443]). Jedoch steht die Koordinierungspflicht hinsichtlich gemeinsamer Standpunkte und deren geschlossener Vertretung bei den Verhandlungen im Vordergrund. Inhaltlich wird der gemeinsame Standpunkt in der Regel entweder von der EU oder den Mitgliedstaaten dominiert, je nachdem wer die/den Kompetenz(-schwerpunkt) für den konkreten Verhandlungsgegenstand besitzt. Wenngleich gemeinsame Standpunkte durch die Kommission vertreten werden sollten, können auch getrennte Delegationen, abwechselnde Verhandlungsführer und getrennte Standpunkte die Einheitlichkeit der EU und ihrer Mitgliedstaaten nach außen gewährleisten. Im Kern geht es gerade um die einheitliche Vertretung der Interessen der EU und der Mitgliedstaaten, ohne nach außen mit mehreren Stimmen zu sprechen. Falls die EU oder die Mitgliedstaaten doch eigene Standpunkte vertreten, dürfen sie dies nur im Rahmen ihrer Zuständigkeit und unter Beachtung der gemeinsamen Ziele und Interessen.

Während des Vertragsschlussverfahrens besteht gemäß Art. 218 Abs. 11 AEUV für die Mitgliedstaaten, das Europäische Parlament, den Rat oder die Kommission die Möglichkeit, den EuGH – im Wege eines Gutachtenverfahrens – die Vereinbarkeit eines geplanten Abkommens mit den EU-

---

443 *Rodenhoff*, Die EG und ihre Mitgliedstaaten als völkerrechtliche Einheit bei umweltvölkerrechtlichen Übereinkommen, 2008, S. 277.

Verträgen, insbesondere Zuständigkeitsfragen[444], klären zu lassen.[445] Das „vorläufige Rechtsschutzverfahren"[446] soll völkerrechtliche Verpflichtungen verhindern, die mit Unionsrecht unvereinbar, aber aufgrund völkerrechtlichem Vertrauensschutz nach der Ratifizierung für die Union und die Mitgliedstaaten trotzdem verbindlich sind.

Im Streitfall über Art und Umfang der loyalen Zusammenarbeit ist der EuGH auch zur gerichtlichen Kontrolle der unionalen und nationalen Handlungen befugt.[447] Die Zusammenarbeitspflichten können im Rahmen des Vertragsverletzungsverfahrens, der Nichtigkeits- und der Unterlassungsklage gerichtlich überprüft werden.[448]

II. Kooperationspflichten bei der Durchführung gemischter Abkommen

Nach dem Abschluss gemischter Abkommen müssen die völkerrechtlichen Verpflichtungen bzw. Vertragsziele umgesetzt werden. Bevor die gemischten Abkommen vollzogen werden können, werden die völkerrechtlichen Verpflichtungen regelmäßig in Organen, Ausschüssen und anderen Gremien der gemischten Abkommen bzw. der internationalen Organisationen unter Mitwirkung aller Vertragsparteien näher konkretisiert. Es handelt sich dabei um einen ersten Schritt der exekutiven Politikimplementation, der grundlegende Weichen für die nachfolgende interne Umsetzung der völkerrechtlichen Verpflichtungen stellt.

Die Verpflichtung zu enger Abstimmung und Kooperation gemäß Art. 4 Abs. 3 EUV gilt nicht nur bei Aushandlung und Abschluss gemischter Abkommen, sondern auch für deren Anwendung und Durchführung. Der Grundsatz loyaler Zusammenarbeit verpflichtet die EU und die Mitglied-

---

444 Vgl. für den Untersuchungsbereich gemischter Abkommen EuGH, Beschluss vom 14.11.1987, Beschluss 1/78, Objektschutz, Slg. 1978, 2151; Gutachten vom 19.03.1993, Gutachten 2/91, ILO-Konvention, Slg. 1993, I-1061; Gutachten vom 15.11.1994, Gutachten 1/94, WTO, Slg. 1994, I-5267.

445 *Schmalenbach*, in: Calliess/Ruffert (Hrsg.), EUV/AEUV, 2016, Art. 218 AEUV, Rn. 36. Siehe zum Gutachtenverfahren bereits § 2 Teil A.V.5.

446 Vgl. hierzu *Scheffler*, Die EU als rechtlich-institutioneller Akteur im System der Vereinten Nationen, 2009, S. 576; *Lorenzmeier*, in Grabitz/Hilf/Nettesheim (Hrsg.), EUV/AEUV, 60. Ergänzungslieferung, Art. 218 AEUV, Rn. 78.

447 Vgl hierzu EuGH, Urteil vom 10.03.2002, Rs. C. 13/00, Kommission/Irland, Slg. 2002, I-2955, Rn. 20.

448 Siehe zur Justiziabilität der Loyalitätspflichten § 2 Teil A.V.

staaten zur engen Zusammenarbeit in Form einer Interessenkoordinierung von EU-Institutionen und mitgliedstaatlicher Exekutive. Ebenso muss die entsprechende Interessenvertretung in den von der EU, den Mitgliedstaaten und Dritten gemeinsam besetzten Gremien (gemischte Gremien/Foren) der gemischten Abkommen bzw. internationalen Organisationen gewährleistet sein. Die Beteiligungs- und Mitgliedschaftsrechte werden im Rahmen der durch das Abkommen geschaffenen Organe ausgeübt (Interessenvertretung), um eine einheitliche völkerrechtliche Vertretung der EU und ihrer Mitgliedstaaten sicherzustellen.[449]

Die Koordinierungspflicht ist nicht nur auf obligatorisch gemischte Abkommen begrenzt. Sie gilt unabhängig von der internen Kompetenzverteilung, also auch bei fakultativ gemischten Abkommen. Denn die EU und die Mitgliedstaaten haben sich durch den gemischten Abschluss unabhängig von der unionsrechtlichen Zulässigkeit nach außen hin „gesamtschuldnerisch" gegenüber Dritten gebunden und sind insgesamt für die Durchführung verantwortlich. Sobald nach außen gemeinsame völkerrechtliche Pflichten vereinbart sind, ohne eine explizite Beschränkung der Bindung im Hinblick auf die innere Kompetenzverteilung vorzunehmen, ist eine

---

449 EuGH, Beschluss vom 14.11.1978, Beschluss 1/78, Slg. 1978, 2151, Rn. 34-36; Gutachten vom 19.03.1993, Gutachten 2/91, ILO-Konvention, Slg. 1993, I-1061, Rn. 12, 36, 38; Gutachten vom 15.11.1994, Gutachten 1/94, WTO, Slg. 1994, I-5267, Rn. 108; Urteil vom 19.03.1996, Gutachten 25/94, Kommission/Rat, Slg. 1996, I-1469, Rn. 48; Urteil vom 20.04.2010, Rs. C-246/07, Kommission/Schweden, Slg. 2010, I-3317, Rn. 73; Urteil vom 22.10.2002, Rs. C-94/00, Roquette Frères, Slg. 2002, I-9011; Rn. 32; Urteil vom 30.05.2006, Rs. C-459/03, Kommission/Irland, Slg. 2006, I-4635, Rn. 175; Urteil vom 14.12.2000, Rs. C-300/98, Dior u.a., Slg. 2000, I-11307, Rn. 68; *Martenczuk*, in: Kronenberger (Hrsg.),The European Union and the International Legal Order, 2001, S. 154; *Heliskoski*, in: Hillion/Koutrakos (Hrsg.), Mixed Agreements Revisited, 2010, S. 141; *Calliess/Kahl/Puttler*, in: Calliess/Ruffert (Hrsg.), EUV/AEUV, 2016, Art. 4 EUV, Rn. 95; *Eeckhout*, EU External Relations Law, 2011, S. 242, 259; *von Arnauld*, in: ders. (Hrsg.), Europäische Außenbeziehungen, 2014, § 1, Rn. 53; *Herrmann/Streinz*, in: von Arnauld (Hrsg.), Europäische Außenbeziehungen, 2014, § 11, Rn. 73; *Weiß*, in: von Arnauld (Hrsg.), Europäische Außenbeziehungen, 2014, § 10, Rn. 148; *Kaddous*, in: dies. (Hrsg.), The EU in International Organisations and Global Governance, 2015, S. 14; *Obwexer*, in: von der Groeben/Schwarze/Hatje (Hrsg.), EUV/AEUV, 2015, Art. 4 EUV, Rn. 153; *Bungenberg*, in: von der Groeben/Schwarze/Hatje (Hrsg.), EUV/AEUV, 2015, Art. 218 AEUV, Rn. 50; *von Bogdandy/Schill*, in: Grabitz/Hilf/Nettesheim (Hrsg.), EUV/AEUV, 60. Ergänzungslieferung 2016, Art. 4 EUV, Rn. 103; *Streinz*, Europarecht, 2016, Rn. 534.

loyale Zusammenarbeit im Innenverhältnis die notwendige rechtliche Folge.

Bei der Koordinierung der loyalen Zusammenarbeit in gemischten Foren sind in erster Linie zwei Aspekte maßgeblich. Zum einen die inhaltliche Koordinierung der Interessen von EU und Mitgliedstaaten (Interessenabstimmung/-koordinierung) und zum anderen die Koordinierung darüber, wer die Interessen in den gemischten Foren vertritt (Interessenvertretung).[450]

Ob die EU und/oder die Mitgliedstaaten den/die maßgebliche(n) Akteur(e) bei der Interessenabstimmung und der Interessenvertretung darstellt/en, ist nicht zuletzt eine Frage der Kompetenzverteilung. Bei der Verhandlung, der Unterzeichnung und dem Abschluss von gemischten Abkommen mag die genaue Kompetenzverteilung eine geringere Rolle spielen, da sich sowohl die EU als auch die Mitgliedstaaten zunächst gemeinsam völkerrechtlich verpflichten.[451]

Allerdings ist bei der Umsetzung gemischter Abkommen eine interne Kompetenzermittlung insbesondere dann notwendig, wenn es um die Frage geht, wer die konkreten völkerrechtlichen Rechte und Pflichten in gemischten Foren wahrnimmt.[452] Die Schwierigkeiten hinsichtlich der Kompetenzabgrenzung werden insofern auf die Implementierungsebene verlagert und erst dort relevant. Das Prinzip loyaler Zusammenarbeit kommt somit auf dieser Ebene umso mehr zum Tragen, sodass die tägliche Praxis von Streitigkeiten zwischen der Kommission und den Mitgliedstaaten über die Kompetenzabgrenzung und -ausübung geprägt ist.[453]

Die Beteiligung der EU und der Mitgliedstaaten in den gemischten Gremien erfordert in der Regel die alternative Ausübung[454] der Mitgliedschafts- und Beteiligungsrechte je nach Sachkompetenz. Die entsprechen-

---

450 Vgl. zur Aufteilung in zwei Aspekte hinsichtlich der Koordinierung *Schwichtenberg*, Die Kooperationsverpflichtung der Mitgliedstaaten der Europäischen Union bei Abschluss und Anwendung gemischter Verträge, 2014, S. 165 m.w.N.

451 Vgl. zur völkerrechtlichen Verantwortlichkeit der EU und ihrer Mitgliedstaaten bei gemischten Abkommen § 2 Teil B.I.3.

452 *Kadelbach*, in: von Arnauld (Hrsg.), Europäische Außenbeziehungen, 2014, § 4, Rn. 66.

453 *Rosas*, in: Koskenniemi (Hrsg.), International Law Aspects of the EU, 1998, S. 139.

454 *Frid*, The Relations Between the EC and International Organizations, 1995, S. 226; *Herrmann*, in: Bauschke u.a. (Hrsg.), 2002, S. 147; *Hoffmeister*, CML-Rev 2007, 41, 57; *Kokott*, in: Streinz (Hrsg.), EUV/AEUV, 2012, Art. 220 AEUV,

den Rede- und Stimmrechte müssen daher zunächst intern zwischen der EU und den Mitgliedstaaten aufgeteilt werden, da je nach Sachbereich nur der/die jeweilige(n) Kompetenzberechtigte(n) zur Ausübung der Beteiligungs- und Mitgliedschaftsrechte in den gemischten Gremien berechtigt ist.

Im Folgenden werden die Kooperationspflichten bei der Durchführung gemischter Abkommen erläutert (1.), um der Frage nachzugehen, wie Anforderungen an die informelle Interessenkoordinierung und Interessenvertretung ausgestaltet sind. Die theoretischen Grundlagen werden im Anschluss durch ein Praxisbeispiel (2.) ergänzt.

1. Durchführung gemischter Abkommen

Die abstrakte Pflicht zur loyalen Zusammenarbeit bei der Durchführung gemischter Abkommen bedarf der näheren Konkretisierung. Die Forderung nach einer engen Zusammenarbeit zwischen der EU und den Mitgliedstaaten dient zwar für sich genommen als Ausgangspunkt, sagt aber nur wenig über konkrete Zusammenarbeitspflichten aus.[455]

Aus der Pflicht zur loyalen Zusammenarbeit folgt eine generelle Konzertierungs- bzw. Abstimmungspflicht, die sich wie bereits beim Verhandlungs- und Abschlussprozess in Kooperations-, Koordinierungs-, Informa-

---

Rn. 39; *Odendahl*, in: von Arnauld (Hrsg.), Europäische Außenbeziehungen, 2014, § 5, Rn. 66; vgl. insbesondere Art. II Abs. 8 FAO-Verfassung, BGBl. 1971 II, 1033, aktuelle Fassung unter www.fao.org/docrep/meeting/022/k8024e.pdf, 22.03.2018; Regel II Abs. 1 GO CAK, ftp://ftp.fao.org/codex/Publications/ ProcManuals/Manual_17e.pdf, 22.03.2018; Art. VI Abs. C S. 2 IRENA-Satzung, BGBl. 2009 II, 635.

455 Vgl. zu den Vorgaben des EuGH, Beschluss vom 14.11.1978, Beschluss 1/78, Objektschutz, Slg. 1978, 2151, Rn. 34-36; Gutachten vom 19.03.1993, Gutachten 2/91, ILO-Konvention, Slg. 1993, I- 061, Rn. 12, 36, 38; Urteil vom 15.11.1994, Gutachten 1/94, WTO, Slg. 1994, I-5267, Rn. 108; Urteil vom 19.03.1996, Rs. C-25/94, Kommission/Rat, 1996, I-1469, Rn. 48; Urteil vom 20.04.2010, Rs. C-246/07, Kommission/Schweden, Slg. 2010, I-3317, Rn. 73; Urteil vom 22.10.2002, Rs. C-94/00, Roquette Frères, Slg. 2002, I-9011; Rn. 32; Urteil vom 30.05.2006, Rs. C-459/03, Kommission/Irland (Mox Plant), Slg. 2006, I-4635, Rn 175; Urteil vom 14.12.2000, Rs. C-300/98, Dior u.a., Slg. 2000, I-11307, Rn. 68; vgl. auch *Delgado Casteleiro*, in: Díez-Hochleitner u.a. (Hrsg.), Recent Trends in the Case Law of the Court of Justice of the European Union, 2012, S. 731.

tions-, Konsultations-, Unterstützungs- und Rücksichtnahmepflichten unterscheiden lassen.[456]

Ein unkoordinierter Alleingang der EU oder der/eines Mitgliedstaaten/-es in gemischten Gremien, die auf einem gemischten Abkommen basieren, scheidet unabhängig von der konkreten Kompetenzverteilung aus.[457] Je stärker die nationalen und unionalen Kompetenzen – bezogen auf konkrete Themen in gemischten Gremien – miteinander vermischt sind, desto intensiver und umfangreicher hat die Koordinierung zu erfolgen.[458] Ob der Grundsatz loyaler Zusammenarbeit ein gemeinsames Vorgehen oder lediglich die Berücksichtigung der Interessen des Nichtkompetenzberechtigten erfordert, bestimmt sich im konkreten Einzelfall und kann nicht pauschal beantwortet werden.[459] Der Nichtkompetenzberechtigte darf allerdings in diesen Situationen nichts unternehmen, was die Verhandlungsposition der EU und der Mitgliedstaaten schwächen könnte,[460] sodass im Einzelfall auch ein Schweigen i.S.e. Unterlassungspflicht gemäß Art. 4 Abs. 3 UA 3 EUV in Betracht kommt.[461]

---

456 Vgl. § 2 Teil C.I.4.; vgl. zu den konkreten Kooperationspflichten auch EuGH, Urteil vom 30.05.2006, Rs. C-459/03, Kommission/Irland, Slg. 2006, I-4635, Rn. 179; *Hillion,* in: Hillion/Koutrakos (Hrsg.), Mixed Agreements Revisited, 2010, S. 98; *Calliess/Kahl/Puttler,* in: Calliess/Ruffert (Hrsg.), EUV/AEUV, 2016, Art. 4 EUV, Rn. 95; *von Bogdandy/Schill,* in: Grabitz/Hilf/Nettesheim (Hrsg.), EUV/AEUV, 60. Ergänzungslieferung 2016, Art. 4 EUV, Rn. 102.
457 Vgl. EuGH, Urteil vom 20.04.2010, Rs. C-246/07, Kommission/Schweden, Slg. 2010, I-3317, Rn. 75 ff.
458 EuGH, Gutachten vom 15.11.1994, Gutachten 1/94, WTO, Slg. 1994, I-5267, Rn. 109; Urteil vom 30.05.2006, Rs. C-459/03, Kommission/Irland, Slg. 2006, I-4635, Rn. 176; *Hillion,* in: Hillion/Koutrakos (Hrsg.), Mixed Agreements Revisited, 2010, S. 103.
459 Vgl. hierzu *Hillion,* in: Hillion/Koutrakos (Hrsg.), Mixed Agreements Revisited, 2010, S. 102 ff.
460 *Streinz,* in: ders. (Hrsg.), EUV/AEUV, 2012, Art. 4 EUV, Rn. 72; EuGH, Urteil vom 20.04.2010, Rs. C-246/07, Kommission/Schweden, Slg. 2010, I-3317, Rn. 104.
461 Vgl. hierzu EuGH, Urteil vom 20.04.2010, Rs. C-246/07, Kommission/Schweden, Slg. 2010, I-3317, Rn. 75 ff.; *Hillion,* in: Hillion/Koutrakos (Hrsg.), Mixed Agreements Revisited, 2010, S. 101. *Delgado Casteleiro/Larik,* ELRev 2011, 524, 524 ff; *Gatti/Manzini,* CMLRev 2012, 1703, 1707; *Delgado Casteleiro,* in: Díez-Hochleitner u.a. (Hrsg.), Recent Trends in the Case Law of the Court of Justice of the European Union, 2012, S. 734; *von Arnauld,* in: ders. (Hrsg.), Europäische Außenbeziehungen, 2014, § 1, Rn. 53; *von Bogdandy/Schill,* in: Grabitz/Hilf/Nettesheim (Hrsg.), EUV/AEUV, 60. Ergänzungslieferung 2016, Art. 4 EUV, Rn. 104.

Unabhängig von den unterschiedlichen Zusammenarbeitspflichten verlangt der Grundsatz loyaler Zusammenarbeit im Rahmen der Durchführung gemischter Abkommen eine enge Interessenkoordinierung und Interessenvertretung.

Die konkrete Interessenkoordinierung und Interessenvertretung gestaltet sich mitunter schwierig, da in den Gremien der gemischten Abkommen oder internationalen Organisationen sowohl die EU als auch die Mitgliedstaaten repräsentiert sind und gleichberechtigt nebeneinander auftreten können. Das Ringen um nationale und unionale Handlungsspielräume auf internationaler Ebene wird also de facto bereits in einem frühen Stadium der Umsetzung gemischter Abkommen zwischen mitgliedstaatlicher Exekutive und Europäischer Kommission ausgetragen. Insofern ist ein innerer (Interessenabstimmung/-koordinierung und Festlegung der Interessenvertretung) und äußerer (tatsächliche Interessensvertretung) Koordinierungsmechanismus notwendig. Dieser beschreibt die Art und Weise der Erarbeitung von Standpunkten und legt die Vertretung der Standpunkte in den gemischten Gremien fest.[462] Auch der EuGH verpflichtet die EU und die Mitgliedstaaten lediglich zur loyalen Zusammenarbeit, ohne konkrete Vorgaben hinsichtlich einer Koordinierung zu machen[463], sodass eine Konkretisierung der Loyalitätspflichten in Form eines Kooperationsmechanismus notwendig ist. Ein entsprechender Koordinierungsmechanismus bzw. Koordinierungsstrukturen für die (jeweiligen) gemischten Foren kann formell in einer Kooperationsvereinbarung geregelt sein oder sich durch ad-hoc-Regelungen und gängige Praxis als informeller Mechanismus herausbilden.

Im Folgenden wird auf den informellen Koordinierungsmechanismus eingegangen, der in Abwesenheit einer formellen Kooperationsvereinbarung Anwendung findet.[464] Um die Konstellationen und Bedingungen, unter denen die Interessenvertretung in den internationalen Gremien gewahrt oder gesteigert werden können, besser verstehen zu können, wird

---

462 Vgl. *Kadelbach*, in: von Arnauld (Hrsg.), Europäische Außenbeziehungen, 2014, § 4, Rn. 63.

463 So auch *Delgado Casteleiro/Larik*, ELRev 2011, 524, 528; *Delgado Casteleiro*, in: Díez-Hochleitner u.a. (Hrsg.), Recent Trends in the Case Law of the Court of Justice of the European Union, 2012, S. 732.

464 Siehe zu den formellen Regelungen in Form von Kooperationsvereinbarungen §§ 3 und 4.

die konkrete Interessenkoordinierung (a)) und Interessenvertretung (b)) im Hinblick auf die gemischten Gremien genauer untersucht.

a) Interessenkoordinierung

Die Interessenkoordinierung im Vorfeld von Sitzungen gemischter Gremien dient der EU und den Mitgliedstaaten dazu, ihre Interessen gemäß ihrer Kooperationspflicht (Art. 4 Abs. 3 EUV) zu koordinieren. Sie umfasst die Vorbereitung der Gremiensitzungen in Form von Standpunkten und erfordert einen entsprechenden Verfahrensmodus, der die Art und Weise der Erarbeitung von Standpunkten beschreibt.

Ein Standpunkt ist ein gemeinsamer Ansatz bzw. eine gemeinsame Haltung der EU und ihrer Mitgliedstaaten zu einem konkreten geographischen oder thematischen Gegenstand, der ein einheitliches Auftreten nach außen sicherstellen soll.[465] Die Kundgabe von Standpunkten gegenüber Dritten bzw. in den gemischten Foren erfolgt in Form einer Erklärung im Rahmen der Interessenvertretung.[466] Es lassen sich drei Arten von Standpunkten unterscheiden: (gemeinsamer) Standpunkt der EU und ihrer Mitgliedstaaten, Standpunkt der EU bzw. Unionsstandpunkt und (koordinierter) Standpunkt der Mitgliedstaaten.[467]

Wenn ein Tagesordnungspunkt bzw. ein Beratungsgegenstand in gemischten Gremien in die gemischte Zuständigkeit der EU und ihrer Mitgliedstaaten fällt, wird regelmäßig ein (gemeinsamer) Standpunkt der EU und ihrer Mitgliedstaaten erarbeitet. Standpunkte der EU bzw. Unionsstandpunkte (früher Gemeinschaftsstandpunkte) stellen die Auffassung der Union zu Tagesordnungspunkten bzw. Beratungsgegenständen bei unionaler Zuständigkeit dar. Bei rein nationalen Zuständigkeiten im Hinblick auf Tagungsordnungspunkte bzw. Beratungsgegenstände können die Interessen in Form eines (koordinierten) Standpunkts der Mitgliedstaaten im Konsens aller Mitgliedstaaten abgestimmt werden.

---

465 *Kadelbach*, in: von Arnauld (Hrsg.), Europäische Außenbeziehungen, 2014, § 4, Rn. 21; *Terhechte*, in: Schwarze u.a. (Hrsg.), EUV/AEUV, 2012, Art. 29 EUV, Rn. 3.

466 Siehe zur Interessenvertretung bei der Durchführung gemischter Abkommen § 2 Teil C.II.1.b).

467 Vgl. hierzu Einteilung bei Internal arrangements providing guidance for the adoption and expression of Community, common or coordinated positions in the IMO, 06.09.2005, Dok-Rat 11892/05, Annex, Nr. 1.

Unionsstandpunkte und koordinierte Standpunkte der Mitgliedstaaten spiegeln immer die konkrete Kompetenzverteilung wider und können auch nur in Fällen entsprechender Kompetenzverteilung in Erscheinung treten.[468] Sie werden mit qualifizierter Mehrheit beschlossen.

Gemeinsame Standpunkte können, ähnlich wie bei der Verhandlung von (gemischten) Abkommen, auch die Interessen der EU und der Mitgliedstaaten ausdrücken, ohne dass ein gemeinsamer Standpunkt zwingend auf eine gemischte Zuständigkeit des Beratungsgegenstands schließen lässt. Ein gemeinsamer Standpunkt entspricht am ehesten dem Ziel einer völkerrechtlich einheitlichen Vertretung der EU und ihrer Mitgliedstaaten und dem Grundsatz loyaler Zusammenarbeit.[469] Gemeinsame Standpunkte sind demnach nicht nur bei gemischter Zuständigkeit notwendig, sondern auch aus politischen Gründen möglich, um die Einheitlichkeit der EU und ihrer Mitgliedstaaten deutlich zu machen und dem Standpunkt ein höheres Gewicht zu verleihen. Ein gemeinsamer Standpunkt kann gerade auch bei Streitigkeiten über die genaue Kompetenzverteilung bzgl. eines Beratungsgegenstands die Alternative zu Zuständigkeitskonflikten sein. Vor allem, wenn sich die inhaltlichen Interessen weitgehend decken, sodass die Konzentration auf die inhaltliche Positionierung Vorrang vor der Zuständigkeitsverteilung zwischen der EU und den Mitgliedstaaten genießt. Ein gemeinsamer Standpunkt bedarf aufgrund des intergouvernementalen Charakters eines Konsenses zwischen der EU und allen Mitgliedstaaten.[470] Etwas anderes gilt allerdings dann, wenn es sich in der Sache um eine EU-Zuständigkeit handelt und nur aus politischen Gründen ein gemeinsamer Standpunkt erarbeitet wird. In diesem Fall reicht, wie bei Unionsstandpunkten, eine qualifizierte Mehrheit aus, sofern für diese EU-Zuständigkeit eine qualifizierte Mehrheit im Rat genügt.

---

468 *Heliskoski*, in: Hillion/Koutrakos (Hrsg.), Mixed Agreements Revisited, 2010, S. 146.

469 So im Ergebnis auch generell für die Durchführung gemischter Abkommen, Generalanwalt Tesauro, Schlussanträge vom 13.11.1997, Rs. C-53/96, Hermès International/FHT Marketing Choice, Slg. 1998, I-3603, Rn. 21.

470 *Frid*, The Relations between the EC and International Organizations, 1995, S. 192; *Cremona*, ELRev 2009, 754, 767; *Schwichtenberg*, Die Kooperationsverpflichtung der Mitgliedstaaten der Europäischen Union bei Abschluss und Anwendung gemischter Verträge, 2014, S. 162; *Lorenzmeier*, in: Grabitz/Hilf/Nettesheim (Hrsg.), EUV/AEUV, 60. Ergänzungslieferung 2016, Art. 218 AEUV, Rn. 67.

Nachdem die verschiedenen Arten der Standpunkte erläutert wurden, wird nachfolgend auf die konkrete Koordinierung der Interessen bzw. den Entscheidungsprozess eingegangen, die/der zu den entsprechenden Standpunkten führt. Konkrete primärrechtliche Regelungen zum Abstimmungsmodus außerhalb von der allgemeinen Koordinierungspflicht gemäß Art. 4 Abs. 3 EUV existieren nicht mehr. Insbesondere wurde Art. 116 EWGV, der einen Koordinierungsmechanismus zwischen der EU und den Mitgliedstaaten vorsah, durch den Vertrag von Maastricht ersatzlos gestrichen.[471] Dieser Mechanismus sah im Rahmen des gemeinsamen Marktes und bei besonderem Interesse die Erarbeitung von Standpunkten durch die Kommission vor, die der Rat mit qualifizierter Mehrheit beschloss, ohne dass Art. 116 EWGV auf die Interessenvertretung einging.[472]

Zur Durchführung der Interessenkoordinierung werden Koordinierungssitzungen in den relevanten Vorbereitungsgremien (Ausschüsse oder Arbeitsgruppen) des Rates in Brüssel oder am Sitzungsort der gemischten Gremien bzw. Tagung einberufen.[473] Auch wenn die EU nicht an völkerrechtlichen Abkommen beteiligt ist, kann die Interessenkoordinierung trotzdem im Rahmen des Rates stattfinden; insbesondere dann, wenn unionale Zuständigkeiten berührt sind.[474] Auf den Koordinierungssitzungen, an denen neben Vertretern aus den Mitgliedstaaten auch die Kommission teilnimmt, geht es zunächst um die Abgrenzung der Kompetenzverteilung im Hinblick auf die Tagesordnungspunkte bzw. Beratungsgegenstände der anstehenden Sitzungen der gemischten Gremien.

---

471 *Herrmann/Streinz*, in: von Arnauld (Hrsg.), Enzyklopädie Europarecht, 2014, § 11 Rn. 35. Vgl. zum Koordinierungsverfahrens des ex Art. 116 EWG *Frid*, The Relations Between the EC and International Organizations, 1995, S. 147 ff.; *Sack*, in: GS Grabitz, 1995, 631, 655 f.; *Timmermanns*, in: Dashwood/Hillion (Hrsg.), The General Law of E.C. External Relations, 2000, S. 244; *Schwichtenberg*, Die Kooperationsverpflichtung der Mitgliedstaaten der Europäischen Union bei Abschluss und Anwendung gemischter Verträge, 2014, S. 166 f.; *Koutrakos*, EU International Relations Law, 2015, S. 173; *Giegerich*, in: Pechstein/Nowak/Häde (Hrsg.), EUV/AEUV, 2017, Art. 218 AEUV, Rn. 189.

472 Vgl. ausführlich zu Art. 116 EWGV *Schwichtenberg*, Die Kooperationsverpflichtung der Mitgliedstaaten der Europäischen Union bei Abschluss und Anwendung gemischter Verträge, 2014, S. 166 ff.

473 *Frid*, The Relations between the EC and International Organizations, 1995, S. 193; *Timmermanns*, in: Dashwood/Hillion (Hrsg.), The General Law of EC External Relations, 2000, S. 245; *Hoffmeister*, in: Hillion/Koutrakos (Hrsg.), Mixed Agreements Revisited, 2010, S. 262.

474 Vgl. *Mögele*, in: Streinz (Hrsg.), EUV/AEUV, 2012, Art. 218 AEUV, Rn. 26.

Je nach Ausgang der Kompetenzabgrenzung und/oder politischen Erwägungen wird im Anschluss ein (gemeinsamer) Standpunkt der EU und ihrer Mitgliedstaaten, ein Unionsstandpunkt oder ein koordinierter Standpunkt der Mitgliedstaaten erarbeitet. Die Führungsrolle bei der Erarbeitung der jeweiligen Standpunkte richtet sich grundsätzlich nach der Zuständigkeit hinsichtlich des Beratungsgegenstands.

Gemeinsame Standpunkte werden im Rat und dessen Vorbereitungsgremien koordiniert. Bei EU-Zuständigkeit oder Zuständigkeitsschwerpunkt bringt die Kommission einen entsprechenden Entwurf in den Rat ein. Handelt es sich um nationale Zuständigkeiten oder bilden diese den Schwerpunkt des geplanten Standpunkts erfolgt die Initiative durch die Ratspräsidentschaft. Bei Meinungsverschiedenheiten hinsichtlich eines gemeinsamen Standpunktes in den Ratsarbeitsgruppen wird die Angelegenheit an den AStV oder an den Rat weitergeleitet, um einen Konsens zwischen der EU und den Mitgliedstaaten herzustellen.[475]

Unionsstandpunkte bzw. koordinierte Standpunkte der Mitgliedstaaten werden durch die Kommission bzw. die Ratspräsidentschaft initiiert. Koordinierungsgremium für Unionsstandpunkte ist ebenfalls der Rat mit seinen Vorbereitungsgremien,[476] sodass auch bei unionaler Zuständigkeit und einem Unionsstandpunkt der Einfluss der Mitgliedstaaten möglich ist und deren Interessen gemäß Art. 4 Abs. 3 EUV zu berücksichtigen sind[477]. Gegebenenfalls kann der Unionsstandpunkt auch vor Ort unter vermehrter Führung durch die EU-Delegationen[478] koordiniert oder angepasst werden.[479] Der Vorschlag für einen Unionsstandpunkt geht von der Kommission aus[480] und wird maßgeblich durch die Kommission in Abstimmung

---

475 *Frid*, The Relations between the EC and International Organizations, 1995, S. 193, 366; *Timmermanns*, in: Dashwood/Hillion (Hrsg.), The General Law of EC External Relations, 2000, S. 245; *Kuijper u.a.*, The Law of EU External Relations, 2015, S. 195.

476 *Sack*, in: GS Grabitz, 1995, 631, 655; *Schwichtenberg*, Die Kooperationsverpflichtung der Mitgliedstaaten der Europäischen Union bei Abschluss und Anwendung gemischter Verträge, 2014, S. 161; vgl. auch EuGH, Urteil vom 01.10.2009, Rs. C-370/07, Kommission/Rat, Slg. 2009, I-8917, Rn. 7.

477 *Rodenhoff*, Die EG und ihre Mitgliedstaaten als völkerrechtliche Einheit bei umweltvölkerrechtlichen Übereinkommen, 2008, S. 282.

478 *Kaddous*, in: dies. (Hrsg.), The EU in International Organisations and Global Governance, 2015, S. 29.

479 *Heliskoski*, CMLRev 2011, 555, 565.

480 *Mögele*, in: Streinz (Hrsg.), EUV/AEUV, 2012, Art. 218 AEUV, Rn. 26.

mit den Vorbereitungsgremien des Rates und nur im Ausnahmefall durch den Rat selbst bestimmt[481]. Standpunkte der Mitgliedstaaten können ebenfalls im Rat koordiniert werden.

Ein formeller Ratsbeschluss ist grundsätzlich nicht notwendig.[482] Es sei denn, das gemischte Gremium[483] will gemäß Art. 218 Abs. 9 AEUV einen rechtwirksamen Akt erlassen, der inhaltlich in die Unionszuständigkeit fällt.[484] Gleiches muss auch für den gemeinsamen Standpunkt bei gemischter Zuständigkeit gelten, wenn die unionale Mitwirkung am gemeinsamen Standpunkt vom Anwendungsbereich des Art. 218 Abs. 9 AEUV erfasst ist. Die Quoren für die Beschlussfassung des Ratsbeschlusses richten sich nach den erforderlichen Mehrheitsverhältnissen, die für den entsprechenden Sekundärrechtsakt erforderlich wären,[485] sodass für den formellen Ratsbeschluss in der Regel die qualifizierte Mehrheit notwendig ist[486].

Die Beschlüsse (gemischter) Gremien müssen grundsätzlich unmittelbare völkerrechtliche Bindungswirkung entfalten, um unter den Anwen-

---

481 *Rodenhoff*, Die EG und ihre Mitgliedstaaten als völkerrechtliche Einheit bei umweltvölkerrechtlichen Übereinkommen, 2008, S. 281 f.; *Schwichtenberg*, Die Kooperationsverpflichtung der Mitgliedstaaten der Europäischen Union bei Abschluss und Anwendung gemischter Verträge, 2014, S. 161.

482 *Heliskoski*, CMLRev 2011, 555, 565; *Schwichtenberg*, Die Kooperationsverpflichtung der Mitgliedstaaten der Europäischen Union bei Abschluss und Anwendung gemischter Verträge, 2014, S. 161.

483 Ob Art. 218 Abs. 9 AEUV sich auch auf Member-States-Only-Abkommen bezieht ist umstritten; vgl hierzu EuGH, Urteil vom 07.10.2014, Rs. 399/12, Deutschland/Rat, ECLI:EU:C:2014:2258, Rn. 54; *Schmalenbach*, in: Calliess/Ruffert (Hrsg.), EUV/AEUV, 2016, Art. 218 AEUV, Rn. 30; *Mögele*, in: Streinz (Hrsg.), EUV/AEUV, 2012, Art. 218 AEUV, Rn. 26; *Kaddous,* in: dies. (Hrsg.), The EU in International Organisations and Global Governance, 2015, S. 20; *Lorenzmeier*, in: Grabitz/Hilf/Nettesheim (Hrsg.), EUV/AEUV, 60. Ergänzungslieferung 2016, Art. 218 AEUV, Rn. 64 ff.

484 Rechtswirksame Akte, die auf die Änderung der institutionellen Vertragsstruktur (Vertragsänderung) der (gemischten) Abkommen abzielen sind von Art. 218 Abs. 9 AEUV nicht gedeckt und bedürfen eines formellen Vertragsänderungsverfahren gemäß Art. 218 AEUV.

485 *Cremona*, ELRev 2009, 754, 767; *Schmalenbach*, in: Calliess/Ruffert (Hrsg.), EUV/AEUV, 2016, Art. 218 AEUV, Rn. 32.

486 *Frid*, The Relations between the EC and International Organizations, 1995, S. 192; *Heliskoski*, in: Hillion/Koutrakos (Hrsg.), Mixed Agreements Revisited, 2010, S. 142; *Schwichtenberg*, Die Kooperationsverpflichtung der Mitgliedstaaten der Europäischen Union bei Abschluss und Anwendung gemischter Verträge, 2014, S. 161.

dungsbereich des Art. 218 Abs. 9 AEUV zu fallen.[487] Der EuGH hat den Anwendungsbereich auch auf Gremienbeschlüsse erweitert, die dazu geeignet sind, Unionsrecht zu beeinflussen.[488] Art. 218 Abs. 9 AEUV findet darüber hinaus auch Anwendung, wenn die EU (noch) kein Mitglied des internationalen Gremiums ist und die Mitgliedstaaten als Sachwalter tätig werden müssen.[489]

Unabhängig von den formellen Anforderungen stellt sich auch bei der Durchführung gemischter Abkommen, insbesondere bei der Interessenabstimmung, die Frage nach der Reichweite der loyalen Zusammenarbeit. Die inhaltliche Koordinierung der gemeinsamen Standpunkte muss anhand der Verhandlungsstandpunkte und Verhandlungsinteressen der EU und ihrer Mitgliedstaaten erfolgen. Hierzu unterrichten und konsultieren sich die EU und die Mitgliedstaaten[490] vor und während den Vorbereitungssitzungen. Sie unternehmen im Sinne einer Verhandlungspflicht bestmögliche Anstrengungen, um die gemeinsamen Standpunkte für die einzelnen Verhandlungsthemen zu erarbeiten. Die Abstimmung der gemeinsamen Standpunkte unterliegt keiner Ergebnispflicht,[491] da eine enge Zusammenarbeit der Unionsorgane und der Mitgliedstaaten primär nur auf die koordinierte Ausübung der jeweiligen Kompetenzen der EU und der Mitgliedstaaten bei der Erfüllung gemischter Abkommen abzielt.[492] Die EU und die Mitgliedstaaten können auch im Fall eines fehlenden Konsen-

---

487 *Jung*, EuR 2015, 735, 743 f.; Schlussanträge GA Villalón, Rs. C-399/12, Deutschland/Rat, ECLI:EU:C:2014:289, Rn. 89 f.

488 EuGH, Urteil vom 07.10.2014, Rs. C-399/12, Deutschland/Rat, ECLI:EU:C: 2014:2258, Rn. 63 f.; *Giegerich*, in: Pechstein/Nowak/Häde (Hrsg.), EUV/AEUV, 2017, Art. 218 AEUV, Rn. 167.

489 *Giegerich*, in: Pechstein/Nowak/Häde (Hrsg.), EUV/AEUV, 2017, Art. 218 AEUV, Rn. 168 ff.; Siehe zur Sachwalterschaft § 2 Teil B.I.2.

490 *Calliess/Kahl/Puttler*, in: Calliess/Ruffert (Hrsg.), EUV/AEUV, 2016, Art. 4 EUV, Rn. 95.

491 Für eine Ergebnispflicht *Schwichtenberg*, Die Kooperationsverpflichtung der Mitgliedstaaten der Europäischen Union bei Abschluss und Anwendung gemischter Verträge, 2014, S. 122 ff.

492 Vgl. hierzu EuGH, Beschluss vom 14.11.1978, Beschluss 1/78, Slg. 1978, 2151, Rn. 34 bis 36; Gutachten vom 19.03.1993, Gutachten 2/91, ILO-Konvention, Slg. 1993, I-1061, Rn. 12, 36, 38; Gutachten vom 15.11.1994, Gutachten 1/94, WTO, Slg. 1994, I-5267, Rn. 108; Urteil vom 19.03.1996, Rs. C-25/94, Kommission/Rat, 1996, I-1469, Rn. 48; Urteil vom 20.04.2010, Rs. C-246/07, Kommission/Schweden, Slg. 2010, I-3317, Rn. 73; Urteil vom 22.10.2002, Rs. C-94/00, Roquette Frères, Slg. 2002, I-9011; Rn. 32; Urteil vom 30.05.2006, Rs. C-459/03, Kommission/Irland, Slg. 2006, I-4635, Rn. 175; Urteil vom 14.12.2000,

ses völkerrechtlich unabhängig voneinander auftreten,[493] sofern sie sich in ihrem jeweiligen Zuständigkeitsbereich äußern und dadurch keine fremden Kompetenzen beeinträchtigen[494]. Insofern erscheint es bei einem (temporären) Dissens angebracht, auf eine Verschiebung des Beratungsgegenstandes in den gemischten Gremien hinzuwirken, um mehr Zeit für die interne Interessenkoordinierung bzw. eine Einigung zu haben. Falls eine Beeinträchtigung fremder Kompetenzen nicht auszuschließen ist, kann im Einzelfall eine Schweigepflicht von Art. 4 Abs. 3 EUV umfasst sein.

b) Interessenvertretung

Wenngleich die EU und die Mitgliedstaaten in den Gremien gemischter Abkommen gleichberechtigt vertreten sind, können die Beteiligungs- und Mitwirkungsrechte, insbesondere die Rede- und Stimmrechte, in den gemischten Gremien in der Regel nur alternativ von der EU oder den Mitgliedstaaten ausgeübt werden. Neben der Interessenkoordinierung müssen sich die EU und ihre Mitgliedstaaten deshalb intern darüber einigen, wer die Interessenvertretung bezogen auf Tagesordnungspunkte und Beratungsgegenstände der gemischten Gremien wahrnimmt. Konkret geht es darum, wer die koordinierten Standpunkte nach außen vertritt (Rederecht) und ein etwaiges Stimmrecht ausübt.

Rs. C-300/98, Dior u.a., Slg. 2000, I-11307, Rn. 68; *Martenczuk*, in: Kronenberger (Hrsg.), The European Union and the International Legal Order, 2001, S. 154; *Heliskoski*, in: Hillion/Koutrakos (Hrsg.), Mixed Agreements Revisited, 2010, S. 141; *Calliess/Kahl/Puttler*, in: Calliess/Ruffert (Hrsg.), EUV/AEUV, 2016, Art. 4 EUV, Rn. 95; *Eeckhout*, EU External Relations Law, 2011, S. 259; *von Arnauld*, in: ders. (Hrsg.), Europäische Außenbeziehungen, 2014, § 1, Rn. 53; *Weiß*, in: von Arnauld (Hrsg.), Europäische Außenbeziehungen, 2014, § 10, Rn. 148; *Herrmann/Streinz*, in: von Arnauld (Hrsg.), Europäische Außenbeziehungen, 2014, § 11, Rn. 73; *Kaddous*, in: dies. (Hrsg.), The EU in International Organisations and Global Governance, 2015, S. 14; *Obwexer*, in: von der Groeben/Schwarze/Hatje (Hrsg.), EUV/AEUV, 2015, Art. 4 EUV, Rn. 153; *von Bogdandy/Schill*, in: Grabitz/Hilf/Nettesheim (Hrsg.), EUV/AEUV, 60. Ergänzungslieferung 2016, Art. 4 EUV, Rn. 103.

493 *Rodenhoff*, Die EG und ihre Mitgliedstaaten als völkerrechtliche Einheit bei umweltvölkerrechtlichen Übereinkommen, 2008, S. 287.

494 Vgl. speziell für eine Schweigepflicht der Mitgliedstaaten bei unionaler Zuständigkeit *Hillion*, in: Hillion/Koutrakos (Hrsg.), Mixed Agreements Revisited, 2010, S. 104.

Grundsätzlich erfolgt die Ausübung der Mitgliedsrechte in gemischten Gremien entsprechend der Kompetenzverteilung zwischen der EU und den Mitgliedstaaten[495] durch eine enge Zusammenarbeit zwischen den EU-Organen und den Vertretern der Mitgliedstaaten im Rat.[496] Die Aufteilung der Rede- und Stimmrechte für die jeweiligen Standpunkte wird auf den Koordinierungssitzungen in den Ratsgremien in Brüssel und gegebenenfalls vor Ort anhand des Prinzips loyaler Zusammenarbeit festgelegt. Mit der Berechtigung der EU bzw. der Mitgliedstaaten zur Ausübung des Rede- und Stimmrechts geht grundsätzlich eine entsprechende Schweigepflicht der jeweils nicht ausübenden Seite in den gemischten Gremien einher.

Die Interessenvertretung bzw. Erklärung der Standpunkte durch die EU oder die Mitgliedstaaten orientiert sich an der Art des Standpunkts. Unionsstandpunkte werden im Namen der EU von der Kommission vertreten. Das Rederecht hinsichtlich koordinierter Standpunkte der Mitgliedstaaten wird im Namen der Mitgliedstaaten vom Ratsvorsitz wahrgenommen.[497] Gemeinsame Standpunkte werden im Namen der EU und ihrer Mitgliedstaaten vertreten. Teilweise wird der Kommission generell das Rederecht hinsichtlich gemeinsamer Standpunkte zugestanden.[498] Andererseits nimmt im Einzelfall die Kommission oder der Ratsvorsitz die Rolle des Interessenvertreters wahr.[499] Ob die Kommission oder der Ratsvorsitz das Rederecht hält, bestimmt sich wie erwähnt nach dem konkreten Kompetenzschwerpunkt des gemeinsamen Standpunkts. Ein jeweiliges Rederecht für die Kommission und die Mitgliedstaaten erscheint im Sinne einer einheitlichen völkerrechtlichen Vertretung nicht zielführend.[500] Im Übrigen schließt die Ausübung des Rederechts durch die Kommission oder den

---

495 Generalanwalt Kokott, Schlussanträge vom 26.03.2009, Rs. C-13/07, Kommission/Rat, ECLI:EU:C:2009:190, Rn. 97, 139, 151, 160, 170.

496 EuGH, Beschluss vom 14.11.1978, Beschluss 1/78, Objektschutz, Slg. 1978, Rn. 36.

497 *Rodenhoff*, Die EG und ihre Mitgliedstaaten als völkerrechtliche Einheit bei umweltvölkerrechtlichen Übereinkommen, 2008, S. 282 f.; *Hoffmeister*, in: Hillion/Koutrakos (Hrsg.), Mixed Agreements Revisited, 2010, S. 262.

498 *Lorenzmeier*, in: Grabitz/Hilf/Nettesheim (Hrsg.), EUV/AEUV, 60. Ergänzungslieferung 2016, Art. 218 AEUV, Rn. 67.

499 *Frid*, The Relations between the EC and International Organizations, 1995, S. 195; *Hoffmeister*, in: Hillion/Koutrakos (Hrsg.), Mixed Agreements Revisited, 2010, S. 262.

500 A.A. *Sack*, ZEuS 2001, 267, 278.

Ratsvorsitz eine Ergänzungs- und Unterstützungsmöglichkeit durch nationale oder unionale Fachleute nicht aus.[501] Allerdings dürfen sich die EU und die Mitgliedstaaten nur im Rahmen der koordinierten gemeinsamen Standpunkte bewegen, um die einheitliche völkerrechtliche Vertretung zu gewährleisten.

Da die Ausübung des Rederechts variiert, stellt die Einigung im konkreten Einzelfall ein sich wiederholendes „Kräftemessen" zwischen der EU und den Mitgliedstaaten dar,[502] welches durch Kooperationsvereinbarungen, die die Ausübung der Rederechte regeln, verringert werden kann.[503] Die konkrete Ausübung des Rederechts hat keine Auswirkungen auf die Zuständigkeitsverteilung zwischen der EU und den Mitgliedstaaten.[504]

Im Anschluss an die Erklärung der Standpunkte bzw. die Ausübung der Rederechte muss, falls eine Abstimmung in den gemischten Gremien geplant ist, auch die Stimmrechtsausübung koordiniert werden.[505] Die Ausübung der Stimmrechte richtet sich nach der Art des Standpunkts bzw. der Verteilung des Rederechts[506] und wird demnach entweder durch die EU oder die Mitgliedstaaten ausgeübt. Bei Tagesordnungspunkten bzw. Beratungsgegenständen, für die Unionsstandpunkte bzw. koordinierte Standpunkte der Mitgliedstaaten vorliegen, nimmt die Kommission bzw. der Ratsvorsitz das Stimmrecht wahr. Bei Abstimmungen, für die gemeinsame Standpunkte erarbeitet wurden, muss die konkrete Stimmausübung wie beim Rederecht im Rahmen der Koordinierungssitzungen abgestimmt

---

501 Siehe zu den Ergänzungs- und Unterstützungsmöglichkeiten die Regelungen bei der inhaltlichen Analyse der Kooperationsvereinbarungen § 3.

502 *Sack*, in: GS Grabitz, 1995, S. 656.

503 Siehe hierzu die Regelungen bei der inhaltlichen Analyse der Kooperationsvereinbarungen § 3.

504 *Rodenhoff*, Die EG und ihre Mitgliedstaaten als völkerrechtliche Einheit bei umweltvölkerrechtlichen Übereinkommen, 2008, S. 281. Vgl. insofern auch die klarstellenden Regelungen in den Kooperationsvereinbarungen bei der inhaltlichen Analyse der Kooperationsvereinbarungen § 3.

505 *Rodenhoff*, Die EG und ihre Mitgliedstaaten als völkerrechtliche Einheit bei umweltvölkerrechtlichen Übereinkommen, S. 288.

506 *Epiney/Gross*, NuR 2005, 353, 361; *Odendahl*, in: von Arnauld (Hrsg.), Europäische Außenbeziehungen, 2014, § 5, Rn. 66.

werden und richtet sich nach dem Kompetenzschwerpunkt der gemeinsamen Standpunkte[507].

c) Zusammenfassung: Kooperationspflichten bei der Durchführung gemischter Abkommen

Der informelle Kooperationsmechanismus unterteilt sich in Interessenkoordinierung und Interessenvertretung. Grundlage des Kooperationsmechanismus ist die Erarbeitung von gemeinsamen Standpunkten, Unionsstandpunkten und koordinierten Standpunkten in den Vorbereitungsgremien des Rates, die sich grundsätzlich nach der Kompetenzverteilung zwischen der EU und den Mitgliedstaaten richten. Die Kompetenzverteilung zwischen der EU und den Mitgliedstaaten stellt den Ausgangspunkt und zugleich den Rahmen für die Interessenvertretung in den gemischten Gremien dar. Die konkrete Interessenvertretung richtet sich, wie schon die Ausarbeitung der Standpunkte, nach der Kompetenzverteilung im Hinblick auf die konkreten Beratungs- und Abstimmungsgegenstände in den gemischten Gremien. Der Grundsatz loyaler Zusammenarbeit verpflichtet die EU und die Mitgliedstaaten, sich den Standpunkten unterzuordnen und diese auf internationaler Ebene zu unterstützen. Insbesondere dürfen die EU und die Mitgliedstaaten im Rahmen der Interessenvertretung nicht in fremde Kompetenzen eingreifen, sodass aus dem Grundsatz loyaler Zusammenarbeit im Einzelfall eine Schweigepflicht resultieren kann.

2. Praxisbeispiel informeller Koordinierung im Rahmen der IAO

Die internationale Arbeitsorganisation (IAO) widmet sich der Förderung sozialer Gerechtigkeit und international anerkannter Menschen- und Arbeitsrechte.[508] Die IAO hat derzeit 187 Mitglieder, darunter alle Mitgliedstaaten der EU.[509] Die EU selbst ist kein Mitglied der IAO, da diese

---

507 *Epiney/Gross*, NuR 2005, 353, 361; *Rodenhoff*, Die EG und ihre Mitgliedstaaten als völkerrechtliche Einheit bei umweltvölkerrechtlichen Übereinkommen, 2008, S. 289.
508 Präambel der Verfassung der IAO, BGBl. 1957 II, 318.
509 Liste der Mitgliedstaaten, http://www.ilo.org/public/english/standards/relm/country.htm, 22.03.2018.

nur Staaten zulässt.[510] Allerdings arbeitet die IAO eng mit der EU zusammen.[511] Die Kommission besitzt zudem einen Beobachterstatus in der internationalen Arbeitskonferenz und im Verwaltungsrat der IAO.[512]

Die Mitgliedstaaten haben der EU im Aufgabenbereich der IAO einige Kompetenzen übertragen.[513] Dennoch verbleiben den Mitgliedstaaten Kompetenzen im Rahmen der IAO, sodass aus unionsrechtlicher Sicht eine gemischte Mitgliedschaft notwendig wäre. Angesichts der bislang fehlenden Mitgliedschaft der EU müssen die Mitgliedstaaten die Kompetenzen der EU in der IAO als Sachwalter wahrnehmen.[514]

Die Kommission hat 1994 angesichts des Gutachtens 2/91 einen Vorschlag für einen Ratsbeschluss bezüglich der Ausübung der Gemeinschaftskompetenzen im Rahmen der IAO gemacht, nachdem der Rat bereits 1989 eine entsprechende Initiative angestoßen hatte.[515] Die Vereinbarung sollte die Probleme aufgrund der fehlenden Mitgliedschaft der damaligen EG in der IAO verringern, sowie die Vorgaben des EuGH im Gutachten 2/91 zur loyalen Zusammenarbeit umsetzen (Teil 2 des Vorschlags) und enthielt aus diesen Gründen ein Verfahren zur Interessenkoordinierung (Teil 5 des Vorschlags). Der Entwurf für eine Kooperationsvereinbarung wurde allerdings nicht weiterverfolgt, sodass kein formeller Koordinierungsmechanismus (Kooperationsvereinbarung) im Rahmen der IAO aufgestellt wurde. Die Koordinierung erfolgt demnach anhand der informellen Praxis, die im Folgenden näher erläutert werden soll.

---

510 Art. 1 Abs. 2, 3 und 4 der IAO-Verfassung, BGBl. 1957 II, 318.

511 *Frid*, The Relations between the EC and International Organizsations, 1995, S. 282 f.; *Ferri*, in: Kaddous (Hrsg.), The EU in International Organisations and Global Governance, 2015, S. 79; *Pons-Deladrière*, in: Kaddous (Hrsg.), The EU in International Organisations and Global Governance, 2015, S. 93 ff.

512 *Scheffler*, Die Europäische Union als rechtlich-institutioneller Akteur im System der Vereinten Nationen, 2009, S. 431.

513 *Ferri*, in: Kaddous (Hrsg.), The EU in International Organisations and Global Governance, 2015, S. 81.

514 *Ferri*, in: Kaddous (Hrsg.), The EU in International Organisations and Global Governance, 2015, S. 82, 88; EuGH, Gutachten vom 19.03.1993, Gutachten 2/91, ILO-Gutachten, Slg. 1993, I-1061, Rn. 36 ff. Vgl. ausführlich zu Gutachten 2/91: *Frid*, The Relations between the EC and International Organizations, 1995, S. 301 ff.

515 Proposition de décision du Conseil l'exercice de la compétence externe de la Communauté aux conférences internationales du travail en cas de compétence appartenant ensemble à la Communauté et ses états membres, 12.01.1994, KOM (1994) 2 endg.

Die Koordinierung zwischen der EU und den Mitgliedstaaten im Vorfeld der IAO-Sitzungen ist sehr informell. Da die Resolutionen in der IAO in den Mitgliedstaaten umgesetzt werden müssen – und demnach mit unionalem und nationalem Recht vereinbar sein müssen – erfolgt allerdings eine intensive inhaltliche Abstimmung.[516]

Die Interessenkoordinierung hat das Ziel, die Kompetenzverteilung zwischen der EU und den Mitgliedstaaten abzugrenzen, sowie gemeinsame Standpunkte der EU und der Mitgliedstaaten zu erarbeiten. Die Koordinierung erfolgt immer anhand konkreter IAO-Vorschläge, die in IAO-Sitzungen erörtert und gegebenenfalls beschlossen werden sollen. Die Koordinierung erfolgt grundsätzlich in Genf unter Führung der Kommission, die die Infrastruktur (Personal und Räumlichkeiten) in Form der EU-Delegation in Genf stellt und Vorschläge für gemeinsame Standpunkte macht. Entwürfe werden im Rahmen der Arbeitsteilung, insbesondere bei besonderem Expertenwissen, auch durch einzelne Mitgliedstaaten erstellt. Die Entwürfe werden dann mittels einer Internetplattform oder im Rahmen von Koordinierungssitzungen unter der Leitung der EU-Delegation in Genf unter Einbeziehung nationaler Standpunkte abgestimmt und bei Bedarf vor den Sitzungen der IAO weiter differenziert oder abgeändert. Für die BRD gilt, dass das BMAS als zuständiges Ministerium durch einen eigenen Mitarbeiter in Genf vertreten ist. Der Mitarbeiter ist dem Auswärtigen Amt bzw. der ständigen Vertretung zugeordnet. Bei einzelnen, insbesondere grundlegenden Angelegenheiten, erfolgt die Interessenkoordinierung unter der Leitung der Ratspräsidentschaft in Brüssel, wohingegen die alltägliche und kurzfristige Koordinierung in Genf stattfindet.[517]

Wenn keine Einigung hinsichtlich eines gemeinsamen Standpunktes erzielt werden kann, geben die Mitgliedstaaten im Rahmen ihrer nationalen Zuständigkeit eigene Erklärungen ab. Nationale Standpunkte werden insbesondere vom Vereinigten Königreich auch beim Vorliegen eines gemeinsamen Standpunktes vertreten, wenn eigene Ansichten verdeutlicht werden sollen. Nationale Standpunkte sind allerdings nur im Rahmen rein nationaler Angelegenheiten möglich und bedürfen angesichts des Prinzips loyaler Zusammenarbeit einer erhöhten Rücksichtnahme auf die Interessen der EU und der anderen Mitgliedstaaten. Gemeinsame Standpunkte wer-

---

516 Interview vom 07.12.2016 mit einem Mitarbeiter des BMAS.
517 Interview vom 07.12.2016 mit einem Mitarbeiter des BMAS.

den außerdem mit den anderen westlichen Industriestaaten, die oftmals andere Interessen verfolgen, im Rahmen einer zweiten Koordinierungs-ebene abgestimmt, um auch mit dieser Gruppe einheitlich auftreten zu können.[518] Nur in Ausnahmefällen werden innerhalb der Gruppe die gemeinsamen Standpunkte der EU und ihrer Mitgliedstaaten als Sonder-position vertreten.

Die Vertretung der gemeinsamen Standpunkte übernimmt der Ratsvor-sitz bzw. der jeweilige Mitarbeiter der ständigen Vertretung des ratsvorsit-zenden Mitgliedstaats, da die EU kein Rede- und Stimmrecht in der IAO besitzt. Dennoch darf die Kommission an den Sitzungen als Beobachter teilnehmen und im Hintergrund die Interessenvertretung als Gegengewicht zum Ratsvorsitz prägend mitbestimmen. Insbesondere bei der Vereinbar-keit von IAO-Beschlüssen mit unionalem Recht kann sie aufgrund ihres Fachwissens durch entsprechende Mitarbeiter auch kurzfristig Aussagen über die Vereinbarkeit mit Unionsrecht machen. Wie von der allgemeinen Regelung zu Erklärungen der EU in multilateralen Organisationen[519] vor-gesehen, werden die Standpunkte „im Namen der EU und ihrer Mitglied-staaten" vorgetragen.[520]

Die Koordinierung der EU und der Mitgliedstaaten im Rahmen der IAO greift im Wesentlichen den allgemeinen informellen Koordinierungsme-chanismus zur Interessenkoordinierung und Interessenvertretung auf und passt diesen an die konkrete Situation der IAO an.

In der Praxis streben die EU und die Mitgliedstaaten für die IAO gemeinsame Standpunkte an, ohne nach der konkreten Kompetenzvertei-lung, wie in der Theorie grundsätzlich vorgesehen, zu unterscheiden. Unabhängig davon, dass gemeinsame Standpunkte die einheitliche Vertre-tung der EU und der Mitgliedstaaten fördern, ist dieser Umstand auch der fehlenden Mitgliedschaft der EU in der IAO geschuldet. Unionsstand-punkte könnten demnach ohnehin nur über eine Sachwalterschaft der Mit-gliedstaaten in die IAO eingebracht werden.

---

518 Interview vom 07.12.2016 mit einem Mitarbeiter des BMAS.
519 Siehe Allgemeine Regelung zu Erklärungen der EU in multilateralen Organisa-tionen § 3 Teil B.XI.
520 *Ferri*, in: Kaddous (Hrsg.), The EU in International Organisations and Global Governance, 2015, S. 91.

3. Zusammenfassung: Kooperationspflichten bei der Durchführung gemischter Abkommen

Die Analyse der Kooperationspflichten hinsichtlich der Durchführung gemischter Abkommen hat gezeigt, dass die allgemeinen Vorgaben loyaler Zusammenarbeit durch die Praxis im Rahmen eines informellen Kooperationsmechanismus konkretisiert werden und sich eine Kooperationsstruktur zwischen der EU und den Mitgliedstaaten herausgebildet hat. Der EuGH lässt den Akteuren der EU und der Mitgliedstaaten Spielraum für die Ausgestaltung der konkreten Zusammenarbeit bei der Interessenabstimmung und Interessenvertretung in den gemischten Gremien. Er gibt den Koordinierungsrahmen vor, der es der Kommission und der mitgliedstaatlichen Exekutive erlaubt, flexibel auf die konkreten Anforderungen bei der Umsetzung der gemischten Abkommen zu reagieren, solange sie den Grundsatz loyaler Zusammenarbeit und die Verfahrensregeln sowie die Ziele der EU respektieren[521]. Die entsprechenden Zusammenarbeitspflichten lassen sich in Kooperations-, Koordinierungs-, Informations-, Konsultations-, Unterstützungs- und Rücksichtnahmepflichten unterteilen, die die Grundlage der Interessenkoordinierung und Interessenvertretung gewährleisten sollen.

Durch eine gemeinsame Interessenkoordinierung und eine einheitliche Interessenvertretung sollen die Verlässlichkeit und die Verhandlungsposition der EU und ihrer Mitgliedstaaten auf internationaler Ebene, sowie die Anerkennung der EU als gleichberechtigtes Völkerrechtssubjekt neben den originären Völkerrechtssubjekten forciert werden. Mit der einheitlichen Vertretung in Form einer „Stimme" von EU und Mitgliedstaaten ist die Erwartung erhöhter Einflussmöglichkeiten und einer effektiveren Durchsetzung der EU-Interessen auf internationaler Ebene verbunden.[522]

Um die völkerrechtlich einheitliche Vertretung zu gewährleisten, muss die gemeinsame völkerrechtliche Verantwortlichkeit in den Vordergrund rücken und die reziproke Natur des Prinzips loyaler Zusammenarbeit hervorgehoben werden, um unkoordinierte Alleingänge zu vermeiden. Ein entsprechender Koordinierungsmechanismus in Bezug auf die Erarbeitung von Standpunkten und die Wahrnehmung von Rede- und Stimmrechten in gemischten Gremien bietet der EU und den Mitgliedstaaten die Möglich-

---

521 EuGH, Urteil vom 28.04.2015, Rs. C-28/12, Kommission/Rat, ECLI:EU:C:2015: 282, Rn. 41 ff.
522 *Kissack*, Pursuing Fffective Multilateralism, 2010, S. 28.

keit zur Konzentration auf die inhaltlichen Themen, ohne sich ständig mit prozessualen Abstimmungsfragen beschäftigen zu müssen. Die Koordinierung wird neben rechtlichen Prämissen, wie der Kompetenzverteilung, auch durch politische Aspekte bestimmt.[523] Da insbesondere politische Erwägungen bei der Außenvertretung eine bedeutende Rolle spielen, sind die Interessenkoordinierung, die Interessenvertretung, sowie die Folgen und der Einfluss auf internationaler Ebene auch bei Anwendung des allgemeinen Kooperationsmechanismus nicht vollständig vorhersehbar. Bei Einhaltung der allgemeinen Koordinierungsregeln ist die völkerrechtlich einheitliche Vertretung der EU und der Mitgliedstaaten aber zumindest steuerbar und erhöht die Chancen im Hinblick auf die Interessendurchsetzung in den (gemischten) Gremien.

III. Zusammenfassung: Loyale Zusammenarbeit bei Verhandlung, Unterzeichnung, Abschluss und Durchführung gemischter Abkommen

Die Pflicht zur loyalen Zusammenarbeit erfordert von der EU und ihren Mitgliedstaaten im Rahmen der Verhandlung, der Unterzeichnung, des Abschlusses und der Durchführung gemischter Abkommen eng und loyal miteinander zusammenzuarbeiten. In der Praxis konkretisiert sich der abstrakte Grundsatz zu Zusammenarbeitspflichten, die in der Gesamtschau einen informellen Koordinierungsmechanismus, wie etwa bei der IAO, ergeben. Die grundlegende Kooperationsstruktur beinhaltet zunächst die Interessenkoordinierung in den Ratsgremien in Brüssel und am Sitzungsort der gemischten Gremien. Die inhaltliche Interessenkoordinierung dient in erster Linie der Erarbeitung von gemeinsamen Standpunkten sowie der Verteilung der Rede- und Stimmrechte in Bezug auf die spätere Interessenvertretung. Sofern kein formeller Koordinierungsmechanismus in Form einer Kooperationsvereinbarung vorliegt, müssen sich die EU und die Mitgliedstaaten an der informellen Praxis orientieren und den Mechanismus gegebenenfalls unter Beachtung des Loyalitätsprinzips an die konkrete Situation anpassen und weiter ausdifferenzieren. Maßstab und Ziel stellt unabhängig von der konkreten Ausgestaltung der Zusammenarbeit die völkerrechtlich einheitliche Außenvertretung dar.

---

523 *Kaiser*, Gemischte Abkommen im Lichte bundesstaatlicher Erfahrungen, 2009, S. 56; *Lenaerts/van Nuffel*, European Union Law, 2011, Rn. 24-008.

D. Zusammenfassung: Loyale Zusammenarbeit im Rahmen gemischter Abkommen

Der Grundsatz loyaler Zusammenarbeit und die gemischten Abkommen sind in besonderem Maße eng miteinander verknüpft. Als grundlegendes Prinzip unionalen Handelns verpflichtet er sowohl die EU als auch die Mitgliedstaaten zur engen Zusammenarbeit und entsprechenden Handlungspflichten sowie Unterlassungspflichten. Da sich Art. 4 Abs. 3 EUV auch auf völkerrechtliches Handeln erstreckt, findet der Grundsatz loyaler Zusammenarbeit auch bei gemischten Abkommen Anwendung.

Gemischte Abkommen sind ein bedeutsames völkerrechtliches Handlungsinstrument der EU und der Mitgliedstaaten, um gemischte Kompetenzen auf internationaler Ebene in einem Vertragswerk zu vereinen (obligatorisch gemischte Abkommen). Daneben existieren fakultativ gemischte Abkommen, die aus unionsrechtlicher Sicht unzulässig sind und auf politischen sowie finanziellen Gründen basieren. Aus dem gemeinsamen Abschluss obligatorisch und fakultativ gemischter Abkommen folgt unabhängig von der unionsrechtlichen Zulässigkeit die „gesamtschuldnerische" Haftung für die völkerrechtlichen Rechte und Pflichten gegenüber den Vertragspartnern. Aufgrund der gemeinsamen Verantwortlichkeit und Beteiligung der EU und der Mitgliedstaaten an völkerrechtlichen Abkommen erhält der Grundsatz loyaler Zusammenarbeit im Rahmen der gemischten Abkommen besondere Bedeutung.

Der Grundsatz loyaler Zusammenarbeit begleitet und prägt das gemischte Abkommen bei der Verhandlung, bei der Unterzeichnung und beim Abschluss sowie bei der Durchführung. Die abstrakten Anforderungen des Art. 4 Abs. 3 EUV haben in der Praxis zur Etablierung eines informellen Koordinierungsmechanismus bzw. Kooperationsstruktur zur EU-internen Abstimmung im Hinblick auf die Interessenkoordinierung und Interessenvertretung in den gemischten Gremien geführt. Die konkrete Zusammenarbeit der EU und der Mitgliedstaaten sowie Art und Umfang der Loyalitätspflichten können im Konfliktfall sowohl während des Vertragsschlussverfahrens, als auch im Rahmen der Durchführung durch den EuGH überprüft werden. Der EuGH hat insoweit die Konkretisierung des Art. 4 Abs. 3 EUV im Rahmen gemischter Abkommen gefordert und durch die abstrakten Vorgaben zur loyalen Zusammenarbeit zwischen der EU und den Mitgliedstaaten zur Etablierung von Koordinierungsstrukturen beigetragen. Hierbei haben sich sowohl eine informelle Koordinierungsstruktur, als auch formelle Kooperationsvereinbarungen zwischen der EU und den Mitgliedstaaten entwickelt.

Die formellen Koordinierungsmechanismen in Form der Kooperationsvereinbarungen bilden den Schwerpunkt der nachfolgenden inhaltlichen und rechtlichen Analyse. Hierbei werden die Auswirkungen des Art. 4 Abs. 3 EUV sowie die Vorgaben des EuGH zur Zusammenarbeit zwischen der EU und den Mitgliedstaaten im Hinblick auf eine einheitliche völkerrechtliche Vertretung der EU und der Mitgliedstaaten untersucht.

§ 3 Inhaltliche Analyse der Kooperationsvereinbarungen

Wie in § 2 eingehend erläutert, erfordern die Verhandlung, die Unterzeichnung, der Abschluss und die Durchführung gemischter Abkommen die loyale Zusammenarbeit zwischen der EU und den Mitgliedstaaten. Hierzu müssen die EU und die Mitgliedstaaten ihre Interessen entsprechend koordinieren und nach außen vertreten. Sie präzisieren in diesem Zusammenhang die rechtlichen Vorgaben des Art. 4 Abs. 3 EUV und die zugehörige Rechtsprechung des EuGH. Insbesondere die Durchführung gemischter Abkommen ist in vielen Situationen auf eine praktische und pragmatische Rollenverteilung bei der Interessenkoordinierung und Interessenvertretung – ungeachtet der (genauen) Kompetenzverteilung – angewiesen. Durch diese sollen die Kompetenzstreitigkeiten in den Hintergrund treten, um eine völkerrechtlich einheitliche Vertretung der EU und der Mitgliedstaaten zu gewährleisten.

Zwischen der EU und den Mitgliedstaaten haben sich zur Konkretisierung der loyalen Zusammenarbeit neben informellen Kooperationsstrukturen auch formelle Abstimmungsverfahren in Form von „Kooperationsvereinbarungen"[524] herausgebildet. Kooperationsvereinbarungen sind verbindliche oder unverbindliche schriftliche Vereinbarungen zwischen der EU und den Mitgliedstaaten. Sie konkretisieren die loyale Zusammenarbeit der EU und der Mitgliedstaaten im Rahmen der Verhandlung, des Abschlusses und der Durchführung von (gemischten) völkerrechtlichen Abkommen. Außerdem beschreiben sie einen Mechanismus zur Interessenkoordinierung und/oder zur Interessenvertretung im Vorfeld von Sitzungen gemischter Gremien. Es geht hierbei vornehmlich darum, ein formelles Verfahren aufzustellen, um die Erarbeitung von (gemeinsamen) Standpunkten[525] und die Verteilung sowie die Ausübung der Interessenvertretung durch die EU und/oder die Mitgliedstaaten (Rede- und Stimmrechte) in gemischten Gremien zu gewährleisten.

Der Zweck der Kooperationsvereinbarungen liegt neben der bereits angesprochenen Konkretisierung des Art. 4 Abs. 3 EUV darin, eine Diszi-

---

524 *Sattler*, Gemischte Abkommen und gemischte Mitgliedschaften der EG und ihrer Mitgliedstaaten, 2007, S. 129.
525 Siehe zu den verschiedenen Arten von Standpunkten § 2 Teil C.II.1.a).

plinierung im Hinblick auf eine einheitliche Interessenkoordinierung und Interessenvertretung der EU und ihrer Mitgliedstaaten zu forcieren. Kooperationsvereinbarungen sind demnach nicht nur wünschenswert,[526] sondern stellen auch eine praktische Notwendigkeit dar, um der Pflicht zur loyalen Zusammenarbeit auf horizontaler und vertikaler Ebene nachzukommen[527]. Die tägliche Koordinierungspraxis soll durch formelle Regelungen vereinfacht und Kompetenzstreitigkeiten reduziert werden, sodass die Rechtssicherheit bei der Durchführung völkerrechtlicher Pflichten erhöht wird.[528] Die Rechtsprechung des EuGH war demnach der Impulsgeber für Kooperationsvereinbarungen.[529]

Die Vereinbarungen müssen allerdings primärrechtskonform ausgestaltet sein[530] und dürfen insbesondere das institutionelle Gleichgewicht (Art. 13 Abs. 2 EUV) nicht beeinträchtigen. Außerdem dürfen sie nicht gegen das Prinzip der begrenzten Einzelermächtigung (Art. 5 Abs. 1 EUV), gegen die Kompetenzverteilung zwischen der EU und den Mitgliedstaaten und gegen Art. 4 Abs. 3 EUV verstoßen. Eine Übertragung von Mitgliedschaftsrechten auf die EU oder die Mitgliedstaaten durch eine Kooperationsvereinbarung muss immer durch Informations-, Konsultations- und Rücksichtnahmepflichten begleitet werden.[531] Die Rechtsprechung des EuGH zur Notwendigkeit der loyalen Zusammenarbeit dient insofern als Leitlinie und legt gleichzeitig die inhaltlichen Grenzen fest.[532]

---

526 *Kaiser*, Gemischte Abkommen im Lichte bundesstaatlicher Erfahrungen, 2009, S. 56; *von Arnauld*, in: ders. (Hrsg.), Europäische Außenbeziehungen, 2014, § 1, Rn. 53.

527 *Martenczuk*, in: Kronenberger (Hrsg.), The EU and the International Legal Order: Discord or Harmony?, 2001, S. 154 f.; *Heesen*, Interne Abkommen, 2015, S. 39.

528 *Scheffler*, Die Europäische Union als rechtlich-institutioneller Akteur im System der Vereinten Nationen, 2009, S. 350 f.

529 *Delgado Casteleiro/Larik*, ELRev 2011, 524, 529; *Delgado Casteleiro*, in: Díez-Hochleitner u.a. (Hrsg.), Recent Trends in the Case Law of the Court of Justice of the European Union, 2012, S. 732; *Kuijper u.a.*, The Law of EU External Relations, 2015, S. 142.

530 EuGH, Urteil vom 12.02.2009, Rs. C-45/07, Kommission/Griechenland, ECLI:EU:C:2009:81, Rn. 29; *Herrmann/Streinz*, in: von Arnauld (Hrsg.), Europäische Außenbeziehungen, 2014, § 11, Rn. 76.

531 *Herrmann/Streinz*, in: von Arnauld (Hrsg.), Europäische Außenbeziehungen, 2014, § 11, Rn. 76.

532 Vgl. zu den Vorgaben des EuGH, Beschluss vom 14.11.1978, Beschluss 1/78, Objektschutz, Slg. 1978, 2151, Rn. 34-36; Gutachten vom 19.03.1993, Gutachten 2/91, ILO-Konvention, Slg. 1993, I-1061, Rn. 12, 36, 38; Gutachten vom 15.11.1994, Gutachten 1/94, WTO, Slg. 1994, I-5267, Rn. 108; Urteil vom

Kooperationsvereinbarungen sind nicht unmittelbar öffentlich zugänglich. Es existiert bisher keine Sammlung aller Kooperationsvereinbarungen, sodass sie für die vorliegende Untersuchung ausfindig gemacht wurden. Die Untersuchung dient insofern auch der Zusammenstellung und Zugänglichmachung aller Kooperationsvereinbarungen.[533]

Hierzu wurden gemischte Abkommen bzw. internationale Organisationen dahingehend untersucht, ob Kooperationsvereinbarungen existieren, die die loyale Zusammenarbeit für die Verhandlung, den Abschluss und die Durchführung völkerrechtlicher Abkommen näher regeln.

Die Untersuchung zeigte zunächst, dass für die Mehrheit der Abkommen bzw. Organisationen keine formellen Koordinierungsmechanismen bestehen und sich die gefundenen 25 Kooperationsvereinbarungen – darunter sieben Entwürfe – hinsichtlich Form, Art und formeller Beteiligung stark voneinander unterscheiden. Sie werden nicht anhand eines einheitlichen Musters abgeschlossen und kommen daher in unterschiedlichen Varianten vor. Im vorliegenden Untersuchungsbereich werden folgende Bezeichnungen für die Regelwerke verwendet: „Vereinbarung"[534], „Erklärung"[535], „Leitfaden"[536], „Verhaltenskodex"[537], „Gemeinsame Leitli-

---

19.03.1996, Rs. C-25/94, Kommission/Rat, 1996, I-1469, Rn. 48; Urteil vom 20.04.2010, Rs. C-246/07, Kommission/Schweden, Slg. 2010, I-3317, Rn. 73; Urteil vom 22.10.2002, Rs. C-94/00, Roquette Frères, Slg. 2002, I-9011; Rn. 32; Urteil vom 30.05.2006, Rs. C-459/03, Kommission/Irland, Slg. 2006, I-4635, Rn 175; Urteil vom 14.12.2000, Rs. C-300/98, Dior u.a., Slg. 2000, I-11307, Rn. 68.

533 Die Volltexte der gesammelten Kooperationsvereinbarungen sind unter folgendem Link abrufbar: http://nbn-resolving.de/urn:nbn:de:0246-opus4-31905.

534 Vgl. Vereinbarung zwischen dem Rat und der Kommission über die Beteiligung an den internationalen Arbeiten betreffend Grundstoffe, 27.03.1981, Dok-Rat 5887/81.

535 Vgl. Erklärung des Rates und der Kommission zur Vereinbarung zwischen dem Rat und der Kommission über die Teilnahme an den Arbeiten der internationalen Studiengruppen für die Grundstoffe Zinn und Kupfer, 08.03.1991, Dok-Rat 4563/91.

536 Vgl. Leitfaden zur Koordinierung der Europäischen Union im Rahmen der Vereinten Nationen, 10.04.1995, COREU PAR 483/95.

537 Vgl. Verhaltenskodex zwischen dem Rat, den Mitgliedstaaten und der Kommission für die UNESCO-Verhandlungen über den Entwurf einer Konvention zum Schutz der Vielfalt kultureller Inhalte und künstlerischer Ausdrucksformen, 31.01.2005, Dok-Rat 5768/05.

nien"[538], „interne Regelungen"[539], „Allgemeine Regelung"[540], „interinstitutionelle Vereinbarung"[541] und „Gentleman's Agreement"[542]. Auch variieren die beteiligten Akteure: Rat, Kommission, Mitgliedstaaten, die im Rat vereinigten Vertreter der Mitgliedstaaten, AStV und Ratsarbeitsgruppen. Die uneinheitlichen Bezeichnungen und Varianten der Kooperationsvereinbarungen zeigen im Zusammenspiel mit den verschiedenen Politikbereichen die Vielgestaltigkeit und die inhaltliche Bandbreite, die das Zusammenwirken von EU und Mitgliedstaaten auf internationaler Ebene koordinieren.

Die Kooperationsvereinbarungen mit den unterschiedlichen Koordinierungsstrukturen, Bezeichnungen, Formen und Beteiligten werden hinsichtlich ihres Aufbaus, ihres Inhalts, ihrer Abstimmungsmechanismen und ihrer konkreten Loyalitätspflichten miteinander verglichen, da erst eine vollumfängliche Untersuchung eine Systematisierung ermöglicht (objektive bzw. theoretische Analyse).

Aus der Differenzierung zwischen Kooperationsvereinbarungen für die Verhandlung und den Abschluss (gemischter) Abkommen und Kooperationsvereinbarungen für die Durchführung (gemischter) Abkommen ergibt sich zunächst ein zweiteiliger Aufbau der inhaltlichen Analyse: Kooperationsvereinbarungen für die Verhandlung und den Abschluss (gemischter) Abkommen (A.) und Kooperationsvereinbarungen für die Durchführung (gemischter) Abkommen (B.). Die konkrete Untersuchung der Kooperationsvereinbarungen erfolgt im Hinblick darauf, welche Kooperationsstrukturen zur Abstimmung des koordinierten Auftretens im Rahmen der

---

538 Vgl. Billigung einer gemeinsamen Erklärung von Rat und Kommission betreffend die Vorbereitung von Sitzungen, Erklärungen und Abstimmungen im Rahmen des UPOV (Gemeinsame Leitlinien), 29.11.2005, Dok-Rat 14996/05.

539 Vgl. Interne Regelungen für Rat, Mitgliedstaaten und Kommission in Bezug auf die Verfahren im Rahmen der COTIF, 09.05.1980, ABl. 2013 L 51/1.

540 Vgl. Erklärungen der EU in multilateralen Organisationen – Allgemeine Regelung, 24.10.2011, Dok-Rat 15901/11.

541 Vgl. Vorschlag für eine interinstitutionelle Vereinbarung über die interinstitutionelle Zusammenarbeit im Rahmen internationaler Übereinkommen, bei denen die Europäische Atomgemeinschaft und ihre Mitgliedstaaten Vertragspartner sind, 28.04.2006, KOM 2006 (179) endg; Entschließung des Europäischen Parlaments zum Abschluss und zur Anpassung der interinstitutionellen Vereinbarungen, A3-0043/93, ABl. 1993, C 115/253.

542 Vgl. Gentleman's Agreement über das Verfahren für die Verhandlungen mit Drittländern im Bereich Binnenschifffahrt, 14.12.1992, Dok-Rat 10828/92, Anlage 2.

(gemischten) Abkommen vorgesehen sind und in der Praxis zur Anwendung kommen. Aufgrund der vielfältigen Kooperationsvereinbarungen wird davon ausgegangen, dass unterschiedliche Koordinierungsmechanismen zur Interessenkoordinierung und Interessenvertretung existieren, die nicht durchweg funktionieren. Sie bedürfen aus diesem Grund einer Verbesserung bzw. Vereinheitlichung. Die theoretischen Ergebnisse werden hierzu unter Zugrundelegung qualitativer sozialwissenschaftlicher Methoden in Form von problemzentrierten Interviews ergänzt[543].[544] Die inhaltliche Analyse wird im Anschluss durch einen Vergleich ergänzt, um die Entwicklungen und Unterschiede der Kooperationsvereinbarungen aufzuzeigen (C.).

A. Kooperationsvereinbarungen für die Verhandlung und den Abschluss von (gemischten) völkerrechtlichen Abkommen

Im Folgenden werden die Kooperationsvereinbarungen für die Verhandlung und den Abschluss von (gemischten) völkerrechtlichen Abkommen näher untersucht. Hierzu werden diese zunächst in den Kontext der (gemischten) völkerrechtlichen Abkommen bzw. internationalen Organisationen eingeordnet. Im Anschluss wird der entsprechende Kooperationsmechanismus inhaltlich analysiert und zusammengefasst.

I. Gentleman's Agreement über das Verfahren für die Verhandlungen mit Drittländern im Bereich der Binnenschifffahrt

Anlässlich der Ratsermächtigung für die Kommission, ein Abkommen zwischen der damaligen EWG, Polen und den Vertragsstaaten der Donau-

---

543 *Mayring*, Einführung in die qualitative Sozialforschung, 2002, S. 70 ff. Für die problemzentrierten Interviews wurden Leitfäden (Sondierungsfragen, Leitfadenfragen, Ad-hoc-Fragen) erstellt, anhand derer die Experten interviewt wurden. Die Antworten wurden in Gesprächsprotokollen festgehalten.
544 Die praktischen Erfahrungen sind durch entsprechende Fußnoten gekennzeichnet und nehmen Bezug auf mündliche und schriftliche Interviews mit Mitarbeitern der zuständigen deutschen Exekutive (Bundesministerien und ständigen Vertretungen der BRD) und der Kommission sowie des EAD. Die Bezeichnung Mitarbeiter wird unabhängig davon verwendet, ob es sich um einen männlichen oder weiblichen Interviewpartner handelt.

konvention auszuhandeln, wurde 1992 zugleich ein Gentleman's Agreement zwischen Rat und Kommission über das Verfahren für die Verhandlungen mit Drittländern im Bereich der Binnenschifffahrt abgeschlossen.[545] Trotz dieses Ratsmandats auf EU-Ebene schlossen Deutschland und Luxemburg jeweils mit einigen Donauanrainerstaaten Abkommen zur Regelung der Binnenschifffahrt ab und verstießen dadurch gegen Art. 4 Abs. 3 EUV.[546] Die Donaukommission ist eine internationale Organisation aufgrund des völkerrechtlichen Abkommens über die Regelung der Schifffahrt auf der Donau (Donaukonvention), die die Donauanrainerstaaten als Mitglieder zählt.[547] Ziel der Donaukommission ist es, die freie Schifffahrt auf der Donau im Einklang mit den Interessen und souveränen Rechten der Donauländer zu sichern, die wirtschaftlichen und kulturellen Bindungen zwischen den Donauländern untereinander und zu anderen Ländern zu festigen sowie gemeinsame Regeln für die Beförderung von Fracht und Passagieren aufzustellen. Auf Mitgliedstaatsseite sind Österreich, Bulgarien, Ungarn, Deutschland, Rumänien, die Slowakei und Kroatien Mitglieder der Donaukommission.[548] Die EU ist kein Mitglied der Donaukommission, arbeitet allerdings aufgrund einer rechtlich unverbindlichen Verwaltungsvereinbarung mit ihr zusammen (vgl. Nr. 9 der Verwaltungsvereinbarung).[549] Es handelt sich demnach nicht um ein gemischtes Abkommen zwischen der EU, den Donauanrainerstaaten der EU und dritten Donauanrainerstaaten. Das Verhandlungsmandat der EU zielt auch nicht auf ein gemischtes Abkommen, sondern auf den Abschluss einer neuen Donaukonvention zwischen der EU und den Donauanrainerstaaten (EU-

---

545 Gentleman's Agreement über das Verfahren für die Verhandlungen mit Drittländern im Bereich Binnenschifffahrt, 14.12.1992, Dok-Rat 10828/92, Anlage 2.
546 EuGH, Urteil vom 14.07.2005, Rs. C-433/03, Kommission/Deutschland, Slg. 2005, I-7011, Rn. 66, 73; Urteil vom 02.06.2005, Rs. C-266/03, Kommission/Luxemburg, Slg. 2005, I-4805, Rn. 60, 66; *van Vooren/Wessel*, EU External Relations Law, 2014, S. 60.
547 BGBl. 1999 II, 578.
548 Mitgliedstaaten der Donaukommission sind ferner Moldau, Russland, Serbien, Ukraine, http://www.danubecommission.org/dc/de/donaukommission/mitgliedsta aten-der-donaukommission/, 22.02.2018.
549 Verwaltungsvereinbarung über einen Rahmen für die Zusammenarbeit zwischen dem Sekretariat der Donaukommission und der Generaldirektion für Mobilität und Verkehr der Europäischen Kommission, www.danubecommission.org/upload s/doc/AA%202015/AA%20Unterzeichnet%20De%20DKSec%20clear.pdf, 22.02.2018.

Only-Abkommen).[550] Dennoch existiert eine Kooperationsvereinbarung zwischen der EU und den Mitgliedstaaten für die Verhandlung. Der Grund liegt darin, dass der genaue Umfang sowie die Kompetenzverteilung zwischen der EU und den Mitgliedstaaten, wie oft zum Zeitpunkt der Verhandlung, nicht ausreichend geklärt sind und zunächst gemeinsam verhandelt wird. Ob ein gemischtes Abkommen notwendig ist, zeigt sich, sobald der Vertragstext ausgehandelt ist.

Das Gentleman's Agreement stellt folgende Verhaltensregeln für die Verhandlung einer neuen Donaukonvention auf: Vor jeder Verhandlungsrunde soll in der Regel eine Koordinierungssitzung innerhalb der Ratsgremien stattfinden, die die Schlüsselfragen der geplanten Verhandlungsrunde frühzeitig ermittelt bzw. vorbereitet (Punkt II.2.) und nach Möglichkeit einen gemeinsamen Standpunkt der EU und ihrer Mitgliedstaaten festlegt (Punkt II.3.a)). Darüber hinaus können auf Veranlassung der Kommission, des Ratsvorsitzes oder eines Mitgliedstaates während der Verhandlungen vor Ort Koordinierungssitzungen vom Ratsvorsitz einberufen werden, um einem (weitergehenden) Koordinierungsbedarf während der Verhandlungsrunden gerecht zu werden.[551] Um die Verhandlungen und die entsprechenden gemeinsamen Standpunkte vorzubereiten, übermittelt die Kommission die geplanten Inhalte für die Verhandlungen sowie den Terminplan vor den Koordinierungssitzungen an den Rat (Punkt II.2.). Ihr insofern zustehendes Initiativrecht in Bezug auf die inhaltliche Koordinierung korreliert mit der Informationspflicht der Kommission im Hinblick auf die entsprechenden Entwürfe gegenüber dem Rat bzw. den Mitgliedstaaten.

Die Rolle des Verhandlungsführers für die erarbeiteten gemeinsamen Standpunkte liegt allein bei der Kommission. Sie vertritt diese im Namen der EU und ihrer Mitgliedstaaten gegenüber den Verhandlungspartnern

---

550 Vgl. Vermerk des Generalsekretariats für die Delegationen und die Verhandlungsrichtlinien für ein Übereinkommen zwischen der Gemeinschaft und Drittländern über Regeln für die Fracht- und Passagierbeförderung im Binnenschiffsverkehr zwischen den Vertragsparteien, 14.12.1992, Dok-Rat 10828/92. Wie sich aus dem Verhandlungsmandat ergibt, sind die damals bereits zur EU gehörenden Staaten für eine neue Übereinkunft als Vertragspartner ausgenommen. Polen, Ungarn, Tschechien, Slowakei, Rumänien, Bulgarien und Österreich waren 1992 noch keine EU-Mitgliedstaaten und waren demnach als Drittstaaten für ein Abkommen eingeplant.

551 An den Koordinierungssitzungen sollen auch die Mitglieder des Sonderausschusses für die neue Donaukonvention teilnehmen (Punkt II.3.c)).

(„Rom-Formel"). Die Vertreter der Mitgliedstaaten ergreifen nur auf Bitten der Kommission das Wort und unterlassen jegliche Handlung, die die Kommission bei der ordnungsgemäßen Wahrnehmung ihrer Aufgaben beeinträchtigt (Punkt II.3.d)). Im Gegenzug obliegt es der Kommission, den Rat bzw. die Mitgliedstaaten regelmäßig über die Ergebnisse der Verhandlungen zu informieren (Punkt I.2.). Die Unterlassungspflicht der Mitgliedstaaten in Bezug auf die Interessenvertretung wird insoweit, wie bereits beim Initiativrecht, durch die Informationspflicht der Kommission gegenüber den Mitgliedstaaten begleitet.

Obwohl es sich um ein angestrebtes EU-Only-Abkommen handelt, sieht die Kooperationsvereinbarung im Rahmen der Verhandlung noch die Erarbeitung von gemeinsamen Standpunkten der EU und ihrer Mitgliedstaaten vor, um evtl. auch nationale Kompetenzen abzudecken. Das von der EU geplante EU-Only-Abkommen schlägt sich allerdings in der Führungsrolle der Kommission im Rahmen der Verhandlungsführung nieder. Die Mitgliedstaaten werden zwar inhaltlich bei der Interessenkoordinierung und durch den mit mitgliedstaatlichen Vertretern besetzten Sonderausschuss beteiligt, nicht jedoch zwingend bei der Interessenvertretung einbezogen. Neben der allgemeinen Verhandlungs-/Koordinierungspflicht im Hinblick auf eine gemeinsame Interessenvertretung umfasst die Kooperationsvereinbarung auch konkrete Loyalitätspflichten (Unterlassungs- und Informationspflicht).

II. Verhaltenskodex für die Verhandlungen des UNESCO-Übereinkommens zum Schutz der Vielfalt kultureller Inhalte und künstlerischer Ausdrucksformen

Ziel des Übereinkommens zum Schutz der Vielfalt kultureller Inhalte und künstlerischer Ausdrucksformen ist es, die Vielfalt kultureller Ausdrucksformen zu schützen, zu fördern und hierfür die entsprechenden Voraussetzungen zu schaffen, insbesondere den Dialog zwischen den Kulturen anzuregen und Interkulturalität zu intensivieren (Art. 1).[552] Das gemischte Abkommen dient als Grundlage für das Recht aller Staaten auf eine eigenständige Kulturpolitik.[553]

---

552 BGBl. 2007 II, 234.
553 *Klamert*, ZöR 2009, 217, 220.

Im Rahmen des UNESCO-Übereinkommens existieren zwei Verhaltenskodizes. Der Verhaltenskodex zwischen dem Rat, den Mitgliedstaaten und der Kommission aus dem Jahr 2005 war für die Verhandlungen des Abkommens bestimmt und wurde anlässlich der Ermächtigung zur Aufnahme von Verhandlungen[554] (vgl. Art. 218 Abs. 2 und 3 AEUV) abgeschlossen.[555] Ein weiterer Verhaltenskodex[556] wurde zwischen der EU und den Mitgliedstaaten zur Durchführung des UNESCO-Übereinkommens zum Schutz und zur Förderung der Vielfalt kultureller Ausdrucksformen vereinbart. An dieser Stelle wird zunächst auf den Verhaltenskodex hinsichtlich der Verhandlung des Abkommens eingegangen.[557]

Die Kooperationsvereinbarung stellt einen Mechanismus zur Interessenkoordinierung sowie Interessenvertretung hinsichtlich der Verhandlungen des UNESCO-Übereinkommens auf, um eine einheitliche völkerrechtliche Vertretung der EU und ihrer Mitgliedstaaten zu gewährleisten (vgl. Präambel). Die Verhandlungsgrundsätze sollen keinen Einfluss auf die gemischte Zuständigkeitsverteilung zwischen der EU und den Mitgliedstaaten und anderen internationalen Gremien haben (Ausschlussklausel).

Die Kooperationsvereinbarung sah, unabhängig von der Zuständigkeit, die Erarbeitung gemeinsamer Standpunkte vor (Teil 7 Abs. 1). Allerdings wurden die gemeinsamen Standpunkte bei der konkreten Bezeichnung durch einen Zusatz entsprechend der Kompetenzverteilung („im Namen der Mitgliedstaaten und/oder der Gemeinschaft", vgl. Teil 1, 2 und 3) gekennzeichnet. Die EU und die Mitgliedstaaten sollten sich auf den

---

554 Entwurf eines Ratsbeschlusses zur Ermächtigung der Kommission, im Namen der Gemeinschaft an den UNESCO-Verhandlungen über die Konvention zum Schutz der Vielfalt kultureller Inhalte und künstlerischer Ausdrucksformen teilzunehmen, 29.10.2004, Dok-Rat 13840/04, angenommen durch den Rat am 16.11.2004, Entwurf Ratsprotokoll, Dok-Rat 14667/04, Tagesordnungspunkt Nr. 14.

555 Verhaltenskodex zwischen dem Rat, den Mitgliedstaaten und der Kommission für die UNESCO-Verhandlungen über den Entwurf einer Konvention zum Schutz der Vielfalt kultureller Inhalte und künstlerischer Ausdrucksformen, 28.01.2005, Dok-Rat 5768/05.

556 Verhaltenskodex zwischen dem Rat, den Mitgliedstaaten und der Kommission über die Teilnahme der Gemeinschaft und ihrer Mitgliedstaaten an Tagungen über die Umsetzung des Übereinkommens zum Schutz und zur Förderung der Vielfalt kultureller Ausdrucksformen, 01.02.2007, Dok-Rat 5914/07, Anlage.

557 Siehe zur Kooperationsvereinbarung zur Durchführung des UNESCO-Übereinkommens zum Schutz und zur Förderung kultureller Vielfalt § 3 Teil B.VII.

Koordinierungssitzungen am Sitz der UNESCO in Paris (vgl. Teil 1 und 7 Abs. 1) um einen gemeinsamen Standpunkt bemühen (Teil 7 Abs. 1). Es handelte sich insofern um eine Verhandlungs- bzw. Koordinierungspflicht (pactum de negotiando) und nicht um eine unbedingte Koordinierungsverpflichtung (pactum de contrahendo).[558] Im Falle eines fehlenden Einvernehmens bzgl. der Erarbeitung eines gemeinsamen Standpunktes sollte die Angelegenheit an die Ratsgremien, insbesondere den Ausschuss für Kulturfragen,[559] in Brüssel verwiesen werden, um dort eine Einigung über einen gemeinsamen Standpunkt zu erzielen (Teil 7 Abs. 1).

Die Interessenvertretung der gemeinsamen Standpunkte war je nach nationaler bzw. unionaler Zuständigkeit und ausdrücklich zugewiesenen Verhandlungsbereichen durch den Ratsvorsitz bzw. die Kommission vorgesehen (Teil 1, 2 und 3), sodass im Ergebnis wechselnde Verhandlungsführer gegenüber den anderen Verhandlungspartnern auftraten. Der Verhaltenskodex sah auch für die Mitgliedstaaten die Möglichkeit der Wortergreifung nach entsprechender Koordinierung vor, um den gemeinsamen Standpunkt zu unterstützen (Teil 5, Unterstützungsklausel).[560] Das Stimmrecht sollte entgegen der Aufteilung des Rederechts einheitlich durch die Mitgliedstaaten entsprechend der gemeinsamen Standpunkte vorgenommen werden (Teil 6).

Im Falle des Nichtzustandekommens eines gemeinsamen Standpunkts, trotz Verweisung an die Ratsgremien, war es den Mitgliedstaaten auch

---

558 Siehe zur Verhandlungs- und Ergebnispflicht § 2 Teil C.I.1.c)aa).

559 Vgl. zum Ausschuss für Kulturfragen als Koordinierungsgremium Punkt 7 UA 1 des Verhaltenskodex i.V.m. Punkt 4 des Entwurfs der Verhandlungsrichtlinien für die UNESCO Verhandlungen über den Entwurf einer Konvention zum Schutz der Vielfalt kultureller Inhalte und künstlerischer Ausdrucksformen, 29.10.2004, Dok-Rat 13840/04, Anlage.

560 Kritisch hierzu die Kommission in Erklärung der Kommission zu Punkt 5 für das Ratsprotokoll in Anlage 2 zu Verhaltenskodex zwischen dem Rat, den Mitgliedstaaten und der Kommission für die UNESCO-Verhandlungen über den Entwurf einer Konvention zum Schutz der Vielfalt kultureller Inhalte und künstlerischer Ausdrucksformen, 28.01.2005, Dok-Rat 5768/05. Sie betont insbesondere den Ausnahmecharakter mitgliedstaatlicher Ausführungen und die hierfür erforderliche vorherige ordnungsgemäße Koordinierung über Zweckmäßigkeit der Wortergreifung und dem notwendigen Einvernehmen zwischen dem Ratsvorsitz und der Kommission hierüber.

erlaubt, ihren Standpunkt darzulegen.[561] Eine explizite Regelung für die Wortergreifung durch die Kommission zur Unterstützung der gemeinsamen Standpunkte, sowie die Darlegung eines unionalen Standpunkts bei Nichtzustandekommen eines gemeinsamen Standpunktes enthält die Kooperationsvereinbarung nicht.

Wenngleich die Kooperationsvereinbarung die Interessenkoordinierung und Interessenvertretung regelte, so machte die Interessenvertretung durch die EU im Rahmen der Verhandlungen zunächst Probleme, da die EU anfänglich auch bei den Verhandlungen im Sinne des generellen Status innerhalb der Vereinten Nationen auf einen Beobachterstatus beschränkt war. Erst nach einer zweiten Initiative durch einige Mitgliedstaaten im Sinne des Art. 4 Abs. 3 EUV und längeren Verhandlungen konnte die EU ihre Kompetenzen entsprechend der Kooperationsvereinbarung wahrnehmen.[562] Insgesamt normiert die Kooperationsvereinbarung neben der allgemeinen Verhandlungs- bzw. Koordinierungspflicht und der Unterstützungsklausel keine weiteren konkreten bzw. besonderen Loyalitätspflichten.

---

561 Kritisch hierzu die Kommission in Erklärung der Kommission zu Punkt 7 für das Ratsprotokoll in Anlage 2 zum Verhaltenskodex zwischen dem Rat, den Mitgliedstaaten und der Kommission für die UNESCO-Verhandlungen über den Entwurf einer Konvention zum Schutz der Vielfalt kultureller Inhalte und künstlerischer Ausdrucksformen, 28.01.2005, Dok-Rat 5768/05. Sie betont die ultima ratio nationaler Erklärungen beim Nichtzustandekommen gemeinsamer Standpunkte und den zu beachtenden Grundsatz loyaler Zusammenarbeit bei mitgliedstaatlichen Erklärungen.

562 *Kaddous*, in: dies. (Hrsg.), The EU in International Organisations and Global Governance, 2015, S. 72 f.

III. Zusammenfassende Bewertung: Kooperationsvereinbarungen für die Verhandlung und den Abschluss von (gemischten) völkerrechtlichen Abkommen

Die Kooperationsvereinbarungen basieren auf der Pflicht zur loyalen Zusammenarbeit und konkretisieren diese in unterschiedlichem Ausmaß. Der Verhaltenskodex zielt auf ein gemischtes Abkommen, wohingegen das Gentleman's Agreement auf den Abschluss eines geplanten EU-Only-Abkommen Anwendung finden soll.

Die beiden Kooperationsvereinbarungen sehen Koordinierungssitzungen zur Erarbeitung gemeinsamer Standpunkte jeweils vor und während der Verhandlungsrunden vor (Interessenkoordinierung). Die Zuständigkeitsverteilung spiegelt sich in den Standpunkten nicht wider. Vielmehr werden nur gemeinsame Standpunkte der EU und ihrer Mitgliedstaaten erarbeitet und nach außen vertreten, ohne auf Unionsstandpunkte oder koordinierte Standpunkte der Mitgliedstaaten zurückzugreifen. Der Verhaltenskodex enthält noch detailliertere Regelungen. Er sieht auch Koordinierungssitzungen nach den Verhandlungsrunden vor, enthält eine Regelung beim Nichtzustandekommen von gemeinsamen Standpunkten und normiert die Pflicht der EU und ihrer Mitgliedstaaten zu bestmöglichen Bemühungen um einen gemeinsamen Standpunkt.

Der formelle Interessenkoordinierungsmechanismus der Kooperationsvereinbarungen deckt sich grundsätzlich mit dem informellen Mechanismus. Dieser findet bei Fehlen einer Kooperationsvereinbarung im Rahmen der Verhandlung eines gemischten Abkommens Anwendung und sieht die Erarbeitung gemeinsamer Standpunkte – unabhängig von der Kompetenzverteilung zwischen der EU und den Mitgliedstaaten – vor.[563]

Der Verhaltenskodex macht die Rolle des Verhandlungsführers bei der Vertretung der gemeinsamen Standpunkte von der Zuständigkeitsverteilung zwischen der EU (Kommission) und der Mitgliedstaaten (Ratsvorsitz) abhängig. Im Hinblick auf das Gentleman's Agreement unterscheidet er sich davon, dass die Interessenvertretung nicht nur von der Kommission wahrgenommen wird. Unabhängig von der Delegationsart und der entsprechenden Führungsrolle besteht der Vorteil einer standardisierten Interessenvertretung darin, dass sich die EU und die Mitgliedstaaten auf die

---

563 Siehe zum informellen Koordinierungsmechanismus im Rahmen gemischter Abkommen § 2 Teil C.

deutlich wichtigere inhaltliche Interessenkoordinierung konzentrieren können.[564] Die obligatorische Vertretung durch die EU („Rom-Formel") oder durch die EU und die Mitgliedstaaten je nach Kompetenz(-schwerpunkt) im Rahmen des informellen Koordinierungsmechanismus finden sich insofern auch bei den formellen Mechanismen wieder. Wenngleich die Delegation nach der „Rom-Formel" unter Führung der Kommission im Rahmen des Art. 4 Abs. 3 EUV in meinen bisherigen Ausführungen favorisiert wird, kann auch die abwechselnde Interessenvertretung entsprechend des Zuständigkeitsschwerpunkts eine einheitliche völkerrechtliche Vertretung gewährleisten, sofern diese anhand der gemeinsamen Standpunkte erfolgt.[565] Die Zusammenarbeitspflichten der informellen Koordinierung werden insgesamt durch die Kooperationsvereinbarungen aufgegriffen und im Einklang mit Art. 4 Abs. 3 EUV konkretisiert.

Beide Kooperationsvereinbarungen stellen einen Abstimmungsmechanismus zur Interessenkoordinierung und Interessenvertretung für die Verhandlung auf, ohne allerdings die Koordinierung im Bereich der Unterzeichnung und der Ratifikation zu umfassen. Wie im Rahmen der informellen Koordinierung bereits erläutert, besteht angesichts der stark formalisierten nationalen und unionalen Unterzeichnungs- und Ratifikationsvorgaben wenig Spielraum, sodass es einer weiteren Konkretisierung der Zusammenarbeit neben dem allgemeinen Grundsatz gemäß Art. 4 Abs. 3 EUV nicht bedarf.[566]

B. Kooperationsvereinbarungen für die Durchführung von (gemischten) völkerrechtlichen Abkommen

Im Folgenden werden die Kooperationsvereinbarungen zur Durchführung von (gemischten) völkerrechtlichen Abkommen inhaltlich analysiert. Die jeweiligen Kooperationsvereinbarungen werden zunächst in ihrem Kontext eingeordnet und auf ihren Anwendungsbereich hin untersucht. Sodann wird der Koordinierungsmechanismus der Kooperationsvereinbarungen herausgearbeitet, und, sofern möglich, mit empirischen Erkenntnissen zu deren Anwendung in der Praxis und Funktionalität ergänzt. Die Reihen-

---

564 Vgl. *Gatti/Manzini*, CMLRev 2012, 1703, 1715.
565 Siehe zu den verschiedenen Delegationsarten § 2 Teil C.I.1.b).
566 Siehe zu den Zusammenarbeitspflichten im Rahmen der Unterzeichnung und der Ratifikation gemischter Abkommen § 2 Teil C.I.2. und 3.

folge der Untersuchung erfolgt in erster Linie chronologisch, um etwaige Entwicklungen aufzeigen zu können. Dort, wo sich mehrere Regelwerke auf ein oder mehrere gemischte Abkommen beziehen, wird von der chronologischen Betrachtung abgewichen, um sie im inhaltlichen Zusammenhang zu untersuchen.

I. Kooperationsvereinbarungen im Rahmen internationaler Rohstoffabkommen

Die Vereinbarungen zur Koordinierung zwischen der EU und den Mitgliedstaaten im Bereich internationaler Rohstoffabkommen waren die ersten Kooperationsvereinbarungen im Rahmen (gemischter) völkerrechtlicher Abkommen, die einen Mechanismus zur Interessenkoordinierung und Interessenvertretung vorsahen. Die Vereinbarung zwischen dem Rat und der Kommission über die Beteiligung an den internationalen Arbeiten betreffend Grundstoffe vom 27.03.1981 (PROBA 20)[567] ist das früheste Dokument, welches auf die Verbesserung der Außendarstellung und des inneren Zusammenhalts und Solidarität der Gemeinschaft auf internationaler Ebene zielt (1.). Die Erklärung des Rates und der Kommission (2.) zur Vereinbarung zwischen dem Rat und der Kommission über die Teilnahme an den Arbeiten der internationalen Studiengruppen für die Grundstoffe Zinn und Kupfer (PROBA 20a)[568] ergänzt bzw. erweitert die Vereinbarung PROBA 20, insbesondere im Hinblick auf den Anwendungsbereich. Im Jahr 2002 wurde eine weitere Vereinbarung über die Teilnahme der Europäischen Gemeinschaft an internationalen Grundstoff-Übereinkünften, die in die ausschließliche Zuständigkeit der Gemeinschaft fallen (PROBA 2002), verabschiedet (3.).[569] Zusammen beschreiben sie den formellen Abstimmungsmechanismus für die Arbeit der EU und der Mit-

---

567 Vereinbarung zwischen dem Rat und der Kommission über die Beteiligung an den internationalen Arbeiten betreffend Grundstoffe, 27.03.1981, Dok-Rat 5887/81.

568 Die Erklärung des Rates und der Kommission zur Vereinbarung zwischen dem Rat und der Kommission über die Teilnahme an den Arbeiten der internationalen Studiengruppen für die Grundstoffe Zinn und Kupfer, 08.03.1991, Dok-Rat 4563/91, Anhang B.

569 Neue Vereinbarung über die Teilnahme der Europäischen Gemeinschaft an internationalen Grundstoff-Übereinkünften, die in die ausschließliche Zuständigkeit der Gemeinschaft fallen, 14.03.2002, Dok-Rat 7207/02.

gliedstaaten bei der Durchführung internationaler Rohstoffabkommen, ohne dass sie auf ein konkretes Abkommen abzielen. Die einzelnen Regelwerke werden zunächst getrennt voneinander untersucht und im Anschluss bewertet.

1. PROBA 20

Die Vereinbarung zwischen dem Rat und der Kommission über die Beteiligung an den internationalen Arbeiten betreffend Grundstoffe vom 27.03.1981 (PROBA 20)[570] ist die älteste Kooperationsvereinbarung der EU und der Mitgliedstaaten zur Koordinierung der Kompetenzwahrnehmung[571]. Sie versucht, die Anforderungen des EuGH im Rahmen des Gutachtens 1/78[572] an eine flexible Interessenkoordinierung und Interessenvertretung[573] umzusetzen[574] und pragmatische Lösungen für Kompetenz- und Beteiligungskonflikte zu finden[575]. Die Vereinbarung geht auf eine

---

570 Vereinbarung zwischen dem Rat und der Kommission über die Beteiligung an den internationalen Arbeiten betreffend Grundstoffe, 27.03.1981, Dok-Rat 5887/81.

571 *Scheffler*, Die Europäische Union als rechtlich-institutioneller Akteur im System der Vereinten Nationen, 2009, S. 352; *Schwichtenberg*, Die Kooperationsverpflichtung der Mitgliedstaaten der Europäischen Union bei Abschluss und Anwendung gemischter Verträge, 2014, S. 170.

572 EuGH, Gutachten vom 04.10.1979, Gutachten 1/78, Internationales Naturkautschukübereinkommen, Slg. 1979, 2871.

573 *Koutrakos*, EU International Relations Law, 2015, S. 172.

574 *Sack*, CMLRev 1995, 1227, 1253; *Sack*, in: GS Grabitz, 1995, S. 657; *Timmermanns*, in: Dashwood/Hillion (Hrsg.), The General Law of EC External Relations, 2000, S. 243; *Dutzler*, in: Griller/Weidel (Hrsg.), External Economic Relations and Foreign Policy in the EU, 2002, S. 173; *Eeckhout*, EU External Relations Law, 2011, S. 217; *Schwichtenberg*, Die Kooperationsverpflichtung der Mitgliedstaaten der Europäischen Union bei Abschluss und Anwendung gemischter Verträge, 2014, S. 170.

575 *Koutrakos*, EU International Relations Law, 2015, S. 173; vgl. auch Antwort von Herrn Pisani im Namen der Kommission auf die schriftliche Anfrage Nr. 343/81 von Herrn De Clercq an die Kommission der Europäischen Gemeinschaften, 22.09.1981, ABl. 1981, C-274/3.

Initiative der Kommission zurück[576], wurde durch den AStV ausgehandelt und durch den Rat am 30.03.1981[577] angenommen[578].

Die Kooperationsvereinbarung unterteilt sich in drei Teile (A., B. und C.). In Teil A. werden die Ziele der Vereinbarung und deren Umsetzung umrissen. Die Vereinbarung soll in erster Linie die Außendarstellung verbessern und die effiziente[579] Zusammenarbeit und Solidarität zwischen der Union und den Mitgliedstaaten stärken (Teil A. UA 1). Um dieses Ziel zu erreichen, sollen die Kommission und die Mitgliedstaaten im Sinne einer praxisorientierten Problemlösung[580] gemischte obligatorische und freiwillige (Rohstoff-)Abkommen abschließen und auf kompetenzrechtliche Überlegungen verzichten (Teil A. UA 2 und 3).[581] Teil B. legt den Anwendungsbereich fest und Teil C. beschreibt den konkreten Koordinierungsmechanismus. Im Folgenden wird auf den Anwendungsbereich der Kooperationsvereinbarung (a)) und ihren Koordinierungsmechanismus (b)) eingegangen.

---

576 *Schwichtenberg*, Die Kooperationsverpflichtung der Mitgliedstaaten der Europäischen Union bei Abschluss und Anwendung gemischter Verträge, 2014, S. 170; *Koutrakos*, EU International Relations Law, 2015, S. 171.

577 *Groux*, in: Schermers/O'Keeffe (Hrsg.), Mixed Agreements, 1983, S. 96.

578 *Scheffler*, Die Europäische Union als rechtlich-institutioneller Akteur im System der Vereinten Nationen, 2009, S. 352; *Koutrakos*, EU International Relations Law, 2015, S. 172 f.

579 Vgl. Erklärung der deutschen, dänischen, französischen und britischen Delegation zu der Vereinbarung zwischen dem Rat und der Kommission über die Beteiligung an den internationalen Arbeiten betreffend die Grundstoffe, 30.03.1981, Dok-Rat 5887/81 ADD 1, Erklärung Nr. 2.

580 *Scheffler*, Die Europäische Union als rechtlich-institutioneller Akteur im System der Vereinten Nationen, 2009, S. 352.

581 Vgl. zu einzelnen (gemischten) Rohstofforganisationen z.B. Internationales Zucker-Übereinkommen (ABl. 1992, L-379/15, EU-Only-Abkommen), Internationales Übereinkommen über Olivenöl und Tafeloliven (Abl. 1993, L-298/36, EU-Only-Abkommen), Internationale Getreide-Übereinkunft (Abl. 1996, L-21/47, gemischte Mitgliedschaft), Internationales Kaffee-Übereinkommen (ABl. 1984, L-222/1, gemischtes Abkommen), Internationales Kakao-Übereinkommen (ABl. 1998, L-220/1, gemischtes Abkommen), Internationales Tropenholz-Übereinkommen (Abl. 1996, L-208/1, gemischtes Abkommen), Internationale Organisation für Rebe und Wein (BGBl. 2002 II, 2733, Abkommen mit 21 Mitgliedstaaten).

a) Anwendungsbereich

Teil B legt fest, dass die Vereinbarung für alle Grundstoffe im Rahmen des „Integrierten Programms" gilt. Agrarerzeugnisse, die einer gemeinsamen Agrarmarktorganisation unterliegen, oder solche, die dem Abkommen über den Gemeinsamen Fonds unterfallen, werden vom Anwendungsbereich dagegen nicht abgedeckt. PROBA 20 erfasst alle Rohstoffübereinkommen im Rahmen der Konferenz der Vereinten Nationen für Handel und Entwicklung (UNCTAD).[582]

PROBA 20 stellt eine Besonderheit dar, da die Kooperationsvereinbarung sowohl Regelungen hinsichtlich der Verhandlung (Teil C.b)), der Unterzeichnung und den Abschluss von Übereinkommen (Teil C.a)), als auch für die Koordinierung bei der Durchführung der Rohstoffübereinkommen (Teil C.b)) enthält.

Die praktische Relevanz ist allerdings aufgrund des nachlassenden Interesses an einzelnen Rohstoffabkommen und infolge der ausschließlichen Zuständigkeit der Union im Hinblick auf diese zurückgegangen.[583] Die Kooperationsvereinbarung ist nicht mehr aktuell.[584]

b) Koordinierungsmechanismus

Der letzte Teil (C.) von PROBA 20 beschreibt die konkrete Koordinierung zwischen der EU und den Mitgliedstaaten im Rahmen der Verhandlung, der Unterzeichnung, des Abschlusses und der Umsetzung von Rohstoffabkommen. Dabei wird zwischen der Unterzeichnung und dem Abschluss

---

582 *Rodenhoff*, Die EG und ihre Mitgliedstaaten als völkerrechtliche Einheit bei umweltvölkerrechtlichen Übereinkommen, 2008, S. 278; *Scheffler*, Die Europäische Union als rechtlich-institutioneller Akteur im System der Vereinten Nationen, 2009, S. 352; *Kaiser*, Gemischte Abkommen im Lichte bundesstaatlicher Erfahrungen, 2009, S. 109; *Schwichtenberg*, Die Kooperationsverpflichtung der Mitgliedstaaten der Europäischen Union bei Abschluss und Anwendung gemischter Verträge, 2014, S. 170; *Koutrakos*, EU International Relations Law, 2015, S. 171 f.

583 *Scheffler*, Die Europäische Union als rechtlich-institutioneller Akteur im System der Vereinten Nationen, 2009, S. 354.

584 So wohl *Timmermanns*, in: Dashwood/Hillion (Hrsg.), The General Law of EC External Relations, 2000, S. 243; *Kadelbach*, in: von Arnauld (Hrsg.), Europäische Außenbeziehungen, 2014, § 4, Rn. 71.

von Übereinkommen (Teil C.a)), den Verhandlungen und Vorbereitungsarbeiten (Interessenkoordinierung) im Rahmen (bestehender) Übereinkommen (Teil C.b)) sowie der Erteilung und Ausübung des Stimmrechts (Interessenvertretung) hinsichtlich bestehender Übereinkommen (Teil C.c)) differenziert.[585]

Für die Unterzeichnung und den Abschluss von (Rohstoff-)Übereinkommen legt das Regelwerk in Teil C. a) lediglich fest, dass die entsprechenden Formalitäten sowohl von der Union, als auch von den Mitgliedstaaten erfüllt werden, ohne näher auf weitere Abstimmungsdetails einzugehen.

Im Rahmen der Interessenkoordinierung sollen gemeinsame Standpunkte der EU und der Mitgliedstaaten für die Verhandlung und Durchführung gemischter Abkommen gemäß Teil C. b) ii) durch die Gremien des Rates, insbesondere die Ratsarbeitsgruppe „Grundstoffe", AStV oder durch den Rat selbst festgelegt werden.[586] Darüber hinaus kann eine Koordinierung auch am Sitzungsort erfolgen, wobei auch hier ein Rückgriff auf die Instanzen des Rates in Brüssel möglich ist. Bei technischen Fragen in den Verwaltungsorganen oder Angelegenheiten, die nur (die Zuständigkeit) bestimmte(r) Mitgliedstaaten betreffen, ist kein gemeinsamer Standpunkt notwendig, wenngleich entsprechende Fragestellungen möglichst einvernehmlich beantwortet werden sollen (Teil C. b) ii).

Eine explizite Regelung über die Folgen einer fehlenden Einigung hinsichtlich eines gemeinsamen Standpunktes existiert in PROBA 20 noch nicht. Die deutsche, dänische, französische und britische Delegation haben für einen möglichen Dissens eine Erklärung für (koordinierte) Standpunkte der Mitgliedstaaten im Ratsprotokoll abgegeben.[587] Diese sieht im „Notfall" (koordinierte) Standpunkte der Mitgliedstaaten unter Berücksichtigung der Gemeinschaftsinteressen vor, wenn wesentliche nationale

---

585 Auf Teil C. d) wird nicht eingegangen, da er für die vorliegende Untersuchung nicht relevant ist.

586 Eine Regelung zu Unionsstandpunkten enthält PROBA 20 nicht. Insofern geht PROBA 20 auch von einer gemischten Beteiligung an Rohstoffübereinkommen, ohne Rücksicht auf die Kompetenzverteilung zwischen der EU und den Mitgliedstaaten, aus.

587 Erklärung der deutschen, dänischen, französischen und britischen Delegation zu der Vereinbarung zwischen dem Rat und der Kommission über die Beteiligung an den internationalen Arbeiten betreffend die Grundstoffe, 30.03.1981, Dok-Rat 5887/81 ADD 1, Erklärung Nr. 2; *Koutrakos*, EU International Relations Law, 2015, S. 172.

Interessen berührt sind und alle nachdrücklichen Bemühungen, einen gemeinsamen Standpunkt zu finden, gescheitert sind. Die Meinung der deutschen, dänischen, französischen und britischen Delegation unterstützt die bereits oben erläuterte Ansicht, dass die Koordinierungspflicht hinsichtlich gemeinsamer Standpunkte eine Verhandlungspflicht und keine Ergebnispflicht darstellt[588] und hebt die individuellen völkerrechtlichen Rechte der Mitgliedstaaten hervor[589].

Die Interessenvertretung im Rahmen der Verhandlung und der Durchführung von Rohstoffabkommen wird in Teil C. b) geregelt.[590] Grundlage der gemeinsamen Interessenvertretung soll eine gemeinsame Delegation[591] unter Führung der Kommission sein (Delegation nach der „Rom-Formel").[592] Aus taktischen oder technischen Gründen kann auch der Vertreter der Ratspräsidentschaft oder der Vertreter eines anderen Mitgliedstaats die Interessenvertretung wahrnehmen (Teil C. b) iii)). Diese Flexibilität soll insbesondere in Fällen zur Anwendung kommen, in denen für die bessere Interessenvertretung von der Person oder der Erfahrung der nationalen Vertreter profitiert werden kann oder ein gemeinsamer Standpunkt nicht notwendig ist (Teil C. b) iii)).[593]

Darüber hinaus können Mitgliedstaaten im Einzelfall und in Absprache mit dem Kommissionsvertreter und dem Vertreter des Ratsvorsitzes innerhalb des Rahmens des gemeinsamen Standpunktes das Wort ergreifen, um den Standpunkt zu unterstützen oder zu erläutern (Unterstützungsklausel).

---

588 Siehe zur Verhandlungspflicht bezüglich gemeinsamer Standpunkte § 2 Teil C.I.1.c)aa).

589 *Sack*, CMLRev 1995, 1227, 1254.

590 Die Regelungen für die Implementierung der Abkommen beziehen sich in erster Linie auf Gremien, die verbindliche Pflichten gegenüber den Mitgliedern generieren. Allerdings fordert Fn. 1 zu PROBA 20 auch eine entsprechende Koordinierung in Gremien, die sich allein mit der Tätigkeit eines reinen „fact-finding" ohne verpflichtenden Charakters beschäftigen.

591 Die Mitgliedstaaten sind durch entsprechende eigene Akkreditierung und eigene Schilder um das Schild „EU" (im Regelwerk „EWG") gruppiert und werden zusammen mit der EU und den jeweiligen Delegierten in einer Delegiertenliste geführt (Teil C. b) (1) i)).

592 Vgl. auch *Kaiser*, Gemischte Abkommen im Lichte bundesstaatlicher Erfahrungen, 2009, S. 109; *Scheffler*, Die Europäische Union als rechtlich-institutioneller Akteur im System der Vereinten Nationen, 2009, S. 353; *Bungenberg*, in: von der Groeben/Schwarze/Hatje (Hrsg.), EUV/AEUV, 2015, Art. 218 AEUV, Rn. 51.

593 Kommt es bei der Interessenvertretung zu Konflikten, sollen diese vor Ort oder in den Ratsgremien in Brüssel gelöst werden (vgl. Fn. 2 zu PROBA 20).

Bei informellen oder engeren Treffen, bei denen nur Kommissionsvertreter, i.d.R. begleitet durch den Vertreter des ratsvorsitzenden Mitgliedstaates, anwesend sind, sieht PROBA 20 vor, dass die übrigen Mitgliedstaaten immer über den Verlauf unterrichtet werden (Teil C. b) iv)). Die bereits angesprochene flexible Interessenvertretung durch den Ratsvorsitz oder andere Mitgliedstaaten ist auch in diesen Fällen im Sinne einer bestmöglichsten Interessenvertretung denkbar (Teil C. b) iv)).

Die Ausübung des Stimmrechts sollte bei den Mitgliedstaaten liegen. Diese sollten entsprechend der gemeinsamen Standpunkte abstimmen. (vgl. Teil C c)).

c) Zusammenfassende Bewertung

Die Kooperationsvereinbarung über die Beteiligung an den internationalen Arbeiten betreffend Grundstoffe regelt die Interessenkoordinierung und Interessenvertretung bei Verhandlung und Durchführung gemischter Rohstoffabkommen. Das „Herzstück" der Vereinbarung stellt die Verständigung auf gemischte Abkommen im Rahmen internationaler Rohstoffübereinkommen dar.[594]

PROBA 20 bestimmt die Ratsgremien in Brüssel als Koordinierungsgremien und sieht auch die Möglichkeit einer Koordinierung durch die Delegationen der EU und der Mitgliedstaaten vor Ort vor. Einen konkreten Koordinierungsmechanismus neben der Festlegung der Koordinierungsgremien enthält die Vereinbarung nicht. Die Erklärung der gemeinsamen Standpunkte (Interessenvertretung) obliegt der Kommission im Rahmen der gemeinsamen Delegation („Rom-Formel"). Die Mitgliedstaaten können den gemeinsamen Standpunkt unterstützen und besitzen zudem das Stimmrecht, weil die EU in den frühen Abkommen ohnehin nicht immer (Voll-)Mitglied war.

Teilweise wird die Kooperationsvereinbarung als mit den Anforderungen des EuGH und dem Unionsrecht für nicht vereinbar kritisiert.[595] Der EuGH hat im Hinblick auf das Naturkautschukübereinkommen die allei-

---

594 *Scheffler*, Die Europäische Union als rechtlich-institutioneller Akteur im System der Vereinten Nationen, 2009, S. 353.

595 *Völker/Steenbergen*, Leading Cases and Materials on the External Relations law of the E.C., 1985, S. 48.

nige Zuständigkeit der damaligen EG angenommen[596] und dadurch auch die alleinige Zuständigkeit der EG für andere Rohstoffübereinkommen im Bereich der Handelspolitik präjudiziert. PROBA 20 sieht trotz des Gutachtens 1/78 eine gemeinsame Beteiligung an Rohstoffübereinkommen für die EU und die Mitgliedstaaten ohne Rücksicht auf die Kompetenzverteilung und somit die Möglichkeit freiwillig gemischter Abkommen vor (Teil A. UA 3). Damit stellt die Kooperationsvereinbarung angesichts der Kompetenzverteilung einen „Sieg" der Mitgliedstaaten dar.[597] Wenn man, wie oben erläutert, freiwillig gemischte Abkommen im Bereich ausschließlicher EU-Zuständigkeit für unzulässig ansieht, dann ist PROBA 20 in dieser Hinsicht unabhängig von der rechtlichen Verbindlichkeit unionsrechtswidrig.[598] Allerdings kann man in der Kooperationsvereinbarung als Teil des sekundären Unionsrechts[599] eine implizite Ermächtigung i.S.v. Art. 2 Abs. 1 AEUV dazu sehen, dass die Mitgliedstaaten trotz ausschließlicher EU-Zuständigkeit völkerrechtlich tätig werden dürfen. PROBA 2002 trägt der Kompetenzverschiebung im Rahmen der Handelspolitik zugunsten der EU Rechnung.

Die Vereinbarung hat im Vergleich zur früheren informellen Koordinierung nicht zuletzt aufgrund einer gemeinsamen Delegation zu einer Verbesserung der völkerrechtlichen Vertretung geführt.[600] In der Praxis hat die Kooperationsvereinbarung insgesamt gut funktioniert und sich bewährt.[601] Wenngleich diese überholt bzw. vergessen wurde, so stellt die

---

596 EuGH, Gutachten vom 04.10.1979, Gutachten 1/78, Internationales Naturkautschukübereinkommen, Slg. 1979, 2871, Rn. 63.

597 *Sack*, CMLRev 1995, 1227, 1253; *Dutzler*, in: Griller/Weidel (Hrsg.), External Economic Relations and Foreign Policy in the EU, 2002, S. 173.

598 Siehe Zulässigkeit fakultativ gemischter Abkommen § 2 Teil B.II.3.

599 Vgl. zur Ermächtigung aufgrund sekundären Unionsrechts *Pelka*, in: Schwarze u.a. (Hrsg.), EUV/AEUV, 2012, Art. 2 AEUV, Rn. 10.

600 *Koutrakos*, EU International Relations Law, 2015, S. 173.

601 *Timmermanns*, in: Dashwood/Hillion (Hrsg.), The General Law of EC External Relations, 2000, S. 243; *Dutzler*, in: Griller/Weidel (Hrsg.), External Economic Relations and Foreign Policy in the EU, 2002, S. 173; *Kaiser*, Gemischte Abkommen im Lichte bundesstaatlicher Erfahrungen, 2009, S. 110; *Scheffler*, Die Europäische Union als rechtlich-institutioneller Akteur im System der Vereinten Nationen, 2009, S. 354; *Schwichtenberg*, Die Kooperationsverpflichtung der Mitgliedstaaten der Europäischen Union bei Abschluss und Anwendung gemischter Verträge, 2014, S. 173.

festgelegte Koordinierungsstruktur immer noch die Grundlage für die Koordinierungspraxis dar.[602]

2. PROBA 20a

PROBA 20 wird durch die Erklärung des Rates und der Kommission zur Vereinbarung zwischen dem Rat und der Kommission über die Teilnahme an den Arbeiten der internationalen Studiengruppen für die Grundstoffe Zinn und Kupfer[603] (PROBA 20a)[604] ergänzt bzw. erweitert. Die Kooperationsvereinbarung wurde auf Vorschlag der Kommission[605] in der Ratsarbeitsgruppe „Grundstoffe" ausgearbeitet und als Erklärung des Rates und der Kommission ins Ratsprotokoll aufgenommen.[606]

Das Regelwerk untergliedert sich in vier Teile. In Teil 1. und 2. wird, wie in Teil A. der PROBA 20 Kooperationsvereinbarung, der Gemeinschaft und den Mitgliedstaaten unabhängig von der Kompetenzverteilung die völkerrechtliche Teilnahme an internationalen Studiengruppen für Grundstoffe bescheinigt. Teil 3. beschreibt wie Teil C. von PROBA 20 den konkreten Koordinierungsmechanismus bei der Teilnahme an den Studiengruppen. Der vierte Teil enthält Berichtspflichten über die Tätigkeit gegenüber Mitgliedstaaten, die nicht an den Studiengruppen beteiligt sind (vgl. Art. 4 Abs. 3 EUV).

---

602 *Timmermanns*, in: Hillion/Koutrakos, Mixed Agreements Revisited, 2010, S. 1.

603 Satzung der internationalen Studiengruppe für Zinn, ABl. 1991, L 89/34; Satzung der internationalen Studiengruppe für Kupfer, ABl. 1991, L 89/40.

604 Die Erklärung des Rates und der Kommission zur Vereinbarung zwischen dem Rat und der Kommission über die Teilnahme an den Arbeiten der internationalen Studiengruppen für die Grundstoffe Zinn und Kupfer, 08.03.1991, Dok-Rat 4563/91, Anhang B, Erklärung B.

605 Vgl. zur Initiative der Kommission den Vorschlag für einen Beschluss des Rates über die Annahme der Satzung einer internationalen Studiengruppe für Kupfer, 09.02.1990, KOM (1990), 53 endg. und den Vorschlag für einen Beschluss des Rates über die Annahme der Satzung einer internationalen Studiengruppe für Zinn, 29.11.1989, KOM (1989) 587 endg.

606 Entwurf eines Protokolls über die 1479. Tagung des Rates (Landwirtschaft) am Montag, den 25. und Dienstag, den 26. März 1991 in Brüssel, 13.05.1991, Dok-Rat 5497/91, Tagungsordnungspunkt 2 (Annahme der Liste der A-Punkte); Liste der A-Punkte für die 1479. Tagung des Rates (Landwirtschaft) am Montag, den 25. und Dienstag, den 26. März 1991 in Brüssel, 22.03.1991, Dok-Rat 5405/91, Nr. 5.

a) Koordinierungsmechanismus

Der 3. Teil von PROBA 20a beschreibt die konkrete Koordinierung zwischen der EU und den Mitgliedstaaten im Rahmen der Durchführung der Studiengruppen. Er untergliedert sich in Interessenkoordinierung und Interessenvertretung (Teil 3.a)), insbesondere Rederecht, und die Interessenvertretung hinsichtlich der Stimmabgabe (Teil 3.b)).

Die Grundlage der Arbeit in den Studiengruppen sollen gemäß Teil 3.a)ii) gemeinsame Standpunkte der Gemeinschaft und der Mitgliedstaaten darstellen, die nach dem üblichen Verfahren in den Ratsgremien in Brüssel und einer Koordinierung vor Ort mit der Rückgriffsmöglichkeit auf die Ratsgremien in Brüssel festgelegt werden. Im Gegensatz zu PROBA 20, wo die Folgen eines fehlenden Konsenses noch nicht im Regelwerk selbst angedacht waren, enthält PROBA 20a nunmehr hierzu eine Fußnote mit einer Erklärung des Rates (Fn. 1). Für den Fall, dass alle nachdrücklichen Bemühungen um einen gemeinsamen Standpunkt scheitern, erachtet der Rat Standpunkte der Mitgliedstaaten bei wesentlichen nationalen Anliegen für zulässig, solange diese die Gemeinschaftsinteressen berücksichtigen.

Die Abgabe nationaler Erklärungen ist gemäß Teil 3.a)ii) UA 2 ausdrücklich bei Themen möglich, die keiner gemeinsamen Haltung bedürfen (insbesondere bei reinem Informationsaustausch).

Gemäß Teil 3.a) werden die Gemeinschaft und die Mitgliedstaaten durch eine gemeinsame Delegation vertreten, die sich aus Vertretern der Kommission und der Mitgliedstaaten zusammensetzt.[607] Die Kommission besitzt wie bereits bei PROBA 20 die Führungsrolle bei der Interessenvertretung (Delegation nach der „Rom-Formel"). Sie hat das alleinige Rederecht inne, um die gemeinsamen Standpunkte im Rahmen der Gremien der Studiengruppe nach außen zu vertreten. Es kann jedoch auch aus taktischen oder fachlichen Gründen erforderlich sein, den gemeinsamen Standpunkt vom Vertreter des Ratsvorsitzes oder eines anderen Mitgliedstaates vortragen zu lassen. Darüber hinaus sind Redebeiträge der Mitgliedstaaten aufgrund besonderer Erfahrung einzelstaatlicher Vertreter mit der Zustimmung der Kommission und des Ratsvorsitzes möglich, um gemeinsame

---

607 Die Mitgliedstaaten sind durch entsprechende eigene Akkreditierung und eigene Schilder um das Schild „EU" (im Regelwerk „EWG") gruppiert und werden zusammen mit der EU und den jeweiligen Delegierten in einer Delegiertenliste geführt (Teil 3a)i)).

Standpunkte zu unterstützen und weiter zu entwickeln (Unterstützungs-klausel). Auch nationale Erklärungen zu Themen, die keiner gemeinsamen Haltung bedürfen (Teil 3.a)ii) UA 2), erfolgen mit Zustimmung der Kommission und des Ratsvorsitzes.[608]

Die Verteilung und Ausübung des Stimmrechts liegt gemäß Teil 3.b) bei den Mitgliedstaaten, die im Sinne der gemeinsamen Standpunkte abstimmen.

b) Zusammenfassende Bewertung

Inhaltlich decken sich die Koordinierungs- und Außenvertretungspflichten mit der Kooperationsvereinbarung PROBA 20, sodass lediglich der Anwendungsbereich variiert. Hinsichtlich der Interessenkoordinierung bestimmt PROBA 20a die Ratsgremien in Brüssel zu den Koordinierungs-gremien für gemeinsame Standpunkte und sieht auch die Möglichkeit einer Koordinierung durch die Delegationen der EU und der Mitgliedstaa-ten vor Ort vor. Darüber hinaus enthält PROBA 20a neben der Festlegung der Koordinierungsgremien auch keinen konkreten Koordinierungsmecha-nismus zur Abstimmung der Standpunkte. Im Rahmen der Interessenver-tretung wird der Kommission die Führungsrolle bei der Außenvertretung zugesprochen, wohingegen die Stimmrechtsausübung bei den Mitglied-staaten liegt, sodass sich diese Regelungen auch hier mit PROBA 20 decken. Zentraler Unterschied gegenüber PROBA 20 ist die Möglichkeit nationaler Standpunkte, sofern ein Konsens zwischen der EU und den Mit-gliedstaaten nicht zustande kommt.

Die Kooperationsvereinbarung lässt insgesamt neben der allgemeinen Verhandlungs- bzw. Koordinierungspflicht besondere Loyalitätspflichten vermissen.

3. PROBA 2002

Im Jahr 2002 wurde eine neue Kooperationsvereinbarung über die Teil-nahme der Europäischen Gemeinschaft an internationalen Grundstoff-Übereinkünften, die in die ausschließliche Zuständigkeit der Gemeinschaft

---

608 Eine Regelung zu Streitigkeiten bezüglich des Rederechts enthält PROBA 20a im Gegensatz zu PROBA 20 (dort Fn. (1) zu Teil C. b) iii)) nicht.

fallen (PROBA 2002), verabschiedet.[609] PROBA 2002 bezieht sich ausdrücklich nur auf die enge Zusammenarbeit bei Rohstoffübereinkommen,
an denen nur die EU beteiligt ist (Nr. 4 der Grundsätze und Überschrift) –
also gerade kein gemischtes Abkommen vorliegt – und setzt die bereits
erwähnte Kritik an PROBA 20 um. Für die gemischten Rohstoffabkommen stellt die Vereinbarung klar, dass PROBA 20 und 20a weiterhin gelten (Nr. 2 der Grundsätze). Genau wie PROBA 20 nimmt PROBA 2002
Übereinkünfte vom Anwendungsbereich heraus, die Erzeugnisse betreffen, die der gemeinsamen Agrarmarktorganisation unterliegen (Nr. 3 der
Grundsätze).

PROBA 2002 ist in vier Teile untergliedert (Grundsätze, Festlegung des
Standpunkts der Gemeinschaft, Zusammensetzung der Delegation, Teilnahme an den Tagungen und Berichterstattung gegenüber der Ratsarbeitsgruppe „Grundstoffe").

a) Koordinierungsmechanismus

Der Abstimmungsmechanismus zur Interessenkoordinierung und Interessenvertretung zwischen der EU und den Mitgliedstaaten wird in Teil 2
und 3 von PROBA 2002 beschrieben.

Zunächst wird die Interessenkoordinierung zur Festlegung des Standpunkts der EU (laut der Kooperationsvereinbarung „Gemeinschaft") bzw.
des Unionsstandpunkts dargelegt. Im Vergleich zu PROBA 20 und 20a
wird hier ausdrücklich nur auf Unionsstandpunkte Bezug genommen, da
die Mitgliedstaaten an den EU-Only-Abkommen aufgrund ausschließlicher EU-Zuständigkeit nicht beteiligt sind. Der Unionsstandpunkt für die
Gremien der Rohstoffabkommen soll im Vorfeld der Tagungen – wie bei
PROBA 20 in der Ratsarbeitsgruppe "Grundstoffe" – und bei Uneinigkeit
durch den AStV bzw. den Rat grundsätzlich anhand eines Kommissions-
vorschlages festgelegt werden (Teil 2 Abs. 1).[610] Die Koordinierungsrolle

---

609 Neue Vereinbarung über die Teilnahme der Europäischen Gemeinschaft an inter-
     nationalen Grundstoff-Übereinkünften, die in die ausschließliche Zuständigkeit
     der Gemeinschaft fallen, 14.03.2002, Dok-Rat 7207/02.
610 Sofern es sich um einen Unionsstandpunkt handelt, der auf einen rechtswirksa-
     men Akt in den entsprechenden Vertragsgremien abzielt, entscheidet ausschließ-
     lich der Rat auf Vorschlag der Kommission über einen Unionsstandpunkt (vgl.
     insofern die Klarstellung in Fn. 2 von PROBA 2002, der auf Art. 300 Abs. 2
     EGV (heute Art. 218 Abs. 9 AEUV) verweist).

für Koordinierungssitzungen am Tagungsort erfolgt weiterhin auf Initiative und unter Vorsitz der Ratspräsidentschaft, wobei ein etwaiger Rückgriff auf die Ratsgremien (Arbeitsgruppe „Grundstoffe", AStV und Rat) in Brüssel beibehalten wird (Teil 2 Abs. 2).

Der nächste Teil der Kooperationsvereinbarung (Teil 3) regelt die Interessenvertretung. Da PROBA 2002 von einer alleinigen Beteiligung der Union an Rohstoffabkommen ausgeht, tritt die Union auch als einzige Delegation bei Vertragsgremiensitzungen nach außen auf. Die Delegation der EU kann sich aber auch durch Vertreter der Mitgliedstaaten zusammensetzen, die aber nach außen im Vergleich zu PROBA 20 und 20a nicht als Delegierte der Mitgliedstaaten, sondern als Unionsdelegierte auftreten (Teil 3 Abs. 1).

Die Leitung der Delegation sowie das Rederecht obliegen dem Vertreter der Kommission, wenngleich die Übertragung des Rederechts auf Vertreter der Mitgliedstaaten möglich ist, um den Unionsstandpunkt insgesamt zu vertreten, näher zu erläutern (Teil 3 Abs. 2, Unterstützungsklausel) oder andere Aufgaben in den Vertragsgremien wahrzunehmen (Teil 3 Abs. 4).

Im Falle (informeller) Gespräche, an denen grundsätzlich nur die Kommission als Delegationsleiter anwesend ist, kann diese in Absprache mit der Ratspräsidentschaft einen Vertreter der Mitgliedstaaten benennen, der die Delegationsleitung begleitet. Die übrigen Mitglieder der Unionsdelegation sind über den Inhalt der Gespräche ständig zu informieren (Teil 3 Abs. 3, Berichts- bzw. Informationspflicht).

b) Zusammenfassende Bewertung: PROBA 2002

PROBA 2002 regelt die Interessenkoordinierung und Interessenvertretung im Hinblick auf EU-Only-Abkommen und unterscheidet sich dadurch grundsätzlich von PROBA 20 und 20a. Die Interessenkoordinierung und Interessenvertretung obliegt der EU, auch wenn in Ausnahmefällen eine Unterstützung durch die Mitgliedstaaten möglich ist. Der Wegfall einer gemeinsamen zugunsten einer EU-Delegation ist rechtlich notwendig, wenn die Mitgliedstaaten an den entsprechenden Rohstoffabkommen wegen alleiniger EU-Zuständigkeit nicht beteiligt sind. Allerdings werden die mitgliedstaatliche Mitwirkung und nationale Einflüsse durch die Interessenkoordinierung im Rat und durch eine Vertretung der Mitgliedstaaten im Rahmen der EU-Delegation gewährleistet.

Da bereits das Gutachten 1/78, welches Anlass für PROBA 20 war, die ausschließliche Zuständigkeit der EU für Rohstoffabkommen erkannte und PROBA 20 aufgrund der gemeinsamen Beteiligung kritisiert wurde,[611] ist PROBA 2002 als ordnungsgemäße Umsetzung der Anforderungen des EuGH zu sehen.

4. Zusammenfassende Bewertung: Kooperationsvereinbarungen im Rahmen internationaler Rohstoffabkommen

Die Kooperationsvereinbarungen zu den Rohstoffabkommen ergänzen sich gegenseitig und stehen inhaltlich in einem engen Verhältnis zueinander. Insgesamt beschreiben die drei Kooperationsvereinbarungen den Koordinierungsmechanismus im Rahmen internationaler Rohstoffabkommen. PROBA 20 kann als Prototyp für die weiteren Entwicklungen der Zusammenarbeitsvereinbarungen angesehen werden, da die grundlegende Struktur der Interessenkoordinierung und Interessenvertretung bereits angelegt ist. PROBA 20 und 20a beziehen sich beide auf die Möglichkeit einer gemischten Beteiligung an Rohstoffabkommen, wohingegen PROBA 2002 nur auf EU-Only-Abkommen anwendbar ist und das EuGH Gutachten 1/78 umsetzt.

Die Kooperationsvereinbarungen normieren konkrete Zusammenarbeitspflichten, die den Grundsatz loyaler Zusammenarbeit gemäß Art. 4 Abs. 3 EUV für vorbereitende Arbeiten im Hinblick auf das völkerrechtliche Auftreten der EU und der Mitgliedstaaten spezifizieren. Insgesamt lassen sie jedoch einen detaillierten Abstimmungsmechanismus vermissen. Durch die obligatorische Koordinierung verfolgen die Kooperationsvereinbarungen das Ziel der Stärkung der inneren Zusammenarbeit und der Solidarität innerhalb der Union, um dadurch die völkerrechtlich einheitliche Außenvertretung zu verbessern.

---

611 Siehe hierzu § 3 Teil B.1.c).

II. Kooperationsvereinbarungen im Rahmen der FAO

Die EU[612] ist seit dem 26. November 1991[613] neben den Mitgliedstaaten[614] im Rahmen eines gemischten Abkommens Mitglied der Ernährungs- und Landwirtschaftsorganisation der Vereinten Nationen (FAO).[615] Deren Ziele sind die Anhebung des Ernährungs- und Lebensstandards in den Mitgliedstaaten, die Effizienzsteigerung bei der Erzeugung und Verteilung von Nahrungsmitteln und Agrarprodukten, die Verbesserung der Lebensbedingungen der Landbevölkerung sowie der Kampf gegen Hunger.[616]

---

612 Vgl. zur Mitgliedschaft der EU Kommissionsvorschlag für einen Beschluss des Rates über den Beitritt der Europäischen Gemeinschaft zur FAO anlässlich der 26. Tagung der Konferenz der FAO, 18.10.1991, ABl. 1991, C 292/8; Beschluss des Rates über den Beitritt der Europäischen Gemeinschaft zur FAO anlässlich der 26. Tagung der Konferenz der FAO, 25.11.1991 (nicht veröffentlicht); vgl. auch Tagesordnungspunkt 2 (Annahme der Liste der A-Punkte) des Entwurfs eines Ratsprotokolls über die 1537. Tagung des Rates und der im Rat vereinigten Minister für das Bildungswesen am Montag, den 25. November 1991 in Brüssel, 06.12.1991, Dok-Rat 7912/91 i.V.m. Nr. 19 der Liste der A-Punkte für die 1537. Tagung des Rates und der im Rat vereinigten Minister für das Bildungswesen am Montag, den 25. November 1991 in Brüssel, 22.11.1991, Dok-Rat 9515/91; Billigung des Beitritts durch das Europäische Parlament, Protokoll der Sitzung des Europäischen Parlaments, 22.11.1991, ABl. 1991, C 326/238; EuGH, Urteil vom 19.03.1996, Rs. C-25/94, Kommission/Rat, Slg. 1996, I-1469, Rn. 2; *Frid*, EJIL 1993, 239, 239; *Sack*, in: GS Grabitz, 1995, S. 648; *Tomuschat*, in: Cannizzaro (Hrsg.), The EU as an Actor in International Relations, 2002, S. 181; *Scheffler*, Die Europäische Union als rechtlich-institutioneller Akteur im System der Vereinten Nationen, 2009, S. 409; *Koutrakos*, EU International Relations, 2015, S. 178.

613 Entscheidung der FAO gemäß Art. II Abs. 3 und Abs. 5 FAO-Verfassung, *Frid*, EJIL 1993, 239, 246; *Sack*, in: GS Grabitz, 1995, S. 654; *Kuijper u.a.*, The Law of EU External Relations, 2015, S. 175; *Kaddous*, in: dies. (Hrsg.), The EU in International Organisations and Global Governance, 2015, S. 62. Seit 1959 hat die EU bereits mit der FAO zusammengearbeitet, *Kaddous*, in: dies. (Hrsg.), The EU in International Organisations and Global Governance, 2015, S. 61.

614 Vgl. zur Mitgliedschaft der Mitgliedstaaten FAO Statistical Yearbook 2013, S. 260, http://www.fao.org/economic/ess/ess-publications/ess-yearbook/en/, 22.02.2018.

615 Die FAO hat vor dem Beitritt ihre Verfassung geändert um auch „regional economic integration organizations" die Mitgliedschaft zu ermöglichen, *Sack*, in: GS Grabitz, 1995, S. 654.

616 Präambel der FAO-Verfassung, BGBl. 1971 II, 1033, aktuelle Fassung unter www.fao.org/docrep/meeting/022/k8024e.pdf, 22.02.2018.

Da Art. II Abs. 5 der FAO-Verfassung eine Zuständigkeitserklärung über die Kompetenzverteilung zwischen der EU und den Mitgliedstaaten hinsichtlich der FAO-Sachbereiche verlangt, wurden bisher zwei Zuständigkeitserklärungen abgegeben.[617] Darüber hinaus enthält Regel XLII Abs. 2 und 3 der allgemeinen Verfahrensregeln der FAO die Pflicht der EU und der Mitgliedstaaten, sich vor jeder Gremiensitzung über die konkrete alternative Ausübung des Rede- und Stimmrechts zwischen ihnen im Hinblick auf alle Tagungsordnungspunkte gegenüber der FAO festzulegen. Die völkerrechtliche Pflicht zur alternativen Ausübung der Mitgliedsrechte in der FAO macht es erforderlich, dass sich die EU und die Mitgliedstaaten über die unionale Pflicht zur loyalen Zusammenarbeit hinaus sich entsprechend abzustimmen. Die Pflicht zur Interessenkoordinierung und Interessenvertretung wirkt insofern sowohl extern (völkerrechtlich), als auch intern (unionsrechtlich) auf die EU und die Mitgliedstaaten ein.

Aufgrund der völkerrechtlichen und unionsrechtlichen Vorgaben wurde die „Vereinbarung zwischen dem Rat und der Kommission betreffend die Vorbereitung von FAO-Sitzungen, die Abgabe von Stellungnahmen sowie die Stimmabgabe"[618] geschlossen (1.).[619] Die FAO-Vereinbarung wurde durch Klarstellungen betreffend der FAO-Vereinbarung und deren praktischer Probleme bei der Anwendung (2.),[620] Vorschriften bezüglich der

---

617 Beschluss des Rates über den Beitritt der Europäischen Gemeinschaft zur FAO anlässlich der 26. Tagung der Konferenz der FAO, 25.11.1991, Anhang II (nicht veröffentlicht). Vgl. aktualisierte Zuständigkeitserklärung angesichts des Vertrags von Maastricht in Anlage zur Anlage des I/A-Punkt Vermerks für den AStV, 13.09.1994, Dok-Rat, 9128/94. Vgl. zum Neuentwurf einer Zuständigkeitserklärung angesichts des Vertrags von Lissabon den Annex I zu Mitteilung der Kommission an den Rat zur Rolle der Europäischen Union in der Ernährungs- und Landwirtschaftsorganisation nach dem Vertrag von Lissabon: Aktualisierte Erklärung über die Zuständigkeiten und neue Vereinbarung zwischen Rat und Kommission über die Ausübung der Mitgliedsrechte der EU und ihrer Mitgliedstaaten, 29.05.2013, KOM (2013) 333 endg.

618 Vereinbarung zwischen dem Rat und der Kommission betreffend die Vorbereitung von FAO-Sitzungen, die Abgabe von Stellungnahmen sowie die Stimmabgabe, 18.12.1991, Dok-Rat 10478/91, Anlage I; EuGH, Urteil vom 19.03.1996, Rs. C-25/94, Kommission/Rat, 1996, I-1469, Rn. 5.

619 *Schwichtenberg*, Die Kooperationsverpflichtung der Mitgliedstaaten der Europäischen Union bei Abschluss und Anwendung gemischter Verträge, 2014, S. 175.

620 Application of the Council and Commission Agreement of 19.12.1991 concerning the preparation of FAO meetings (10478/91), 07.10.1992, Dok-Rat 9050/92, Annex.

FAO-Sitzungen in der Arbeitsgruppe Rohstoffe (3.)[621] und „local arrangements" zwischen der ständigen Vertretung der Republik Polen bei der FAO und der EU-Delegation in Rom (4.)[622] ergänzt und weiterentwickelt.

Derzeit werden die bestehenden Kooperationsvereinbarungen überarbeitet, da sich die Kommission geweigert hat, insbesondere die „local arrangements" nach dem Vertrag von Lissabon anzuerkennen. Sie hat deshalb 2013 einen Entwurf für neue Vereinbarungen zwischen dem Rat und der Kommission betreffend der Ausübung der Mitgliedschaftsrechte der EU und ihrer Mitgliedstaaten in der FAO[623] vorgeschlagen (5.). Dieser wird derzeit diskutiert.[624]

Die bestehenden Kooperationsvereinbarungen sowie der Kommissionsentwurf werden inhaltlich in chronologischer Reihenfolge untersucht und abschließend unter Einbeziehung empirischer Ergebnisse (6.) bewertet.

1. FAO-Vereinbarung I

Die Kooperationsvereinbarung betreffend die Vorbereitung von FAO-Sitzungen, die Abgabe von Stellungnahmen sowie die Stimmabgabe (FAO-Vereinbarung I)[625] wurde, anlässlich des Beitritts der damaligen EG zur FAO neben den Mitgliedstaaten,[626] 1991 vom Rat beschlossen.[627] Die

---

621 Provisions concerning preparation for FAO meetings in the Working Party on Commodities, 26.06.1995, Dok-Rat 8460/95, Annex.

622 Local arrangements concerning EU representation in UN bodies based in Rome, 12.07.2011, Dok-Rat 12703/11.

623 Vereinbarung zwischen dem Rat und der Kommission über die Ausübung der Mitgliedsrechte der EU und ihrer Mitgliedstaaten in der in der Ernährungs- und Landwirtschaftsorganisation (FAO), 29.05.2013, KOM (2013) 333 endg., Annex II.

624 *Wouters u.a.*, in: Kaddous (Hrsg.), The EU in International Organisations and Global Governance, 2015, S. 63.

625 Vereinbarung zwischen dem Rat und der Kommission betreffend die Vorbereitung von FAO-Sitzungen, die Abgabe von Stellungnahmen sowie die Stimmabgabe, 18.12.1991, Dok-Rat 10478/91, Anlage I; EuGH, Urteil vom 19.03.1996, Rs. C-25/94, Kommission/Rat, 1996, I-1469, Rn. 5.

626 Beschluss des Rates über den Beitritt der Europäischen Gemeinschaft zur FAO anlässlich der 26. Tagung der Konferenz der FAO, 25.11.1991 (nicht veröffentlicht).

627 *Frid*, The Relations between the EC and International Organizations, 1995, S. 255; *Sack*, in: GS Grabitz, 1995, S. 656; *Marchisio*, in: Cannizzaro (Hrsg.), The EU as an Actor in International Relations, 2002, S. 253; *Scheffler*, Die Euro-

FAO-Vereinbarung trat an die Stelle eines bis zum Beitritt geltenden Koordinierungsverfahrens, das im Jahr 1989 vom Rat festgelegt wurde.[628] Zwischen dem Beitritt und dem Abschluss der ersten FAO-Vereinbarung dienten vorläufige Leitlinien der Gemeinschaftskoordinierung.[629]

„Die [FAO-]Vereinbarung [I] führt[e] [sodann] ein Koordinierungsverfahren zwischen der Kommission und den Mitgliedstaaten für die Ausübung der Zuständigkeiten oder die Ausführungen zu einem bestimmten Punkt ein",[630] um die Vorbereitung und Ausübung der Mitgliedsrechte der EU und der Mitgliedstaaten im Rahmen der FAO zu regeln[631]. Die FAO-Vereinbarung I gliedert sich in Koordinierungsverfahren (Teil 1.), Ausführungen und Stimmabgabe in FAO-Sitzungen (Teil 2.), Redaktionskomitees (Teil 3.), FAO-Fragebögen (Teil 4.) und Überprüfung der Koordinierungsverfahren (5.), wobei für die Interessenkoordinierung und Interessenvertretung Teil 1. und 2. maßgeblich sind und den Schwerpunkt der nachfolgenden Untersuchung bilden.

a) Koordinierungsmechanismus

Die Interessenkoordinierung und Interessenvertretung im Rahmen der FAO-Gremien ist in Teil 1. (Koordinierungsverfahren) und Teil 2. (Ausführungen und Stimmabgabe in FAO-Sitzungen) der FAO-Vereinbarung I geregelt.

---

päische Union als rechtlich-institutioneller Akteur im System der Vereinten Nationen, 2009, S. 355.

628 Verbesserung der Vorarbeiten der Gemeinschaft im Hinblick auf die FAO-Sitzungen und die Koordinierung an Ort und Stelle, 15.06.1989, Dok-Rat 7451/89, Anlage.

629 Leitlinien für das Verfahren der Gemeinschaftskoordinierung betreffend Stellungnahmen sowie die Stimmabgabe auf FAO-Sitzungen, 22.11.1991, Dok-Rat 9637/91.

630 EuGH, Urteil vom 19.03.1996, Rs. C-25/94, Kommission/Rat, 1996, I-1469, Rn. 6.

631 Eine Auswirkung bzw. die Anwendung des FAO-Koordinierungsverfahrens für andere internationale Organisationen war nicht gewollt. Vgl. Vereinbarung zwischen dem Rat und der Kommission betreffend die Vorbereitung von FAO-Sitzungen, die Abgabe von Stellungnahmen sowie die Stimmabgabe, 18.12.1991, Dok-Rat 10478/91, Anlage II, Erklärung des Rates und der Kommission für das Ratsprotokoll.

Grundlage der Interessenkoordinierung sind Koordinierungssitzungen in der zuständigen Ratsarbeitsgruppe „FAO"[632], die mindestens eine Woche vor einer FAO-Sitzung stattfinden sollten (Teil 1.1. UA 1). Darüber hinaus finden Koordinierungssitzungen aus zeitlichen oder zweckmäßigen Erwägungen zu Beginn der FAO-Sitzungen statt. Außerdem können sie, falls erforderlich, während und am Ende der FAO-Sitzungen am jeweiligen Tagungsort – in der Regel am Sitz der FAO in Rom – abgehalten werden (Teil 1.1. UA 2, Teil 1.5., 1.6., 1.8.). In Vorbereitung auf die Koordinierungssitzungen in Brüssel oder am Tagungsort sendet die Kommission die hinsichtlich der Kompetenzverteilung kommentierte FAO-Tagesordnung an das Generalsekretariat des Rates, welches die kommentierte Tagesordnung an die Mitgliedstaaten weiterleitet (Teil 1.7., 1.11.). Die Kommission gibt im Rahmen der kommentierten Tagesordnung („annotated agenda") an, zu welchen Themen Unionsstandpunkte („im Namen der EU") bzw. gemeinsame Standpunkte („im Namen der EU und ihrer Mitgliedstaaten") erarbeitet werden sollen (Teil 1.2.). Die entsprechenden Erklärungsentwürfe übermittelt die Kommission mindestens eine Woche vor den FAO-Sitzungen an das Generalsekretariat des Rates (Teil 1.2. Abs. 1, Teil 1.3., 1.5. und 1.11.). Falls Abstimmungen innerhalb der FAO-Gremien vorgesehen sind, macht die Kommission auch Angaben über die Verteilung des Stimmrechts (Teil 1.1. Abs. 2). Insofern besitzt die Kommission eine Einschätzungsprärogative über die Zuständigkeitsverteilung zwischen der EU und den Mitgliedstaaten im Rahmen der FAO.

Die Interessenkoordinierung im Rahmen der Koordinierungssitzungen dient dazu, die Kompetenzverteilung in Bezug auf die FAO-Tagungsordnungspunkte, die Unionsstandpunkte bzw. gemeinsame Standpunkte im Hinblick auf die FAO-Tagungsordnungspunkte (Teil 1.10.), sowie die Stimmverteilung (Interessenvertretung) zwischen der EU und den Mitgliedstaaten festzulegen. Das Ergebnis der Interessenkoordinierung wird im Falle einer anstehenden Abstimmung durch Ratsbeschluss festgestellt (Teil 1.9.). Bei Uneinigkeit über die Wahrnehmung der Zuständigkeiten und die Standpunkte werden die entsprechenden Vorlagen zur Konfliktlösung an den AStV weitergeleitet (Teil 1.13.).

Die FAO-Vereinbarung I enthält keine expliziten Ausführungen zur Erarbeitung von koordinierten Standpunkten der Mitgliedstaaten. Allerdings nimmt die Vereinbarung an, dass durch die Interessenkoordinierung

---

632 Interview vom 23.03.2017 mit einem Mitarbeiter des BMEL.

für Unionsstandpunkte und gemeinsame Standpunkte auch eine möglichst hohe Kohärenz bei nationalen Zuständigkeiten erreicht wird (Teil 1.10.).

Die FAO-Vereinbarung I regelt auch die Interessenvertretung (Rede- und Stimmrecht) in Bezug auf die Erklärung der Standpunkte und die Abstimmungen über die Tagungsordnungspunkte in den FAO-Sitzungen, um der alternativen Ausübung der Mitgliedsrechte in der FAO gerecht zu werden (Regel XLII Abs. 2 der FAO-Verfassung). Eine gemeinsame Delegation sieht das Regelwerk nicht vor, sodass aufgrund der vorgesehenen Interessenvertretung durch den Ratsvorsitz von einer bicephalen Delegation auszugehen ist.[633] Das Rede- und Stimmrecht liegt je nach Zuständigkeit bei der Kommission oder den Mitgliedstaaten bzw. dem Ratsvorsitz (Teil 2.1. und 2.2.). Bei gemischter Zuständigkeit wird der gemeinsame Standpunkt der EU und ihrer Mitgliedstaaten je nach Zuständigkeitsschwerpunkt von der Kommission oder dem Ratsvorsitz vorgetragen und entsprechend dem gemeinsamen Standpunkt durch die beiden Organe abgestimmt. Im Rahmen der gemeinsamen Standpunkte können die Mitgliedstaaten bzw. die Kommission unterstützend und/oder ergänzend das Wort ergreifen (Unterstützungsklausel, Teil 2.3.).

Die erste FAO-Vereinbarung enthält im Vergleich zu den PROBA-Kooperationsvereinbarungen 20 und 20a erstmals eine ausdrückliche Regelung im Text der Vereinbarung; selbst für den Fall, dass ein gemeinsamer Standpunkt im Rahmen der Koordinierungssitzungen nicht zustande kommt.[634] Das Rede- und Stimmrecht wird bei gemischten Zuständigkeiten insofern ausschließlich den Mitgliedstaaten zugesprochen, wobei die Kommission sich an den Erörterungen beteiligen darf (Teil 2.4.).

b) Zusammenfassende Bewertung: FAO-Vereinbarung I

Die erste Kooperationsvereinbarung zur Koordinierung im Rahmen der FAO greift im Wesentlichen die Koordinierung von gemeinsamen Standpunkten und Unionsstandpunkten, sowie die Interessenvertretung durch die EU und/oder die Mitgliedstaaten der PROBA-Kooperationsvereinbarungen 20 und 20a auf. Insoweit bildet sich ein zweigliedriges Muster heraus, welches sich in Interessenkoordinierung (Abstimmung von Stand-

---

633 Siehe zu den verschiedenen Delegationsarten § 2 Teil C.I.1.b).
634 Vgl. Erklärungen im Ratsprotokoll bei PROBA 20 und Fußnote in PROBA 20a, die auf den Fall eines fehlenden Konsenses hinweisen.

punkten im Vorfeld und während Sitzungen der entsprechenden Gremien und Aufteilung der Rede- und Stimmrechte) und Interessenvertretung (Ausübung der Rede- und Stimmrechte) unterscheiden lässt. Die FAO-Vereinbarung I stellt der Interessenkoordinierung erstmals ein Koordinierungsverfahren zur Seite und konkretisiert insbesondere den Zeitpunkt der Abstimmung und die Zuleitung der Erklärungsentwürfe. Die Kommission besitzt ein Initiativrecht hinsichtlich der Entwürfe für Standpunkte und muss diese innerhalb einer Frist an den Rat übermitteln. Bei der FAO-Vereinbarung I zwischen der EU und den Mitgliedstaaten handelt es sich um eine Kooperationsvereinbarung, die die Zusammenarbeit zwischen der EU und den Mitgliedstaaten bei der Durchführung eines gemischten Abkommens regelt und ein konkretes Verfahren bezüglich der Interessenkoordinierung und Interessenvertretung im Sinne der loyalen Zusammenarbeit aufstellt.

Die erste FAO-Kooperationsvereinbarung wurde in der Literatur wegen der aufwändigen und konfliktreichen Koordinierung vielfach kritisiert[635] und war Gegenstand eines Verfahrens vor dem EuGH.[636] Die Kritik verkennt allerdings, dass das Ziel einer einheitlichen völkerrechtlichen Vertretung der EU und der Mitgliedstaaten gemäß Art. 4 Abs. 3 EUV gerade den (aufwändigen) Dialog zwischen der EU und den Mitgliedstaaten fordert. Die Koordinierung im Sinne einer einheitlichen völkerrechtlichen Vertretung ist demnach im Grundsatz deutlich konfliktanfälliger als völkerrechtliche Alleingänge. Ein konfliktarmer Koordinierungsprozess ist gerade nicht conditio-sine-qua-non einer loyalen Zusammenarbeit zwischen der EU und den Mitgliedstaaten. Der Preis einer einheitlichen völkerrechtlichen Vertretung ist die interne (konfliktreiche) Koordinierung.

---

635 *Frid*, The Relations between the EC and International Organizations, 1995, S. 258 ff.; *Sack*, in: GS Grabitz, 1995, S. 651, 658 f.; *Timmermanns*, in: Dashwood/Hillion (Hrsg.), The General Law of EC External Relations, 2000, S. 243; *Marchisio*, in: Cannizzaro (Hrsg.), The EU as an Actor in International Relations, 2002, S. 254; *Scheffler*, Die Europäische Union als rechtlich-institutioneller Akteur im System der Vereinten Nationen, 2009, S. 422 f.; *Kaiser*, Gemischte Abkommen im Lichte bundesstaatlicher Erfahrungen, 2009, S. 111 f.; *Schwichtenberg*, Die Kooperationsverpflichtung der Mitgliedstaaten der Europäischen Union bei Abschluss und Anwendung gemischter Verträge, 2014, S. 179 f.; *Wouters u.a.*, in: Kaddous (Hrsg.), The EU in International Organisations and Global Governance, 2015, S. 64 f.

636 EuGH, Urteil vom 19.03.1996, Rs. C-25/94, Kommission/Rat, Slg. 1996, I-1469. Siehe zum Verfahren § 4 Teil B.II.2.a).

Die erste FAO-Kooperationsvereinbarung konkretisiert in zulässiger Weise lediglich die Kooperationspflichten (Art. 4 Abs. 3 EUV) bei der Erarbeitung von Standpunkten und deren Vertretung nach außen, ohne unionsrechtswidrige Pflichten zu generieren.

Nachvollziehbar ist allerdings die Kritik daran, dass bei fehlendem Konsens zu gemeinsamen Standpunkten allein den Mitgliedstaaten das Rede- und Stimmrecht zugesprochen wird. Das impliziert die Möglichkeit der Verzögerungstaktik auf Seiten der Mitgliedstaaten, um sich dann „notgedrungen" als Sprecher zu generieren.[637] In jüngeren Kooperationsvereinbarungen wird das Rede- und Stimmrecht im Falle eines Dissenses je nach Schwerpunkt der Zuständigkeit entweder der EU oder den Mitgliedstaaten zugebilligt. Damit wird einer Blockadehaltung bzw. Verzögerungstaktik in dieser Hinsicht die Grundlage entzogen.[638] Diese Lösung erscheint aus verhandlungstaktischen Gründen sinnvoller. Die Schwerpunktbetrachtung wird auch der kompetenzrechtlichen Situation gerecht, sodass kompetenzwidrige Erklärungen der Mitgliedstaaten vermieden werden können.

2. FAO-Vereinbarung II

In Weiterentwicklung der FAO-Vereinbarung I hat sich der AStV am 19. Oktober 1992[639] angesichts praktischer Probleme auf Klarstellungen geeinigt (FAO-Vereinbarung II).[640] Eine entsprechende Überprüfung der Kooperationsvereinbarung und etwaige Änderungen unter Berücksichtigung der gesammelten Erfahrungen waren bereits in der ersten Kooperationsvereinbarung angedacht.[641] Gegenstand der FAO-Vereinbarung II sind

---

637 *Sack*, in: GS Grabitz, 1995, S. 658; *Sack*, CMLRev 1995, 1227, 1255.

638 Vgl. Teil 4.5. der Vereinbarung zwischen Rat und Kommission über die Vorbereitung von Codex-Alimentarius-Sitzungen, -Erklärungen und die Ausübung von Abstimmungsrechten, 17.11.2003, ABl. 2003, L 309/18, Anhang III.

639 *Marchisio*, in: Cannizzaro (Hrsg.), The EU as an Actor in International Relations, 2002, S. 254.

640 Application of the Council and Commission Agreement of 19.12.1991 concerning the preparation of FAO meetings (10478/91), 07.10.1992, Dok-Rat 9050/92, Annex.

641 Nr. 5 der Vereinbarung zwischen dem Rat und der Kommission betreffend die Vorbereitung von FAO-Sitzungen, die Abgabe von Stellungnahmen sowie die Stimmabgabe, 18.12.1991, Dok-Rat 10478/91, Anhang I.

weitere Regelungen für die Vorbereitung der FAO-Sitzungen (Teil 1.) und die Verteilung der Stimmrechte im Rahmen der Genehmigung der FAO-Sitzungsberichte (Teil 2.).

a) Koordinierungsmechanismus

Das Regelwerk beinhaltet Präzisierungen zur Koordinierung im Vorfeld von FAO-Sitzungen (Teil 1.) und zur Verteilung des Stimmrechts zwischen der EU und den Mitgliedstaaten bzgl. der Genehmigung von Berichtsentwürfen im Nachgang der FAO-Sitzungen (Teil 2.).

In Bezug auf das Koordinierungsverfahren präzisiert die FAO-Vereinbarung II die erste Vereinbarung im Hinblick auf die Einhaltung der Fristen im Rahmen der Interessenkoordinierung. Zum einen soll die Liste mit der Verteilung der Kompetenzwahrnehmung hinsichtlich der FAO-Tagesordnungspunkte möglichst 24 Stunden vor dem FAO-Sitzungsbeginn an das FAO-Sekretariat übermittelt werden (Teil 1 Abs. 1). Zum anderen sollen auch die Fristen für die Übermittlung von Dokumenten durch die Kommission und das Generalsekretariat an die Delegationen, wie in der Vereinbarung geregelt (vgl. Teil 1.3. FAO-Vereinbarung I), zur verbesserten Vorbereitung der FAO-Sitzungen strikt eingehalten werden. Insofern wird lediglich auf die Einhaltung der Fristen hingewiesen, ohne am Koordinierungsverfahren Änderungen vorzunehmen.

Darüber hinaus wird die Stimmrechtsverteilung für die Genehmigung von FAO-Berichten im Nachgang von FAO-Sitzungen geregelt (Teil 2), da eine entsprechende Regelung in der FAO-Vereinbarung I noch nicht aufgenommen war. Das Koordinierungsverfahren wird demnach um einen weiteren Schritt nach Abschluss der FAO-Sitzungen erweitert. Aus diesem Grund sieht das Regelwerk vor, dass die Kommission bzw. die Mitgliedstaaten über Berichte abstimmen, sobald die Themen auf der Sitzung in die ausschließliche Kompetenz der Union bzw. in die der Mitgliedstaaten fallen. Im Rahmen gemischter Zuständigkeiten hinsichtlich der FAO-Berichte stimmen die Mitgliedstaaten auf Basis eines gemeinsamen Standpunkts ab. Dieser wird zwischen der EU und den Mitgliedstaaten durch eine Koordinierungssitzung festgelegt.[642] Die Stimmverteilung knüpft

---

642 Wenn in diesen Fällen kein Konsens über die Genehmigung des Berichts erzielt wird, so beantragen Kommission und Ratspräsidentschaft beim FAO-Sekretariat Einzelabstimmungen zu jedem Tagesordnungspunkt. Die Stimmrechte für die

insofern an die Regelungen der ersten FAO-Vereinbarung für die FAO-Sitzungen an.

b) Zusammenfassende Bewertung: FAO-Vereinbarung II

Die FAO-Vereinbarung II enthält keinen neuen Koordinierungsmechanismus, sondern präzisiert bzw. erweitert den Mechanismus aus der ersten FAO-Kooperationsvereinbarung im Sinne einer Durchführungsvereinbarung. Genau wie die FAO-Vereinbarung I schreibt sie der Kommission das Initiativrecht für die inhaltliche Koordinierung zu und knüpft eine Übermittlungsfrist an den Rat daran. Es handelt sich allerdings nicht um eine eigenständige Kooperationsvereinbarung, da sie die bestehende Interessenkoordinierung, wie in der FAO-Vereinbarung I bereits vorgesehen (Teil 5.), lediglich ergänzt („complementary arrangement"[643]).

3. FAO-Vereinbarung III

Die Regelungen betreffend der FAO-Sitzungen in der Arbeitsgruppe „Rohstoffe" (FAO-Vereinbarung III)[644] aus dem Jahr 1995 sollen dazu dienen, die Interessenkoordinierung für FAO-Sitzungen im Hinblick auf die FAO-Vereinbarungen I und II, sowie hinsichtlich der Konflikte im Rahmen des damals noch anhängigen EuGH-Verfahrens C-25/94[645] effizienter zu gestalten. Die Erfahrungen hatten gezeigt, dass die Frage der Kompetenzverteilung zu viel Zeit in Anspruch nimmt und dadurch wenig Zeitraum für die eigentliche Koordinierung der Standpunkte blieb (Teil 2. Abs. 3 und Teil 3.).

Die FAO-Vereinbarung III unterteilt sich in fünf Teile.[646] Sie beinhaltet Verhaltensregeln hinsichtlich der Verteilung der Rede- und Stimmrechte,

---

einzelnen Tagesordnungspunkte verteilen sich in diesen Ausnahmefällen dann so, wie sie sich in der Kompetenzzuständigkeitserklärung widerspiegeln (Teil 2.d)).

643 *Marchisio*, in: Cannizzaro (Hrsg.), The EU as an Actor in International Relations, 2002, S. 254.

644 Provisions concerning preparation for FAO meetings in the Working Party on Commodities, 26.06.1995, Dok-Rat 8460/95, Annex.

645 EuGH, Urteil vom 19.03.1996, Rs. C-25/94, Kommission/Rat, Slg. 1996, I-1469.

646 Einleitung, Aufgabe der zuständigen Ratsarbeitsgruppe „Rohstoffe" (PROBA), Ziel der Regelungen, Standardsituationen hinsichtlich der Kompetenzverteilung

sowie ein beschleunigtes schriftliches Verfahren für die Interessenkoordinierung in der Ratsarbeitsgruppe „PROBA".[647]

a) Koordinierungsmechanismus

Das Regelwerk beschreibt in Teil 4. Standardsituationen hinsichtlich der Kompetenzverteilung zwischen der EU und ihren Mitgliedstaaten, sodass die Festlegung und Mitteilung der Ausübung der Rede- und Stimmrechte gegenüber der FAO in den entsprechenden Standardsituationen schneller und standardisierter erfolgen kann. Dadurch sollen wiederkehrende Diskussionen über die Kompetenzverteilung vermieden werden.

Darüber hinaus führt das Regelwerk ein beschleunigtes Verfahren zur Interessenkoordinierung im Vorfeld der Koordinierungssitzungen ein (Teil 5.). Das Verfahren soll es ermöglichen, den Koordinierungsschwerpunkt während der Sitzungen der Ratsarbeitsgruppe „PROBA"[648] auf ungelöste komplexe inhaltliche Fragen zu legen. Die interne Interessenkoordinierung soll demnach weitestgehend außerhalb der eigentlichen Koordinierungssitzungen der Ratsarbeitsgruppe im Rahmen eines zweistufigen elektronischen Koordinierungsverfahrens per Fax stattfinden.

In der ersten Stufe faxt das Ratssekretariat die Erklärungsentwürfe der Kommission zu den einzelnen Tagungsordnungspunkten und die entsprechende Zuständigkeitsverteilung an die Delegationen der Mitgliedstaaten. Die Ratsmitglieder sollen innerhalb von vier Arbeitstagen per Fax zu den Entwürfen Stellung nehmen. In der zweiten Stufe faxt das Ratssekretariat die ungelösten Punkte mit den Anmerkungen der Ratsmitglieder und der Kommission erneut an die Delegationen der Mitgliedstaaten. Die Mitgliedstaaten ergänzen daraufhin ihre Anmerkungen und faxen diese wieder an das Ratssekretariat, sodass die Ratsarbeitsgruppe und gegebenenfalls der AStV nur noch über die strittigen Punkte diskutieren müssen.

---

zwischen der EU und ihren Mitgliedstaaten sowie beschleunigtes Verfahren zur Festlegung der Zuständigkeits- und Stimmrechtsverteilung.

647 Heute in der Praxis Ratsarbeitsgruppe „FAO", Interview vom 23.03.2017 mit einem Mitarbeiter des BMEL.

648 Heute in der Praxis Ratsarbeitsgruppe „FAO", Interview vom 23.03.2017 mit einem Mitarbeiter des BMEL.

b) Zusammenfassende Bewertung: FAO-Vereinbarung III

Die FAO-Vereinbarung III stellt – wie die zweite FAO-Vereinbarung – keinen neuen Koordinierungsmechanismus auf, sondern präzisiert bzw. erweitert den Mechanismus aus der ersten FAO-Kooperationsvereinbarung. Hauptgegenstand der Durchführungsvereinbarung ist die Verlagerung der Interessenkoordinierung auf ein elektronisches Vorabverfahren außerhalb der Koordinierungssitzungen. Das beschleunigte Verfahren ändert nichts an den generellen Zusammenarbeitspflichten gemäß Art. 4 Abs. 3 EUV.

Im Rahmen der Kooperationsbeziehungen zwischen der EU und den Mitgliedstaaten ist sie als unselbstständige Kooperationsvereinbarung zu qualifizieren, da die Kooperationsregelungen den bestehenden Koordinierungsmechanismus aus der FAO-Vereinbarung I lediglich präzisieren.

4. FAO-Vereinbarung IV

Die „local arrangements" zwischen der ständigen Vertretung Polens bei der FAO, als Vertreter des Ratsvorsitzes[649], und der EU-Vertretung in Rom (FAO-Vereinbarung IV)[650] vom 08.07.2011[651] zielen auf die Gewährleistung und Förderung der EU-Interessen in der FAO ab. Sie umfassen neben der FAO-Vereinbarung IV im Anhang auch die FAO-Vereinbarungen I bis III.

Die FAO-Vereinbarung IV soll die Zusammenarbeit zwischen der EU und den Mitgliedstaaten im Rahmen der FAO nach dem Inkrafttreten des Vertrags von Lissabon regeln und versteht sich als Ergänzung bzw. Aktualisierung der vorherigen Kooperationsvereinbarungen. Die Notwendigkeit einer Vereinbarung auf der Ebene der ständigen Vertretungen ergab sich daraus, dass sich die Kommission im Hinblick auf den Vertrag von Lissabon weigerte, die FAO-Vereinbarungen I-III fortzuschreiben,[652] man aber

---

649 Vgl. Beschluss des Rates zur Festlegung der Reihenfolge für die Wahrnehmung des Vorsitzes im Rat, 01.01.2007, ABl. 2007, L 1/11.

650 Local arrangements concerning EU representation in UN bodies based in Rome, 12.07.2011, Dok-Rat 12703/11, Annex.

651 Local arrangements concerning EU representation in UN bodies based in Rome, 12.07.2011, Dok-Rat 12703/11.

652 Interview vom 11.02.2014 mit einem Mitarbeiter des BMEL.

angesichts des Vertrags von Lissabon eine kurzfristige Neuregelung erzielen wollte. Die Kommission hat in diesem Zusammenhang einen Gegenvorschlag zur Neuregelung der Zusammenarbeit im Rahmen der FAO eingebracht.[653]

Die FAO-Vereinbarung IV gliedert sich in eine Einleitung und drei Teile (A. FAO, B. WFP, und C. IFAD), wobei nur Teil A., wegen der Fokussierung auf die FAO, für die Untersuchung relevant ist. Dieser wird im Folgenden im Hinblick auf den Koordinierungsmechanismus näher untersucht.

a) Koordinierungsmechanismus

Teil A. der FAO-Vereinbarung IV untergliedert sich in 1. EU-Vertretung, 2. EU-Koordinierungssitzungen, 3. Dialog und Verhandlung mit Dritten und 4. praktische Einzelheiten.

Der bestehende Koordinierungsmechanismus wird insofern ergänzt, als dass die Interessenkoordinierung in Rom näher geregelt wird. Die Koordinierungssitzungen in Rom werden gemeinsam vom Leiter der EU-Vertretung und dem Leiter der ständigen Vertretung des ratsvorsitzenden Mitgliedstaates (gemeinsame bicephale Delegation in Form des „EU-Teams"[654]) einberufen und geleitet (Teil 2. Abs. 1), um dadurch die enge Zusammenarbeit vor Ort zu gewährleisten (Teil 2. Abs. 2). Die Tagesordnung für die Koordinierungssitzungen in Rom wird demnach auch durch die EU-Vertretung und die ständige Vertretung des ratsvorsitzenden Mitgliedstaates festgelegt und durch die EU-Vertretung an die Mitgliedstaaten verteilt (Teil 2. Abs. 3). Die Entwürfe für die gemeinsamen Standpunkte werden von Seiten der EU und den Mitgliedstaaten in Brüssel durch die Kommission und durch die Ratspräsidentschaft zusammen mit dem Ratssekretariat und in Konsultation mit den Mitgliedstaaten erarbeitet (Teil 4 Abs. 4).

Das „EU-Team" ist darüber hinaus auch für die Organisation von Treffen zum politischen Dialog mit Dritten, insbesondere Regionalgruppen, in Zusammenarbeit mit den mitgliedstaatlichen Vertretungen und deren

---

653 Siehe zum Neuvorschlag § 3 Teil B.II.5.

654 Gemeinsame Delegation aus der ständigen Vertretung des jeweiligen ratsvorsitzenden Mitgliedstaates und der EU-Vertretung in Rom.

Experten, zuständig (Teil. 3). Diese Regelung betrifft nicht die EU-interne Koordinierung, sondern die Interessenkoordinierung innerhalb der FAO.

Die Interessenvertretung soll grundsätzlich durch das „EU-Team" (Teil 1. Abs. 4) erfolgen,[655] welches auch durch Personal anderer mitgliedstaatlicher Vertretungen in Rom unterstützt werden kann (vgl. Einleitung der FAO-Vereinbarung IV). Das „EU-Team" wird im Gegenzug dazu verpflichtet, die Mitgliedstaaten, die Kommission, das Ratssekretariat sowie den EAD über die den Inhalt der Interessenkoordinierung und Interessenvertretung zu informieren (Teil 4. Abs. 3).

In den Fällen, in denen in den FAO-Gremien nicht abgestimmt wird, wird der gemeinsame Standpunkt der EU und der Mitgliedstaaten[656] durch das gemeinsame „EU-Team" an die FAO-Gremien übermittelt und von der EU-Vertretung im Rahmen des „EU-Teams" in den entsprechenden Gremien vertreten (Teil 1. Abs. 2).[657] Da insofern nur das Rede-, aber nicht das Stimmrecht auf das „EU-Team" übertragen wird, bleibt es bei der alternativen Ausübung des Stimmrechts zwischen der EU und den Mitgliedstaaten nach Kompetenzschwerpunkt (Teil 2.3 der FAO-Vereinbarung I).

---

655 Während der FAO-Sitzungen spricht das EU-Team vom EU-Namensschild aus. Das EU-Namensschild steht neben dem Namensschild der Ratspräsidentschaft (ratsvorsitzender Mitgliedstaat). Zu Beginn einer Wortmeldung wird im Einführungssatz bei Bedarf klargemacht, dass die Äußerung als solche der EU und ihrer Mitgliedstaaten (gemeinsamer Standpunkt) verstanden werden soll (Teil 4. Abs. 2 und 5).

656 Auch wenn die FAO-Vereinbarung IV formell von „Unions positions" bzw. „EU statements" spricht, so handelt es sich inhaltlich um gemeinsame Standpunkte der EU und der Mitgliedstaaten. Das wird insbesondere unter Teil 4 Abs. 5 deutlich: „EU statements… on behalf of the EU and its Member States". Auch Teil 4 Abs. 4 nimmt Bezug auf die inhaltliche Koordinierung der Standpunkte durch die EU und die Mitgliedstaaten. Die Interessenvertretung (Rederecht) bezüglich der gemeinsamen Standpunkte obliegt gemäß Teil 1 Abs. 2 dem EU-Team. Diese Regelung macht nur Sinn, wenn es sich vorliegend in der Sache um gemeinsame Standpunkte handelt, da das Rederecht in der FAO-Vereinbarung I (Teil 2.3.) bei gemeinsamen Standpunkten je nach Zuständigkeitsschwerpunkt zwischen der EU und den Mitgliedstaaten aufgeteilt war und durch die FAO-Vereinbarung IV geändert wurde.

657 In den Gremien der FAO mit eingeschränkter Mitgliedschaft (Finance Committee, Programme Committee, Committee on Constitutional and Legal Matters) übernehmen die dort vertretenen Mitgliedstaaten im Rahmen der Sachwalterschaft die Interessenvertretung des in der Ratsarbeitsgruppe „FAO" festgelegten Unionsstandpunktes (Teil 1. Abs. 3).

b) Zusammenfassende Bewertung: FAO-Vereinbarung IV

Die FAO-Vereinbarung IV dient im Wesentlichen als „Klammer" bzw. Zusammenstellung des FAO-Koordinierungsmechanismus (FAO-Vereinbarungen I bis III). Die wesentliche Änderung im Vergleich zu den anderen FAO-Vereinbarungen stellt das „EU-Team" dar. Es erarbeitet die gemeinsamen Standpunkte in Rom anhand der Vorschläge von der Kommission und den Mitgliedstaaten aus Brüssel und vertritt diese unabhängig vom Schwerpunkt der Kompetenzverteilung in den FAO-Gremien. Eine Interessenvertretung anhand der/des Kompetenz(-schwerpunkts) oder durch die Kommission („Rom-Formel") ist nicht vorgesehen. Demgegenüber muss das „EU-Team" insbesondere die Mitgliedstaaten und die Kommission umfassend über die Interessenkoordinierung und Interessenvertretung informieren. Die in der FAO-Vereinbarung vorgesehene gemeinsame Delegation und die damit verbundene gemeinsame Interessenvertretung durch das „EU-Team" werden von der Kommission abgelehnt. Wie im Neuvorschlag deutlich wird, favorisiert die Kommission ihre alleinige Führungsrolle bei der Interessenvertretung.[658]

Im Rahmen der Kooperationsbeziehungen zwischen der EU und den Mitgliedstaaten ist sie, wie schon die FAO-Vereinbarungen II und III, als unselbstständige Kooperationsvereinbarung zu qualifizieren. Denn die „local arrangements" ändern den bestehenden Koordinierungsmechanismus lediglich hinsichtlich der Interessenvertretung und fassen ihn in einem Gesamtdokument zusammen.

5. Entwurf zur Neuregelung der FAO-Vereinbarungen

Die Kommission hat angesichts des Vertrags von Lissabon im Jahr 2013 einen Entwurf zur Neuregelung[659] der FAO-Vereinbarungen gemacht, die die FAO-Vereinbarungen I bis III ersetzen soll.[660] Der Vorschlag zur Neu-

---

658 Siehe zur Führungsrolle der Kommission im Rahmen des Neuvorschlags sogleich § 3 Teil B.II.5.

659 Vgl. hierzu bereits Erklärung der Kommission im Entwurf eines Protokolls für die außerordentliche Tagung des Rates der Europäischen Union (Allgemeine Angelegenheiten), 29.11.2011, Dok-Rat 15916/11, Anlage und Dok-Rat 15916/11 ADD 1.

660 Mitteilung der Kommission an den Rat: Die Rolle der EU in der FAO nach dem Vertrag von Lissabon, 29.05.2013, KOM (2013) 333 endg., Anhang 2.

regelung des Koordinierungsverfahrens erfolgte, weil der alte Mechanismus im Hinblick auf die Zuständigkeitsverteilung ihrer Ansicht nach sehr zeitaufwändig war und wenig Zeit für die Erarbeitung der Standpunkte ließ. Die EU strebt eine stärkere Rolle der Kommission an, um ihre Vertretung und die ihrer Mitgliedstaaten in der FAO insgesamt effektiver und einheitlicher zu gestalten,[661] ohne dabei die Kompetenzverteilung und das interinstitutionelle Gleichgewicht zu beeinträchtigen (Teil 1. Abs. 3). Der Vorschlag der Kommission wird derzeit von den Mitgliedstaaten nicht geteilt, sodass eine Einigung und die weitere Entwicklung der FAO-Kooperationsvereinbarungen derzeit nicht absehbar sind.[662]

Der Neuvorschlag im Rahmen der FAO unterscheidet sich von den Vorgängervereinbarungen dadurch, dass der Schwerpunkt auf die Erarbeitung von inhaltlich weit gefassten Leitlinien zulasten der inhaltlich eng gefassten Standpunkte gelegt wird. Detaillierte Standpunkte sollen die Ausnahme darstellen, um durch inhaltlich weniger konkrete Festlegungen die Koordinierung, insbesondere den Konsens, zu erleichtern.[663] Die Leitlinien können aber nur eine Option darstellen, wenn es in der Sache auch um inhaltlich weniger wichtige oder allgemeine Themen geht. Insbesondere bei Abstimmungen wird ein konkreter Standpunkt erforderlich sein, um die völkerrechtlichen Pflichten im Sinne der EU-Interessen zu prägen. Hierfür sind allerdings dann klare, koordinierte Vorgaben bzw. Standpunkte seitens der EU und/oder der Mitgliedstaaten für die Interessenvertretung in den Vertragsgremien erforderlich. Eine inhaltliche Aufweichung der Positionen zugunsten einer etwaigen Zeitersparnis kann zu einer zeitlichen Verlagerung der inhaltlichen Koordinierungskonflikte führen. Darüber hinaus besteht die Gefahr von Interventionen der Mitgliedstaaten im Rahmen der FAO-Gremien, wenn die Mitgliedstaaten mit den inhaltlich weniger abgestimmten Positionen nicht konform gehen.[664]

Der Entwurf sieht zudem vor, dass die Interessenvertretung, bis auf wenige Ausnahmen, durch Vertreter der EU wahrgenommen wird und ver-

---

661 Mitteilung der Kommission an den Rat: Die Rolle der EU in der FAO nach dem Vertrag von Lissabon, 29.05.2013, KOM (2013) 333 endg., S. 3 f., 5 f.

662 Interview vom 23.03.2017 mit einem Mitarbeiter des BMEL und Interview vom 20.04.2017 mit einem Mitarbeiter der Kommission.

663 *Wouters u.a.*, in: Kaddous (Hrsg.), The EU in International Organisations and Global Governance, 2015, S. 65.

664 *Wouters u.a.*, in: Kaddous (Hrsg.), The EU in International Organisations and Global Governance, 2015, S. 65.

abschiedet sich insofern von der Vertretung der EU oder der Mitgliedstaaten anhand der Kompetenzverteilung. Dass die Mitgliedstaaten mit dieser Regelung zulasten ihrer Sichtbarkeit in den FAO-Gremien nicht zufrieden sind, erklärt ihre Ablehnung des Entwurfs. Allerdings sieht bereits PROBA 20 eine alleinige Interessenvertretung durch die EU vor, ohne dass sich die Mitgliedstaaten in der Weise daran gestört hätten, dass eine Einigung auf die Kooperationsvereinbarung unterblieben wäre. Die alleinige Interessenvertretung durch die Kommission, unabhängig von der Kompetenzverteilung, würde eine wirkliche Zeitersparnis bringen und der vielfachen Kritik im Hinblick auf die aufwändige Festlegung der Rede- und Stimmrechte entgegen kommen, sowie den Fokus auf die inhaltliche Koordinierung stärken.

6. Vergleich mit der Koordinierung in der Praxis[665]

In der Praxis findet die Interessenkoordinierung und die Festlegung über die Interessenvertretung in der eigens für die FAO zuständigen Ratsarbeitsgruppe „FAO" statt. Bei Überschneidungen zu konkreten Themen anderer Ratsarbeitsgruppen werden diese in die Koordinierung einbezogen. Hierzu finden in der Regel bis zu acht Koordinierungssitzungen pro Jahr in Brüssel – sitzungsbezogen aber auch unabhängig von konkreten FAO-Sitzungen – statt. Hier werden konkrete anlassbezogene oder allgemeine FAO-Themen koordiniert. Darüber hinaus werden in der Regel und nach Bedarf vor den FAO-Sitzungen Koordinierungssitzungen in Rom abgehalten, um Standpunkte zu finalisieren oder an konkrete Entwicklungen anzupassen. An den Koordinierungssitzungen in Brüssel und Rom nehmen, neben Vertretern der Kommission oder der EU-Vertretung in Rom, auch Vertreter der Mitgliedstaaten teil. Von deutscher Seite schickt/-en das BMEL und/oder die ständige Vertretung Deutschlands in Rom ihre jeweiligen Experten zur Koordinierung.

Die Interessenkoordinierung umfasst zunächst die Festlegung der Kompetenzverteilung anhand der FAO-Tagesordnungen sowie die Erarbeitung konkreter gemeinsamer Standpunkte. Die Kommission schlägt die Kompetenzverteilung anhand der FAO-Tagesordnungen vor und verteilt ihren

---

665 Die Praxisausführungen beruhen auf einem Interview vom 23.03.2017 und 27.03.2017 mit einem Mitarbeiter des BMEL sowie auf einem Interview vom 20.04.2017 mit einem Mitarbeiter der Kommission.

Vorschlag über das Ratssekretariat an die Mitgliedstaaten. Aufgrund dieser Kompetenzverteilung, die durch die Mitgliedstaaten kritisiert und abgeändert werden kann, entwerfen je nach Kompetenz(-schwerpunkt) im Vorfeld der Koordinierungssitzungen entweder die Kommission oder die Ratspräsidentschaft entsprechende gemeinsame Standpunkte. Bei Bedarf fragen sowohl die Kommission als auch die Ratspräsidentschaft bei anderen Mitgliedstaaten, oder der Kommission, um deren Hilfe bei der Erarbeitung eines Entwurfs an. Unabhängig von der Kompetenzverteilung werden ausschließlich gemeinsame Standpunkte der EU und der Mitgliedstaaten koordiniert. Die Beschlussfassung in der Ratsarbeitsgruppe erfolgt insofern einstimmig. Entsprechende Entwurfsstandpunkte werden solange verhandelt, bis über den gemeinsamen Standpunkt Konsens besteht. Die gemeinsamen Standpunkte werden in Form offizieller Ratsdokumente festgehalten.[666] Eine Verweisung an den AStV oder den Rat war in den letzten 25 Jahren nur in wenigen Ausnahmen notwendig. So wurde z.B. der FAO-Neuvorschlag der Kommission im AStV ohne Ergebnis diskutiert und bisher nicht weiter verfolgt.

Die Interessenvertretung erfolgt anhand der/s Kompetenz(-schwerpunkts) im Hinblick auf die einzelnen FAO-Tagesordnungspunkte und wird durch die Kommission oder die Ratspräsidentschaft wahrgenommen. Die Kommission oder die Ratspräsidentschaft wird in der Regel durch Redebeiträge anderer Mitgliedstaaten ergänzt, um den gemeinsamen Standpunkt zu unterstützen. Die Verteilung des Rede- und Stimmrechts wird, wie in der Kooperationsvereinbarung vorgesehen, der FAO durch die kommentierte Tagesordnung („annotated agenda") zuvor mitgeteilt.

Insgesamt funktioniert der Koordinierungsmechanismus in der Praxis gut und ermöglicht eine Konzentrierung auf die inhaltliche Erarbeitung der gemeinsamen Standpunkte. Die Kompetenzabgrenzung im Vorfeld der Erarbeitung der gemeinsamen Standpunkte ist dabei der kontroverseste Teil. Das liegt aber auch daran, dass die FAO-Tagesordnungspunkte viele kompetenzübergreifende Themen vereinen. Der Koordinierungsmechanismus orientiert sich im Wesentlichen an der FAO-Vereinbarung I, da insbesondere die Fristenregelungen und die Regelungen über die Art des Meinungsaustauschs („wann" und „wie") in den FAO-Vereinbarungen II und III keine Rolle in der Praxis spielen. Das mag auch daran liegen, dass die

---

666 Vgl. z.B. Statement on behalf of the European Union and its 28 Member States for the 154th session of the Council (Rome, 30 May-3 June), 01.06.2016, Dok-Rat FAO-COORD 2016-23 FINAL, Annex II.

Koordinierungspraxis mittlerweile sehr gut eingespielt ist, sodass nicht mehr auf detaillierte Regelungen zur besseren Verhaltenssteuerung zurückgegriffen werden muss.

Die Koordinierungssitzungen in Brüssel und Rom, sowie die entsprechenden Vorschläge der Kommission zur Kompetenzverteilung („annotated agenda") und Standpunkte, entsprechen den Vorgaben der FAO-Vereinbarung I. Allerdings erfolgt in der Praxis keine Unterscheidung der Standpunkte im Hinblick auf die Kompetenzverteilung. Entgegen der FAO-Vereinbarung IV existiert in der Praxis, wie bereits erläutert, keine starre Führungsrolle bei der Erarbeitung der gemeinsamen Standpunkte, wenngleich die Kommission oder die Ratspräsidentschaft je nach Kompetenz(-schwerpunkt) in der Regel den Erstentwurf vorlegt. Die ablehnende Haltung der Kommission gegenüber der FAO-Vereinbarung IV aufgrund der dort vorgesehenen gemeinsamen Delegation schlägt sich in der Praxis darin nieder, dass die Interessenvertretung immer noch nach der FAO-Vereinbarung I erfolgt. Umgekehrt lehnen die Mitgliedstaaten die Führungsrolle der Kommission bei der Erarbeitung und Interessenvertretung, wie im Neuvorschlag der Kommission angedacht, ab.

Darüber hinaus werden die gemeinsamen Standpunkte bei einer anstehenden Abstimmung in den FAO-Sitzungen nicht im Rat beschlossen. Die Interessenkoordinierung erfolgt ausschließlich auf Ratsarbeitsgruppenebene. Überdies war Art. 218 Abs. 9 AEUV bisher nicht einschlägig. Die Interessenvertretung anhand der/des Kompetenz(-schwerpunkts) deckt sich in der Praxis mit der FAO-Vereinbarung I.

Angesichts des funktionierenden Koordinierungsmechanismus stellt sich die Frage, ob eine Neuregelung überhaupt sinnvoll ist. Da die Praxis allerdings hauptsächlich auf die FAO-Vereinbarung I rekurriert und die weiteren Kooperationsvereinbarungen außer Acht lässt, wäre wohl eher über eine Auflösung der FAO-Vereinbarungen II, III und IV zu diskutieren, sodass sich die Praxis nicht in Widerspruch zu diesen setzt. Sofern die FAO-Vereinbarungen II, III und IV rechtlich verbindlich wären, würde die derzeitige Praxis gegen diese Kooperationsvereinbarungen und damit auch gegen Art. 4 Abs. 3 EUV verstoßen.[667]

---

667 Siehe zur Frage der Bindungswirkung der FAO-Kooperationsvereinbarungen § 4 Teil B.II.2. sowie zur Frage der Diskrepanz zwischen Koordinierungsmechanismen in Theorie und Praxis § 5 Teil A.

III. Kooperationsvereinbarungen im Rahmen der WTO

Die EG und die Mitgliedstaaten[668] sind (ursprüngliche) Mitglieder der WTO.[669] Die EU wurde erst durch den Vertrag von Lissabon als Rechtsnachfolgerin der EG (Art. 1 Abs. 3 S. 3 EUV) Mitglied der WTO.[670] Der Versuch der damaligen EU, die Mitgliedstaaten im Hinblick auf die Kompetenzverteilung von einer Mitgliedschaft in der WTO abzuhalten, scheiterte zum Gründungszeitpunkt der WTO am EuGH[671], sodass schon damals klar war, dass die Aufteilung der Mitgliedsrechte von EU und Mitgliedstaaten in der WTO harte Auseinandersetzungen mit sich bringen würde[672]. Ob die heutige Kompetenzverteilung durch den Vertrag von Lissabon noch ein obligatorisch gemischtes Abkommen rechtfertigt, ist umstritten.[673]

Im Rahmen der WTO existiert zum einen der Verhaltenskodex für Dienstleistungen (1.), der 1994 zwischen dem Rat, den Mitgliedstaaten und der Kommission abgeschlossen wurde. Zum anderen gibt es einen Entwurf für eine Vereinbarung zwischen dem Rat, den Mitgliedstaaten und der Kommission über die Modalitäten für die Mitarbeit in der WTO aus dem Jahr 1995 (2.), der aber nie abgeschlossen wurde. Die beiden Kooperationsvereinbarungen werden zunächst hinsichtlich ihrer Koordinierungsstrukturen analysiert und sodann mit der Koordinierung in der Praxis (3.) verglichen.

---

668   Vgl. zu den Mitgliedern der WTO: https://www.wto.org/english/thewto_e/whatis_e/tif_e/org6_e.htm, 22.02.2018.

669   Vgl. Art. 11 Abs. 1 des Übereinkommens zur Errichtung der Welthandelsorganisation (WTO), 23.12.1994, Abl. 1994, L 336/3.

670   Vgl. hierzu Unterrichtung der WTO über die Rechtsnachfolge, WTO-Dokument, 30.11.2009, WT/L/779; *Herrmann/Streinz*, in: von Arnauld (Hrsg.), Europäische Außenbeziehungen, 2014, § 11, Rn. 55.

671   EuGH, Gutachten vom 15.11.1994, Gutachten 1/94, WTO, Slg. 1994, I-5276; *Sack*, ZEuS 2001, 267, 278.

672   *Sack*, in: GS Grabitz, 1995, 631, 642.

673   Vgl. hierzu *Wölker*, EuR-Beiheft 2/2012, 125, 125 ff.; *Herrmann/Streinz*, in: von Arnauld (Hrsg.), Europäische Außenbeziehungen, 2014, § 11, Rn. 60 ff., 181; *Hoffmeister*, in: Kaddous (Hrsg.), The EU in International Organisations and Global Governance, 2015, S. 122 f.

1. Verhaltenskodex für Dienstleistungsverhandlungen

Der Verhaltenskodex zwischen dem Rat, den Mitgliedstaaten und der Kommission für die nach der Uruguay-Runde zu führenden Verhandlungen über Dienstleistungen[674] wurde im Mai 1994 durch den Rat beschlossen.[675] Die Kooperationsvereinbarung verfolgt den Zweck, die Koordinierung der Verhandlungen über den Dienstleistungsverkehr zu regeln. Sie bezieht sich auch auf Verhandlungen und Erörterungen im Rahmen der damals noch zu gründenden WTO (Teil 1.). Der Kodex könnte also auch heute noch bei Verhandlungen im Dienstleistungsbereich Anwendung finden, da er formal nicht aufgehoben wurde.[676] Die Tatsache, dass der Handel mit Dienstleistungen seit dem Vertrag von Lissabon in die ausschließliche Zuständigkeit der EU fällt (Art. 207 Abs. 1 AEUV), lässt die Anwendbarkeit des Verhaltenskodex nicht entfallen: Denn der Wortlaut nimmt weder auf eine entsprechende Kompetenzverteilung Bezug, noch verknüpft er die Anwendbarkeit mit einer Kompetenzverschiebung. In der Praxis pochen einige Mitgliedstaaten deshalb dennoch auf die Anwendung des Verhaltenskodex, auch wenn dieser nicht mehr angewendet wird.[677]

a) Koordinierungsmechanismus

Für Verhandlungen im Bereich des Dienstleistungsverkehrs sieht die Kooperationsvereinbarung eine alleinige Vertretung der EU und der Mitgliedstaaten durch die Kommission vor (Teil 1.a)). Sie vertritt unabhängig

---

674 Code of Conduct agreed between the Council, the Member States and the Commission on the Post-Uruguay Round Negotiations on Services, Dok-Rat 6948/94, Annex I. Deutsche Version abgedruckt bei EuGH, Gutachten vom 14.11.1994, Gutachten 1/94, WTO, Slg. 1994, I-5365 f und A-Punkt-Vermerk des AStV für den Rat betreffend eines WTO-Verhaltenskodex, 07.06.1995, Dok-Rat 7926/95, Anlage zur Anlage.

675 Entwurf eines Protokolls über die 1756. Tagung des Rates (Allgemeine Angelegenheiten) am Montag, den 16. und Dienstag, den 17.05.1994 in Brüssel, 25.10.1994, Dok-Rat 6996/94, Tagesordnungspunkt Nr. 15.

676 Vgl. zur Frage der heutigen Anwendbarkeit *Herrmann/Streinz*, in: von Arnauld (Hrsg.), Europäische Außenbeziehungen, 2014, § 11, Rn. 55; *Hoffmeister*, in: Kaddous (Hrsg.), The EU in International Organisations and Global Governance, 2015, S. 124 f., 135.

677 *Hoffmeister*, in: Kaddous (Hrsg.), The EU in International Organisations and Global Governance, 2015, S. 124 f.

von der Kompetenzverteilung gemeinsame Standpunkte der EU und der Mitgliedstaaten nach außen (Teil 1.c)). Die Interessenkoordinierung der gemeinsamen Standpunkte im Rat[678] unterliegt einer Verhandlungspflicht, wonach die EU und die Mitgliedstaaten alle Anstrengungen unternehmen sollten, einen Konsens zu finden, ohne dass der Kodex die Möglichkeit alleiniger Erklärungen durch die EU oder die Mitgliedstaaten vorsieht.[679]

Die Kommission soll die Mitgliedstaaten angesichts ihrer Verhandlungsführungsrolle möglichst früh über Ort und Zeit der Verhandlungen unterrichten (Teil 1.b.)), für die Teilnahme aller Mitgliedstaaten bei wichtigen Verhandlungen sorgen (Teil 1.d)), den Mitgliedstaaten alle offiziellen und inoffiziellen Dokumente übermitteln (Teil 1.e)) und dem Rat Bericht über die Verhandlungsfortschritte erstatten (Teil 2.). Damit soll die Rückkopplung an die EU-Institutionen und die Mitgliedstaaten und ihre Mitwirkung am Entscheidungsprozess gewährleistet werden.

b) Zusammenfassende Bewertung: Verhaltenskodex für Dienstleistungsverhandlungen

Die Kooperationsvereinbarung regelt in erster Linie die Interessenvertretung der gemeinsamen Standpunkte durch die Kommission, ohne eine konkrete Interessenkoordinierung – abgesehen von der Bezugnahme auf die allgemeine Koordinierung im Rat – vorzusehen. Neben der allgemeinen Verhandlungs- bzw. Koordinierungspflicht wird die Kommission aufgrund ihrer Führungsrolle im Rahmen der Interessenvertretung dazu verpflichtet, die Mitgliedstaaten über Verhandlungen und entsprechende Dokumente zu unterrichten sowie für die Teilnahme der Mitgliedstaaten an wichtigen Verhandlungen zu sorgen (Förderpflicht).

---

678 Vgl. zum zuständigen Koordinierungsgremium der gemeinsamen Standpunkte die Antwort des Rates auf Frage 11 des EuGH im Verfahren 1/94, Slg. 1994, I-5384, da das Koordinierungsgremium im Verhaltenskodex nicht ausdrücklich genannt ist, sondern nur auf das übliche Beschlussverfahren verwiesen wird (Teil 1.c)). Vgl. auch *Dutzler*, in: Griller/Weidel (Hrsg.), External Economic Relations and Foreign Policy in the European Union, 2002, S. 175.

679 Vgl. Erklärungen für das Ratsprotokoll in Fn. 2 des Verhaltenskodex.

2. Entwurf WTO-Kooperationsvereinbarung

Im Anschluss an die Gründung der WTO und den Verhaltenskodex für Dienstleistungsverhandlungen sollte eine allgemeine Kooperationsvereinbarung über die Modalitäten für die Mitarbeit in der WTO abgeschlossen werden.[680]

Hierzu hatte sich der AStV auf einen Entwurf über die Modalitäten für die Mitarbeit der Gemeinschaft und ihrer Mitgliedstaaten in der WTO geeinigt und dem Rat die Annahme empfohlen.[681] Der durch den AStV favorisierte Entwurf wurde allerdings nie angenommen[682], wenngleich der Entwurf intensiv diskutiert[683] und Kompromissvorschläge eingebracht wurden[684].

Durch eine neue Kooperationsvereinbarung sollte die Zusammenarbeit bezüglich der Zuständigkeitsverteilung zwischen der EU und den Mitgliedstaaten in der WTO[685], wie sie durch den EuGH im Gutachten 1/94 festgelegt wurde, geregelt werden. Ziel hiervon war, die kollektiven Verhandlungsmöglichkeiten im Hinblick auf die Erreichung der handelspolitischen Ziele und die Vertretung der EU-Interessen innerhalb der WTO voll auszuschöpfen (Teil 1. Abs. 1 und 2).

---

680 Vereinbarung zwischen dem Rat, den Mitgliedstaaten und der Kommission über die Modalitäten für die Zusammenarbeit in der WTO, 08.06.1995, Dok-Rat 7926/95, Anlage zur Anlage. Abgedruckt unter Anlage XII.

681 A-Punkt-Vermerk des AStV für den Rat, 08.06.1995, Dok-Rat 7926/95.

682 *Kuijper et al*, The Law of EU External Relations, 2015, S. 142.

683 *Timmermanns*, in: Dashwood/Hillion (Hrsg.), The General Law of E.C. External Relations, 2000, S. 244; *Dutzler*, in: Griller/Weidel (Hrsg.), External Economic Relations and Foreign Policy in the European Union, 2002, S. 176; *Rodenhoff*, Die EG und ihre Mitgliedstaaten als völkerrechtliche Einheit bei umweltvölkerrechtlichen Übereinkommen, 2008, S. 279; *Kaiser*, Gemischte Abkommen im Lichte bundesstaatlicher Erfahrungen, 2009, S. 110.

684 Vgl. zum deutschen Vorschlag *Rodenhoff*, Die EG und ihre Mitgliedstaaten als völkerrechtliche Einheit bei umweltvölkerrechtlichen Übereinkommen, 2008, S. 279. Vgl. zum portugiesischen Vorschlag *Govaere/Capiau/Vermeersch*, EFA-Rev 2005, 155, 167; *Koutrakos*, EU International Relations, 2015, S. 204.

685 „Diese Vereinbarung ist ohne Folge für die Wahrnehmung der einzelstaatlichen Zuständigkeiten durch die Mitgliedstaaten in anderen internationalen Organisationen" (Teil 9).

a) Koordinierungsmechanismus

Der Entwurf sieht lediglich eine Interessenkoordinierung und entsprechende Koordinierungssitzungen auf Wunsch eines Mitgliedstaates, auch während laufender Beratungen in der WTO, vor (Teil 5. Abs. 1), ohne auf das genaue Verfahren zur Erarbeitung von Standpunkten einzugehen.[686] Allerdings sollen gemeinsame Standpunkte bei gemischten und nationalen Zuständigkeiten mit der Zustimmung der Mitgliedstaaten beschlossen werden (Teil 3. Abs. 3).

Die Interessenvertretung der EU und der Mitgliedstaaten sollte unabhängig von der Kompetenzverteilung grundsätzlich immer von der Kommission wahrgenommen werden (Teil 2. und 3.). Die Kommission hätte allerdings das Rederecht auf die Mitgliedstaaten übertragen können, um den Standpunkt zu ergänzen und/oder zu unterstützen (Teil 5. Abs. 2).

Im Falle eines Dissenses hinsichtlich eines gemeinsamen Standpunkts bei nationalen oder gemischten Zuständigkeiten war nach Darlegung des Unionsstandpunktes durch die Kommission auch die Möglichkeit für die Mitgliedstaaten vorgesehen, ihre Standpunkte in den WTO-Gremien vorzutragen (Teil 5. Abs. 2).

Angesichts der Führungsrolle der Kommission wäre die Kommission allerdings dazu verpflichtet gewesen, im Wege größtmöglicher Transparenz dafür zu sorgen, dass der Ratsvorsitz bei Sitzungen, die ausschließlich unionale Zuständigkeiten betreffen, sowie alle Mitgliedstaaten bei Sitzungen, die ausschließliche nationale oder gemischte Zuständigkeiten betreffen, teilnehmen können (Teil 2. Abs. 1 und 4. Abs. 1). Darüber hinaus war eine Berichterstattungspflicht der Kommission gegenüber den Mitgliedstaaten, die nicht an den WTO-Sitzungen anwesend sind (Teil 2. Abs. 2 und 4. Abs. 3), und eine gegenseitige Pflicht zum Informations- und Dokumentenaustausch bei gemischten und nationalen Zuständigkeiten (Teil 4. Abs. 4 und 5) vorgesehen.

---

686 Der Entwurf enthält in Teil 6 auch Regeln über die loyale Zusammenarbeit bei der Einleitung und der Durchführung von Streitbeilegungsverfahren im Rahmen nationaler und gemischter Zuständigkeiten. Vgl. zur Notwendigkeit einer loyalen Zusammenarbeit im Hinblick auf Streitbeilegungsverfahren EuGH, Gutachten vom 15.11.1994, Gutachten 1/94, WTO, Slg. 1994, I-5267, Rn. 109; *Krenzler/da Fonseca-Wollheim*, EuR 1998, 223, 232.

b) Zusammenfassende Bewertung: Entwurf
   WTO-Kooperationsvereinbarung

Der Entwurf für eine WTO-Kooperationsvereinbarung hätte die Regelungen des Verhaltenskodex weitestgehend übernommen. Die alleinige Interessenvertretung durch die EU, unabhängig von der Kompetenzverteilung, wäre lediglich durch die ausdrückliche Möglichkeit eigener Standpunkte im Rahmen nationaler und gemischter Zuständigkeiten – insofern für die Mitgliedstaaten von Vorteil – ergänzt worden. Das vorgesehene Teilnahmerecht der Mitgliedstaaten bzw. des Ratsvorsitzes sowie die Berichts- und Informationspflichten sind weitestgehend deckungsgleich.

Die einzige wirkliche Neuerung wäre die Ausweitung des Anwendungsbereichs auf das gesamte WTO-Abkommen gewesen. Die Vereinbarung hätte nicht nur den Dienstleistungssektor betroffen.

Grund für das Scheitern war die ablehnende Haltung einiger Mitgliedstaaten im Hinblick auf die Führungsrolle der Kommission und der Wunsch einiger Mitgliedstaaten, notfalls eigene Verhandlungen im Bereich geteilter Kompetenz führen zu wollen. Dies wurde ausgelöst durch das EuGH-Gutachten 1/94, welches als Stärkung nationaler Zuständigkeiten wahrgenommen wurde.[687] Darüber hinaus übten sich insbesondere die Mitgliedstaaten in Zurückhaltung beim Abschluss neuer Kooperationsvereinbarungen, nachdem der EuGH[688] kurz zuvor die FAO-Vereinbarung I als für die EU und die Mitgliedstaaten rechtlich bindend erklärt hatte.[689]

Auch ohne eine neue Kooperationsvereinbarung haben die Mitgliedstaaten im Wesentlichen der EU die Interessenvertretung in der WTO überlassen.[690] Sie erkannten aufgrund der harten Verhandlungen in der WTO, dass sich die Interessen der EU und der Mitgliedstaaten nur durch eine völkerrechtlich einheitliche Vertretung der EU und der Mitgliedstaa-

---

687   *Krenzler/da Fonseca-Wollheim*, EuR 1998, 223, 230 f., 233; *Dutzler*, in: Griller/ Weidel (Hrsg.), External Economic Relations and Foreign Policy in the European Union, 2002, S. 176.

688   EuGH, Urteil vom 19.03.1996, Rs. C-25/94, Kommission/Rat, 1996, I-1469, Rn. 49.

689   *Govaere/Capiau/Vermeersch*, EFARev 2005, 155, 167; *Hoffmeister*, CML-Rev 2007, 41, 66; *Scheffler*, Die Europäische Union als rechtlich-institutioneller Akteur im System der Vereinten Nationen, 2009, S. 355.

690   Siehe zur Koordinierung in der Praxis sogleich § 3 Teil B.III.3.

ten und nur durch einen einheitlichen Sprecher angemessen einbringen lassen.[691]

3. Koordinierung in der Praxis

Ungeachtet der Forderung nach einer neuen WTO-Kooperationsvereinbarung[692] folgt die Koordinierung in der Praxis derzeit – unabhängig von dem WTO-Verhaltenskodex – einem informellen Kooperationsmechanismus.[693]

Die Interessenkoordinierung in Bezug auf die WTO-Angelegenheiten findet grundsätzlich im Handelspolitischen Ausschuss in Brüssel statt und wird bei Bedarf und zeitlicher Dringlichkeit durch Koordinierungssitzungen am Sitz der WTO in Genf ergänzt.[694] Die interne informelle Koordinierung ist bisweilen jedoch fließend und erfolgt in der Praxis ad hoc und nach Zweckmäßigkeitsgesichtspunkten.[695] Daneben hat der Ausschuss des Europäischen Parlaments für den internationalen Handel (INTA) seit dem Vertrag von Lissabon zunehmenden Einfluss auf die Interessenkoordinierung des Handelspolitischen Ausschusses.[696]

Für Standpunkte, die im Rahmen der WTO nicht auf rechtswirksame Akte gerichtet sind, reicht eine Einigung im Handelspolitischen Ausschuss des Rates im Rahmen des informellen Koordinierungsmechanismus aus, ohne dass es eines formellen Ratsbeschlusses bedarf. Falls es sich bei der späteren Beschlussfassung allerdings um rechtswirksame Akte innerhalb

---

691 *Sack*, ZEuS 2001, 267, 278.

692 *Herrmann/Streinz*, in: von Arnauld (Hrsg.), Europäische Außenbeziehungen, 2014, § 11, Rn. 76.

693 Die Allgemeine Regelung zu Erklärungen der EU in multilateralen Organisationen gilt nicht für die WTO *Kaddous*, in: dies. (Hrsg.), The EU in International Organisations and Global Governance, 2015, S. 7; *Hoffmeister*, in: Kaddous (Hrsg.), The EU in International Organisations and Global Governance, 2015, S. 124. Siehe ausführlich zum Anwendungsbereich der Allgemeinen Regelung unten.

694 *Hoffmeister*, in: Kaddous (Hrsg.), The EU in International Organisations and Global Governance, 2015, S. 123; Interview vom 20.01.2014 mit einem Mitarbeiter des BMWi und vom 20.01.2014 mit einem Mitarbeiter der EU-Vertretung in Genf.

695 Interview vom 20.01.2014 mit einem Mitarbeiter der EU-Vertretung in Genf.

696 *Hoffmeister*, in: Kaddous (Hrsg.), The EU in International Organisations and Global Governance, 2015, S. 124.

der WTO-Gremien, wie z.B. die Aufnahme eines neuen Mitglieds in der WTO, handelt, wird der gemeinsame Standpunkt nach dem formellen Verfahren gemäß Art. 218 Abs. 9 AEUV festgelegt.[697]

Die Interessenvertretung im Sinne einer „single voice" erfolgte bereits durch die EG, als diese noch nicht Mitglied des GATT war, sodass auch die Ausweitung der EU-Kompetenzen im Rahmen des Vertrags von Lissabon keine wesentlichen Änderungen in der Außenvertretung der EU und der Mitgliedstaaten erforderte.[698] Die Interessenvertretung wird durch Vertreter der Kommission bzw. der EU-Vertretung in Genf wahrgenommen.[699] Im Rahmen der WTO-Sitzungen machen die Mitgliedstaaten nicht von ihrem Rede- und Stimmrecht Gebrauch, nehmen aber je nach Umfang und Art der Sitzungen an diesen teil.[700] Bei etwaigen nationalen Restkompetenzen könnten die Mitgliedstaaten nach wie vor entscheiden, ob sie ihre Interessen durch die Kommission oder durch die Ratspräsidentschaft vertreten lassen wollen.[701] Allerdings besteht in der Praxis Einigkeit hinsichtlich der alleinigen Vertretung durch die EU, da sich die „single voice" insgesamt als effektiv für die Interessenvertretung erwiesen hat.[702] Die Mitgliedstaaten verzichten insofern auf eine eigenständige Interessenvertretung im Rahmen nationaler Kompetenzen. Eine diesbezügliche Interessenvertretung wäre unionsrechtlich ohnehin nur dann zulässig, wenn sie den EU-Interessen nicht zuwiderläuft (Art. 4 Abs. 3 EUV).[703]

---

697 *Hoffmeister*, in: Kaddous (Hrsg.), The EU in International Organisations and Global Governance, 2015, S. 124, 126.

698 *Brauns/Baert*, in: Kaddous (Hrsg.), The EU in International Organisations and Global Governance, 2015, S. 110 ff.

699 Als Teil des EAD bekommen die Vertretungen auch Weisungen von der Kommission in Brüssel, wenn es sich nicht um GASP-Angelegenheiten handelt (Art. 5 Abs. 3 EAD-Ratsbeschluss, 26.07.2010, ABl. 2010, L 201/30), *Kaddous*, in: dies. (Hrsg.), The EU in International Organisations and Global Governance, 2015, S. 7; *Brauns/Baert*, in: Kaddous (Hrsg.), The EU in International Organisations and Global Governance, 2015, S. 113; *Hoffmeister*, in: Kaddous (Hrsg.), The EU in International Organisations and Global Governance, 2015, S. 124.

700 Interview vom 20.01.2014 mit einem Mitarbeiter des BMWi und vom 20.01.2014 mit einem Mitarbeiter der EU-Vertretung in Genf.

701 *Kaddous*, in: dies. (Hrsg.), The EU in International Organisations and Global Governance, 2015, S. 7; *Hoffmeister*, in: Kaddous (Hrsg.), The EU in International Organisations and Global Governance, 2015, S. 125.

702 *Brauns/Baert*, in: Kaddous (Hrsg.), The EU in International Organisations and Global Governance, 2015, S. 114.

703 Siehe zu den Loyalitätspflichten beim Außenhandeln § 2 Teil A.IV.

4. Zusammenfassende Bewertung: Kooperationsvereinbarungen im Rahmen der WTO

Der Vergleich des Verhaltenskodex sowie des Entwurfs mit der informellen Koordinierung zeigt, dass sich die Koordinierungsstruktur im Ergebnis nicht voneinander unterscheidet. Die Weigerung der Mitgliedstaaten, der EU die alleinige Vertretung im Rahmen einer formellen Kooperationsvereinbarung an die Kommission zu übertragen, wird in der Praxis nicht durchgehalten. Die Zurückhaltung hinsichtlich der formellen Übertragung könnte in der Judikatur des EuGH in Bezug auf die mögliche Bindungswirkung von Kooperationsvereinbarungen zu sehen sein.[704] Bei einer rechtlich verbindlichen Übertragung der Interessenvertretung – unabhängig von der Kompetenzverteilung auf die EU – wird eine solche bei nationalen Kompetenzen durch die Ratspräsidentschaft unmöglich. Durch einen informellen Koordinierungsmechanismus hingegen verbleibt den Mitgliedstaaten jedenfalls theoretisch die Möglichkeit einer Vertretung. Da der informelle Koordinierungsmechanismus im Rahmen der WTO in der Praxis überwiegend etabliert und akzeptiert ist, stellt sich allerdings die Frage nach einer formellen Kooperationsvereinbarung kaum. Der Zweck einer Disziplinierung der einheitlichen Interessenkoordinierung und Interessenvertretung hat sich erübrigt.

IV. Kooperationsvereinbarung im Rahmen der Vereinten Nationen

Da die Charta der Vereinten Nationen nur Staaten als Mitglieder zulässt[705], nimmt die EU an der Arbeit in den Gremien der Vereinten Nationen grundsätzlich nur als Beobachter teil[706]. Unabhängig von der formellen Teilnahme am Vertragssystem der Vereinten Nationen hat der AStV 1995

---

704 Vgl. EuGH, Urteil vom 19.03.1996, Rs. C-25/94, Kommission/Rat, 1996, I-1469, Rn. 49.

705 Art. 4 Abs. 1 der Charta der Vereinten Nationen, BGBl. 1873 II, 431.

706 *Scheffler*, Die Europäische Union als rechtlich-institutioneller Akteur im System der Vereinten Nationen, 2009, S. 286. Vgl. als Ausnahmen z.B. die UNESCO-Übereinkommen zum Schutz und zur Förderung kultureller Vielfalt, die UN-Behindertenrechtskonvention und die FAO.

einen Leitfaden zur Koordinierung[707] erarbeitet, der am 10.04.1995[708] vom Rat gebilligt wurde[709].

Die Leitlinien unterteilen sich in allgemeine Anmerkungen (Teil I.), allgemeine Prinzipien der EU-Koordinierung im Rahmen der Vereinten Nationen (Teil II.) und Richtlinien für die Koordinierung der Europäischen Union auf internationalen Konferenzen (Teil III.). Sie beinhalten erstmals allgemeine Koordinierungsregeln für die Vereinten Nationen und deren Unterorganisationen, welche darauf zielen, die Koordinierung innerhalb der EG zu fördern und die Interessen auf Tagungen und Konferenzen der Vereinten Nationen effektiver nach außen zu vertreten (Teil I.). Die Leitlinien sind allerdings nur dort anzuwenden, wo keine speziellen Koordinierungsregeln im Rahmen der Organisationen der Vereinten Nationen existieren.[710] Sie werden seit dem Vertrag von Lissabon nicht mehr angewendet.[711] Dennoch sollen sie im Rahmen dieser Untersuchung analysiert werden, um die Entwicklung der Kooperationsvereinbarungen nachvollziehen zu können.[712]

1. Koordinierungsmechanismus

Die Leitlinien sahen eine frühestmögliche Interessenkoordinierung mittels COREU[713] in den Ratsarbeitsgruppen in Brüssel und gegebenenfalls am

---

707 Document d'orientation sur la coordination de l'Union Europeenne dans le cadre des Nations Unies, 10.04.1995, COREU PAR 483/95; Document d'orientation sur la coordination de l'Union Europeenne dans le cadre des Nations Unies approuvé par le Conseil le 10 Avril 1995, 05.04.2001, Dok-Rat SN 2435/01.

708 Document d'orientation sur la coordination de l'Union Europeenne dans le cadre des Nations Unies approuvé par le Conseil le 10 Avril 1995, 05.04.2001, Dok-Rat SN 2435/01.

709 *Winkelmann*, ZaöRV 2000, 413, 417; *Scheffler*, Die Europäische Union als rechtlich-institutioneller Akteur im System der Vereinten Nationen, 2009, S. 351.

710 So für die FAO als Unterorganisation der Vereinten Nationen.

711 Interview vom 13.02.2014 mit einem Mitarbeiter der Kommission und vom 12.04.2017 mit einem Mitarbeiter der EU-Delegation in New York.

712 Vgl. zu den Leitlinien auch *Winkelmann*, ZaöRV 2000, 413, 413 ff.

713 COREU ist ein System zum Informationsaustausch zwischen den Außenministerien. Fernschreiben in englischer oder französischer Sprache aus einem Außenministerium werden unmittelbar an die übrigen Außenministerien übermittelt und die jeweiligen Antworten ebenfalls wieder direkt an alle gesendet, *Winkelmann*, ZaöRV 2000, 413, 419.

Tagungsort vor, um die gemeinsamen Interessen und die gemeinsamen Standpunkte im Vorfeld der Konferenzen auszuarbeiten, sodass möglichst viel Zeit für Kontakte und Verhandlungen mit Dritten während der Konferenzen zur Verfügung steht (Teil II.1.). Die Interessenkoordinierung fand unter der Leitung der Ratspräsidentschaft und der Ratsarbeitsgruppe „Vereinte Nationen" statt, die den Koordinierungsprozess zusammen mit den involvierten Arbeitsgruppen und Experten der ständigen Vertretungen unter der Aufsicht des politischen und sicherheitspolitischen Komitees (PSK) leitete (Teil III.1.). Bei der Koordinierung sollte die Kompetenzverteilung zugunsten einer loyalen Zusammenarbeit außer Acht gelassen werden (Teil II.3.), sodass die konkrete Zusammenarbeit durch Arbeitsteilung effizienter gestaltet werden sollte (Teil III.2. und III.3.). Interessenkonflikte zwischen der EU und den Mitgliedstaaten sollten möglichst früh im Rahmen der Koordinierungsgremien gelöst werden, um Streitigkeiten, die zu einer Handlungsunfähigkeit auf den Konferenzen führen können, zu vermeiden und nicht nach außen zu tragen (Teil III.2.).

Da die EG lediglich über einen Beobachterstatus im System der Vereinten Nationen verfügt, obliegt das Rede- und Stimmrecht bei den Mitgliedstaaten, ohne dass hierzu explizite Regelungen in den Leitlinien existieren. Diese enthalten nur allgemeine Ausführungen zur loyalen Zusammenarbeit im Rahmen der Interessenvertretung.

Die Interessenvertretung durch die Mitgliedstaaten muss sich während der Konferenzen an den gemeinsamen Standpunkten orientieren. Außerdem dürfen sie eigene Initiativen nur anstoßen oder Maßnahmen anderer unterstützen, wenn zuvor eine interne Koordinierung stattfand (Teil III.3.). Jeder Mitgliedstaat musste darüber hinaus sicherstellen, dass seine komplette Delegation vollumfänglich über die allgemeinen Ziele der EG anlässlich der Konferenz und über die erarbeiteten gemeinsamen Standpunkte informiert war, sodass sich alle Vertreter entsprechend der gemeinsamen Positionen auf den Konferenzen und gegenüber Nichtregierungsorganisationen sowie der Presse verhalten und äußern konnten (Teil III.3 und III.4.).

2. Zusammenfassende Bewertung: Kooperationsvereinbarung im Rahmen der Vereinten Nationen

Der Schwerpunkt der Kooperationsvereinbarung lag auf der Interessenkoordinierung. Neben der Koordinierung in den Ratsarbeitsgruppen und am

Ort der Konferenzen stellte das elektronische Informationsaustauschverfahren COREU das zentrale Koordinierungsmittel dar. Der Informationsaustausch im Vorfeld der Koordinierungssitzungen bietet den Vorteil, sich vorab über die Notwendigkeit und den Inhalt von gemeinsamen Standpunkten auszutauschen und die Koordinierungssitzungen auf die relevanten Angelegenheiten zu fokussieren.

Insgesamt konnte der Leitfaden zu einer Verbesserung der EU-Koordinierung und der einheitlichen Interessenvertretung beitragen, sodass die uneinheitliche Stimmabgabe („split votes") im Rahmen der Konferenzen der Vereinten Nationen verringert werden konnte.[714] Die Praxis hat auch gezeigt, dass der Verzicht auf detaillierte inhaltliche Vorgaben einen Konsensdruck von den Mitgliedstaaten nahm und die „weiche" Koordinierung förderte.[715]

Heute erfolgt die Interessenkoordinierung auf Basis einer allgemeinen Regelung zu Erklärungen der EU in multilateralen Organisationen[716] monatlich in der Ratsarbeitsgruppe „CONUN" in Brüssel und je nach Bedarf auch täglich zwischen der EU und den Mitgliedstaaten in New York. Gegenstand der Koordinierung ist die gemeinsame Erarbeitung von gemeinsamen Standpunkten auf Vorschlag der Kommission bzw. des EAD, die mithilfe der Mitgliedstaaten ausgearbeitet und durch Konsens zwischen der EU und den Mitgliedstaaten beschlossen werden. In ca. 90 % der Fälle gelingt eine Einigung auf eine gemeinsame Position, die die EU-Delegation dazu ermächtigt, für die EU und die Mitgliedstaaten zu sprechen und die EU-Delegation, insbesondere die Kommission, den EAD oder die Ratspräsidentschaft, in den Sitzungen der Vereinten Nationen zu vertreten. Die Mitgliedstaaten können ebenso den gemeinsamen Standpunkt unterstützen und/oder ergänzen, um die Aufgabenwahrnehmung zu verteilen („burden sharing") und ihm dadurch mehr politisches Gewicht zu geben. Da die EU kein Stimmrecht bei den Vereinten Nationen besitzt, erfolgt eine etwaige Stimmabgabe durch die Mitgliedstaaten. Sofern sich die EU und die Mitgliedstaaten nicht auf einen gemeinsamen Standpunkt einigen können, trägt die Kommission oder der EAD den Unionsstandpunkt und die Ratspräsidentschaft den Standpunkt der Mitgliedstaaten vor. Dieser Koordinierungsmechanismus funktioniert in der Praxis sehr gut

---

714 *Winkelmann*, ZaöRV 2000, 413, 421.
715 *Winkelmann*, ZaöRV 2000, 413, 421 f.
716 Siehe hierzu § 3 Teil B.XI.

und hat der EU und ihren Mitgliedstaaten mehr Kontinuität im Rahmen der Außenvertretung verliehen.[717]

V. Kooperationsvereinbarung im Rahmen der CAK

Die Codex-Alimentarius-Kommission (CAK) hat als Unterorganisation der WHO und der FAO unter anderem die Aufgabe, im Interesse eines fairen Welthandels und zum Schutz der Verbrauchergesundheit weltweit gültige Gesundheitsstandards auszuarbeiten bzw. Regeln zu harmonisieren, sowie Leitlinien und Empfehlungen für den Agrar- und Lebensmittelbereich festzulegen.[718]

Die EU und alle Mitgliedstaaten sind Mitglieder der CAK.[719] Im Rahmen des Beitritts[720] der damaligen EG zur CAK im Jahr 2003[721] wurde zwischen dem Rat und der Kommission eine Vereinbarung über die Vorbereitung von Codex-Alimentarius-Sitzungen, -Erklärungen und die Ausübung von Abstimmungsrechten abgeschlossen[722] und somit die Zurückhaltung nach dem EuGH-Urteil 25/94 hinsichtlich des Abschlusses neuer Kooperationsvereinbarungen aufgegeben[723].

---

717 Interview vom 12.04.2017 mit einem Mitarbeiter der EU-Delegation in New York.

718 Art. 1 der Satzung der Codex Alimentarius Kommission, http://www.fao.org/docr ep/005/Y2200E/y2200e02.htm, 22.02.2018.

719 Vgl. Art. 2 der CAK-Satzung und Liste der Mitglieder, http://www.fao.org/fao-w ho-codexalimentarius/members-observers/members/en/?no_cache=1, 22.02.2018.

720 Siehe zum Verhandlungsprozess *Frid*, The Relations between the EC and International Organizations, 1995, S. 274 f.; *Pederson*, in: Wouters/Hoffmeister/Ruys (Hrsg.), The United Nations and the European Union, 2006, S. 83 f.; *Odendahl*, in: von Arnauld (Hrsg.), Europäische Außenbeziehungen, 2014, § 5, Rn. 75.

721 Beschluss des Rates über den Beitritt der Europäischen Gemeinschaft zur Codex-Alimentarius-Kommission, 17.11.2003, ABl. 2003 L 309/14 i.V.m. Antrag auf Beitritt der EU zur CAK, 17.11.2003, ABl. 2003 L 309/16. Vgl. zur Zuständigkeitserklärung der EU, Beschluss des Rates über den Beitritt der Europäischen Gemeinschaft zur Codex-Alimentarius-Kommission, 17.11.2003, ABl. 2003 L 309/14, Anhang II.

722 Vereinbarung zwischen Rat und Kommission über die Vorbereitung von Codex-Alimentarius-Sitzungen, -Erklärungen und die Ausübung von Abstimmungsrechten, 17.11.2003, ABl. 2003 L 309/18, Anhang III.

723 *Scheffler*, Die Europäische Union als rechtlich-institutioneller Akteur im System der Vereinten Nationen, 2009, S. 355.

Die Vereinbarung gliedert sich in sechs Teile.[724] Der Koordinierungs-mechanismus für die Interessenkoordinierung und Interessenvertretung der EU und ihrer Mitgliedstaaten im Rahmen der CAK ist vornehmlich in Teil 3. und 4. der Kooperationsvereinbarung geregelt, der im Folgenden näher untersucht wird.

1. Koordinierungsmechanismus

Die Interessenkoordinierung erfolgt möglichst früh im Rahmen von Koor-dinierungssitzungen in der zuständigen Ratsarbeitsgruppe „Codex Ali-mentarius". Die Koordinierungssitzungen finden in Brüssel, sowie am jeweiligen Sitzungsort zu Beginn, gegebenenfalls während und nach den jeweiligen Codex-Alimentarius-Sitzungen statt (Teil 3.1.). Sie dienen in erster Linie der Erarbeitung von Unionsstandpunkten und gemeinsamen Standpunkten je nach Zuständigkeitsverteilung. In einzelnen Fällen besteht jedoch auch die Möglichkeit, koordinierte Standpunkte der Mit-gliedstaaten abzustimmen (Teil 3.2.). In der Regel werden aufgrund der mehrheitlich gemischten Kompetenzverteilung aus rechtlichen Gründen und bei unionaler Kompetenz aus politischen Erwägungen (wie z.B. ein-heitliche Vertretung) gemeinsame Standpunkte erarbeitet.[725]

Die Koordinierungssitzungen finden in der Praxis mindestens ein bis zweimal unter Vorsitz der Ratspräsidentschaft in Brüssel statt. Teilnehmer sind die nationalen Vertreter[726], die Ratspräsidentschaft, das Generalsekre-tariat des Rates und Experten der Kommission. Darüber hinaus stimmen sich die unionalen und nationalen Vertreter (mehrmals) täglich vor und zwischen den CAK-Sitzungen nochmals ab. Die Koordinierungssitzungen werden durch eine Vorbesprechung zwischen der Kommission, der Rats-

---

724 Anwendungsbereich des Koordinationsverfahrens, Codex-Alimentarius-Rund-schreiben, Koordinierung im Rat, Erklärungen und Abstimmungen in Codex-Ali-mentarius-Sitzungen, Redaktionsausschüsse und Arbeitsgruppen sowie Ände-rungen des Verfahrens.

725 Interview mit einem Mitarbeiter des BMEL vom 16.02.2017 und einem Mitarbei-ter der Kommission vom 01.03.2017. Siehe zu den veröffentlichten Standpunkten http://ec.europa.eu/food/safety/international_affairs/standard_setting_bodies/code x_en, 22.02.2018.

726 Von Seiten Deutschlands gibt es eine CAK-Kontaktperson, die an den Koordinie-rungs- und CAK-Sitzungen teilnimmt. Diese wird unter Umständen von Experten aus dem BMEL im Vorfeld oder bei den Sitzungen unterstützt.

präsidentschaft und dem Generalsekretariat des Rates vorbereitet. Die Koordinierung kann in der Praxis vor und über die Koordinierungssitzungen hinaus auch auf elektronischem Weg erfolgen.[727]

Zur Vorbereitung der Koordinierungssitzungen übermittelt die Kommission die Tagesordnung für die Codex-Alimentarius-Sitzungen zur Weiterleitung an die Mitgliedstaaten an das Ratssekretariat und vermerkt, zu welchen Tagesordnungspunkten Unionsstandpunkte bzw. gemeinsame Standpunkte erfolgen sollen (Teil 3.3. Abs. 1 und 3.6. a); „annotated agenda"[728]). Darüber hinaus sendet sie außerdem die von ihr und gegebenenfalls unter Hinzuziehung nationaler Experten[729] angefertigten Entwürfe für Standpunkte zur weiteren Verteilung an die Mitgliedstaaten an das Ratssekretariat (Teil 3.4. und 3.6. b)).[730]

Auf den Koordinierungssitzungen wird zudem die Verteilung des Rede- und Stimmrechts für die CAK-Sitzungen abgestimmt (Teil 3.5.). Die Kommission teilt dem Ratssekretariat auch im Hinblick auf die Verteilung des Rede- und Stimmrechts ihre Ansicht bereits vor den Koordinierungssitzungen mit (Teil 3.3. und 3.6. a), „annotated agenda").[731]

Falls in den Koordinierungssitzungen kein Konsens bezüglich der Standpunkte und der Verteilung der Rede- und Stimmrechte für die CAK-Tagesordnungspunkte gefunden wird, wird die Angelegenheit an den AStV zur Konsensfindung weitergeleitet (Teil 3.7.).[732] Die Vereinbarung

---

727 Interview vom 16.02.2017 mit einem Mitarbeiter des BMEL und Interview vom 01.03.2017 einem Mitarbeiter der Kommission.

728 Interview vom 16.02.2017 mit einem Mitarbeiter des BMEL und Interview vom 01.03.2017 einem Mitarbeiter der Kommission.

729 Interview vom 16.02.2017 mit einem Mitarbeiter des BMEL und Interview vom 01.03.2017 einem Mitarbeiter der Kommission.

730 Reicht die Zeit vor einer CAK-Sitzung für ausführliche Entwürfe nicht aus oder ergibt sich ein Koordinierungsbedarf vor Ort, so informiert die Kommission die Mitgliedstaaten über die geplanten Standpunkte, um diese gegebenenfalls vor Ort ad hoc abzustimmen (Teil 3.9. und 3.10.). Bevor keine Koordinierung zwischen der EU und den Mitgliedstaaten stattgefunden hat, sollen verbindliche Äußerungen in den CAK-Sitzungen vermieden werden (Teil 3.11.).

731 Anhand der Ergebnisse der Koordinierungssitzungen hinsichtlich der Zuständigkeitsverteilung wird in den ersten zwei Jahren eine „allgemeine Erklärung" erstellt, die die Zuständigkeitsverteilung zwischen der EU und den Mitgliedstaaten zu wiederkehrenden Themen festlegt (Teil 4.6.).

732 In der Praxis findet nur sehr selten eine Verweisung an den AStV statt, Interview vom 16.02.2017 mit einem Mitarbeiter des BMEL und Interview vom 01.03.2017einem Mitarbeiter der Kommission.

normiert insofern eine gesteigerte Zusammenarbeitspflicht auf höherer Ebene (Verhandlungspflicht), mit dem Ziel, eine Lösung zu finden. Sie sieht implizit einen einstimmigen Beschluss vor (vgl. Teil 4.5.). In der Praxis wird einem Dissens in der Regel mit einer Mindestposition vorgebeugt, mit der die EU und alle Mitgliedstaaten einverstanden sind.[733] Wenngleich der Rat nicht ausdrücklich als „letztinstanzliches" Koordinierungsgremium benannt wird, wird er in Ausnahmefällen – insbesondere bei hochpolitischen Fragen, grundlegenden Meinungsverschiedenheiten in den Mitgliedstaaten und rein nationalen Kompetenzen – mit der Konsensfindung betraut.[734]

Nachdem die Interessenkoordinierung beschrieben wurde, geht die Vereinbarung in Teil 4. auf die Interessenvertretung im Rahmen der Codex-Alimentarius-Sitzungen ein.

Das Rede- und Stimmrecht in Bezug auf Tagesordnungspunkte, die in die ausschließliche Zuständigkeit der EU oder der Mitgliedstaaten fallen (Unionsstandpunkte oder koordinierte Standpunkte der Mitgliedstaaten), liegt bei der EU oder den Mitgliedstaaten (Teil 4.1. und 4.2.). Bei Tagesordnungspunkten, die sowohl in die Zuständigkeit der Union als auch in die der Mitgliedstaaten fallen, obliegt das Rederecht hinsichtlich des gemeinsamen Standpunktes gemäß der Kooperationsvereinbarung dem Ratsvorsitz und der Kommission (Teil 4.3.). In der Praxis nehmen allerdings Kommissionsvertreter oder der Ratsvorsitz das Rederecht je nach Zuständigkeitsschwerpunkt wahr.[735] Das Stimmrecht wird in diesen Fällen auch anhand desZuständigkeitsschwerpunkts durch die Kommission oder durch die Mitgliedstaaten entsprechend dem gemeinsamen Standpunkt im „Namen der Gemeinschaft und ihrer Mitgliedstaaten" ausgeübt (Teil 4.3.). Unionsstandpunkte und gemeinsame Standpunkte dürfen durch die Mitgliedstaaten nach vorheriger Absprache unterstützt und/oder ergänzt werden. (Unterstützungsklausel, Teil 4.1. und 4.3.). In der Regel unterstützen die Mitgliedstaaten die Standpunkte, um ihnen, insbesondere bei streitigen

---

733 Interview vom 16.02.2017 mit einem Mitarbeiter des BMEL und Interview vom 01.03.2017 einem Mitarbeiter der Kommission.
734 Interview vom 16.02.2017 mit einem Mitarbeiter des BMEL und Interview vom 01.03.2017 einem Mitarbeiter der Kommission.
735 Interview vom 16.02.2017 mit einem Mitarbeiter des BMEL und Interview vom 01.03.2017 einem Mitarbeiter der Kommission.

Themen, mehr Gewicht zu verleihen und Dritten gegenüber zu verdeutlichen, dass hinter der EU 28 Staaten stehen.[736]

Falls im Bereich gemischter Zuständigkeiten keine Einigung auf einen gemeinsamen Standpunkt erfolgt, können die Kommission und/oder die Mitgliedstaaten in den CAK-Sitzungen sprechen und abstimmen; vorausgesetzt, der Standpunkt steht in Einklang mit der Unionspolitik und fällt eindeutig in den (ausschließlichen) Zuständigkeitsbereich der EU oder der Mitgliedstaaten (Teil 4.4. und 4.5.). Da sich die EU und die Mitgliedstaaten nur im Rahmen der allgemeinen Unionspolitik äußern dürfen, solange kein gemeinsamer Standpunkt gefunden ist, wird der Spielraum im Vergleich zur FAO-Vereinbarung I deutlich eingeschränkt und der Druck zur Einigung erhöht.[737]

2. Zusammenfassende Bewertung: Kooperationsvereinbarung im Rahmen der CAK

Die Kooperationsvereinbarung regelt detailliert die Interessenkoordinierung und Interessenvertretung und knüpft inhaltlich an die FAO-Vereinbarungen an, die gleichzeitig als Vorbild dienten[738].

Die EU-interne Interessenkoordinierung und Interessenvertretung wird durch einen Mechanismus beschrieben, der den Koordinierungsprozess in Bezug auf die Zuständigkeitsverteilung sowie die entsprechenden Standpunkte und deren Vertretung festlegt. Neben der allgemeinen Verhandlungs- bzw. Koordinierungspflicht wird der Kommission ein Initiativrecht hinsichtlich der inhaltlichen Koordinierung zugebilligt, welches zugleich eine Pflicht zum Vorschlag von Standpunkten darstellt. In der Praxis werden die Regelungen der Kooperationsvereinbarung und der entsprechende Koordinierungsmechanismus strikt eingehalten. Er ermöglicht eine relativ harmonische und funktionierende Interessenkoordinierung und Interessenvertretung. Nicht zuletzt, weil der Mechanismus nur wenig Spielraum für

---

736 Interview vom 16.02.2017 mit einem Mitarbeiter des BMEL und Interview vom 01.03.2017 einem Mitarbeiter der Kommission.

737 *Schwichtenberg*, Die Kooperationsverpflichtung der Mitgliedstaaten der EU bei Abschluss und Anwendung gemischter Verträge, 2014, S. 185.

738 *Scheffler*, Die Europäische Union als rechtlich-institutioneller Akteur im System der Vereinten Nationen, 2009, S. 356; *Schwichtenberg*, Die Kooperationsverpflichtung der Mitgliedstaaten der EU bei Abschluss und Anwendung gemischter Verträge, 2014, S. 184.

Abweichungen lässt. Der formelle Koordinierungsrahmen ermöglicht es der EU und den Mitgliedstaaten, sich fast ausschließlich auf die inhaltliche Koordinierung und die einheitliche Vertretung zu konzentrieren, da insbesondere die Frage nach der Kompetenzverteilung („annotated agenda") nur wenige Minuten am Anfang der Koordinierungssitzung in Anspruch nimmt.[739] Das Interesse an der einheitlichen Vertretung zeigt sich auch daran, dass in der Regel gemeinsame Standpunkte formuliert werden und die Kompetenzverteilung bei der Außenvertretung in den Hintergrund tritt.

Obwohl die Kooperationsvereinbarung eine gemeinsame Interessenvertretung vorsieht, kommt es in der Praxis zur alternativen Ausübung des Rederechts. Die Ausübung der Rede- und Stimmrechte läuft weitestgehend konfliktfrei ab, sodass es einer generellen Führungsrolle der Kommission, wie etwa im Rahmen einer Delegation nach der „Rom-Formel", nicht bedarf. Nichtsdestotrotz übt die Kommission die politische Führungsrolle bei der internen Koordinierung aus, da sie sowohl fachlich, als auch personell – gerade im Vergleich zu kleineren Mitgliedstaaten – gut aufgestellt ist.[740]

In der Praxis konnte die Vereinbarung einzelne Blockadehaltungen der Mitgliedstaaten in der CAK nicht verhindern. Das lag allerdings in erster Linie an der Tatsache, dass sich die Stimmenanzahl in den Gremien der CAK nach der Zahl der anwesenden Mitgliedstaaten bemisst und nicht nach der Gesamtzahl der Mitgliedstaaten in der CAK[741]. Nationale Vertreter können demnach die Stimmenanzahl der EU und der Mitgliedstaaten durch das Verlassen der Sitzung reduzieren, sodass dadurch von der EU favorisierte Beschlüsse nicht zustande kommen.[742] Der Verstoß gegen Art. 4 Abs. 3 EUV durch ein derartiges mitgliedstaatliches Vorgehen ist offensichtlich. Die Verankerung einer ausdrücklichen Anwesenheitspflicht in der Vereinbarung würde die Mitgliedstaaten an ihre Loyalitätspflicht erinnern.

Insgesamt ermöglicht die Kooperationsvereinbarung eine effektive Interessenkoordinierung der EU und ihrer Mitgliedstaaten. Der Koordinie-

---

739 Interview vom 16.02.2017 mit einem Mitarbeiter des BMEL und Interview vom 01.03.2017 einem Mitarbeiter der Kommission.
740 Interview vom 16.02.2017 mit einem Mitarbeiter des BMEL.
741 Art. VI Abs. 1 der Verfahrensregeln der CAK, http://www.fao.org/docrep/005/Y2 200E/y2200e03.htm#TopOfPage, 22.02.2018.
742 *Hoffmeister*, CMLRev 2007, 41, 66; *Weiß*, in: von Arnauld (Hrsg.), Europäische Außenbeziehungen, 2014, § 10, Rn. 152.

rungsmechanismus in Form der Festlegung einer Verhandlungsstrategie (gemeinsame Standpunkte) sowie die gemeinsame Interessenvertretung hat in zahlreichen Situationen eine einheitliche völkerrechtliche Vertretung gewährleistet.[743]

VI. Kooperationsvereinbarung im Rahmen des UPOV

Bis auf Griechenland, Luxemburg, Malta und Zypern sind alle Mitgliedstaaten der EU Mitglieder des internationalen Verbands zum Schutz von Pflanzenzüchtungen (UPOV).[744] Seit dem Beitritt der EU[745] zum UPOV im Jahr 2005 (sodann partiell gemischtes Abkommen) hat es Bemühungen gegeben, einen Mechanismus zur Interessenkoordinierung und Interessenvertretung im Rahmen des UPOV zu entwickeln. Im September 2005 übermittelte die Ratspräsidentschaft einen umfangreichen Kommissionsentwurf als inoffizielles Arbeitsdokument ("non-paper") zur Interessenkoordinierung und Interessenvertretung an die Ratsarbeitsgruppe "Agrarfragen" (Sortenschutz).[746] Der Entwurf wurde in der Ratsarbeitsgruppe jedoch nicht weiter verfolgt.[747] Im Anschluss daran wurde dieser Ratsarbeitsgruppe ein deutlich kürzerer Kommissionsentwurf einer Vereinbarung zwischen dem Rat und der Kommission zur Interessenkoordinierung und Interessenvertretung im Rahmen des UPOV vorgelegt[748] und dort eingehend diskutiert[749]. Der neue Entwurf wurde von der Arbeitsgruppe und dem AStV als Kompromiss unter Berücksichtigung der vorherigen Bera-

---

743 Interview vom 16.02.2017 mit einem Mitarbeiter des BMEL und Interview vom 01.03.2017 mit einem Mitarbeiter der Kommission.

744 Vgl. Liste der UPOV-Mitglieder, http://www.upov.org/members/de/, 22.02.2018.

745 Beschluss des Rates zur Genehmigung des Beitritts der Europäischen Gemeinschaft zum Internationalen Übereinkommen zum Schutz von Pflanzenzüchtungen in der am 19. März 1991 in Genf angenommenen Neufassung, 30.05.2005, ABl. 2005, L 192/63.

746 Arrangement between the Council, the Member States and the Commission regarding preparation for UPOV meetings, statements and voting, 19.07.2005, Dok-Rat 11336/05, Annex.

747 Interview vom 05.03.2014 mit einem Vertreter des BMLEV.

748 Draft Arrangement between the Council and the Commission regarding preparation for UPOV meetings, statements and voting, 28.10.2005, Dok-Rat 13891/05.

749 Outcome of proceedings from Working Party on Agricultural Questions, 10.10.2005, Dok-Rat 13179/05.

tungen[750] im November 2005 zwar nicht als Vereinbarung, dennoch aber als gemeinsame Erklärung von Rat und Kommission gebilligt.[751] Die darin enthaltenen gemeinsamen Leitlinien wurden durch den Rat als Kooperationsvereinbarung angenommen.[752]

1. Koordinierungsmechanismus

Die gemeinsamen Leitlinien sehen eine Interessenkoordinierung in Form von gemeinsamen Standpunkten für UPOV-Sitzungen in der zuständigen Ratsarbeitsgruppe „Agrarfragen" vor. Sofern keine konkreten gemeinsamen Standpunkte zu speziellen UPOV-Themen erarbeitet werden können, sehen die Leitlinien eine Verhandlungs- bzw. Koordinierungpflicht für allgemeinere gemeinsame Standpunkte vor, um zumindest einheitlich auftreten zu können. Die Mitgliedstaaten dürfen sich im Falle des Nichtzustandekommens von gemeinsamen Standpunkten dennoch zu ihrem nationalen System der Sortenschutzrechte äußern.

Die von den Leitlinien vorgesehene Koordinierung wird seitdem durch die EU und die Mitgliedstaaten praktiziert. Wie von der Kooperationsvereinbarung vorgesehen, werden gemeinsame Standpunkte durch einen Konsens der EU und der Mitgliedstaaten in der Ratsarbeitsgruppe „Agrarfragen" erarbeitet. Die gemeinsamen Standpunkte werden unabhängig von der Kompetenzverteilung zwischen der EU und den Mitgliedstaaten festgelegt. Die Koordinierungssitzungen in der zuständigen Ratsarbeitsgruppe werden jeweils zeitnah vor den UPOV-Sitzungen[753] durchgeführt. Falls es während der UPOV-Sitzungen für notwendig erachtet wird, findet zusätz-

---

750 Vgl. Arrangement between the Council, the Member States and the Commission regarding preparation for UPOV meetings, statements and voting, 19.07.2005, Dok-Rat 11336/05, Annex.

751 Billigung einer gemeinsamen Erklärung von Rat und Kommission betreffend die Vorbereitung von Sitzungen, Erklärungen und Abstimmungen im Rahmen des UPOV, 11.11.2005, Dok-Rat 14996/05.

752 Gemeinsame Erklärung von Rat und Kommission betreffend die Vorbereitung von Sitzungen, Erklärungen und Abstimmungen im Rahmen des UPOV, 29.11.2005, Dok-Rat 14996/05, Anlage i.V.m. Nr. 2 des Entwurfs eines Ratsprotokolls für die 2702. Tagung des Rates der Europäischen Union (Landwirtschaft und Fischerei), 16.03.2005, Dok-Rat 16048/05 i.V.m. Nr. 5 der Liste der A-Punkte für 2702. Tagung des Rates der Europäischen Union (Landwirtschaft und Fischerei), 19.12.2005, Dok-Rat 15788/05.

753 Die UPOV-Sitzungen finden zweimal jährlich statt (Frühjahr und Herbst).

lich eine Koordinierung „on the spot" am Rande der UPOV-Sitzungen statt. Die Ratspräsidentschaft bereitet in der Praxis gemeinsam mit der Kommission die gemeinsamen Standpunkte für die Koordinierungssitzungen vor. Da die fachlichen Fragen in Bezug auf die UPOV-Sitzungen wenig hochpolitische Fragestellungen enthalten und sich die Interessen der EU und der Mitgliedstaaten in der Regel decken, verläuft die Interessenkoordinierung weitestgehend konfliktfrei ab. Darüber hinaus handelt sich bei dem UPOV, der seit 1961 besteht, um eine „ausgereifte" internationale Organisation, die auf eine langjährige eingespielte Zusammenarbeit insbesondere mit den Mitgliedstaaten zurückgreifen kann. Eine Verweisung an den AStV oder den Rat zur Konfliktlösung war deshalb bisher nicht notwendig.[754]

Die Kommission übernimmt in der Praxis die Interessenvertretung, auch wenn diese nicht in der Kooperationsvereinbarung geregelt ist. Die Mitgliedstaaten unterstützen und ergänzen die gemeinsamen Standpunkte, ohne dass die Wortmeldungen im Vorfeld formell koordiniert werden und eine entsprechende Unterstützungsmöglichkeit durch die Kooperationsvereinbarung vorgesehen ist.[755]

2. Zusammenfassende Bewertung: Kooperationsvereinbarung im Rahmen des UPOV

Die Leitlinien sehen auch die Option vor, diese durch weitere Koordinierungsregeln zu ergänzen. Ein Änderungsbedarf trat jedoch bisher nicht auf. Die Beschränkung auf das Koordinierungsgremium, auf die Verhandlungspflicht in Bezug auf gemeinsame Standpunkte und auf die Möglichkeit nationaler Interessenvertretung im Falle eines Dissens sind zwar im Vergleich zu anderen Mechanismen hinsichtlich des Regelungsinhalts und der Regelungstiefe zurückhaltend, lassen aber der Koordinierungspraxis im Rahmen des UPOV die notwendige Flexibilität. Ein detaillierter Mechanismus war, wie von dem ersten Entwurf vorgesehen,[756] nicht gewünscht. Insbesondere favorisieren die Mitgliedstaaten die Leitlinien,

---

754 Interview vom 09.03.2017 mit einem Mitarbeiter des BMEL.
755 Interview vom 09.03.2017 mit einem Mitarbeiter des BMEL.
756 Der Entwurf (Dok-Rat 11336/05) enthielt detaillierte Regelungen zur Kompetenzverteilung, zum Koordinierungsmechanismus, sowie zur Ausübung des Rede- und Stimmrechts.

da diese die generelle Verhandlungspflicht von gemeinsamen Standpunkten unabhängig von der Kompetenzverteilung vorsehen und das Rederecht der Mitgliedstaaten sichern.[757]

In der Praxis hat sich der Koordinierungsmechanismus bewährt; er verursachte bisher keine ernsthaften Konflikte. Befürchtungen über einen erhöhten Koordinierungsaufwand und etwaige Konflikte durch einen EU-Beitritt haben sich zudem bisher nicht realisiert, sodass der praktizierte Mechanismus eine effektive Außenvertretung der EU und der Mitgliedstaaten ermöglicht.[758]

VII. Kooperationsvereinbarung zur Durchführung des UNESCO-Übereinkommens zum Schutz und zur Förderung kultureller Vielfalt

Im Rahmen des gemischten UNESCO-Übereinkommens zum Schutz der Vielfalt kultureller Inhalte und künstlerischer Ausdrucksformen[759], an dem die EU[760] und alle 28 Mitgliedstaaten als Vertragsparteien mitgliedschaftlich beteiligt sind[761], existieren wie bereits erläutert zwei Kooperationsver-

---

757 Nr. 2 des I/A-Punkt-Vermerks des Generalsekretariats des Rates für den AStV/ Rat, 29.11.2005, Dok-Rat 14996/05.

758 Interview vom 09.03.2017 mit einem Mitarbeiter des BMEL.

759 BGBl. 2007 II, 234.

760 Wenngleich das Abkommen im Rahmen der UNESCO abgeschlossen wurde, unterhält die EU bislang zur UNESCO nur eine Partnerschaft, ohne Mitglied zu sein, https://en.unesco.org/UNESCO-EU-Partnership, 22.02.2018. Die Mitgliedschaft in der UNESCO ist nur Staaten vorbehalten (Art. 2 Abs. 1 und 2 UNESCO-Verfassung, aktuellste deutsche Textversion unter http://www.unesco.d e/infothek/dokumente/unesco-verfassung.html, 22.02.2018), sodass die EU bislang nur Beobachter ist, *Wouters u.a.*, in: Kaddous (Hrsg.), The EU in International Organizations and Global Governance, 2015, S. 71.

761 Liste der Vertragsparteien der UNESCO-Konvention zum Schutz der Vielfalt kultureller Inhalte und künstlerischer Ausdrucksformen, http://www.unesco.org/eri/l a/convention.asp?KO=31038&language=E&order=alpha, 22.02.2018. Die EU ist als Organisation regionaler Wirtschaftsintegration gemäß Art. 27 Abs. 3 des Übereinkommens als Vertragspartei zugelassen, BGBl. 2007 II, 234 und hat den Vertrag ratifiziert, Ratsbeschluss über den Abschluss des Übereinkommens zum Schutz und zur Förderung der Vielfalt kultureller Ausdrucksformen, 18.05.2006, ABl. 2006, L 201/15. Die EU ist allerdings bislang lediglich Beobachter bei der UNESCO, vgl. hierzu die Mitgliedsliste der UNESCO, http://www.unesco.de/ue ber-die-unesco/mitgliedstaaten.html, 22.02.2018, sowie die Ausführungen zur Zusammenarbeit zwischen der EU und der UNESCO bei *Cavicchioli*, in: Wou-

einbarungen. Die Kooperationsvereinbarung für die Verhandlungen wurde bereits untersucht.[762] Nun wird auf den „Verhaltenskodex zwischen dem Rat, den Mitgliedstaaten und der Kommission über die Teilnahme der Gemeinschaft und ihrer Mitgliedstaaten an Tagungen über die Umsetzung des Übereinkommens zum Schutz und zur Förderung der Vielfalt kultureller Ausdrucksformen"[763] eingegangen. Die Kooperationsvereinbarung ist inhaltlich an die FAO-Vereinbarungen[764] und an die CAK-Kooperationsvereinbarung angelehnt. Sie unterteilt sich in Aufgabenverteilung nach der jeweiligen Zuständigkeit (Teil 2. bis 4.), Wortmeldungen (Teil 5. und 6.), Abstimmung (Teil 7.), Festlegung von Standpunkten (Teil 8.) und Wortmeldung und Abstimmung bei fehlender Einigung (Teil 9.).

1. Koordinierungsmechanismus

Die Kooperationsvereinbarung sieht unabhängig von der Kompetenzverteilung Koordinierungssitzungen zur Interessenkoordinierung vor, ohne ein konkretes Koordinierungsgremium zu benennen. Sie sollen während und nach den Sitzungen der UNESCO-Konvention stattfinden (Teil 2. und 8.a) und b)). Bei nationalen Kompetenzen erfolgt die Erarbeitung koordinierter Standpunkte[765] (vgl. Teil 8.a)) durch die Mitgliedstaaten ohne die Kommission. Unionsstandpunkte (bei EU-Zuständigkeit) und gemeinsame Standpunkte der EU und ihrer Mitgliedstaaten (bei gemischter Zuständigkeit) werden zwischen der EU und den Mitgliedstaaten

---

ters/Hoffmeister/Ruys (Hrsg.), The United nations and the European Union, 2006, S. 135 ff.; *Wouters u.a.*, in: Kaddous (Hrsg.), The EU in International Organisations and Global Governance, 2015, S. 69 ff.

762 Siehe zur Kooperationsvereinbarung für die Verhandlungen des UNESCO-Übereinkommens zum Schutz der Vielfalt kultureller Inhalte und künstlerischer Ausdrucksformen § 3 Teil A.II.

763 Verhaltenskodex zwischen dem Rat, den Mitgliedstaaten und der Kommission über die Teilnahme der Gemeinschaft und ihrer Mitgliedstaaten an Tagungen über die Umsetzung des Übereinkommens zum Schutz und zur Förderung der Vielfalt kultureller Ausdrucksformen, 01.02.2007, Dok-Rat 5914/07, Anlage.

764 *Scheffler*, Die Europäische Union als rechtlich-institutioneller Akteur im System der Vereinten Nationen, 2009, S. 356; *Schwichtenberg*, Die Kooperationsverpflichtung der Mitgliedstaaten der EU bei Abschluss und Anwendung gemischter Verträge, 2014, S. 185.

765 So auch *Schwichtenberg*, Die Kooperationsverpflichtung der Mitgliedstaaten der EU bei Abschluss und Anwendung gemischter Verträge, 2014, S. 185.

„angemessen" und nach „besten Kräften" abgestimmt (Verhandlungspflicht, Teil 8.a) und b)). Die entsprechenden Entwürfe für die jeweiligen Standpunkte werden vor den Koordinierungssitzungen an die Mitgliedstaaten verteilt (Teil 8.a), Informationspflicht), sodass davon auszugehen ist, dass die Entwürfe von der Kommission stammen.

Grundlage für die Erarbeitung von Standpunkten jeglicher Art ist allerdings die Einigung über die Zuständigkeitsverteilung zwischen der EU und den Mitgliedstaaten im Hinblick auf die Tagesordnungspunkte der Sitzungen der UNESCO-Konvention.[766] Im Falle eines Dissenses hinsichtlich der Zuständigkeitsverteilung erfolgt die Weiterverweisung zur Konfliktlösung an den Ausschuss für Kulturfragen oder den AStV (Teil 8.c)), ohne dass der Rat, wie bei der CAK-Kooperationsvereinbarung, als „letztinstanzliches" Vermittlungsgremium benannt wird.

Auch die Interessenvertretung im Rahmen des gemischten UNESCO-Übereinkommens richtet sich – wie bereits die verschiedenen Standpunkte – nach der Kompetenzverteilung zwischen der EU und den Mitgliedstaaten. Die gemischte Mitgliedschaft schreibt eine alternative Ausübung der Mitgliedsrechte vor (Art. 27 Abs. 3 Buchstabe b)) und besteht aus maximal 28 Stimmen. Im Bereich Kultur wäre aufgrund der ergänzenden Zuständigkeit eine gleichzeitige Ausübung der völkerrechtlichen Pflichten der EU und der Mitgliedstaaten möglich (Art. 6 Abs. 1 Buchstabe c) AEUV). Allerdings verbietet das Abkommen faktisch eine gleichzeitige Ausübung der Mitgliedschaftsrechte[767], sodass die Interessenvertretung alternativ durch die EU oder die Mitgliedstaaten erfolgen muss.

Der Verhaltenskodex trägt der alternativen Ausübung der Mitgliedschaftsrechte Rechnung und sieht vor, dass koordinierte Standpunkte der Mitgliedstaaten durch den Ratsvorsitz[768] vorgetragen werden (Teil 2.). Das Stimmrecht wird in den Sitzungen der UNESCO-Konvention in diesen Fällen durch die Mitgliedstaaten ausgeübt (Teil 7.b)).

---

766 Als Hilfe zur Festlegung der Kompetenzverteilung enthalten Teil 2. und 3. nicht abschließende Beispiele zu ausschließlichen Zuständigkeit der Mitgliedstaaten und der EU.

767 Vgl. hierzu *Klamert*, ZöR 2009, 217, 234.

768 Falls der Ratsvorsitz nicht vertreten ist, wird das Rederecht für koordinierte und gemeinsame Standpunkte durch den Vertreter desjenigen Mitgliedstaats wahrgenommen, der in der Liste für den turnusmäßigen Wechsel des Ratsvorsitzes an erster Stelle steht (Teil 5.a).

Die Kommission vertritt die Unionsstandpunkte (Teil 3.) und übt das Stimmrecht bei entsprechenden Tagesordnungspunkten aus (Teil 7.a)). Die gemeinsamen Standpunkte werden je nach Zuständigkeitsschwerpunkt (Schwerpunktsklausel) durch die Kommission oder den Ratsvorsitz vertreten (Teil 4.). Die Abstimmung erfolgt bei gemeinsamen Standpunkten, unabhängig vom Kompetenzschwerpunkt, durch die Kommission (Teil 7.a)). Der Verhaltenskodex sieht – wie andere Kooperationsvereinbarungen auch – vor, dass die Mitgliedstaaten nach entsprechender Koordinierung das Rederecht für Unionsstandpunkte oder gemeinsame Standpunkte insgesamt wahrnehmen können. Die Mitgliedstaaten können die Standpunkte auch neben der Kommission erläutern (Unterstützungsklausel, Teil 6.).

Falls keine Einigung über die Zuständigkeitsverteilung erzielt und demnach auch kein Standpunkt erarbeitet werden kann, sieht die Kooperationsvereinbarung vor, dass der EU und den Mitgliedstaaten im Bereich eindeutiger nationaler bzw. unionaler Zuständigkeiten das Rede- und Stimmrecht zusteht. Die Kommission darf darüber hinaus nur dann Beteiligungsrechte ausüben, wenn dies zur Verteidigung des gemeinschaftlichen Besitzstandes erforderlich ist bzw. im Einklang mit der Politik und dem Unionsrecht steht (Teil 9.).

2. Zusammenfassende Bewertung: Kooperationsvereinbarung zur Durchführung des UNESCO-Übereinkommens zum Schutz und zur Förderung kultureller Vielfalt

Der Verhaltenskodex lässt eine klare Benennung des Koordinierungsgremiums vermissen. Im Vergleich zur CAK-Kooperationsvereinbarung fehlt auch eine Regelung zum genauen Koordinierungsmechanismus, insbesondere eine Vereinbarung zu Vorschlägen zur Zuständigkeitsverteilung und zu den Standpunkten.

Im Übrigen ist klar geregelt, wer bei welchen Kompetenzen entsprechende Standpunkte erarbeitet und das Rede- und Stimmrecht im Sinne der Standpunkte ausübt. Die Frage, unter welchen Voraussetzungen bei einem Dissens gesprochen und abgestimmt werden darf, wird wie in der CAK-Kooperationsvereinbarung und der FAO-Vereinbarung I ausdrücklich normiert. Die engen Voraussetzungen unter denen bei einem Dissens eine Interessenvertretung stattfinden darf führen bei einem Dissens im Ergebnis zu einer Schweigepflicht bzw. zu einer Handlungsunfähigkeit auf internationaler Ebene. Sie erhöhen damit den Anreiz zur Einigung auf die Zuständigkeitsverteilung bzw. entsprechende Standpunkte.[769]

Insgesamt entwickelt die Kooperationsvereinbarung die Interessenkoordinierung und Interessenvertretung im Vergleich zu früheren Vereinbarungen weiter, da sie einen ausführlicheren Koordinierungsmechanismus für die Durchführung des UNESCO-Übereinkommens und die Pflichten der EU und den Mitgliedstaaten aus Art. 4 Abs. 3 EUV während der Vorbereitung und der Durchführung von Sitzungen im Rahmen der Konvention aufstellt. In der Praxis dient der Verhaltenskodex als Grundlage der Koordinierung, wenngleich nicht alle Aspekte zwischen der EU und den Mitgliedstaaten abgestimmt werden und in Einzelfällen von dem vorgesehen Koordinierungsmechanismus abgesehen wird.[770]

VIII. Kooperationsvereinbarung im Rahmen der WZO

Die umfassende Teilnahme der EU in der Weltzollorganisation (WZO) stellt immer noch ein Problem dar: Denn sie hat trotz ihrer ausschließlichen Kompetenz im Bereich des Zollwesens (Art. 3 Abs. 1 lit. a) AEUV) nach wie vor nur einen Beobachterstatus als supranationale Zoll- und Wirtschaftsunion in der WZO inne (Member-States-Only-Abkommen).[771] Die Zusammenarbeit zwischen der EU und ihren Mitgliedstaaten ist sehr wichtig, da die Gründungskonvention der WZO bis dato nur Staaten als Vollmitglieder zulässt[772] und die Mitgliedstaaten insofern als Sachwalter der Union agieren[773]. Dieser Umstand beschränkt die Möglichkeit der unmittelbaren Mitarbeit der EU nur auf diejenigen Organe der WZO, die

---

769 *Hoffmeister*, in: Hillion/Koutrakos (Hrsg.), Mixed Agreements Revisited, 2010, S. 262; *Schwichtenberg*, Die Kooperationsverpflichtung der Mitgliedstaaten der EU bei Abschluss und Anwendung gemischter Verträge, 2014, S. 186.

770 Interview vom 04.07.2017 mit einem Mitarbeiter der Kommission.

771 Vgl. zum Beobachterstatus der EU Art. II (d) Convention Establishing a Customs Co-Operation Council, http://www.wcoomd.org/en/about-us/legal-instruments/co nventions.aspx, 22.02.2018; BGBl. 1952 II, S. 19; Liste der WZO-Mitglieder, http://www.wcoomd.org/en/about-us/wco-members/membership.aspx, 22.02.2018.

772 Vgl. Artt. II und XVIII Convention Establishing a Customs Co-Operation Council, http://www.wcoomd.org/en/about-us/legal-instruments/conventions.aspx, 22.02.2018.

773 Siehe zur Sachwalterschaft § 2 Teil B.I.2.

durch andere internationale Übereinkommen oder Abkommen gegründet wurden und zu deren Vertragsparteien die EU bereits gehört (z.B. Harmonisiertes System, Übereinkommen von Kyoto[774]).[775] Bei anderen Sitzungen der WZO ist die EU hingegen nur als Beobachter zugelassen. Um diesen Umstand zu beseitigen und auf eine Änderung der Gründungskonvention der WZO hinzuwirken, hat der Rat der EU im März 2001 beschlossen, dass die damalige EG die Mitgliedschaft in der WZO beantragen soll und die Kommission dazu ermächtigt, mit der WZO Verhandlungen aufzunehmen (Art. 218 Abs. 2 und 3 AEUV).[776] Nachdem zunächst mehrere Mitgliedstaaten der WZO gegen eine Aufnahme waren, wurde das Ansinnen vorerst zurückgestellt. Nach weiteren Verhandlungen wurde 2006 ein erneuter Antrag gestellt,[777] sowie eine entsprechende Zuständigkeitserklärung abgegeben[778]. Die Mitgliedstaaten werden auch nach einem Beitritt

---

774 *Hoffmeister*, CMLRev 2007, 41, 44.

775 Vgl. auch Teil I.4. der Leitlinien zur Gewährleistung der innergemeinschaftlichen Koordinierung im Rahmen der WZO, 15.04.2008, Dok-Rat 8594/08, Anhang.

776 Empfehlung für einen Beschluss des Rates zur Ermächtigung der Kommission, im Namen der Europäischen Gemeinschaft eine Änderung des (am 15. Dezember 1950 in Brüssel unterzeichneten) Abkommens über die Gründung eines Rates für die Zusammenarbeit auf dem Gebiet des Zollwesens auszuhandeln, durch die der Europäischen Gemeinschaft der Beitritt zu dieser Organisation ermöglicht wird, 23.02.2001, Dok-Rat 6539/01 i.V.m. Entwurf Ratsprotokoll für die 2338. Tagung des Rates der Europäische Union (Allgemeine Angelegenheiten) vom 19.03.2001, 15.05.2001, Dok-Rat 7265/01, Punkt 2 i.V.m. Liste der A-Punkte für die 2338. Tagung des Rates der Europäischen Union (Allgemeine Angelegenheiten), 16.03.2001, Dok-Rat 7061/01, Punkt 3 i.V.m. der vorläufigen Tagesordnung für die 1933. Tagung des Ausschuss der ständigen Vertreter (2. Teil), 24.09.2001, Dok-Rat 12098/01, Punkt 21 (Genehmigung des Protokollentwurfs gemäß Art. 13 Abs. 2, Art. 19 Abs. 7 Buchstabe f der Geschäftsordnung des AStV) i.V.m. Compte rendu Sommaire en question de la 1933ème réunion du Comité des representants permanents, 30.11.2001, Dok-Rat 12112/01, Punkt 1.

777 Ratsbeschluss über den Beitritt der Europäischen Gemeinschaften zur Weltzollorganisation und die Ausübung der Rechte und Pflichten eines Mitglieds ad interim, 25.06.2007, ABl. 2007, L 274/11.

778 Erklärung über die Zuständigkeit der Europäischen Gemeinschaften in Angelegenheiten, die unter das Abkommen zur Gründung eines Rates für die Zusammenarbeit auf dem Gebiete des Zollwesens fallen, 25.06.2007, ABl. 2007, L 274/13.

der EU ihren Status in der WZO behalten[779], wenngleich es sich dann um ein fakultativ gemischtes Abkommen handeln wird.[780]

Ein entsprechender Beschluss zur Änderung des WZO-Übereinkommens, der auch den Beitritt einer Zollunion, wie die der EU, ermöglichen soll, wurde bereits im Juni 2007 auf einer Tagung des WZO-Rates angenommen.[781] Die Änderung des Abkommens wird allerdings erst mit der Ratifizierung durch alle Mitglieder der WZO in Kraft treten. Wann der Ratifizierungsprozess abgeschlossen sein wird, ist derzeit nicht absehbar.[782] Da eine entsprechende Verzögerung zu erwarten war, hat der WZO-Rat auf dieser Tagung einen Beschluss gefasst, der der EU mit sofortiger Wirkung (01.07.2007) ermöglicht, bis auf Weiteres die Rechte und Pflichten eines Mitglieds auszuüben („Akin"-Status/Mitglied ad interim).[783]

Die Frage nach der internen Interessenkoordinierung und äußeren Interessenvertretung war schon im Rahmen der Beitrittsvorbereitungen von Bedeutung. Daher sieht bereits der Beitrittsbeschluss des Rates die Notwendigkeit einer Interessenkoordinierung vor.[784] Außerdem enthält das Ratsprotokoll Erklärungen der Kommission zur Interessenvertretung.[785] Der angedachte Koordinierungsmechanismus wurde sodann in der Ratsar-

---

779 Erwägungsgrund Nr. 6 des Ratsbeschlusses über den Beitritt der Europäischen Gemeinschaften zur Weltzollorganisation und die Ausübung der Rechte und Pflichten eines Mitglieds ad interim, 25.06.2007, ABl. 2007, L 274/11.

780 Der Erwägungsgrund Nr. 6 des Beitrittsbeschlusses stellt die Ermächtigung für die Mitgliedstaaten dar, dass diese trotz ausschließlicher Zuständigkeit der EU Mitglieder der WZO (fakultativ gemischtes Abkommen) bleiben dürfen (vgl. Art. 2 Abs. 1 AEUV). Siehe zur Zulässigkeit fakultativ gemischter Abkommen § 2 Teil B.II.3.

781 https://ec.europa.eu/taxation_customs/business/international-affairs/international-customs-cooperation-mutual-administrative-assistance-agreements/world-customs-organization_de, 22.02.2018.

782 Interview vom 16.04.2014 mit einem Mitarbeiter des BMF. Vgl. zur Ratifikation der BRD, BGBl. 2010 II, 394.

783 *Odendahl*, in: von Arnauld (Hrsg.), Europäische Außenbeziehungen, 2014, § 5, Rn. 116; *Kuijper u.a.*, The Law of EU External Relations, 2015, S. 181.

784 Erwägungsgrund 8 des Ratsbeschlusses über den Beitritt der Europäischen Gemeinschaften zur Weltzollorganisation und die Ausübung der Rechte und Pflichten eines Mitglieds ad interim, 25.06.2007, ABl. 2007, L 274/11.

785 I/A-Punkt-Vermerk des Generalsekretariats für den AStV/Rat betreffend der Annahme eines Beschlusses des Rates über die Ausübung der Rechte und Pflichten eines Mitglieds ad interim durch die Europäische Gemeinschaft in der Weltzollorganisation, 15.07.2007, Dok-Rat 10766/07 i.V.m. Addendum zum I/A-Punkt-Vermerk des Generalsekretariats für den AStV/Rat betreffend der

beitsgruppe „Zollunion" durch Leitlinien zur Gewährleistung der innergemeinschaftlichen Koordinierung im Rahmen der WZO Verfahrensmecha-
nismus präzisiert.[786] Die Leitlinien sollen dem erhöhten Koordinierungsbedarf im Hinblick auf die Mitarbeit der EU im Rahmen der Gremien der
WZO gerecht werden, um die einheitliche völkerrechtliche Vertretung zu
gewährleisten (Teil 5. und 6.). Dieser wird im Folgenden zunächst inhaltlich analysiert.

1. Koordinierungsmechanismus

Die Interessenkoordinierung erfolgt je nach Angelegenheit zusammen mit
der Kommission[787] in der Ratsarbeitsgruppe „Zollunion" oder im Ausschuss für den Zollkodex (Teil 15. und 16.).[788] Die Interessenkoordinierung findet im Rahmen der Ratsarbeitsgruppensitzungen[789] vor und gegebenenfalls[790] während der WZO-Sitzungen statt. In Ausnahmefällen, etwa
bei Zeitmangel vor einer WZO-Sitzung[791], ist eine Koordinierung auch
auf elektronischem Weg möglich (Teil 17.). Im Anschluss an die WZO-
Sitzungen erfolgt in der Regel ein „Debriefing" durch die Kommission in
dem Gremium, in dem vorher die Koordinierung stattgefunden hat.[792]

Annahme eines Beschlusses des Rates über die Ausübung der Rechte und Pflichten eines Mitglieds ad interim durch die Europäische Gemeinschaft in der Weltzollorganisation, 15.07.2007, Dok-Rat 10766/07 ADD 1.

786 Leitlinien zur Gewährleistung der innergemeinschaftlichen Koordinierung im
Rahmen der WZO, 15.04.2009, Dok-Rat 8594/08, Anhang.

787 Interview vom 07.03.2017 mit einem Mitarbeiter des BMF und Interview vom
10.03.2017 mit einem Mitarbeiter der Kommission.

788 In Angelegenheiten, die das Harmonisierte System, die Zollwertermittlung und
den Warenursprung betreffen, erfolgt die Koordinierung in den zuständigen Gremien des Ausschusses für den Zollkodex. Bei einer Reihe anderer technischer
Fragen kann die Koordinierung ebenfalls in den zuständigen Gremien des Ausschusses für den Zollkodex oder in sonstigen zuständigen Ausschüssen erfolgen
(vgl. Teil 16., insbesondere Fn. 2 und 3.).

789 Interview vom 07.03.2017 mit einem Mitarbeiter des BMF und Interview vom
10.03.2017 mit einem Mitarbeiter der Kommission.

790 Interview vom 07.03.2017 mit einem Mitarbeiter des BMF und Interview vom
10.03.2017 mit einem Mitarbeiter der Kommission.

791 Interview vom 07.03.2017 mit einem Mitarbeiter des BMF und Interview vom
10.03.2017 mit einem Mitarbeiter der Kommission.

792 Interview vom 07.03.2017 mit einem Mitarbeiter des BMF und Interview vom
10.03.2017 mit einem Mitarbeiter der Kommission.

Gegenstand der Koordinierungssitzungen ist die Erarbeitung von Standpunkten, sowie die Aufteilung des Rede- und Stimmrechts im Hinblick auf die koordinierten Standpunkte. Die Leitlinien normieren eine Verhandlungspflicht hinsichtlich der Erarbeitung von Unionsstandpunkten im Bereich ausschließlicher EU-Zuständigkeiten und gemeinsamen Standpunkten im Bereich gemischter Zuständigkeiten (Teil 7. und 8.).[793] Bei Angelegenheiten im nationalen Zuständigkeitsbereich stellen die Leitlinien den Mitgliedstaaten eine Koordinierung im Hinblick auf koordinierte Standpunkte der Mitgliedstaaten in deren Ermessen auf, ohne eine generelle Verhandlungspflicht einzurichten (Teil 9.).[794] In der Praxis werden nur Unionsstandpunkte und gemeinsame Standpunkte abgestimmt, die sich im Vergleich zu anderen Kooperationsvereinbarungen[795] streng nach der Kompetenzverteilung bzw. nach den Vorgaben der Kooperationsvereinbarung richten.[796]

Entwürfe zu Unionsstandpunkten und gemeinsamen Standpunkten und die entsprechende Kompetenzverteilung im Hinblick auf die Tagesordnung der WZO-Sitzungen erfolgen durch die Kommission und werden

---

793 Teil 12. sieht allerdings bei Einvernehmen zwischen der Kommission und den Mitgliedstaaten auch den Verzicht auf Unionsstandpunkte oder gemeinsame Standpunkte vor. Unabhängig davon sollen die Standpunkte der Kommission und der einzelnen Mitgliedstaaten im Hinblick auf eine Förderung der Kohärenz zwischen der Kommission und den Mitgliedstaaten ausgetauscht werden.

794 Die Notwendigkeit der Koordinierung von gemeinsamen Standpunkten und Unionsstandpunkten war bereits durch die Kommission im Ratsprotokoll im Rahmen des Beitrittsbeschlusses erklärt worden, I/A-Punkt-Vermerk des Generalsekretariats für den AStV/Rat betreffend der Annahme eines Beschlusses des Rates über die Ausübung der Rechte und Pflichten eines Mitglieds ad interim durch die Europäische Gemeinschaft in der Weltzollorganisation, 15.07.2007, Dok-Rat 10766/07 i.V.m. Addendum zum I/A-Punkt-Vermerk des Generalsekretariats für den AStV/Rat betreffend der Annahme eines Beschlusses des Rates über die Ausübung der Rechte und Pflichten eines Mitglieds ad interim durch die Europäische Gemeinschaft in der Weltzollorganisation, 15.07.2007, Dok-Rat 10766/07 ADD 1. Vgl. zur Pflicht zur Koordinierung von gemeinsamen Standpunkten und Unionsstandpunkten auch Erwägungsgrund 8 des Ratsbeschlusses über den Beitritt der Europäischen Gemeinschaften zur Weltzollorganisation und die Ausübung der Rechte und Pflichten eines Mitglieds ad interim, 25.06.2007, ABl. 2007, L 274/11.

795 Siehe z.B. CAK, wo in der Regel gemeinsame Standpunkte unabhängig von der Kompetenzverteilung erarbeitet werden.

796 Interview vom 07.03.2017 mit einem Mitarbeiter des BMF und Interview vom 10.03.2017 mit einem Mitarbeiter der Kommission.

durch das Ratssekretariat an die Ratsarbeitsgruppe „Zollunion" oder an das zuständige Gremium des Zollkodexausschuss zur weiteren Abstimmung übermittelt (Teil 19.), sodass die Mitgliedstaaten die Entwürfe kommentieren können (Teil 22.). Zusammen mit den Entwürfen der Standpunkte macht die Kommission auch einen Vorschlag zur Verteilung des Rede- und Stimmrechts (Teil 20, „annotated agenda"). Der AStV wird bei fehlendem Konsens in den Koordinierungsgremien in Bezug auf die Standpunkte und die Zuständigkeitsverteilung mit der Konfliktlösung betraut (Teil 13.) Die Unionsstandpunkte und die gemeinsamen Standpunkte werden der WZO nach abgeschlossener Koordinierung durch die Kommission mitgeteilt (Teil 22. und 23.).

In der Koordinierungssitzung haben die Mitgliedstaaten dann die Möglichkeit, die Kommissionsentwürfe und die Kompetenzverteilung zu kommentieren und Änderungsvorschläge einzubringen. Die Frage nach der Kompetenzverteilung, die von der Kommission vorgeschlagen wird, wird nicht immer von den Mitgliedstaaten geteilt. In der Praxis zeigt sich die Kommission im Hinblick auf die Art des Standpunkts und den Inhalt kompromissbereit. Daher werden die Standpunkte in der Regel in der jeweiligen Koordinierungssitzung vom Vertreter der Ratspräsidentschaft als „koordiniert" bezeichnet; auch ohne, dass die Standpunkte eines Konsenses im Sinne eines formellen Beschlusses bedürfen. Die Standpunkte werden nicht weiter formalisiert oder verschriftlicht. Da die Beschlüsse in den Gremien der WZO sehr „weich" formuliert sind und keine Rechtswirkung entfalten, musste man bisher auch keinen formellen Standpunkt im Sinne von Art. 218 Abs. 9 AEUV abschließen.[797]

Die Interessenvertretung in den WZO-Gremien orientiert sich an der in den Koordinierungssitzungen festgelegten Zuständigkeitsverteilung in Bezug auf die Tagesordnungspunkte. Unionsstandpunkte werden von der Kommission vorgetragen (Teil 10.). Gemeinsame Standpunkte sollen je nach Zuständigkeitsschwerpunkt vom Ratsvorsitz bzw. von einem Mitgliedstaat oder von der Kommission in den gemischten Gremien vertreten werden (Teil 11.). Die Mitgliedstaaten können sowohl Unionsstandpunkte als auch gemeinsame Standpunkte im Rahmen eigener Wortmeldungen unterstützen und/oder ergänzen (Unterstützungsmöglichkeit, Teil 10. und 11.).

---

797 Interview vom 07.03.2017 mit einem Mitarbeiter des BMF und Interview vom 10.03.2017 mit einem Mitarbeiter der Kommission.

In der Praxis besitzt die Kommission eine gewisse (fachliche) Führungsrolle, da sie, wenn sie in den gemischten Gremien vertreten ist, sowohl Unionsstandpunkte als auch gemeinsame Standpunkte unabhängig von einem Kompetenzschwerpunkt nach außen vertritt. Daneben sprechen die Mitgliedstaaten, und nicht nur der Vertreter der Ratspräsidentschaft auch zu Unionsstandpunkten und gemeinsamen Standpunkten, sodass für Dritte die Zuständigkeitsverteilung nicht offengelegt wird. Das liegt nicht zuletzt daran, dass die Kompetenzverteilung auch bei der Formulierung der Standpunkte (z.B. „im Namen der EU" oder „im Namen der EU und der Mitgliedstaaten") nicht klargestellt wird. Unabhängig von der Koordinierung weichen insbesondere die Mitgliedstaaten in Einzelfällen von den koordinierten Standpunkten ab.[798] Abweichungen von den abgestimmten Standpunkten verstoßen allerdings gegen den Grundsatz loyaler Zusammenarbeit und sind weder durch die Kommission noch die Mitgliedstaaten zulässig.

Die Leitlinien halten auch eine Regelung für den Fall bereit, wenn eine Einigung auf einen gemeinsamen Standpunkt nicht möglich ist. Dann sehen die Leitlinien vor, dass die Mitgliedstaaten bei eindeutig nationaler Zuständigkeit eigenständige Ausführungen gegenüber der WZO und ihren Gremien machen dürfen (Nr. 14.). Umgekehrt kann die Kommission bei eindeutiger Zuständigkeit der Union nur das Wort ergreifen und abstimmen, wenn für diese Angelegenheit ein Unionsstandpunkt vorliegt (Teil 14.). Praktisch kommt es nie zu einem Dissens, da notfalls der kleinste gemeinsame Nenner bzw. eine Mindestposition gefunden wird, sodass weder der AStV noch der Rat als Konfliktlösungsgremium herangezogen werden muss.[799] Eine Verlagerung auf Botschafter- oder Ministerebene würde die hochgradig technischen Fragen der Expertenebene in den Ratsvorbereitungsgremien entziehen und aus fachlicher Sicht wenig Sinn machen.[800]

Allgemeine Ausführungen zur Regelung des Stimmrechts über den vorgenannten Spezialfall hinaus (Teil 14.) enthält die Kooperationsvereinbarung nicht. Jedes Mitglied der WZO hat mit Ausnahme der Mitglieder von

---

798 Interview vom 07.03.2017 mit einem Mitarbeiter des BMF und Interview vom 10.03.2017 mit einem Mitarbeiter der Kommission.

799 Interview vom 07.03.2017 mit einem Mitarbeiter des BMF und Interview vom 10.03.2017 mit einem Mitarbeiter der Kommission.

800 Interview vom 07.03.2017 mit einem Mitarbeiter des BMF und Interview vom 10.03.2017 mit einem Mitarbeiter der Kommission.

Zoll- und Wirtschaftsunionen eine Stimme.[801] Die Stimmenanzahl der EU und der Mitgliedstaaten ist nach einer Sonderregelung des WZO-Rates auf die Anzahl der Mitgliedstaaten beschränkt, die Mitglied der WZO sind (derzeit 28).[802] Eine Ausnahme stellt das Übereinkommen über das Harmonisierte System im Rahmen der WZO dar, wo die EU zusammen mit ihren Mitgliedstaaten nur eine Stimme besitzt.[803] Die Stimmrechtsausübung in der Praxis orientiert sich nach der konkreten Kompetenzverteilung in Bezug auf den entsprechenden Tagungsordnungspunkt und wird demnach durch die Kommission oder die Mitgliedstaaten ausgeübt.[804]

2. Zusammenfassende Bewertung: Kooperationsvereinbarung im Rahmen der WZO

Die Interessenkoordinierung und Interessenvertretung erfolgt – bis auf fehlende Regelungen zur Stimmabgabe – nach dem Muster der bisherigen Kooperationsvereinbarungen. Auch diese Kooperationsvereinbarung sieht ein Initiativrecht der Kommission hinsichtlich der inhaltlichen Koordinierung vor. Eine Regelung im Falle eines Dissenses fehlt trotz der ansonsten detaillierten Regelungen.

Eine Besonderheit dieser Kooperationsvereinbarung ist die Tatsache, dass sie sich auf die Übergangszeit bis zum endgültigen Beitritt der EU zur WZO bezieht. Es bleibt abzuwarten, ob dann eine neue Kooperationsvereinbarung abgeschlossen wird. In diesem Zusammenhang wäre auch eine Regelung zur Ausübung des Stimmrechts sinnvoll.

In der Praxis handelt es sich um eine eingespielte Koordinierung, die sich an der Kooperationsvereinbarung orientiert, ohne dass diese der Koordinierung akribisch zu Grunde gelegt wird. Die Frage nach der Art des Standpunkts und der fehlenden Koordinierungspflicht im Hinblick auf nationale Kompetenzen stellen Konflikte bei der Interessenkoordinierung dar, die zu einem teilweise höheren Diskussionsbedarf führen. Die Interes-

---

801 Art. VIII des Abkommens über die Gründung eines Rates für die Zusammenarbeit auf dem Gebiete des Zollwesens, BGBl. 2010 II, 395.
802 Interview vom 16.04.2014 mit einem Mitarbeiter des BMF.
803 Art. 6 Abs. 4 des Internationalen Übereinkommens über das Harmonisierte System zur Bezeichnung und Codierung der Waren, BGBl. 1986 II, 1068.
804 Interview vom 07.03.2017 mit einem Mitarbeiter des BMF und Interview vom 10.03.2017 mit einem Mitarbeiter der Kommission.

senvertretung kann in Konfliktsituationen uneinheitlich sein, da trotz eines koordinierten Standpunktes Abweichendes vertreten wird. Je politischer die WZO-Gremien sind, desto schwieriger und konfliktanfälliger ist die Interessenkoordinierung und Interessenvertretung.[805]

IX. Kooperationsvereinbarung zur Durchführung der UN-Behindertenrechtskonvention

Die EU[806] und ihre Mitgliedstaaten[807] sind Vertragsstaaten des gemischten Abkommens über die Rechte von Menschen mit Behinderungen (UN-Behindertenrechtskonvention).[808] Im Zusammenhang mit dem Abschluss der UN-Behindertenrechtskonvention durch die damalige EG im Jahr 2009[809] wurde 2010 ein Verhaltenskodex zwischen dem Rat, den Mitgliedstaaten und der Kommission zur Vorbereitung von und die Teilnahme an Zusammenkünften der durch das Übereinkommen geschaffenen Gremien aufgestellt.[810]

Die Kooperationsvereinbarung nimmt im Wesentlichen die Gliederung der Kooperationsvereinbarung zur Durchführung des UNESCO-Übereinkommens zum Schutz und zur Förderung kultureller Vielfalt zum Vorbild und unterteilt sich in folgende Punkte: Aufgabenverteilung entsprechend den Zuständigkeiten (Teil 2. bis 5.), Festlegung von Standpunkten (Teil 6.), sowie die Ausübung des Rede- und Stimmrechts (Teil 7. bis 9.). Auf den Koordinierungsmechanismus, der eine enge und loyale Zusammenarbeit gewährleisten soll, wird im Folgenden näher eingegangen.

---

805 Interview vom 07.03.2017 mit einem Mitarbeiter des BMF und Interview vom 10.03.2017 mit einem Mitarbeiter der Kommission.

806 Ratsbeschluss über den Abschluss des Übereinkommens der Vereinten Nationen über die Rechte von Menschen mit Behinderungen durch die Europäische Gemeinschaft, 26.11.2009, ABl. 2010, L 23/35.

807 Liste der Vertragsstaaten, https://treaties.un.org/Pages/ViewDetails.aspx?src=TREATY&mtdsg_no=IV-15&chapter=4&clang=_en, 22.03.2018.

808 ABl. 2010, L 23/37.

809 Vgl. auch Zuständigkeitserklärung der EG in Bezug auf die UN-Behindertenrechtskonvention, ABl. 2010, L 23/55.

810 Verhaltenskodex zwischen dem Rat, den Mitgliedstaaten und der Kommission zur Festlegung interner Regelungen für die Durchführung des Übereinkommens der Vereinten Nationen über die Rechte von Menschen mit Behinderungen durch die Europäische Union und für die Vertretung der Europäischen Union in Bezug auf das Übereinkommen, 15.12.2010, ABl. 2010, C 340/11.

1. Koordinierungsmechanismus

Der Verhaltenskodex sieht zunächst vor, dass die EU und/oder die Mitgliedstaaten einer Verhandlungspflicht im Hinblick auf die Erarbeitung von koordinierten Standpunkten[811], Unionsstandpunkten und gemeinsamen Standpunkten[812] unterliegen (Teil 3. bis 5.).[813] Die Interessenkoordinierung erfolgt unabhängig von der Art des Standpunktes möglichst früh in den je nach Beratungsthema zuständigen Ratsarbeitsgruppen.[814] Die Koordinierungssitzungen finden vor und gegebenenfalls während den Sitzungen der UN-Behindertenrechtskonvention statt (Teil 6.). Im Vorfeld der Koordinierungssitzungen teilt die Kommission dem Ratssekretariat zur Weiterleitung an die Mitgliedstaaten mit, zu welchen Tagesordnungspunkten Standpunkte erarbeitet sind und ob diese durch die Kommission und/oder den Vorsitz erklärt werden sollen (Teil 6.c)i)). Mindestens eine Woche vor den Koordinierungssitzungen werden Entwürfe zu Unionsstandpunkten sowie gemeinsamen Standpunkten von der Kommission und Entwürfe zu koordinierten Standpunkten der Mitgliedstaaten vom Ratsvorsitz an die Ratsarbeitsgruppen übermittelt (Teil 6. c)i)). Falls es aufgrund von Meinungsverschiedenheiten, insbesondere über die Kompetenzverteilung und die Ausübung der Interessenvertretung, in den Ratsarbeitsgruppen nicht möglich ist, Standpunkte zu erarbeiten, wird die Angelegenheit ohne unnötige Verzögerungen an den AStV verwiesen, um eine Lösung herbeizuführen (Teil 6. c)ii)).

Die Interessenvertretung sieht wie folgt aus: Koordinierte Standpunkte der Mitgliedstaaten werden vom Ratsvorsitz oder von einem Mitglied-

---

811 Teil 3. spricht von abgestimmten Standpunkten. Im Sinne einer einheitlichen Begriffsverwendung wird der Begriff koordinierter Standpunkt der Mitgliedstaaten verwendet.

812 Wenngleich Teil 5. von abgestimmten Standpunkten spricht, so wird der Begriff gemeinsamer Standpunkt verwendet, um diesen von den koordinierten Standpunkten der Mitgliedstaaten zu unterscheiden und eine einheitliche Begriffsverwendung zu erreichen. Im Übrigen wird in Teil 7. bis 9. sodann der Begriff gemeinsamer Standpunkt für den in Teil 5. angesprochenen Standpunkt verwendet.

813 Als Hilfe zur Festlegung der Kompetenzverteilung enthalten Teil 4. und 5. nicht abschließende Beispiele zur Zuständigkeitsverteilung zwischen der EU und den Mitgliedstaaten.

814 Die zuständige Ratsarbeitsgruppe wird vom Ratsvorsitz festgelegt (Teil 6 c)iii)).

staat[815] vorgetragen (Teil 6. a)). Unionsstandpunkte werden sodann von der Kommission referiert (Teil 6. b)). Gemeinsame Standpunkte werden je nach Zuständigkeitsschwerpunkt (Schwerpunktklausel) von der Kommission oder vom Vorsitz bzw. einem Mitgliedstaat nach vorheriger Einigung in den Koordinierungssitzungen vorgetragen (Teil 6. c)). Die Mitgliedstaaten und die Kommission können jedoch unabhängig von der Aufteilung nach entsprechender interner Koordinierung das Wort ergreifen, um alle Standpunkte insgesamt zu vertreten oder näher zu erläutern (Unterstützungsklausel, Teil 7.).

Das Stimmrecht liegt in Bezug auf die Standpunkte je nach ausschließlicher Zuständigkeit oder Schwerpunkt der Zuständigkeit bei der Union oder den Mitgliedstaaten (Teil 8. a) und b)).[816] Die Stimmenanzahl der EU und ihrer Mitgliedstaaten entspricht – gemäß Art. 44 Abs. 4 S. 1 der UN-Behindertenrechtskonvention – der Anzahl der Mitgliedstaaten, die der Konvention beigetreten sind. Gleichzeitig stellt die Konvention in Art. 44 Abs. 4 S. 1 klar, dass jeweils nur eine alternative Stimmrechtsausübung von EU oder Mitgliedstaaten möglich ist.

Falls es zu keiner Einigung zwischen Kommission und Mitgliedstaaten bezüglich der Standpunkte kommt, können die Mitgliedstaaten bei eindeutiger nationaler Kompetenz das Wort ergreifen und ihre Stimme abgeben, sofern der Standpunkt mit der Politik der Union im Einklang steht und dem Unionsrecht entspricht. Umgekehrt ist es der Kommission erlaubt, bei eindeutiger EU-Zuständigkeit das Wort zu ergreifen und abzustimmen, soweit dies zur Verteidigung des Besitzstandes der Union erforderlich ist (Teil 9.).

2. Zusammenfassende Bewertung: Kooperationsvereinbarung zur Durchführung der UN-Behindertenrechtskonvention

Insgesamt enthält die Kooperationsvereinbarung detaillierte Regelungen zur Interessenkoordinierung und Interessenvertretung. Im Gegensatz zu anderen Vereinbarungen sieht sie eine Koordinierungspflicht hinsichtlich

---

815 Dieser Mitgliedstaat wird vom Vorsitz oder der Kommission mit der Zustimmung aller anwesenden Mitgliedstaaten bestimmt (Nr. 6 a a.E.).

816 Die Regeln zur Ausübung des Stimmrechts gelten nicht für den Ausschuss für die Rechte von Menschen mit Behinderungen gemäß Art. 34 der UN-Behindertenrechtskonvention (Teil 8. c)).

aller Arten von Standpunkten vor und bestimmt die thematisch zuständigen Ratsarbeitsgruppen zum allgemeinen Koordinierungsgremium. Der Verhaltenskodex stellt insofern klar, dass die EU und die Mitgliedstaaten einer Koordinierungspflicht unabhängig von der Art des Standpunkts unterliegen und zielt demnach auf eine einheitliche Koordinierung mit einem allgemeinen Koordinierungsgremium. Die allgemeine Verhandlungs- und Koordinierungspflicht wird in Bezug auf die inhaltliche Koordinierung dahingehend konkretisiert, dass die Kommission diesbezüglich das Initiativrecht besitzt. Die Erarbeitung ist dann aber an entsprechende Fristen gekoppelt.

Die Interessenvertretung richtet sich wie gewohnt nach der Kompetenzverteilung bzw. dem Kompetenzschwerpunkt. Darüber hinaus werden auch die engen Voraussetzungen des Rede- und Stimmrechts der EU und der Mitgliedstaaten bei fehlender Einigung normiert, die sich mit denen aus der Kooperationsvereinbarung zur Durchführung des UNESCO-Übereinkommens zur kulturellen Vielfalt decken.

X. Kooperationsvereinbarung im Rahmen der COTIF

Die EU und ihre Mitgliedstaaten sind, bis auf Malta und Zypern, im Rahmen eines partiell gemischten Abkommens[817] Mitglieder der zwischenstaatlichen Organisation für den internationalen Eisenbahnverkehr (COTIF).[818] Ziel der Organisation ist es, den internationalen Eisenbahnverkehr in jeder Hinsicht zu fördern, zu verbessern und zu erleichtern. Die internationale Organisation soll zur Zielerreichung insbesondere einheitliche Rechtsordnungen für die durchgehende internationale Beförderung von Reisenden und Gütern durch den Eisenbahnverkehr aufstellen.[819]

Im Rahmen des Beitrittsbeschlusses der EU zur COTIF im Jahr 2011 (Art. 218 Abs. 5 und 6 AEUV) hat der Rat eine Kooperationsvereinbarung für COTIF-Sitzungen (vgl. Teil 1.) erlassen, die im Folgenden inhaltlich analysiert wird.[820]

---

817 Siehe zu partiell gemischten Abkommen Einleitung § 2 Teil B.
818 Liste der Mitglieder, https://otif.org/en/?page_id=51, 22.03.2018.
819 Art. 2 des Übereinkommens über den internationalen Eisenbahnverkehr, BGBl. 2002 II, 2149.
820 Ratsbeschluss über die Unterzeichnung und den Abschluss der Vereinbarung zwischen der Europäischen Union und der Zwischenstaatlichen Organisation für den

1. Koordinierungsmechanismus

Die Kooperationsvereinbarung unterteilt sich im Wesentlichen in Regelungen zur Interessenkoordinierung (Teil 2. Koordinierungsverfahren) und zur Interessenvertretung (Teil 3. Erklärungen und Abstimmungen in COTIF-Sitzungen).

Die Regelungen sehen vor, dass die Koordinierungssitzungen in der zuständigen Ratsarbeitsgruppe (i.d.R. Landverkehr) und am Sitzungsort zu Beginn und bei Bedarf auch während und nach den COTIF-Sitzungen stattfinden (Teil 2.1.). Die Koordinierungssitzungen werden, wenn nötig, mit den Ausschüssen für den Eisenbahnverkehr[821] abgestimmt (Teil 2.4.). Gegenstand der Koordinierungssitzungen ist die Festlegung der Zuständigkeitsverteilung im Hinblick auf die Tagesordnungspunkte der COTIF-Sitzungen. Auch die Erarbeitung von Unionsstandpunkten und gemeinsamen Standpunkten ist ein Ziel der Sitzungen, wenngleich auch koordinierte Standpunkte der Mitgliedstaaten bei entsprechender Vereinbarung in den Koordinierungssitzungen abgestimmt werden können (Teil 2.2. und 2.3.). Die Kommission macht im Vorfeld der Koordinierungssitzungen einen Vorschlag zur Zuständigkeitsverteilung und entwirft die Standpunkte. Im Fall fehlender Einigung über die Zuständigkeitsverteilung oder einen gemeinsamen Standpunkt wird der AStV zur Konfliktlösung mit der Angelegenheit betraut (Teil 2.6.).

Die Regeln zur Interessenvertretung orientieren sich an der Zuständigkeitsverteilung zwischen der EU und den Mitgliedstaaten. Die Ausübung des Rede- und Stimmrechts obliegt bei Unionsstandpunkten der Kommission und bei koordinierten Standpunkten der Mitgliedstaaten bei den Mitgliedstaaten (Teil 3.1. und 3.2.). Gemischte Standpunkte werden nach entsprechender Koordinierung in den Koordinierungssitzungen je nach Zuständigkeitsschwerpunkt von der Kommission oder dem Ratsvorsitz vertreten. Die Stimmrechtsausübung erfolgt wiederum anhand des Zustän-

---

Internationalen Eisenbahnverkehr über den Beitritt der Europäischen Union zum Übereinkommen über den Internationalen Eisenbahnverkehr (COTIF) vom 9. Mai 1980 in der Fassung des Änderungsprotokolls von Vilnius vom 3. Juni 1999, 16.06.2011, ABl. 2013, L 51/1, Anhang III.

821 Die zuständigen Ausschüsse sind der Ausschuss für Gefahrguttransport, Ausschuss für die Entwicklung der Eisenbahnunternehmen der Union und Ausschuss für Eisenbahninteroperabilität und Eisenbahnsicherheit
(Teil 2.4).

digkeitsschwerpunkts durch die Kommission oder durch die Mitgliedstaaten (Teil 3.3.). Die Mitgliedstaaten können Unionsstandpunkte und gemeinsame Standpunkte nach vorheriger Koordinierung unterstützen und/oder ergänzen (Unterstützungsklausel, Teil 3.1. und 3.3.).

Wenn bei gemischter Zuständigkeit in den Koordinierungssitzungen kein gemeinsamer Standpunkt erzielt werden kann, so können die Mitgliedstaaten und die Kommission das Rede- und Stimmrecht bei Fragen der jeweiligen eindeutigen Zuständigkeit unabhängig voneinander ausüben (Teil 3.4.). Im Falle fehlender Einigung über die Zuständigkeitsverteilung oder im Falle der fehlenden erforderlichen Mehrheit für einen Unionsstandpunkt können sich die Mitgliedstaaten und/oder die Kommission nur in folgenden Fällen zu Wort melden: Die Erklärungen greifen einem zukünftigen Unionsstandpunkt nicht vor, sie sind mit der Unionspolitik sowie früheren Unionsstandpunkten vereinbar und entsprechen dem Unionsrecht. Eine Stimmabgabe sehen die internen Regeln in dieser Situation allerdings nicht vor, da das Regelwerk nur von einem vorübergehenden Konflikt ausgeht (Teil 3.5.).

2. Zusammenfassende Bewertung: Kooperationsvereinbarung im Rahmen der COTIF

Das Regelwerk zeichnet sich dadurch aus, dass sich die Interessenkoordinierung und Interessenvertretung im Vergleich zu den Vorgängervereinbarungen im Aufbau wiederfindet sowie inhaltlich gut gegliedert und anwenderfreundlich ist. Die Kooperationsvereinbarung im Rahmen der COTIF enthält alle bisherigen Entwicklungen zur Interessenkoordinierung und Interessenvertretung und stellt somit das Ergebnis von über 30 Jahren „Kooperationsvereinbarung" dar. Neben der allgemeinen Verhandlungs- bzw. Koordinierungspflicht wird die Kommission berechtigt und zugleich verpflichtet, die inhaltliche Interessenkoordinierung sowie die Interessenvertretung vorzubereiten und entsprechende Vorschläge an die Mitgliedstaaten zu unterbreiten.

Das für die COTIF zuständige BMVI und die Kommission sind im Hinblick auf die praktischen Erfahrungen bei der Durchführung der Kooperationsvereinbarung sehr zurückhaltend. Die Kommission gibt lediglich zu verstehen, dass sich die Koordinierung streng an der Kooperationsvereinbarung orientiert und der Mechanismus in der Praxis gut funktioniert.[822] Allein die Tatsache, dass derzeit zwei Verfahren vor dem EuGH anhängig sind,[823] deutet allerdings auf ein gewisses Konfliktpotential bei der Interessenkoordinierung und Interessenvertretung hin. Streitpunkt ist ein Ratsbeschluss gemäß Art. 218 Abs. 9 AEUV, der Unionsstandpunkte für einzelne Tagesordnungspunkte für eine COTIF-Sitzung festlegt.[824] Deutschland hat gegen diesen Ratsbeschluss eine Nichtigkeitsklage vor dem EuGH eingereicht, da die Bundesregierung der Auffassung ist, dass der Ratsbeschluss in den nationalen Zuständigkeitsbereich falle und insofern kein Unionsstandpunkt gemäß Art. 218 Abs. 9 AEUV erforderlich sei.[825] Wie von der Kooperationsvereinbarung vorgesehen, wurde unabhängig davon, dass die Einhaltung der Kooperationsvereinbarung nicht gerügt wurde, die Frage nach der Zuständigkeitsverteilung und der entsprechende Entwurf in den Vorbereitungsgremien des Rates diskutiert. Der Entwurf wurde sodann wegen der EU-Zuständigkeit als Unionsstandpunkt mit qualifizierter Mehrheit beschlossen,[826] obwohl Deutschland gegen den Beschluss gestimmt hat.[827] Die Schlussanträge des Generalanwalts Szpunar gehen von einer geteilten Außenkompetenz gemäß Art. 216 Abs. 1 Var. 2 AEUV und teilweise sogar von einer ausschließlichen Außenkompetenz gemäß Art. 3 Abs. 2 Var. 3 AEUV aus, sodass die Rüge Deutschlands unbegründet ist.[828] Der EuGH hat die EU-Zuständigkeit bzgl. des

---

822 Interview vom 30.03.2017 mit einem Mitarbeiter der Kommission.

823 EuGH, laufende Rs. C-600/14, Deutschland/Kommission und laufende Rs. C-620/16, Kommission/Deutschland. Zur Rs. C-600/14 hat der EuGH mittlerweile am 05.12.2017 entschieden, ECLI:EU:C:2017:935.

824 Beschluss des Rates zur Festlegung des im Namen der Europäischen Union anlässlich der 25. Sitzung des OTIF-Revisionsausschusses zu bestimmten Änderungen des Übereinkommens über den internationalen Eisenbahnverkehr (COTIF) und seiner Anhänge zu vertretenden Standpunkts, 24.06.2014, ABl. 2014, L 293/26.

825 EuGH, Rs. C-600/14, Deutschland/Kommission.

826 Ratsbeschluss zur Festlegung des im Namen der EU anlässlich der 25. Sitzung des COTIF-Revisionsausschusses zu bestimmten Änderungen des Übereinkommens über den internationalen Eisenbahnverkehr und seiner Anhänge zu vertretenden Standpunkts, 24.06.2014, ABl. L 293/26.

827 Generalanwalt Szpunar, Schlussanträge vom 24.04.2017, Rs. C-600/14, Deutschland/Rat, ECLI:EU:C:2017:296,Rn. 34 f.

828 Generalanwalt Szpunar, Schlussanträge vom 24.04.2017, Rs. C-600/14, Deutschland/Rat, ECLI:EU:C:2017:296, Rn. 119, 150.

angefochtenen Beschlusses angenommen.[829] Deutschland hat sich darüber hinaus auf eine Verletzung von Art. 4 Abs. 3 EUV gestützt, da der Ratsbeschluss bis kurz vor die COTIF-Sitzung hinausgezögert worden sei. Der Rat verweist im Rahmen seiner Argumentation auf die ständige Diskussion in den Koordinierungssitzungen im Vorfeld der Beschlussfassung und geht implizit von der Einhaltung der Kooperationsvereinbarung und deren Koordinierungsmechanismus aus.[830] Wenngleich der GA zur Frage der Verzögerung eines Ratsbeschlusses und der damit verbundenen Frage eines effektiven Rechtsschutzes keine Stellung bezieht, so lässt sich aus dem Parteivorbringen kein offensichtlicher Verstoß gegen Art. 4 Abs. 3 EUV ableiten. Die oft intensive Koordinierung bis kurz vor den Sitzungen gemischter Gremien ist in der Praxis üblich. Ein Verstoß gegen Art. 4 Abs. 3 EUV wäre allerdings denkbar, wenn die EU oder die Mitgliedstaaten offensichtlich Koordinierungssitzungen verzögern würden. Ein solcher Fall liegt hier aber nicht vor.[831]

In der konkreten COTIF-Sitzung hat Deutschland einen anderen Standpunkt vertreten und nicht entsprechend dem Ratsbeschluss abgestimmt. Dieses Vorgehen Deutschlands sieht wiederum die Kommission als Verstoß gegen Art. 4 Abs. 3 EUV an und hat ihrerseits Klage vor dem EuGH erhoben.[832]

XI. Allgemeine Regelung zu Erklärungen der EU in multilateralen Organisationen

Die allgemeine Regelung zu Erklärungen der EU in multilateralen Organisationen enthält eine Reihe von allgemeinen Vorschriften zur Interessenvertretung. Im Unterschied zu anderen Kooperationsvereinbarungen bezieht sie sich nicht auf eine oder mehrere konkrete gemischte Abkom-

---

829 EuGH, Urteil vom 05.12.2017, Rs. C-600/14, Deutschland/Rat, ECLI:EU:C :2017:935, Rn. 72.

830 Generalanwalt Szpunar, Schlussanträge vom 24.04.2017, Rs. C-600/14, Deutschland/Rat, ECLI:EU:C:2017:296, Rn. 170.

831 Diese Ansicht wurde mittlerweile vom EuGH bestätigt, EuGH, Urteil vom 05.12.2017, Rs. C-600/14, Deutschland/Rat, ECLI:EU:C:2017:935, Rn. 104 ff.

832 EuGH, laufende Rs. C-620/16, Kommission/Deutschland. Aufgrund von EuGH, Urteil vom 05.12.2017, Rs. C-600/14, Deutschland/Rat, ECLI:EU:C:2017:935 wird auch diese Klage zugunsten der EU ausfallen.

men bzw. internationale Organisationen.[833] Sie wurde durch den AStV erarbeitet, durch den Rat am 22.10.2011 beschlossen[834] und ist das Resultat von Koordinierungsschwierigkeiten im Rahmen der Vereinten Nationen, nachdem der EU 2011 in der Generalversammlung ein Beobachterstatus zuerkannt wurde und Streitigkeiten zwischen der EU und den Mitgliedstaaten in Bezug auf die Erklärung von Standpunkten aufkamen.[835] Das Regelwerk soll der EU, angesichts der Änderungen durch den Vertrag von Lissabon, weiterhin eine kohärente, umfassende und einheitliche Außenvertretung im Rahmen der loyalen Zusammenarbeit ermöglichen (Teil 2.).

1. Anwendungsbereich

Der Anwendungsbereich der allgemeinen Regelung bezieht sich laut dem Titel und Teil 1. auf multilaterale Organisationen, sodass zunächst zu klären ist, wie der Begriff zu verstehen ist. Ausgangspunkt sind internationale Beziehungen, die sich mit der Gesamtheit der Interaktionen von Akteuren, die an grenzüberschreitenden Aktivitäten beteiligt sind, und mit den formellen oder informellen Institutionen, die grenzüberschreitende Handlungen regeln, befassen.[836] Der Begriff der Institutionen, als einem bestimmten Bereich zugeordnete gesellschaftliche, staatliche oder kirchliche Einrichtung, die dem Wohl oder Nutzen des Einzelnen oder der Allgemeinheit

---

833 Erklärungen der EU in multilateralen Organisationen – Allgemeine Regelung, 21.10.2011, Dok-Rat 15855/11; Erklärungen der EU in multilateralen Organisationen – Allgemeine Regelung, 24.10.2011, Dok-Rat, 15901/11, Anhang.

834 Nr. 2 des Protokollentwurfs für die außerordentliche Tagung des Rates der EU (Allgemeine Angelegenheiten) vom 22.10.2011 in Brüssel, 29.11.2011, Dok-Rat 15916/11 i.V.m. Liste der A-Punkte für die die außerordentliche Tagung des Rates der EU (Allgemeine Angelegenheiten) vom 22.10.2011 in Brüssel, 21.10.2011, Dok-Rat 15867/11. Vgl. auch Vermerk des Generalsekretariats des Rates für die Delegationen, 24.10.2011, Dok-Rat 15901/11.

835 Report from the EEAS and the Commission on EU Statements in multilateral Organisations – Implementation of General Arrangements, S. 1; Report by the High Representative to the European Parliament, the Council and the Commission 22nd December 2011, Rn. 17; *van Vooren/Wessel*, EU External Relations Law, 2014, S. 260; *Kaddous*, in: dies. (Hrsg.), The EU in International Organisations and Global Governance, 2015, S. 5 f.; *Kuijper u.a.*, The Law of EU External Relations, 2015, S. 38.

836 *Tuschhoff,* Internationale Beziehungen, S. 16.

dient, fungiert dabei als Oberbegriff für die vielfältigen Erscheinungsformen internationaler Zusammenschlüsse auf globaler Ebene. Unter den Begriff einer internationalen Institution fallen formale zwischenstaatliche Organisationen, Nichtregierungsorganisationen, internationale Regime und Konventionen.[837] Für den Anwendungsbereich der allgemeinen Regelung sind formelle zwischenstaatliche Organisationen maßgeblich. Diese werden durch völkerrechtliche (gemischte) Abkommen geschaffen, um die grenzüberschreitenden Aktivitäten in einem bestimmten Bereich zu regeln und dem Wohl oder Nutzen des Einzelnen oder der Menschheit zu dienen. Neben der Bezeichnung als zwischenstaatliche Organisation und dem Oberbegriff der internationalen Institution werden die zwischenstaatlichen Organisationsformen auch als multilaterale Institutionen, multilaterale Organisationen und am häufigsten als internationale Organisationen bezeichnet. Dabei ist zum einen allen gemein, dass sie zwischen mehr als zwei Völkerrechtssubjekten abgeschlossen sind und grundsätzlich universal/global,[838] in geringerem Umfang auch bilateral oder regional (geschlossene Organisationen[839]), ausgerichtet sind. Zum anderen bezieht sich die Bezeichnung der Institution bzw. der Organisation auf die Art des Zusammenschlusses zur Durchsetzung bestimmter Interessen und Zielsetzungen. Der durch Konsens der Vertragsparteien geschaffene Verband oder die Einrichtung mit ihren zugehörigen Durchsetzungsorganen dient dann zur dauerhaften Umsetzung der Ziele. Die verfestigte innere institutionalisierte Struktur, sowie die selbstständige Willensbildung, tragen zur kontinuierlichen Aufgabenerledigung bei.[840] Die selbstständige Aufgabenerledigung basiert darauf, dass Völkerrechtssubjekte einen Teil ihrer Souveränitätsrechte an die Organisation übertragen.[841]

Der Begriff der internationalen Organisation ist in der juristischen Literatur und Praxis am geläufigsten, wenngleich sich eine allgemeine Defini-

---

837 *Keohane*, International Institutions and State Power, 1989, S. 3 f.; *Peters*, in: Antonczyk/Feske/Oerding (Hrsg.), Einführung in die Internationalen Beziehungen, 2014, S. 177 f.; *Feske*, in: Antonczyk/Feske/Oerding (Hrsg.), Einführung in die Internationalen Beziehungen, 2014, S. 14 f.

838 *Schermers/Blokker*, International Institutional Law, 2011, § 51 f.

839 *Schermers/Blokker*, International Institutional Law, 2011, § 53 f.

840 *Klein/Schmahl*, in: Graf Vitzthum/Proelß (Hrsg.); Völkerrecht, 2013, S. 244.

841 *Feske*, in: Antonczyk/Feske/Oerding (Hrsg.), Einführung in die Internationalen Beziehungen, 2014, S. 15.

tion bisher nicht herausgebildet hat.[842] Entsprechend der angesprochenen Ausführungen zu internationalen Institutionen, die eher aus der Politikwissenschaft stammen, knüpft die juristische Literatur an vergleichbare Voraussetzungen für den Versuch einer Definition an. Demnach zeichnet sich eine internationale Organisation dadurch aus, dass es sich um einen dauerhaften Zusammenschluss von mindestens zwei Völkerrechtssubjekten aufgrund eines völkerrechtlichen Vertrages zur Erreichung eines gemeinsamen Zweckes handelt, dessen eigene Organe im Sinne der Zweckerfüllung einen selbstständigen Willen bilden und diesen mit selbstständiger Handlungsfähigkeit nach außen umsetzen können.[843] In Abgrenzung zu internationalen Organisationen erfüllen Nichtregierungsorganisationen bzw. „non-governmental organisations" keinen hoheitlichen Zweck und basieren auf privatrechtlichen Verträgen.[844]

Eine multilaterale Organisation ist daher mit einer internationalen Organisation identisch. Deshalb bezieht sich der Anwendungsbereich der Kooperationsvereinbarung auf internationale Organisationen, unabhängig von der Beteiligungs- und Mitgliedschaftskategorie der EU und ihrer Mitgliedstaaten. Für eine generelle Anwendbarkeit der Kooperationsvereinbarung auf internationale Organisationen spricht auch Teil 3. a.E., der die allgemeine Regelung für ausdrücklich subsidiär erklärt, falls speziellere Kooperationsvereinbarungen im Rahmen anderer internationaler Organisationen (z.B. WTO und FAO) bestehen. Auch inhaltlich beschränkt sich die allgemeine Regelung nicht auf eine bestimmte Beteiligungskategorie der EU und/oder der Mitgliedstaaten. Sie beschreibt sowohl die Situation

---

842 *Stein/von Buttlar*, Völkerrecht, 2009, Rn. 367; *Crawford*, Brownlie's Principles of Public International Law, 2012, S. 166; *Herdegen*, Völkerrecht, 2017, § 10, Rn. 3.

843 *Stein/von Buttlar*, Völkerrecht, 2009, Rn. 367 ff.; *Scheffler*, Die Europäische Union als rechtlich-institutioneller Akteur im System der Vereinten Nationen, 2009, S. 70; *Nawparwar*, Die Außenbeziehungen der EU zu IO nach dem Vertrag von Lissabon, 2009, S. 6 f.; *Schermers/Blokker*, International Institutional Law, 2011, § 33; *Kempen/Hillgruber*, Völkerrecht, 2012, § 23, Rn. 4; *Crawford*, Brownlie's Principles of Public International Law, 2012, S. 169; *Kau*, in: Graf Vitzthum/Proeß (Hrsg.), Völkerrecht, 2013, S. 141; *Klein/Schmahl*, in: Graf Vitzthum/Proelß (Hrsg.); Völkerrecht, 2013, S. 248; *Epping*, in: Ipsen (Hrsg.), Völkerrecht, 2014, § 6 Rn. 2; *Herdegen*, Völkerrecht, 2017, § 10 Rn. 3; *Hobe*, Einführung in das Völkerrecht, 2014, S. 124 f.; *Barrón*, Der Europäische Verwaltungsverbund und die Außenbeziehungen der EU, 2016, S. 134 f.

844 *Nawparwar*, Die Außenbeziehungen der EU zu IO nach dem Vertrag von Lissabon, 2009, S. 6; *Schweitzer*, Staatsrecht III, 2010, § 5, Rn. 685.

der alleinigen Mitgliedschaft der Mitgliedstaaten und die damit einhergehenden Loyalitätspflichten gegenüber der EU als auch die gemischte Mitgliedschaft bzw. die Ausübung der jeweiligen Mitgliedsrechte in internationalen Organisationen (Teil 3.).

Die allgemeine Regelung gilt demzufolge für alle internationalen Organisationen und wird nur durch spezielle Kooperationsvereinbarungen von
der Anwendbarkeit ausgeschlossen.[845]

2. Koordinierungsmechanismus

Die Kooperationsvereinbarung wiederholt zunächst die Notwendigkeit
einer einheitlichen völkerrechtlichen Vertretung und die damit einhergehende Pflicht zur loyalen Zusammenarbeit bei der internen Interessenkoordinierung, ohne einen konkreten Mechanismus oder Koordinierungsgremien zur Erarbeitung der verschiedenen Standpunkte zu beschreiben
(Teil 2.). Aus der allgemeinen Regelung geht allerdings hervor, dass die
gemeinsamen Standpunkte und die Unionsstandpunkte intern obligatorisch abgestimmt werden, wohingegen die Abstimmung von koordinierten
Standpunkten der Mitgliedstaaten im Ermessen der Mitgliedstaaten liegt
(Teil 2. und 3.). Indem die allgemeine Regelung eine Koordinierung vor
Ort favorisiert und die Lösung von Streitigkeiten am Tagungsort durch
den EAD in Absprache mit der Kommission vorsieht, wird implizit von
einer Koordinierungsmöglichkeit in Brüssel ausgegangen. Im Falle einer
fehlenden Einigung wird der AStV ausdrücklich zur weiteren Konfliktlösung betraut (Teil 6.).[846]

---

845 Im Ergebnis auch *Schwichtenberg*, Die Kooperationsverpflichtung der Mitglied-
staaten der EU bei Abschluss und Anwendung gemischter Verträge, 2014, S. 197;
Kadelbach, in: von Arnauld (Hrsg.), Europäische Außenbeziehungen, 2014, § 4,
Rn. 71; *Kaddous*, in: dies. (Hrsg.), The EU in International Organisations and
Global Governance, 2015, S. 7.; vgl. auch Erklärung des Vereinigten Königreichs
und Deutschlands für das Ratsprotokoll der außerordentlichen Tagung des Rates
der EU (Allgemeine Angelegenheiten) vom 22.10.2011 in Brüssel, 29.11.2011,
Dok-Rat 15916/11, Anlage.

846 Vgl. zur primären Konfliktlösung vor Ort und der etwaigen Weiterleitung nach
Brüssel auch die Erklärung des Vereinigten Königreichs für das Ratsprotokoll für
die außerordentliche Tagung des Rates der EU (Allgemeine Angelegenheiten)
vom 22.10.2011 in Brüssel, 29.11.2011, Dok-Rat 15916/11, Anlage.

Die Regelungen zur Interessenvertretung beschränken sich auf die Erklärung der Standpunkte (materieller Anwendungsbereich), ohne auf die Ausübung des Stimmrechts in Gremien internationaler Organisationen einzugehen. Die Unionsakteure[847] sind nach vorheriger Koordinierung dazu befugt, gemeinsame Standpunkte und Unionsstandpunkte,[848] soweit die internationalen Gremien dies zulassen, nach außen zu vertreten (Teil 3. und 4. Abs. 1). Die Mitgliedstaaten können die Erklärungen der EU im Rahmen der loyalen Zusammenarbeit ergänzen (Ergänzungs- und Unterstützungsmöglichkeit) und müssen sich gegebenenfalls dafür einsetzen, dass die EU in den entsprechenden Gremien der internationalen Organisation ein Rederecht erhält (Teil 3). Falls kein Konsens in Bezug auf einen gemeinsamen Standpunkt oder einen Unionsstandpunkt zustande gekommen ist, verbietet das Regelwerk der EU Erklärungen in den Gremien der internationalen Organisationen abzugeben (Teil 3.). Deshalb würde die Erarbeitung der Standpunkte rein praktisch auf eine Ergebnispflicht hinauslaufen, möchte man eine Handlungsfähigkeit im Bereich ausschließlich unionaler und gemischter Zuständigkeiten vermeiden.

Die allgemeine Regelung sieht auch die Möglichkeit vor, dass sich die Mitgliedstaaten in nationalen Angelegenheiten durch die EU vertreten lassen können (Teil 3. und 4. Abs. 2). Aus der Ausnahme muss im Umkehrschluss gefolgert werden, dass die Interessenvertretung im Bereich nationaler Zuständigkeiten wie üblich durch die Mitgliedstaaten, gegebenenfalls durch den Ratsvorsitz, erfolgen soll.[849]

---

847 Vgl. zu den Akteuren der EU Fn. 1 der allgemeinen Regelung: Präsident des Europäischen Rates, Kommission, Hoher Vertreter und EU-Delegationen.

848 Die allgemeine Regelung spricht, unabhängig von einer alleinigen oder gemischten Zuständigkeit, von Standpunkten der EU und hängt den Erklärungen bei ausschließlicher Zuständigkeit „im Namen der EU" und bei gemischter Zuständigkeit „im Namen der EU und ihrer Mitgliedstaaten" an.

849 Vgl. zur Interessenvertretung durch die Mitgliedstaaten auch die Erklärung des Vereinigten Königreichs für das Ratsprotokoll der außerordentlichen Tagung des Rates der EU (Allgemeine Angelegenheiten) vom 22.10.2011 in Brüssel, 29.11.2011, Dok-Rat 15916/11, Anlage.

3. Zusammenfassende Bewertung: Allgemeine Regelung zu Erklärungen der EU in multilateralen Organisationen

Im Unterschied zum Leitfaden im Rahmen der Vereinten Nationen[850] beschreibt die allgemeine Regelung auch die Interessenvertretung entsprechend der Zuständigkeitsverteilung. Das Regelwerk greift auf den Koordinierungsmechanismus älterer Kooperationsvereinbarungen zurück, lässt angesichts des umfassenden Anwendungsbereichs und des allgemeinen Charakters jedoch konkrete Regeln in Bezug auf die Interessenkoordinierung vermissen.

Die allgemeine Regelung wird in der Literatur vielfach kritisiert.[851] So wird die generelle Unterstützungs- und Ergänzungsmöglichkeit der Mitgliedstaaten ohne vorherige interne Absprache, wie etwa bei anderen Kooperationsvereinbarungen[852], als Defizit bei der einheitlichen völkerrechtlichen Vertretung bewertet.[853] Die generelle Unterstützungs- und Ergänzungsmöglichkeit durch die Mitgliedstaaten geht insofern zu Lasten der völkerrechtlich einheitlichen Vertretung, wenn die Mitgliedstaaten neben der EU als Sprecher auftreten. Da der Grundsatz loyaler Zusammenarbeit ohnehin Erklärungen verbietet, die sich inhaltlich gegen die erarbeiteten Standpunkte richten, macht eine Unterstützung oder Ergänzung durch die Mitgliedstaaten nur bei nationalen Experten Sinn und muss an das interne Einvernehmen geknüpft sein.[854]

Daneben wird in der Literatur eine generelle Interessenkoordinierung und eine alleinige Interessenvertretung durch die Kommission, unabhängig von der Zuständigkeitsverteilung, gefordert.[855] Auch die Kommission strebt die alleinige Interessenvertretung durch die EU, unabhängig von der

---

850 Siehe zum Leitfaden zur Koordinierung im Rahmen der Vereinten Nationen § 3 Teil B.IV.

851 *Van Vooren/Wessel*, EU External Relations Law, 2014, S. 260 f.; *Schwichtenberg*, Die Kooperationsverpflichtung der Mitgliedstaaten der EU bei Abschluss und Anwendung gemischter Verträge, 2014, S. 198; *Kuijper u.a.*, The Law of EU External Relations, 2015, S. 37 f.

852 Vgl. z.B. Kooperationsvereinbarung zur Durchführung der UN-Behindertenrechtskonvention § 3 Teil B.IX.

853 *Van Vooren/Wessel*, EU External Relations Law, 2014, S. 261.

854 *Van Vooren/Wessel*, EU External Relations Law, 2014, S. 261.

855 *Schwichtenberg*, Die Kooperationsverpflichtung der Mitgliedstaaten der EU bei Abschluss und Anwendung gemischter Verträge, 2014, S. 198; *Kuijper u.a.*, The Law of EU External Relations, 2015, S. 38.

Kompetenzverteilung an.[856] Die Tatsache, dass gemäß der Kooperationsvereinbarung nationale Zuständigkeiten einer freiwilligen Koordinierung unterliegen und nicht obligatorisch durch die Kommission vertreten werden, mag zwar völkerrechtlich nachteilig und dem Ziel einer einheitlichen völkerrechtlichen Vertretung abträglich sein. Allerdings handelt es sich bei nationalen Zuständigkeiten um Aspekte, die primär keinen Kompetenzbezug zur Union besitzen. Zwar sind die Mitgliedstaaten bei nationalen Zuständigkeiten im Rahmen von Art. 4 Abs. 3 EUV zur Berücksichtigung der Unionsinteressen verpflichtet. Jedoch ist eine generelle Ergebnispflicht und eine Vertretung durch die EU aus dem Prinzip loyaler Zusammenarbeit nicht abzuleiten.[857] Die völkerrechtlich einheitliche Vertretung stellt lediglich das Ziel, nicht die Voraussetzung, der Außenvertretung der EU und ihrer Mitgliedstaaten dar.[858]

Insgesamt dient die Kooperationsvereinbarung zumindest als grobe Leitlinie für die tägliche Koordinierungspraxis, wenngleich die Erwartungen im Hinblick auf die Steigerung der Koordinierung in internationalen Organisationen höher waren.[859] Von der allgemeinen Regel wird trotz des umfassenden Anwendungsbereichs vornehmlich im Rahmen der Gremien der Vereinten Nationen Gebrauch gemacht.[860] Durch die Kooperationsvereinbarung wurden insbesondere Blockaden der Mitgliedstaaten im Hinblick auf die Erklärung von Standpunkten aufgehoben, sodass es der EU und den Mitgliedstaaten wieder besser gelang, ihre Interessen gegenüber Dritten mit einer Stimme zu vertreten.[861] Die Verbesserung der Koordinierung liegt nicht zuletzt an der flexiblen und „weichen" Anwendung der Kooperationsvereinbarung. Sie trägt im Rahmen einer pragmatischen Her

---

856 Erklärung der Kommission für das Ratsprotokoll der außerordentlichen Tagung des Rates der EU (Allgemeine Angelegenheiten) vom 22.10.2011 in Brüssel, 29.11.2011, Dok-Rat 15916/11, Anlage.

857 Siehe zu den Delegationsarten und der Verhandlungspflicht § 2 Teil C.I.1.b) und c).

858 Vgl. trotz der Kritik im Ergebnis auch *Schwichtenberg*, Die Kooperationsverpflichtung der Mitgliedstaaten der EU bei Abschluss und Anwendung gemischter Verträge, 2014, S. 198.

859 *Kaddous*, in: dies. (Hrsg.), The EU in International Organisations and Global Governance, 2015, S. 57.

860 Report from the EEAS and the Commission on EU Statements in multilateral Organisations – Implementation of General Arrangements, S. 1 ff.; Interview vom 12.04.2017 mit einem Mitarbeiter der EU-Delegation in New York.

861 Report from the EEAS and the Commission on EU Statements in multilateral Organisations – Implementation of General Arrangements, S. 1.

angehensweise zur Konsensfindung bzgl. der unterschiedlichen Interessen bei. Daher ist eine Änderung der flexiblen Handhabung der Kooperationsvereinbarung derzeit nicht angedacht.[862]

Die von der Kooperationsvereinbarung favorisierte Koordinierung vor Ort wird in der Praxis durch EU-Delegationen vorbereitet und zusammen mit der Kommission im Rahmen von Koordinierungssitzungen durchgeführt, an denen auch der Ratsvorsitz und die Ratsarbeitsgruppen in Einzelfällen beteiligt werden.[863] Von der Verweisungsmöglichkeit an den AStV zur Konfliktlösung wurde angesichts einer mehr und mehr eingespielten Praxis und dem Zeitverlust durch die Verweisung kaum Gebrauch gemacht.[864] Die Interessenvertretung durch die EU richtet sich insbesondere nach dem Beteiligungsstatus der EU in den jeweiligen Gremien der internationalen Organisationen, sodass die gemeinsamen Standpunkte oder Unionsstandpunkte gegebenenfalls durch den Ratsvorsitz oder durch einen anderen Mitgliedsstaat vertreten werden müssen.[865]

XII. Entwürfe für Kooperationsvereinbarungen

An dieser Stelle soll der Vollständigkeit wegen noch kurz auf Entwürfe von Kooperationsvereinbarungen eingegangen werden. Da von den insgesamt sieben Entwürfen schon drei im Rahmen der informellen Kooperation bei der IAO, der FAO-Kooperationsvereinbarungen und der WTO-Kooperationsvereinbarung erörtert wurden, werden hier noch die Entwürfe für die Wirtschafts- und Währungsunion (1.), die internationale Seeschifffahrts-Organisation (2.) und der Entwurf im Rahmen von Euratom (3.) angesprochen. Der Entwurf für die internationale Zivilluftfahrtorganisation (ICAO) ist nicht zugänglich.[866]

---

862 Report from the EEAS and the Commission on EU Statements in multilateral Organisations – Implementation of General Arrangements, S. 2, 7 f.

863 Report from the EEAS and the Commission on EU Statements in multilateral Organisations – Implementation of General Arrangements, S. 3 f.

864 Report from the EEAS and the Commission on EU Statements in multilateral Organisations – Implementation of General Arrangements, S. 7.

865 Report from the EEAS and the Commission on EU Statements in multilateral Organisations – Implementation of General Arrangements, S. 4 f.

866 Vgl. Erwähnung bei *Hoffmeister*, in: Hillion/Koutrakos (Hrsg.), Mixed Agreements Revisited, 2010, S. 261.

1. Entwurf im Rahmen der Wirtschafts- und Währungsunion

Innerhalb der Wirtschafts- und Währungsunion (WWU)[867] gab es auch Bestrebungen, das Verfahren zur Interessenkoordinierung und Interessenvertretung formell zu regeln. Bereits im Jahr 1993 forderte das Parlament den Rat und die Kommission dazu auf, eine interinstitutionelle Vereinbarung für die Koordinierung im Rahmen der Wirtschafts- und Währungsunion abzuschließen.[868] Ein entsprechender Vorschlag der Kommission stammt aus dem Jahr 1998.[869] Nach Übermittlung des Vorschlags an den Rat und das Europäische Parlament hat letzteres Änderungen am Vorschlag der Kommission vorgebracht.[870] Dieser Vorschlag steht seither – abgesehen von Änderungen der Rechtsgrundlage im Rahmen des Vertrags von Amsterdam[871] und des Vertrags von Lissabon (Art. 138 Abs. 2 AEUV)[872] – unverändert im Raum, ohne dass das Regelwerk verabschiedet wurde.

Das Regelwerk sah eine Interessenkoordinierung und Interessenvertretung durch den Rat, die Kommission und die EZB vor, um die Kohärenz der außenpolitischen Maßnahmen im Zuständigkeitsbereich der WWU zu gewährleisten. Die Kommission sollte Entwürfe zu Standpunkten erarbeiten, sodass der Ratsvorsitz die Entwürfe mit dem WFA auf Koordinierungssitzungen oder schriftlich abstimmen konnte. Im Vergleich zu ande-

---

867 Vgl. zur WWU, *Streinz*, Europarecht, 2016, Rn. 1115 ff.

868 Entschließung des Europäischen Parlaments zum Abschluss und zur Anpassung der interinstitutionellen Vereinbarungen, 12.03.1993, ABl. 1993, C 115/253.

869 Vorschlag für einen Beschluss des Rates über die Vertretung und die Festlegung von Standpunkten im Zusammenhang mit der Wirtschafts- und Währungsunion, 09.11.1998, KOM (1998) 637 endg.

870 Entschließung des Europäischen Parlaments zu einem Vorschlag für einen Beschluss des Rates über die Vertretung und die Festlegung von Standpunkten der Gemeinschaft auf internationaler Ebene im Zusammenhang mit der Wirtschafts- und Währungsunion, 03.12.1998, Abl. 1998, C 398/61.

871 Mitteilung der Kommission an das Europäische Parlament und den Rat zu Auswirkungen des Inkrafttretens des Vertrags von Amsterdam auf die laufenden Gesetzgebungsverfahren, 01.05.1999, SEK (1999) 581 endg.

872 Mitteilung der Kommission an das Europäische Parlament und den Rat zu Auswirkungen des Inkrafttretens des Vertrags von Lissabon auf die laufenden interinstitutionellen Beschlussfassungsverfahren, 02.12.2009, KOM (2009) 665 endg.

ren Regelwerken wäre das Parlament jederzeit über die Koordinierung durch die Kommission zu informieren gewesen.[873]

2. Entwurf im Rahmen der IMO

Die EU ist trotz umfassender Kompetenzen kein Mitglied der internationalen Seeschifffahrts-Organisation (IMO),[874] wenngleich die Kommission seit 1974 einen Beobachterstatus innehat.[875] Alle Mitgliedstaaten der EU sind allerdings Mitglieder der IMO.[876] Die Kommission ist bestrebt, den Status der EU zur Vollmitgliedschaft auszubauen.[877] Da die Satzung der IMO bislang nur Staaten die Mitgliedschaft erlaubt, müsste diese vorher geändert werden.[878] Darüber hinaus haben sich der Rat bzw. die Mitgliedstaaten bisher geweigert, der EU ein Verhandlungsmandat (vgl. Art. 218 Abs. 2 und 3 AEUV) für den Beitritt zur IMO zu erteilen.[879] Die Mitgliedstaaten müssen demnach die Kompetenzen der EU in der IMO als Sach-

---

873 Die Informations- und Berichtspflichten gehen auf Änderungsvorschläge des Europäischen Parlaments zurück, Entschließung zu einem Vorschlag für einen Beschluss des Rates über die Vertretung und die Festlegung von Standpunkten der Gemeinschaft auf internationaler Ebene im Zusammenhang mit der Wirtschafts- und Währungsunion, 03.12.1998, Abl. 1998, C 398/61.

874 *Cremona*, ELRev 2009, 754, 754; *Eeckhout*, EU External Relations Law, 2011, S. 225.

875 Liste der Beobachter, http://www.imo.org/en/About/Membership/Pages/IGOsWithObserverStatus.aspx, 07.08.2017; *Wouters u.a.*, in: Kaddous (Hrsg.), The EU in International Organisations and Global Governance, 2015, S. 66; *Hoffmeister*, in: Kaddous (Hrsg.), The EU in International Organisations and Global Governance, 2015, S. 135.

876 Liste der Mitgliedstaaten, http://www.imo.org/en/About/Membership/Pages/MemberStates.aspx, 22.03.2018.

877 *Cremona*, ELRev 2009, 754, 767 f.; *Wouters u.a.*, in: Kaddous (Hrsg.), The EU in International Organisations and Global Governance, 2015, S. 66.

878 *Wouters u.a.*, in: Kaddous (Hrsg.), The EU in International Organisations and Global Governance, 2015, S. 67.

879 *Wouters u.a.*, in: Kaddous (Hrsg.), The EU in International Organisations and Global Governance, 2015, S. 66; *Hoffmeister*, in: Kaddous (Hrsg.), The EU in International Organisations and Global Governance, 2015, S. 135.

walter wahrnehmen und sich dementsprechend loyal gegenüber der Union verhalten.[880]

Unabhängig von der formellen Beteiligung der EU in der IMO wurde 2005 ein sehr detaillierter Entwurf für eine interne Vereinbarung zur Interessenkoordinierung und Interessenvertretung zwischen der Kommission und dem Rat erarbeitet.[881] Der Entwurf wurde bislang nicht angenommen.[882]

Die von der Ratsarbeitsgruppe „Seeverkehr" und der Ratspräsidentschaft entworfenen Richtlinien sehen im Rahmen der Interessenkoordinierung die Erarbeitung gemeinsamer Standpunkte, Unionsstandpunkte und koordinierter Standpunkte der Mitgliedstaaten entsprechend der Kompetenzverteilung vor, ohne explizit auf die Interessenvertretung einzugehen. Die Regeln zur Abstimmung und zum Beschluss der Standpunkte sind sehr detailliert. Die Koordinierung soll in Form einer Jahresplanung erfolgen, wobei die konkreten Standpunkte vor entsprechenden Sitzungen und vor Ort näher abgestimmt werden sollen. Der Entwurf enthält im Vergleich zu allen anderen Kooperationsvereinbarungen genaue Vorschriften bezüglich der Beschlussfassungsquoren.

Die detaillierten Regelungen schränken die EU und die Mitgliedstaaten allerdings in ihrer Flexibilität ein, die im Rahmen politischer Entscheidungsprozesse unerlässlich sein könnte. Hierin könnte auch ein Grund zu sehen sein, wieso die Kooperationsvereinbarung noch nicht abgeschlossen wurde. Ähnlich wie bei beim UPOV, wo die detaillierteren Regelungen abgelehnt wurden und man sich auf einige wenige Zusammenarbeitsregeln einigte, könnten die EU und die Mitgliedstaaten auch bei der IMO eine weniger detaillierte und damit flexiblere Regelung favorisieren.[883]

---

880 Vgl. zur loyalen Zusammenarbeit bei der Interessenkoordinierung und Interessenvertretung im Rahmen der IMO, EuGH, Urteil vom 12.02.2009, Rs. C-45/07, Kommission/Griechenland, ECLI:EU:C:2009:81.

881 Interne Regelungen mit Leitlinien für die Festlegung von Gemeinschaftsstandpunkten, gemeinsamen oder koordinierten Standpunkten und deren Darlegung in der IMO, 06.09.2005, Dok-Rat 11892/05, Annex.

882 *Cremona*, ELRev 2009, 754, 766; *Hoffmeister*, in: Hillion/Koutrakos (Hrsg.), Mixed Agreements Revisited, 2010, S. 261.

883 Siehe Koordinierung im Rahmen des UPOV § 3 Teil B.VI.

3. Entwurf im Rahmen von Euratom

Die Kommission hat im Jahr 2006 einen Entwurf[884] zur Koordinierung über die interinstitutionelle Zusammenarbeit im Rahmen internationaler Übereinkommen, bei denen die Europäische Atomgemeinschaft (EAG, heute EURATOM) und ihre Mitgliedstaaten Vertragspartner sind, vorgeschlagen.[885] Ziel der Vereinbarung war, Grundsätze für die Teilnahme der EAG an internationalen Veranstaltungen festzulegen, deren Gegenstand in die gemischte Zuständigkeit der damaligen EG und der Mitgliedstaaten fiel. Die jeweilige außenpolitische Aufgabenwahrnehmung sollte durch die Vereinbarung verbessert und sichergestellt werden, da sich bei verschiedenen Tagungen zeigte, dass es an einem Koordinierungsmechanismus mangelte (Nr. 1 der Entwurfsbegründung). Außerdem sollte ein einheitliches Auftreten gegenüber Drittstaaten gewährleistet werden (Nr. 4 der Entwurfsbegründung). Der Rat stimmte dem Entwurf nicht zu, sodass die Kommission ihn zurücknahm.[886]

Im Vordergrund sollte eine enge Zusammenarbeit bei der Koordinierung von gemeinsamen Standpunkten und deren Vertretung auf internationaler Ebene stehen. Die gemeinsamen Standpunkte sollten im Vorfeld internationaler Tagungen zwischen der Kommission und dem Rat schriftlich sowie auf Koordinierungssitzungen in Brüssel und vor Ort abgestimmt werden.

Die Verhandlungspflicht in Bezug auf gemeinsame Standpunkte, unabhängig von der Kompetenzverteilung, hätte einen Vorteil hinsichtlich des Ziels der einheitlichen Außenvertretung gegenüber anderen Kooperationsvereinbarungen dargestellt. Allerdings hätte das Fehlen einer Regelung bei

---

884 Vgl. ausführlich zum Entwurf, *Kaiser*, Gemischte Abkommen im Lichte bundesstaatlicher Erfahrungen, 2009, S. 113 ff.; *Schwichtenberg*, Die Kooperationsverpflichtung der Mitgliedstaaten der EU bei Abschluss und Anwendung gemischter Verträge, 2014, S. 186 ff.

885 Entwurf einer Interinstitutionellen Vereinbarung über die interinstitutionelle Zusammenarbeit im Rahmen internationaler Übereinkommen, bei denen die Europäische Atomgemeinschaft und ihre Mitgliedstaaten Vertragspartner sind, 28.04.2006, KOM (2006) 179 endg.

886 Rücknahme überholter Kommissionsvorschläge, 18.09.2010, ABl. 2010, C 252/8.

Nichtzustandekommen eines gemeinsamen Standpunkts, wie etwa eine Schlichtung durch den AStV, den Verhandlungsdruck verringert.[887]

XIII. Zusammenfassende Bewertung: Kooperationsvereinbarungen für die Durchführung von (gemischten) völkerrechtlichen Abkommen

Von den 16 untersuchten Kooperationsvereinbarungen zur Durchführung völkerrechtlicher Abkommen gilt die deutliche Mehrheit (12) für gemischte Abkommen.[888] Zwei Kooperationsvereinbarungen beziehen sich auf Member-States-Only-Abkommen[889] und eine auf ein EU-Only-Abkommen[890]. Zudem ist der Anwendungsbereich einer Kooperationsvereinbarung für völkerrechtliche Abkommen, unabhängig von der Beteiligungsart der EU und der Mitgliedstaaten, eröffnet.[891]

Die quantitative Betrachtung zeigt, dass die EU und ihre Mitgliedstaaten einen erhöhten formellen Koordinierungsbedarf bei gemischten Abkommen sehen und deshalb formelle Koordinierungsmechanismen zur Interessenkoordinierung und Interessenvertretung in Form von Kooperationsvereinbarungen festlegen. Die EU befindet sich außerdem bei einer der derzeit zwei Kooperationsvereinbarungen für Member-States-Only-Abkommen im Beitrittsprozess.[892] Damit wird deutlich, dass die EU und die Mitgliedstaaten dem erwarteten Koordinierungsbedarf im Rahmen des geplanten gemischten Abkommens bereits frühzeitig in Form von Kooperationsvereinbarungen begegnen. Kooperationsvereinbarungen finden sich demnach fast ausschließlich bei gemischten Abkommen und sind auch dort erforderlich.

---

887 *Schwichtenberg*, Die Kooperationsverpflichtung der Mitgliedstaaten der EU bei Abschluss und Anwendung gemischter Verträge, 2014, S. 192.

888 PROBA 20, PROBA 20a, FAO-Vereinbarungen I-IV, WTO-Kooperationsvereinarung, CAK-Kooperationsvereinbarung, Kooperationsvereinbarung zur Durchführung des UNESCO Abkommens zur kulturellen Vielfalt, UPOV-Kooperationsvereinbarung, Kooperationsvereinbarung zur UN-Behindertenrechtskonvention, COTIF-Kooperationsvereinbarung.

889 Kooperationsvereinbarung im Rahmen der Vereinten Nationen und WZO-Kooperationsvereinbarung (wobei hier die EU-Mitgliedschaft bereits beantragt ist).

890 PROBA 2002.

891 Allgemeine Regelung zu Erklärungen der EU in multilateralen Organisationen.

892 Vgl. Beitrittsprozess der EU zur WZO.

C. Vergleich und Entwicklung der Kooperationsvereinbarungen

Insgesamt brachte die Untersuchung 25 Kooperationsvereinbarungen zutage, darunter sieben Entwürfe. Von den 18 abgeschlossenen Kooperationsvereinbarungen sind zwei für die Verhandlung und den Abschluss und 16 für die Durchführung völkerrechtlicher Abkommen bestimmt. 13 von 18 Kooperationsvereinbarungen beziehen sich auf gemischte Abkommen (ca. 72 %).[893] Hierdurch ergibt sich insgesamt die überwiegende praktische Notwendigkeit von Kooperationsvereinbarungen im Rahmen gemischter Abkommen, die sich mit den theoretischen Überlegungen zur Erforderlichkeit eines Kooperationsmechanismus im Rahmen gemischter Abkommen deckt.[894]

Um die inhaltlich analysierten Kooperationsvereinbarungen und deren notwendige Koordinierungsstrukturen miteinander vergleichen zu können, soll die Entwicklung der Kooperationsvereinbarungen aufgezeigt werden. Da sich ein zweigliedriges Muster herausgebildet hat, welches sich in Interessenkoordinierung (Abstimmung von Standpunkten im Vorfeld und während Sitzungen der entsprechenden Gremien sowie Aufteilung der Rede- und Stimmrechte) und Interessenvertretung (Ausübung der Rede- und Stimmrechte) unterscheiden lässt, wird zunächst die Entwicklung der Interessenkoordinierung (I.) und im Folgenden die der Interessenvertretung (II.) getrennt nachgezeichnet. Abschließend werden die Kooperationsvereinbarungen inhaltlich miteinander verglichen (III.).

I. Entwicklung der Interessenkoordinierung

Die Kooperationsvereinbarungen zu internationalen Rohstoffabkommen (PROBA 20, 20a und 2002) sehen die Koordinierung gemeinsamer Standpunkte und Unionsstandpunkte durch die Ratsgremien in Brüssel oder am Sitzungsort vor. Auch das Gentleman's Agreement über das Verfahren für die Verhandlungen mit Drittländern im Bereich der Binnenschifffahrt sowie der Verhaltenskodex für die Verhandlungen des UNESCO-Abkom-

---

893 Zwei Kooperationsvereinbarungen gelten für EU-Only-Abkommen, zwei weitere für Member-States-Only-Abkommen und eine ist eine allgemeine Kooperationsvereinbarung.

894 Siehe zum informellen Koordinierungsmechanismus im Rahmen gemischter Abkommen § 2 Teil C.

mens zur kulturellen Vielfalt, als Kooperationsvereinbarungen zur Verhandlung und zum Abschluss gemischter Abkommen, legen die Erarbeitung gemeinsamer Standpunkte fest. Angesichts der oft unklaren Kompetenzverteilung während der Verhandlungsphase ist diese Regelung aber auch nicht verwunderlich und entspricht der informellen Praxis.

Die FAO-Vereinbarung I beinhaltet die Pflicht, in Brüssel oder am Sitzungsort, gemeinsame Standpunkte sowie Unionsstandpunkte zu erarbeiten. Erstmals stellt sie der Interessenkoordinierung außerdem ein Koordinierungsverfahren zur Seite. Der Zeitpunkt der Koordinierung sowie die Zuleitung der Erklärungsentwürfe werden konkretisiert. Die Vereinbarung ernennt die Ratsarbeitsgruppe „FAO" zum Koordinierungsgremium und betitelt den AStV als Konfliktlösungsgremium bei der Erarbeitung der Standpunkte. Die FAO-Vereinbarungen II und III präzisieren den Koordinierungsmechanismus, indem sie Fristen für die Entwürfe der Standpunkte und ein beschleunigtes elektronisches Verfahren für die Erarbeitung selbiger festlegen. Die FAO-Vereinbarung IV enthält nur noch die Erarbeitung gemeinsamer Standpunkte und versucht somit, die Kompetenzverteilung zwischen der EU und den Mitgliedstaaten außen vor zu lassen. Auch die Kooperationsvereinbarungen im Rahmen der WTO, der Vereinten Nationen und des UPOV sehen lediglich die Erarbeitung gemeinsamer Standpunkte vor.

Die CAK-Kooperationsvereinbarung beinhaltet dann die Unterscheidung in gemeinsame Standpunkte, Unionsstandpunkte und Standpunkte der Mitgliedstaaten. Diese sollen in den Ratsgremien in Brüssel und am Sitzungsort koordiniert werden. Ausgehend von dieser Unterscheidung differenzieren auch die Kooperationsvereinbarungen im Rahmen des UNESCO-Übereinkommens zur kulturellen Vielfalt (Durchführung), der WZO, der UN-Behindertenrechtskonvention und der COTIF zwischen gemeinsamen Standpunkten, Unionstandpunkten und Standpunkten der Mitgliedstaaten entsprechend der Kompetenzverteilung. Die allgemeine Regelung unterscheidet auch explizit zwischen gemeinsamen Standpunkten und Unionsstandpunkten und hält implizit auch Standpunkte der Mitgliedstaaten für möglich. Die Kooperationsvereinbarungen, die je nach Kompetenzverteilung unterschiedliche Standpunkte vorsehen, benennen den AStV als Konfliktlösungsgremium bei der Erarbeitung der Standpunkte bzw. der Aufteilung der Kompetenzverteilung.

Insgesamt regeln die Kooperationsvereinbarungen zunächst nur die Erarbeitung gemeinsamer Standpunkte. Mit der CAK-Kooperationsvereinbarung werden die Standpunkte dann anhand der Kompetenzverteilung unterschieden, sodass Zuständigkeitsfragen formal betrachtet wichtiger werden, auch wenn in der Praxis häufig nur gemeinsame Standpunkte, unabhängig von der Zuständigkeit, abgestimmt werden. Dieser teilweise Unterschied zwischen den Kooperationsvereinbarungen und der Praxis legt den Schluss nahe, dass die formale Unterscheidung anhand der Kompetenzverteilung sowohl der EU als auch den Mitgliedstaaten wichtiger ist, als diese in der Praxis umzusetzen.

Die Kooperationsvereinbarungen lassen einen genauen detaillierten Koordinierungsmechanismus vermissen; denn sie geben nur den groben Rahmen der Interessenkoordinierung vor. Bei der Verhandlung und dem Abschluss zeigt sich die fehlende Detailliertheit durch die stark formalisierten nationalen und unionalen Unterzeichnungs- und Ratifikationsvorgaben, die nur wenig Spielraum für weitergehende Koordinierungsregeln lassen.[895] Bei den Kooperationsvereinbarungen zur Durchführung (gemischter) völkerrechtlicher Abkommen hingegen bestünde die Möglichkeit, den angedachten Koordinierungsmechanismus weiter auszudifferenzieren und je nach speziellen Bedürfnissen für bestimmte gemischte Gremien unterschiedliche Mechanismen vorzusehen.[896]

II. Entwicklung der Interessenvertretung

Die Kooperationsvereinbarungen PROBA 20 und 20 a regeln die Interessenvertretung durch eine gemeinsame Delegation unter Führung der Kommission (Delegation nach der „Rom-Formel"), wenngleich das Stimmrecht bei den Mitgliedstaaten liegen sollte. Demgegenüber sollte im Rahmen von EU-Only-Abkommen im Bereich von Rohstoffen gemäß PROBA 2002 die EU die alleinige Interessenvertretung übernehmen. Auch das Gentleman's Agreement über das Verfahren für die Verhandlungen mit Drittländern im Bereich der Binnenschifffahrt spricht der Kommission die Führungsrolle bei der Interessenvertretung zu.

Die FAO-Vereinbarung I sieht eine Interessenvertretung entsprechend der/des Kompetenz(-schwerpunkts) durch die EU oder die Mitgliedstaaten vor, ohne sich auf eine generelle Führungsrolle festzulegen. Die FAO-Vereinbarung IV unternahm den Versuch einer gemeinsamen Interessenvertre-

---

895 Siehe zu den Zusammenarbeitspflichten im Rahmen der Unterzeichnung und der Ratifikation gemischter Abkommen § 2 Teil C.I.2. und 3.
896 Siehe zu Verbesserungsmöglichkeiten § 5 Teil C.

tung im Rahmen des Rederechts durch die EU und die Mitgliedstaaten ohne Aufspaltung nach der Kompetenzverteilung, differenzierte dann aber bei der Stimmrechtsausübung nach der/dem Kompetenz(-schwerpunkt).

Die WTO-Kooperationsvereinbarung ging nochmal, da sie wie PROBA 20 und 20a nur gemeinsame Standpunkte regelte, zur Interessenvertretung durch die Kommission zurück. Die Kooperationsvereinbarung im Rahmen der Vereinten Nationen sprach den Mitgliedstaaten die Interessenvertretung zu, da die EU sowieso kein Vollmitglied der Vereinten Nationen ist. Im Übrigen spiegelt es die Kompetenzlage zwischen der EU und den Mitgliedstaaten im Bereich der GHP für die WTO und die GASP im Bereich der Vereinten Nationen wider.

Die CAK-Kooperationsvereinbarung differenziert, wie die FAO-Vereinbarungen I, bei der Interessenvertretung nach der Kompetenzverteilung und greift bei gemeinsamen Standpunkten auf eine gemeinsame Vertretung durch den Ratsvorsitz und die Kommission, wie die FAO-Vereinbarung IV, zurück.

Die Kooperationsvereinbarung zur Durchführung des UNESCO-Übereinkommens zur kulturellen Vielfalt führt neben der Interessenvertretung der Unionsstandpunkte bzw. Standpunkte der Mitgliedstaaten durch die Kommission bzw. die Mitgliedstaaten erstmals die Vertretung des gemeinsamen Standpunktes entsprechend des Kompetenzschwerpunkts ein. Hiernach besitzen dann je nach Schwerpunkt der Zuständigkeit die Kommission oder die Mitgliedstaaten das Rederecht. Bei gemeinsamen Standpunkten wird jedoch, unabhängig vom Kompetenzschwerpunkt, der Kommission das Stimmrecht zugestanden. Die Kooperationsvereinbarung zur Verhandlung des UNESCO-Übereinkommens zur kulturellen Vielfalt sah ebenfalls eine Interessenvertretung anhand der Kompetenzverteilung vor, wenngleich das Stimmrecht entgegen der Aufteilung des Rederechts einheitlich durch die Mitgliedstaaten wahrgenommen werden sollte.

Die WZO-Kooperationsvereinbarung richtet die gesamte Interessenvertretung, also das Rede- und Stimmrecht, erstmals einheitlich nach der/dem Kompetenz(-schwerpunkt) aus. Diese Regelung wird dann bei den Kooperationsvereinbarungen zur UN-Behindertenrechtskonvention, zur COTIF, sowie bei der allgemeinen Regelung beibehalten.

Entsprechend der Interessenkoordinierung und den verschiedenen Standpunkten differenzieren die jüngeren Kooperationsvereinbarungen nach der/dem Kompetenz(-schwerpunkt) und der damit einhergehenden Interessenvertretung durch die EU und ihrer Mitgliedstaaten. Die anfänglich favorisierte Interessenvertretung nach der „Rom-Formel" wurde seit der FAO-Vereinbarung I nur noch einmal, nämlich bei der WTO-Kooperationsvereinbarung, verwendet. Die Praxiserfahrungen haben gezeigt, dass eine generelle Führungsrolle durch die Kommission, wie anfangs angedacht, bei den Mitgliedstaaten auf wenig Gegenliebe stieß. Wenngleich der EU im Laufe der Jahre immer mehr Kompetenzen zuerkannt wurden und somit faktisch der Kommission die Interessenvertretung obliegt, so zeigt sich in der Ablehnung einer generellen Führungsrolle der Kommission, der politische Wille der Mitgliedstaaten zur theoretischen Wahrnehmung der nationalen Zuständigkeiten durch sie selbst. Die Kommission besitzt allerdings – abgesehen von der vorgesehenen alternativen Interessenvertretung – aufgrund ihres Initiativrechts bei der Erarbeitung der Entwürfe zu Standpunkten und ihrer personellen (beständigen) Struktur in der Praxis eine gewisse Führungsrolle.

Unabhängig von der (anfänglichen) Führungsrolle der Kommission regeln bereits die Kooperationsvereinbarungen PROBA 20, 20a und 2002 die Unterstützungsmöglichkeit der Mitgliedstaaten bei der Interessenvertretung. Auch die FAO-Vereinbarung I normiert die Unterstützungsmöglichkeit der Mitgliedstaaten. Unterstützungsklauseln fehlen bei den FAO-Vereinbarungen II, III und IV, sowie im Rahmen der WTO, der Vereinten Nationen und des UPOV. Die Kooperationsvereinbarungen im Rahmen der CAK, des UNESCO-Übereinkommens zur kulturellen Vielfalt (Verhandlung und Durchführung), der WZO, der UN-Behindertenrechtskonvention, der COTIF, sowie die allgemeine Regelung greifen die Unterstützungsmöglichkeit der Mitgliedstaaten in Bezug auf gemeinsame Standpunkte sowie Unionsstandpunkte (nach vorheriger interner Absprache) wieder auf. Allein die Kooperationsvereinbarung zur UN-Behindertenrechtskonvention sieht auch eine Unterstützungsmöglichkeit der Kommission, sofern sie nicht redeberechtigt ist, vor.

Bereits im Rahmen von PROBA 20 erkannte man die Möglichkeit eines Dissenses im Rahmen der Interessenkoordinierung und die sich anschließende Frage der Interessenvertretung. Aus diesem Grund gaben einige Mitgliedstaaten im Ratsprotokoll zu verstehen, dass sie im Falle eines Dissenses bei wesentlichen nationalen Interessen unter Berücksichtigung der Gemeinschaftsinteressen eigene nationale Standpunkte vertreten würden. Diese Ansicht wurde in PROBA 20a sodann in einer Fußnote manifestiert.

Die FAO-Vereinbarung I enthält erstmals eine ausdrückliche Regelung im Text der Kooperationsvereinbarung für den Fall eines Dissenses: Die Interessenvertretung wird bei gemischten Zuständigkeiten ausschließlich den Mitgliedstaaten zugesprochen. Die CAK-Kooperationsvereinbarung will dagegen eigene Standpunkte der EU und der Mitgliedstaaten zulassen, sofern die jeweilige Zuständigkeit eindeutig abgrenzbar ist und im Einklang mit der Unionspolitik steht.

Die Kooperationsvereinbarung zur Durchführung des UNESCO-Abkommens zur kulturellen Vielfalt bestimmt, dass der EU und den Mitgliedstaaten im Bereich eindeutiger nationaler bzw. unionaler Zuständigkeiten das Rede- und Stimmrecht zusteht. Die Kommission darf nur dann eigene Standpunkte vertreten und entsprechend abstimmen, wenn dies zur Verteidigung des gemeinschaftlichen Besitzstandes erforderlich ist und im Einklang mit der Politik bzw. dem Unionsrecht steht.

Die Kooperationsvereinbarung im Rahmen der WZO erlaubt es den Mitgliedstaaten, bei eindeutig nationaler Zuständigkeit eigene Standpunkte zu vertreten. Die Kommission darf umgekehrt nur bei eindeutiger Zuständigkeit der Union das Wort ergreifen und abstimmen, wenn für diese Angelegenheit ein Unionsstandpunkt vorliegt.

Ähnliche Voraussetzungen stellt die Kooperationsvereinbarung für die UN-Behindertenrechtskonvention auf: Die Mitgliedstaaten können bei eindeutiger mitgliedstaatlicher Kompetenz das Wort ergreifen und ihre Stimme abgeben, sofern der Standpunkt mit der Politik der Union übereinstimmt und dem Unionsrecht entspricht. Die Kommission darf hingegen nur bei eindeutiger EU-Zuständigkeit und soweit dies zur Verteidigung des Besitzstandes der Union erforderlich ist das Wort ergreifen und abstimmen.

Wenn im Rahmen der COTIF-Kooperationsvereinbarung bei gemischter Zuständigkeit in den Koordinierungssitzungen kein gemeinsamer Standpunkt erzielt werden kann, so können die Mitgliedstaaten und die Kommission das Rederecht sowie das Stimmrecht bei Fragen der jeweiligen eindeutigen Zuständigkeit unabhängig voneinander ausüben. Im Falle eines Dissenses können sich die Mitgliedstaaten und/oder die Kommission nur zu Wort melden, sofern die Erklärungen einem zukünftigen Unionsstandpunkt nicht vorgreifen, mit der Unionspolitik sowie früheren Unionsstandpunkten vereinbar sind und dem Unionsrecht entsprechen. Eine Stimmabgabe ziehen die internen Regeln in dieser Situation allerdings nicht in Betracht, da das Regelwerk nur von einem vorübergehenden Konflikt ausgeht.

Die Allgemeine Regelung zu Erklärungen der EU in multilateralen Beziehungen verbietet der EU generell, Erklärungen in den Gremien der internationalen Organisationen abzugeben, sofern kein Konsens hergestellt werden konnte.

Die Entwicklung zeigt, dass die Kooperationsvereinbarungen die Voraussetzungen, unter denen die Interessenvertretung bei einem Dissens möglich sein soll, stärker differenzieren und präzisieren. Die Möglichkeit der Mitgliedstaaten, eigene Standpunkte darzulegen, ist dabei stärker ausgeprägt als die der EU. Grundlegende Voraussetzung ist die eindeutige Zuordnung eines Themas zu einer nationalen oder unionalen Zuständigkeit, was in der Praxis sicherlich nicht trennscharf abgrenzbar ist. Die weiteren Voraussetzungen sehen etwa die Vereinbarkeit mit Unionsrecht bzw. mit den Zielen der Union oder mit früheren Standpunkten vor.

III. Zusammenfassung: Vergleich und Entwicklung der
      Kooperationsvereinbarungen

Die chronologische Entwicklung zeigt, dass das Urteil des EuGH aus dem Jahr 1996 in der Rechtssache C-25/94, wonach der EuGH die FAO-Vereinbarung I als rechtlich verbindlich beurteilt hat, dazu geführt hat, dass zunächst keine weiteren Kooperationsvereinbarungen abgeschlossen wurden. Zwar gab es in den Jahren nach dem Urteil Entwürfe für die WTO (1995/1996) und die WWU (1998), die allerdings nicht angenommen wurden. Erst mit dem Abschluss der CAK-Kooperationsvereinbarung im Jahr 2003 wurden wieder vermehrt Kooperationsvereinbarungen abgeschlossen und inhaltlich weiterentwickelt.[897] Seit 2011 wurden mit der allgemeinen Regelung zu Erklärungen der EU in multilateralen Organisationen keine Kooperationsvereinbarungen mehr abgeschlossen. Die derzeitigen Entwürfe sind seit Jahren nicht weiterverfolgt worden, sodass Kooperationsvereinbarungen insgesamt rückläufig sind.

Die PROBA-Kooperationsvereinbarungen legen die Grundzüge der Koordinierung fest. Die darauffolgenden Kooperationsvereinbarungen fügen weitere Koordinierungspflichten hinzu, bauen inhaltlich bzw. formal aufeinander auf und differenzieren den Koordinierungsmechanismus weiter aus. Die anfängliche Annahme, dass die Kooperationsvereinbarungen unterschiedliche Koordinierungsmechanismen bereithalten, hat sich nicht

---

897 Siehe neben der CAK-Kooperationsvereinbarung die Kooperationsvereinbarung
     zur Durchführung des UNESCO-Abkommens zur kulturellen Vielfalt, die
     UPOV-Kooperationsvereinbarung, die Kooperationsvereinbarung zur UN-Behin-
     dertenrechtskonvention, die WZO-Kooperationsvereinbarung und die Allge-
     meine Regelung zu Erklärungen der EU in multilateralen Organisationen.

bestätigt, sodass ein Vergleich zwischen verschiedenen Mechanismen entfällt. Auch unterscheidet sich das grundlegende Muster der Interessenkoordinierung (Erarbeitung der Standpunkte) und Interessenvertretung (Verteilung der Rede- und Stimmrechte) nicht vom informellen Koordinierungsmechanismus.[898]

Der Koordinierungsprozess für die Interessenkoordinierung sieht je nach Kooperationsvereinbarung die Erarbeitung von gemeinsamen Standpunkten, Unionsstandpunkten und/oder koordinierten Standpunkten der Mitgliedstaaten vor, die sich grundsätzlich nach der Kompetenzverteilung zwischen der EU und den Mitgliedstaaten für die Tagesordnungspunkte der gemischten Foren orientieren. Die Koordinierungssitzungen finden in der Regel in Brüssel in den Vorbereitungsgremien des Rates oder am Tagungsort statt. Zeitlich sind sie vor, teilweise während und nach den Sitzungen der gemischten Gremien in sogenannten ad-hoc-Sitzungen zu absolvieren.[899] Neun der 18 Kooperationsvereinbarungen sehen den AStV und/oder den Rat als Konfliktlösungsgremium vor, sofern über die Zuständigkeitsverteilung oder die Standpunkte kein Konsens in den Koordinierungssitzungen gefunden werden kann.[900] Der Rat wird in den jüngeren Kooperationsvereinbarungen nicht mehr ausdrücklich als „letztinstanzliches" Koordinierungsgremium benannt, sodass davon auszugehen ist, dass die Vorbereitungsgremien (Ratsarbeitsgruppen und AStV) bereits eine hinreichende einverständliche Interessenkoordinierung gewährleisten.

Bei der Festlegung von Unionsstandpunkten muss in der Praxis immer der Anwendungsbereich des Art. 218 Abs. 9 AEUV beachtet werden, der dann einen formellen Ratsbeschluss für Standpunkte erfordert, wenn diese auf rechtswirksame Beschlüsse in den gemischten Foren abzielen. Auch

---

898 Siehe zum informellen Koordinierungsmechanismus § 2 Teil C. Siehe insbesondere Praxisbeispiel IAO § 2 Teil C.II.2.

899 Der Rat dient bei gemischter Zuständigkeit und ausschließlicher Unionszuständigkeit als generelles Koordinierungsgremium, wohingegen dieser bei nationalen Zuständigkeiten nur bei ausdrücklicher Normierung durch die Kooperationsvereinbarungen als Koordinierungsort vorgesehen ist.

900 Kooperationsvereinbarungen mit einer Regelung hinsichtlich des AStV und/oder des Rates als Konfliktlösungsgremium sind: PROBA 20, PROBA 2002, FAO-Vereinbarung I, CAK-Kooperationsvereinbarung, Kooperationsvereinbarung zur Verhandlung des UNESCO-Abkommens zur kulturellen Vielfalt, Kooperationsvereinbarung zur UNESCO-Behindertenrechtskonvention, WZO-Kooperationsvereinbarung, COTIF-Kooperationsvereinbarung, Allgemeine Regelung zu Erklärungen der EU in multilateralen Organisationen.

bei gemeinsamen Standpunkten der EU und der Mitgliedstaaten, die nur zum Teil EU-Zuständigkeiten umfassen und sich rechtswirksame Beschlüsse in gemischten Gremien beziehen, ist der Anwendungsbereich von Art. 218 Abs. 9 AEUV hinsichtlich der Unionszuständigkeit eröffnet und bedarf insgesamt eines formellen Ratsbeschlusses. Die Kooperationsvereinbarungen erwähnen Art. 218 Abs. 9 AEUV nicht, obwohl dieser bereits durch den Vertrag von Amsterdam im Jahre 1999 eingeführt wurde.[901] Im Anwendungsbereich von Art. 218 Abs. 9 AEUV führt dieser allerdings lediglich dazu, dass Standpunkte eines formellen Ratsbeschlusses bedürfen. Der Koordinierungsmechanismus, insbesondere die Erarbeitung der Standpunkte sowie die Festlegung der Interessenvertretung, wie er durch die Kooperationsvereinbarungen vorgesehen ist, kann davon unabhängig stattfinden, mit der Ausnahme, dass die formelle Bestätigung der Standpunkte durch den Rat erfolgen muss.

Hinsichtlich der Interessenvertretung legen die Kooperationsvereinbarungen die konkrete Ausübung der Rede- und Stimmrechte entsprechend der Ergebnisse des Interessenkoordinierungsprozesses fest. Die Interessenvertretung wird durch gemeinsame oder getrennte Delegation(en) der EU und/oder der Mitgliedstaaten wahrgenommen. Die Kooperationsvereinbarungen sehen grundsätzlich eine Stimmabgabe gemäß der Kompetenzverteilung vor, auch wenn die gemischten Abkommen in Einzelfällen abweichende Vorgaben machen. Die Sprecherrolle wird grundsätzlich entsprechend der Kompetenz oder dem Schwerpunkt der Kompetenz (Schwerpunktsklausel) von der Kommission oder dem Ratsvorsitz wahrgenommen; obwohl einzelne Kooperationsvereinbarungen der Kommission die ausschließliche Sprecherrolle im Rahmen der gemeinsamen Delegation, unabhängig von der Kompetenzverteilung, zusprechen. Da einzelne Mitgliedstaaten nur im Rahmen des Ratsvorsitzes die Sprecherrolle wahrnehmen, wird den anderen Mitgliedstaaten häufig eine Unterstützungs- und Ergänzungsmöglichkeit eingeräumt (Unterstützungsklausel).[902] Der Grundsatz loyaler Zusammenarbeit verpflichtet sowohl die EU, als auch

---

901 *Weiß*, Demokratische Legitimation und völkerrechtliche Governancestrukturen, https://www.researchgate.net/publication/312057314_Demokratische_Legitimation_und_volkerrechtliche_Governancestrukturen_Bundestagsbeteiligung_bei_EU Handelsabkommen_mit_beschlussfassenden_Gremien_forthcoming_in_Kadelba ch_Hrsg_Die_Welt_und_wir_2017, 22.03.2018, S. 13 f.

902 Von den 18 Kooperationsvereinbarungen enthalten 9 eine Unterstützungsklausel (Kooperationsvereinbarung zur Verhandlung des UNESCO-Abkommens zur kul-

alle Mitgliedstaaten, den (gemeinsamen) Standpunkt zu unterstützen, sodass aus der Unterstützungsmöglichkeit eine Unterstützungspflicht folgt. Abweichende Äußerungen stellen einen Verstoß gegen Art. 4 Abs. 3 EUV dar.

Wenn, was in der Praxis selten vorkommt, die Koordinierung der EU und der Mitgliedstaaten nicht mit einem Konsens endet, ist eine Ausübung der Rede- und Stimmrechte der EU und der Mitgliedstaaten angesichts des Grundsatzes loyaler Zusammenarbeit nicht uneingeschränkt möglich. Acht der 18 Kooperationsvereinbarungen normieren explizite Regelungen zu eigenständigen nationalen und/oder unionalen Standpunkten und entsprechende Voraussetzungen vor.[903] In einem Fall wurde zumindest eine Erklärung zu dieser Thematik ins Ratsprotokoll aufgenommen.[904] Die Möglichkeit der separaten nationalen und unionalen Interessenvertretung ist angesichts des Prinzips loyaler Zusammenarbeit sowieso sehr begrenzt. Daher sind entsprechende Standpunkte, wie in den Kooperationsvereinbarungen festgelegt, an konkrete Voraussetzungen geknüpft. Die Berücksichtigung gemeinsamer Interessen steht insofern an oberster Stelle.[905] Voraussetzung ist zunächst, dass sich die EU und die Mitgliedstaaten nur im Rahmen eindeutig unionaler bzw. nationaler Kompetenzen äußern können. Sobald sie sich äußern, müssen beide die gemeinsamen Interessen und die vorherigen Standpunkte bzw. die Unionspolitik sowie das Unionsrecht berücksichtigen. Liegen diese Voraussetzungen nicht vor, resultiert aus dem Dissens im Einzelfall eine Schweigepflicht. Darüber hinaus können die EU und die Mitgliedstaaten im Falle einer Unstimmigkeit in den Kooperationsvereinbarungen weitere Voraussetzungen an die Ausübung des Rede- und Stimmrechts stellen. Um einen Dissens zu vermeiden, wird

---

truellen Vielfalt, PROBA 20, PROBA 20a, PROBA 2002, FAO-Vereinbarung I, CAK-Kooperationsvereinbarung, Kooperationsvereinbarung zur Durchführung des UNESCO-Abkommens zur kulturellen Vielfalt, Kooperationsvereinbarung zur UN-Behindertenrechtskonvention, COTIF-Kooperationsvereinbarung).

903 PROBA 20a, FAO-Vereinbarung I, CAK-Kooperationsvereinbarung, Kooperationsvereinbarung für die Verhandlung des UNESCO-Übereinkommens zum Schutz kultureller Vielfalt, UPOV-Kooperationsvereinbarung, Kooperationsvereinbarung zur UNESCO-Behindertenrechtskonvention, COTIF-Kooperationsvereinbarung, Allgemeine Regelung zu Erklärungen der EU in multilateralen Organisationen.

904 PROBA 20.

905 Siehe zu den Loyalitätspflichten im Bereich gemischter Abkommen § 2 Teil A.IV. und § 2 Teil C.

in der Praxis teilweise versucht, entsprechenden Konflikten durch Mindestpositionen vorzubeugen.[906]

Die Interessenkoordinierung und Interessenvertretung richtet sich insgesamt grundsätzlich nach der Kompetenzverteilung zwischen der EU und den Mitgliedstaaten. Je nach Kompetenz(-schwerpunkt) haben die EU oder die Mitgliedstaaten mehr oder weniger Einfluss auf den Inhalt der Standpunkte bzw. die entsprechende Interessenvertretung. Der formelle Koordinierungsmechanismus zur Durchführung (gemischter) Abkommen, der Art. 4 Abs. 3 EUV in zulässiger Weise konkretisiert, gleicht daher der informellen Koordinierung, die ebenfalls eine Interessenkoordinierung und Interessenvertretung entsprechend der/dem Kompetenz(-schwerpunkt) vorsieht.

Insgesamt enthalten die Kooperationsvereinbarungen – neben der allgemeinen Verhandlungs- und Koordinierungspflicht – wenige konkrete Handlungs- und Unterlassungspflichten. Zwölf der 18 Kooperationsvereinbarungen enthalten überhaupt besondere Loyalitätspflichten.[907]

Im Bereich der besonderen Pflichten ist die Informationspflicht der Kommission gegenüber den Mitgliedstaaten zu nennen, die aus dem Initiativrecht der Kommission folgt. Das Initiativrecht stellt in diesen Fällen zugleich eine Pflicht der Kommission zur Erarbeitung von Entwürfen zur Interessenkoordinierung und Interessenvertretung dar. Die Weiterleitung der entsprechenden Entwürfe bildet im Weiteren ein Informationsrecht der Mitgliedstaaten ab, welches teilweise mit entsprechenden Fristen begleitet wird.[908] Aufgrund des Initiativrechts der Kommission besitzt diese im Hinblick auf die inhaltliche interne Koordinierung eine gewisse Führungsrolle, da sie mit ihrem Entwurf die Zuständigkeitsverteilung und die Entwürfe entscheidend prägt. Die inhaltliche Koordinierung beginnt somit in der Regel mit einem Entwurf, der dann an die Mitgliedstaaten auf

---

906 Siehe hierzu die Praxis im Rahmen der CAK § 3 Teil B.V.

907 Gentleman's Agreement Binnenschifffahrt, PROBA 2002, FAO-Vereinbarungen I-IV, WTO-Kooperationsvereinbarung, CAK-Kooperationsvereinbarung, Kooperationsvereinbarung zur Verhandlung des UNESCO-Übereinkommens zum Schutz kultureller Vielfalt, Kooperationsvereinbarung für die UN-Behindertenrechtskonvention, WZO-Kooperationsvereinbarung, COTIF-Kooperationsvereinbarung.

908 FAO-Vereinbarungen I und II, Kooperationsvereinbarung für die UN-Behindertenrechtskonvention.

elektronischem Wege[909] weitergeleitet wird, sodass diese Änderungswünsche anmerken können.

Darüber hinaus sieht der WTO-Verhaltenskodex eine Förderpflicht vor. Diese verpflichtet die EU, dafür zu sorgen, dass die Mitgliedstaaten an Verhandlungen und Sitzungen der WTO teilnehmen können, obwohl die EU die Interessenvertretung nach außen wahrnimmt.

Auch existiert eine konkret niedergelegte Unterlassungspflicht im Hinblick auf das Unterlassen einer eigenen Interessenvertretung durch die Mitgliedstaaten (Gentleman's Agreement zur Binnenschifffahrt).

Aus dem „Pool" der verschiedenen Koordinierungspflichten (Kooperations-, Koordinierungs-, Informations-, Konsultations-, Unterstützungs-, Förder-, Unterstützungs-, Rücksichtnahmepflichten) werden lediglich einzelne besondere Loyalitätspflichten in den Kooperationsvereinbarungen aufgenommen. Die geringe Normierung von besonderen Pflichten führt dazu, dass der Koordinierungsmechanismus insgesamt wenig detailliert ausgestaltet ist. Die allgemeine Verhandlungs- und Koordinierungspflicht und die damit verbundenen Sachkriterien (z.B. Art des Standpunkts, Koordinierungsgremium, Ort der Koordinierung, Kriterien zur Interessenvertretung) geben somit nur den Rahmen der Koordinierung vor, ohne die Abstimmung im Detail zu konkretisieren. Die doch eher allgemeinen Pflichten bestätigen außerdem den nur groben Koordinierungsmechanismus, sodass die genaue Interaktion bei der Abstimmung zwischen EU und Mitgliedstaaten im Verborgenen bleibt.

---

909 Vgl. FAO-Vereinbarung III und Kooperationsvereinbarung im Rahmen der Vereinten Nationen.

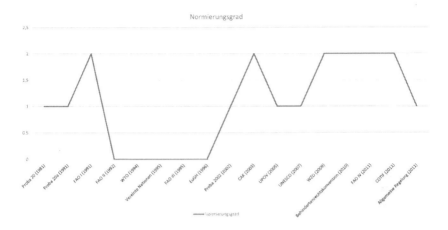

Abbildung 1

Betrachtet man die Kooperationsvereinbarungen in chronologischer Reihenfolge, so lässt sich unabhängig von einem genauen Koordinierungsmechanismus ein Anstieg des Normierungsgrades[910] im Hinblick auf die Interessenkoordinierung und die Interessenvertretung ablesen (siehe Abbildung 1). Im Wesentlichen ergeben sich zwei Normierungsstufen. Die erste Normierungsstufe pendelt sich zwischen einem mittleren und geringen Normierungsgrad ein und umfasst die Jahre 1981 bis 1995. Nach dem EuGH-Urteil 25/94 werden die Kooperationsvereinbarungen nach einer längeren Pause ohne neue Kooperationsvereinbarungen mit einem mittleren bis hohen Normierungsgrad abgeschlossen. Man kann davon ausgehen, dass die anfänglich konfliktreiche und vor dem EuGH angegriffene FAO-Vereinbarung I aufgrund ihrer umfangreichen Koordinierungsregeln und ihrer späteren Bewährung in der Praxis für die weiteren Kooperationsvereinbarungen als Vorbild gedient hat. Eine detaillierte Interessenkoordinierung und Interessenvertretung in Anlehnung an die FAO-Vereinbarung I findet sich seit dem Abschluss der CAK-Kooperationsvereinbarung aus dem Jahr 2003. Der abfallende Normierungsgrad bei der allgemeinen Regelung ergibt sich aus ihrem umfassenden Anwendungsbereich, sodass

---

910 Der Normierungsgrad ergibt sich aus Art und Umfang der Loyalitätspflichten sowie der detaillierten/weniger detaillierten Normierung des Koordinierungsmechanismus. Die Kooperationsvereinbarungen wurden anhand dieser Kriterien in einen geringen, mittleren und hohen Normierungsgrad eingeteilt.

ihre Koordinierungsregeln notwendigerweise abstrakter ausgestaltet sein müssen.

Die Experteninterviews machen deutlich, dass die Koordinierung in der Praxis bis auf einzelne Konflikte einvernehmlich abläuft. Dennoch sind die EU und die Mitgliedstaaten darauf bedacht, möglichst viel Einfluss auf die Interessenkoordinierung und Interessenvertretung zu haben. So lehnen sie zum Beispiel eine generelle unionale bzw. nationale Führungsrolle bei der Interessenvertretung ab.[911] Trotz des kompetenziellen „Tauziehens" legen die unionalen und nationalen Akteure den Schwerpunkt ihrer Zusammenarbeit auf die inhaltliche Koordinierung, um ihre gemeinsamen Interessen bestmöglich nach außen vertreten zu können. Zugunsten einer effektiven einheitlichen Interessenvertretung treten demnach etwaige Kompetenzstreitigkeiten zurück. Die Praxiserfahrungen zeigen aber auch, dass je politischer ein Thema, desto konfliktreicher bzw. aufwendiger und zeitintensiver ist die Koordinierung zwischen der EU und den Mitgliedstaaten. Dieser Umstand ist nicht auf die Kooperationsvereinbarung und den dortigen Mechanismus zurückzuführen, sondern bemisst sich im konkreten Einzelfall anhand des Beratungsgegenstands in den gemischten Gremien und den (unterschiedlichen) unionalen und nationalen Interessen. Die praktischen Erwägungen führen dazu, dass die Praxis teilweise von den Kooperationsvereinbarungen abweicht. Die Frage nach der Zulässigkeit eines Abweichens wird im Anschluss an die rechtliche Analyse der Kooperationsvereinbarung geklärt.[912]

Die gemeinsame Koordinierung der unionalen und nationalen Interessen für die internationale Ebene lässt die konkrete Kompetenzverteilung im Hinblick auf eine völkerrechtlich einheitliche Vertretung teilweise außen vor. Allerdings sichert sie sowohl der EU als auch den Mitgliedstaaten auch außerhalb ihrer Zuständigkeiten eine inhaltliche Einwirkungsmöglichkeit auf die gemischten Gremien und deren Beschlussfassung. Die Mitgliedstaaten können die Kommission insbesondere durch nationale Experten bei der Erarbeitung von Standpunkten unterstützen und neben ihrem Fachwissen auch nationale Interessen in den Entscheidungsprozess einbringen. In der Praxis ist die Kommission auch angesichts eigener Ressourcen um nationale Hilfe dankbar.

---

911 Vgl. zum Beispiel ablehnende Haltung gegenüber FAO-Vereinbarung IV, FAO-Neuvorschlag und WTO-Entwurf.

912 Siehe § 5 Teil B.

Die Kooperationsvereinbarungen zeigen, dass es Unterschiede im Hinblick auf die Steuerung des Koordinierungsprozesses gibt. Sie beschreiben die Abstimmung teils weniger, teils detaillierter. Entgegen der Darstellung bzw. des Aufbaus folgen die Kooperationsvereinbarungen rein formal gesehen nicht der einheitlichen Einteilung in Regelungen zu Interessenkoordinierung und Interessenvertretung. Eine einheitliche Unterscheidung in die verschiedenen Koordinierungsphasen wäre allerdings anwenderfreundlicher und würde den Vergleich zwischen den einzelnen Vereinbarungen erleichtern. Vermehrte Anwenderfreundlichkeit und das Transparenzgebot sprechen für eine Veröffentlichung im Amtsblatt der EU und eine aktuelle Liste der Kooperationsvereinbarungen mit entsprechenden Fundstellen auf der Homepage der Kommission.

Aus der Entwicklung und dem Vergleich der Kooperationsvereinbarungen unter Einbeziehung der empirischen Ergebnisse lässt sich folgern, dass sich formelle Kooperationsvereinbarungen positiv auf die Effektivität der völkerrechtlich einheitlichen Außenvertretung der EU und ihrer Mitgliedstaaten auswirken. Die interne Interessenkoordinierung und die sich anschließende gemeinsame Interessenvertretung können dazu beitragen, die Interessen der EU und der Mitgliedstaaten in den gemischten Gremien durchzusetzen. Allerdings stellt eine einheitliche Interessenvertretung nicht den einzigen Faktor im Rahmen der Umsetzung gemischter Abkommen dar, der zu einer erfolgreichen Interessendurchsetzung beiträgt.

§ 4 Rechtliche Analyse der Kooperationsvereinbarungen

Nun sollen die Kooperationsvereinbarungen im Rahmen einer rechtlichen Analyse einer Handlungsform zugeordnet werden, um ihre rechtliche oder zumindest politische Regelungswirkung näher qualifizieren zu können. Der Begriff der Kooperationsvereinbarung dient in erster Linie dazu, den Inhalt der Regelwerke zu charakterisieren. Er trifft keine Aussage über die Rechtsnatur und Rechtswirkung. Erst die Zuordnung der Kooperationsvereinbarungen zu einer Handlungsform dient der Klärung der rechtlichen bzw. politischen Bindungswirkung. Die Zuweisung zu einer Handlungsform lässt Aussagen über einen etwaigen Rechtsschutz der unionalen und nationalen Akteure gegen Kooperationsvereinbarungen zu, um ihn auch von einem allgemeinen Rechtsschutz über Art. 4 Abs. 3 EUV abzugrenzen. Es stellt sich die grundlegende Frage, ob die formellen Koordinierungsmechanismen rechtlich verbindliche Handlungsformen oder unverbindliche Instrumente zur Politikkoordinierung darstellen.

Zunächst werden mögliche Handlungsformen und deren Rechtswirkungen erläutert, sowie auf ihre Anwendbarkeit auf Kooperationsvereinbarungen untersucht (A.). In einem zweiten Schritt werden die konkreten Kooperationsvereinbarungen einer Handlungsform zugeordnet und die Frage nach der Bindungswirkung im Einzelfall beantwortet (B.).

A. Mögliche Handlungsformen für Kooperationsvereinbarungen

Das Unionsrecht sieht keine konkrete Handlungsform für Kooperationsvereinbarungen zwischen der EU und den Mitgliedstaaten vor. Art. 4 Abs. 3 EUV normiert lediglich die abstrakte Pflicht zur loyalen Zusammenarbeit, ohne eine Handlungsform zur Konkretisierung der loyalen Zusammenarbeit vorzugeben. Es stellt sich demnach die Frage, auf welche Handlungsform die EU und die Mitgliedstaaten zurückgreifen können, um die Loyalitätspflichten in Form von Kooperationsvereinbarungen zu konkretisieren.

Grundsätzlich eignen sich die klassischen rechtsförmlichen Handlungsformen, um einen formellen Koordinierungsmechanismus zu kodifizieren (vgl. Art. 288 AEUV). Daneben kommen auch andere ungeschriebene

Handlungsformen in Betracht, da der numerus clausus der rechtsförmlichen Handlungsformen in Art. 288 AEUV für den EU-internen Bereich sowie das Verhältnis zwischen der EU und den Mitgliedstaaten nicht abschließend ist.[913] Bei den Kooperationsvereinbarungen handelt es sich im Übrigen um eine Handlungsform zwischen der EU und den Mitgliedstaaten, welche keine Außenverbindlichkeit gegenüber Dritten beansprucht. Deshalb kommen neben den klassischen Handlungsformen auch ungeschriebene Handlungsformen zur Konkretisierung der loyalen Zusammenarbeit in Betracht.

Im Folgenden werden die Grundlagen von interinstitutionellen Vereinbarungen (I.) sowie Verwaltungsabkommen (II.) erläutert und auf ihre Anwendbarkeit auf Kooperationsvereinbarungen hin untersucht. Darüber hinaus wird der Frage nachgegangen, ob Kooperationsvereinbarungen als Handlungsform „sui generis" einzuordnen sind (III.).

I. Interinstitutionelle Vereinbarungen

Zunächst wird ausführlich auf die Handlungsform der interinstitutionellen Vereinbarung (IIV) eingegangen, weil Kooperationsvereinbarungen teilweise von der Literatur[914], sowie der deutschen und unionalen Exeku-

---

913 *Nettesheim*, in: Oppermann/Classen/Nettesheim (Hrsg.), Europarecht, 2016, § 9, Rn. 67.

914 *Timmermanns*, in: Dashwood/Hillion (Hrsg.), The General Law of EC External Relations, 2000, S. 244; *Driessen*, Interinstitutional Conventions in EU Law, 2007, S. 258; *Kaiser*, Gemischte Abkommen im Lichte bundesstaatlicher Erfahrungen, 2009, S. 113; *Scheffler*, Die Europäische Union als rechtlich-institutioneller Akteur im System der Vereinten Nationen, 2009, S. 354 f., 421; *Hillion*, in: Hillion/Koutrakos (Hrsg.), Mixed Agreements Revisited, 2010, S. 94; *Hoffmeister*, in: Hillion/Koutrakos (Hrsg.), Mixed Agreements Revisited, 2010, S. 260; *Casolari*, in Blockmans/Wessel (Hrsg.), Principles and Practices of EU External Representation, 2012, S. 16; *van Elsuwege/Merket*, in: Blockmans/Wessel (Hrsg.), Principles and Practices of EU External Representation, S. 51; *Schwichtenberg*, Die Kooperationsverpflichtung der Mitgliedstaaten der EU bei Abschluss und Anwendung gemischter Verträge, 2014, S. 183; *Kadelbach*, in: von Arnauld (Hrsg.), Europäische Außenbeziehungen, 2014, § 4, Rn. 70, 104; *Weiß*, in: von Arnauld (Hrsg.), Europäische Außenbeziehungen, 2014, § 10, Rn. 151 f.; *Heesen*, Interne Abkommen, 2015, S. 39.

tive[915] als interinstitutionelle Vereinbarungen eingeordnet und in einigen Fällen als interinstitutionelle Vereinbarung bezeichnet werden.[916]

Interinstitutionelle Vereinbarungen dienen im konfliktanfälligen, institutionellen System der EU als Mittel zur Streitschlichtung[917] und stellen einen Lösungsansatz für interinstitutionelle Spannungen dar[918]. Als zentrales Instrument zur Politikkoordinierung und zur längerfristigen Konfliktlösung zwischen den EU-Institutionen[919] bewegen sich interinstitutionelle Vereinbarungen im Grenzbereich zwischen Recht und Politik[920] und führen zu einer erhöhten Anwendungssicherheit bei der täglichen Koordinierungspraxis.[921]

Interinstitutionelle Vereinbarungen wurden auch schon vor der expliziten Verankerung als Handlungsform in Art. 295 AEUV durch den Vertrag von Lissabon abgeschlossen. Bereits 1964 wurde eine erste zweiseitige Absprache („Luns-Verfahren"[922]) zwischen dem Europäischem Parlament und dem Rat geschlossen[923]. Diese und eine weitere Absprache („Luns/Westerterp" aus dem Jahr 1973[924]) dienten der Stärkung der Position des

---

915 Interviews mit den zuständigen Mitarbeitern in den Bundesministerien und den Mitarbeitern der Kommission.

916 Vgl. Entwurf einer Interinstitutionellen Vereinbarung über die interinstitutionelle Zusammenarbeit im Rahmen internationaler Übereinkommen, bei denen die Europäische Atomgemeinschaft und ihre Mitgliedstaaten Vertragspartner sind, 28.04.2006, KOM (2006) 179 endg.; Entschließung des Europäischen Parlaments zum Abschluss und zur Anpassung der interinstitutionellen Vereinbarungen, A3-0043/93, ABl. 1993, C 115/253.

917 *Bobbert*, Interinstitutionelle Vereinbarungen im Europäischen Gemeinschaftsrecht, 2001, S. 3; *Hummer*, in: ders. (Hrsg.), Paradigmenwechsel im Europarecht zur Jahrtausendwende, 2004, S. 118.

918 *Monar*, CMLRev 1994, 693, 695.

919 *Vorwort*, in: Kietz u.a. (Hrsg.), Interinstitutionelle Vereinbarungen in der EU, 2010, S. 7.

920 *Gauweiler*, Die rechtliche Qualifikation interorganschaftlicher Absprachen im Europarecht, 1988, S. 2.

921 *Von Alemann*, Die Handlungsform der interinstitutionellen Vereinbarung, 2006, S. 16.

922 Interinstitutionelle Vereinbarung nicht veröffentlicht, Wortlaut abgedruckt bei *Rengeling*, in: FS Schlochauer, 1981, S. 880.

923 *Snyder*, EUI Working Paper Law 1995/4, S. 4; *Bobbert*, Interinstitutionelle Vereinbarungen im Europäischen Gemeinschaftsrecht, 2001, S. 1; *Hummer*, in: Kietz u.a. (Hrsg.), Interinstitutionelle Vereinbarungen in der EU, 2010, S. 51.

924 Interinstitutionelle Vereinbarung nicht veröffentlicht, Wortlaut abgedruckt bei *Rengeling*, in: FS Schlochauer, 1981, S. 881.

Europäischen Parlaments beim Abschluss internationaler Abkommen.[925]
Ausgehend von der Außenpolitik wurden interinstitutionelle Vereinbarungen später auch in der Innenpolitik zur Regelung des Haushaltsverfahrens
verwendet[926] und erstmals als „interinstitutionelle Vereinbarung"[927] im
Amtsblatt der damaligen Gemeinschaft veröffentlicht.[928] Heute sind interinstitutionelle Vereinbarungen, insbesondere von Europäischem Parlament, Rat und Kommission, in zahlreichen Politikfeldern der EU zu finden.[929] Sie sind von einer großen Formenvielfalt – vor allem von mündli-
chen Erklärungen, Briefwechseln, einseitigen Memoranden, mehrseitigen
Vereinbarungen – geprägt[930].

Im folgenden Kapitel werden interinstitutionelle Vereinbarungen
zunächst definiert (1.). Im Anschluss wird deren Zulässigkeit (2.) und Bindungswirkung (3.) erörtert, sodass abschließend der Frage nachgegangen
werden kann, ob Kooperationsvereinbarungen interinstitutionelle Vereinbarungen darstellen (4.).

1. Definition interinstitutioneller Vereinbarungen

Angesichts der vielfältigen Bezeichnungen und Arten interinstitutioneller
Vereinbarungen hat sich im Schrifttum bislang keine einheitliche Definition herausgebildet. Die bestehenden Definitionen beschränken sich größ-
tenteils auf die Beschreibung vorgefundener interinstitutioneller Vereinbarungen, die auf Analysen von konkreten, sachlich begrenzten Untersuchungen basieren.

---

925 *Schwarze*, EuR-Beiheft 1995/2, 49, 66.
926 Gemeinsame Erklärung des Europäischen Parlaments, des Rates und der Kommission betreffend die Einführung von einem Konzertierungsverfahren zwischen
Europäischem Parlament und dem Rat vom 22.04.1975, ABl. 1975, C 89/1.
927 Interinstitutionelle Vereinbarung über die Haushaltsdisziplin und die Verbesserung des Haushaltsverfahrens vom 29.06.1988, ABl. 1988, L 185/33.
928 *Snyder*, EUI Working Paper Law 95/4, S. 5 f.; *Bobbert*, Interinstitutionelle Vereinbarungen im Europäischen Gemeinschaftsrecht, 2001, S. 1; *von Alemann*, Die
Handlungsform der interinstitutionellen Vereinbarung, 2006, S. 15 f.; *Hummer*,
in: Kietz u.a. (Hrsg.), Interinstitutionelle Vereinbarungen, 2010, S. 51 f.
929 *Von Alemann*, Die Handlungsform der interinstitutionellen Vereinbarung, 2006,
S. 14 ff.; *Hummer*, in: Kietz u.a. (Hrsg.), Interinstitutionelle Vereinbarungen in
der EU, 2010, S. 51 f.
930 *Bieber*, Das Verfahrensrecht von Verfassungsorganen, 1992, S. 77.

Eiselt und Slominsky definieren interinstitutionelle Vereinbarungen als „agreements between institutions of the EU".[931] Ausgehend von dieser knappen Definition präzisieren *Slominsky* und *Kietz* den Begriff: Interinstitutionelle Vereinbarungen sind „Vereinbarungen, die zwischen Institutionen der EU, hauptsächlich dem Europäischen Parlament, dem Rat und der Kommission, abgeschlossen werden und Vorgaben über die Zusammenarbeit der Institutionen in der gemeinsamen Politikgestaltung enthalten."[932]

Kotzur verzichtet demgegenüber auf das Merkmal der Politikgestaltung und favorisiert eine abstraktere Definition: „Interinstitutionelle Vereinbarungen sind Absprachen zwischen mindestens zwei Organen mit dem Ziel prozeduraler, interpretativer oder lückenfüllender Regelungen."[933]

Ähnlich versteht auch *Bobbert* interinstitutionelle Vereinbarungen, nämlich als „Gesamtheit der Handlungsformen, derer sich die Organe und Institutionen der Gemeinschaft bedienen, um ihre Zusammenarbeit untereinander, sowie sonstige ihnen zugewiesene Sachbereiche einvernehmlich zu regeln"[934].

Wesentlicher Bestandteil einer interinstitutionellen Vereinbarung ist demnach das formale Kriterium einer Vereinbarung, Absprache oder Regelung zwischen den Institutionen der EU. Hinzu kommen materielle Gesichtspunkte, die die inhaltliche Bandbreite bestehender interinstitutioneller Vereinbarungen miteinbeziehen.

Von Alemann verzichtet auf materielle Definitionsmerkmale sowie konkrete Regelungsziele und charakterisiert interinstitutionelle Vereinbarungen als „schriftlich fixierte gemeinsame Akte unter Beteiligung der drei im legislativ-exekutiven Bereich tätigen Hauptorgane, denen die Organe in ihrer Gesamtheit zugestimmt haben und die ausschließlich an sich selbst adressiert sind".[935] Um interinstitutionelle Vereinbarungen von anderen Kooperationsformen und Unionsrechtsakten als eigene Hand-

---

931 *Eiselt/Slominsky*, ELJ 2006, 209, 211.
932 *Kietz/Slominsky*, in: Kietz u.a. (Hrsg.), Interinstitutionelle Vereinbarungen in der EU, 2010, S. 14.
933 *Kotzur*, in: Geiger/Khan/Kotzur (Hrsg.), EUV/AEUV, 2017, Art. 295 AEUV, Rn. 2.
934 *Bobbert*, Interinstitutionelle Vereinbarungen im Europäischen Gemeinschaftsrecht, 2001, S. 11 f.; ähnlich auch *Kadelbach*, in: von Arnauld (Hrsg.), Europäische Außenbeziehungen, 2014, § 4, Rn. 103.
935 *Von Alemann*, Die Handlungsform der interinstitutionellen Vereinbarung, 2006, S. 53.

lungsform abzugrenzen, eignet sich eine rein formale Definition.[936] Der Vorteil besteht darin, dass materielle Merkmale dazu neigen, sich auf bestimmte Politikfelder zu fokussieren. Auch wenn bei der Verwendung von interinstitutionellen Vereinbarungen durchaus Schwerpunkte in einigen Politikbereichen existieren, so finden sich interinstitutionelle Vereinbarungen, wie bereits erwähnt, im gesamten Spektrum unionalen Handelns. Gleiches gilt auch für das Abgrenzungsmerkmal des Regelungsgegenstandes, der sich als materielles Kriterium für eine deskriptive Typologie anbietet[937], für eine normative Definition von interinstitutionellen Vereinbarungen aber ungeeignet ist.[938]

Die Definition *von Alemanns* überzeugt in großen Teilen, da sie keinen Versuch darstellt, bestehende interinstitutionelle Vereinbarungen zu beschreiben. Im Gegenteil stellt sie formale Kriterien auf, die unabhängig vom Politikfeld dazu geeignet sind, interinstitutionelle Vereinbarungen einer eigenen Handlungsform zuzuordnen. Auch wenn es sich materiell hauptsächlich um prozedurale, interpretative bzw. konkretisierende Regelungen bzw. Abstimmungsprozesse handelt, so wird der Anwendungsbereich durch materielle Definitionsmerkmale eingeschränkt und nicht ausreichend abstrakt dargestellt.

Angesichts der Einführung von Art. 295 AEUV, welcher interinstitutionelle Vereinbarungen nunmehr primärrechtlich regelt, ohne inhaltliche Beschränkungen vorzunehmen, ist eine allgemeine formale Definition notwendig. Unter Berücksichtigung der angesprochenen Kritikpunkte sind interinstitutionelle Vereinbarungen schriftlich fixierte gemeinsame Akte unter Beteiligung von Rat, Kommission und/oder Parlament, denen die Organe in ihrer Gesamtheit zugestimmt haben und die ausschließlich an sie selbst adressiert sind.

Diese Definition begegnet auch im Hinblick auf Art. 295 AEUV keinen Bedenken. Art. 295 S. 1 AEUV wiederholt die allgemeine Kooperationspflicht zwischen den Organen gemäß Art. 13 Abs. 2 S. 2 EUV, bezogen auf das Europäische Parlament, den Rat und die Kommission als mögliche Beteiligte interinstitutioneller Vereinbarungen. Gleichzeitig begrenzt er

---

936 *Von Alemann*, Die Handlungsform der interinstitutionellen Vereinbarung, 2006, S. 53 f.

937 *Von Alemann*, Die Handlungsform der interinstitutionellen Vereinbarung, 2006, S. 51.

938 *Snyder*, in: Winter (Hrsg.), Sources and Categories of European Union Law, 1996, S. 459.

den Anwendungsbereich auf die drei Institutionen. Art. 295 S. 2 AEUV normiert auch keine weitergehenden prozessualen oder materiellen Kriterien, sondern stellt die Frage nach dem Abschluss einer interinstitutionellen Vereinbarung und deren Verbindlichkeit in das Ermessen der abschlussberechtigten Organe.

2. Zulässigkeit interinstitutioneller Vereinbarungen

Angesichts einer fehlenden klassischen Gewaltenteilung auf unionaler Ebene sind die EU-Institutionen nicht daran gehindert, miteinander zusammenzuarbeiten.[939] Daher ist eine institutionenübergreifende Kompetenzabgrenzung und Zuordnung der verschiedenen Funktionen in Konkretisierung des Art. 13 Abs. 2 Satz 2 EUV und Art. 4 Abs. 3 EUV grundsätzlich möglich und geboten. Allerdings stellt sich die Frage, ob eine organübergreifende Konkretisierung des Grundsatzes loyaler Zusammenarbeit durch interinstitutionelle Vereinbarungen zulässig ist. Da es sich bei interinstitutionellen Vereinbarungen um mindestens zweiseitige Absprachen handelt, die bindenden Charakter haben können, müssen die EU-Institutionen vertragsfähig sein (a)). Darüber hinaus bedarf es zum Abschluss interinstitutioneller Vereinbarungen – unabhängig von der Frage nach der rechtlichen Verbindlichkeit – einer expliziten oder impliziten Rechtsgrundlage in den EU-Verträgen (b)).

a) Vertragsfähigkeit der EU-Organe

Aufgrund des Vertragscharakters interinstitutioneller Vereinbarungen ist zudem der Frage nachzugehen, ob die EU-Organe Vereinbarungen mit rechtlicher Bindungswirkung abschließen können.

Eine eigenständige Rechtspersönlichkeit, als Voraussetzung für die Eingehung synallagmatischer Rechte und Pflichten, wird grundsätzlich nur der EU als Ganzes gemäß Art. 47 EUV zugestanden.[940] Gleiches gilt ausdrücklich für die Europäische Zentralbank (EZB) gemäß Art. 282 Abs. 3

---

939 *Bobbert*, Interinstitutionelle Vereinbarungen im Europäischen Gemeinschaftsrecht, 2001, S. 2; *Härtel*, Handbuch Europäische Rechtsetzung, 2006, § 14, Rn. 1.
940 So auch ständige Rechtsprechung vor dem Vertrag von Lissabon, EuGH, Urteil vom 12.07.1957, verb. Rs. 7/56 und 3 bis 7/57, Algera u.a. gegen Gemeinsame

AEUV und für die Europäische Investitionsbank gemäß Art. 308 UA 1 AEUV. Im Umkehrschluss zu den expliziten Regelungen muss man den anderen Organen der EU grundsätzlich eine eigenständige Rechtspersönlichkeit absprechen.[941]

In Anbetracht dieser grundlegenden Konzeption kann man allerdings überlegen, inwiefern den Organen gemäß Art. 295 AEUV teilweise oder relative Rechtspersönlichkeit zukommt (Teilrechtsfähigkeit oder relative Rechtsfähigkeit), innerhalb dieser dann interinstitutionelle Vereinbarungen durch die Organe abgeschlossen werden können.

Ausgehend von der deutschen Staatsrechtslehre wird vertreten, dass Verfassungsorgane innerhalb ihres Funktionsbereiches teilrechtsfähig sind. Insoweit werden die Verfassungsorgane für ihre durch die Verfassung übertragenen Aufgaben gegenüber dem Staat als eigene Rechtspersönlichkeiten angesehen.[942] Die Fähigkeit des Organs, Träger von Rechten und Pflichten zu sein, ergibt sich aus der Verfassung[943] bzw., bezogen auf die EU, aus den EU-Verträgen. Da die Rechtsfähigkeit durch die Rechtsordnung verliehen wird,[944] muss sich die Teilrechtsfähigkeit explizit oder implizit aus Primärrecht ergeben. Ob eine relative Rechtsfähigkeit[945] für die Organe in einem bestimmten Bereich vorliegt, ist somit immer konkret zu bestimmen. Eine generelle Aussage über die Teilrechtsfähigkeit von Organen ist dagegen nicht möglich. In der Regel begrenzt sich die Rechtsfähigkeit auf die Prozessführungsbefugnisse innerhalb der für die Organe vorgesehenen Rechtsstreitigkeiten und lässt sich nicht zu einer allgemeinen Befugnis ausweiten.[946]

Die relative Rechtsfähigkeit der EU-Organe für den Abschluss interinstitutioneller Vereinbarungen lässt sich heute direkt Art. 295 S. 2 AEUV entnehmen. Dieser sieht explizit den Abschluss interinstitutioneller Vereinbarungen durch Rat, Kommission und Europäischem Parlament vor.

Versammlung, Slg. 1957, 83, S. 121; Urteil vom 27.09.1988, Rs. 320/87, Parlament gegen Rat, Slg. 1988, 5615, Rn. 9.

941 *Von Alemann*, Die Handlungsform der interinstitutionellen Vereinbarung, 2006, S. 245.

942 *Friauf*, AöR 88 (1963), 257, 297 f.; *Möllers*, Staat als Argument, 2011, S. 154 f.

943 *Bieber*, Das Verfahrensrecht von Verfassungsorganen, 1992, S. 190.

944 *Von Alemann*, Die Handlungsform der interinstitutionellen Vereinbarung, 2006, S. 244; *Möllers*, Staat als Argument, 2011, S. 155.

945 *Möllers*, Staat als Argument, 2011, S. 155.

946 Vgl. z.B. Untätigkeitsklage gemäß Art. 265 UA 1 AEUV; *Bobbert*, Interinstitutionelle Vereinbarungen im Europäischen Gemeinschaftsrecht, 2001, S. 102.

Die Regelung geht also implizit von der Vertragsfähigkeit der in S. 1 genannten Organe im Hinblick auf interinstitutionelle Vereinbarungen aus. Auch der EuGH spricht den Organen die Fähigkeit zu, rechtlich verbindliche Absprachen einzugehen und setzt insofern indirekt eine (Teil-)Rechtsfähigkeit voraus.[947] Die Gegenansicht führt an, dass den Organen zwar begrenzte Rechtsmacht zukomme, für die Gesamtorganisation tätig zu werden. Sie dürften jedoch nicht im eigenen Namen nach außen auftreten, sodass eine echte Teilrechtsfähigkeit ausscheide.[948] Im Rahmen des Abschlusses interinstitutioneller Vereinbarungen geht es gerade nicht um eine Vertretung des Organs nach außen, sondern um organübergreifendes „Innenrecht". Durch eine Anerkennung der Teilrechtsfähigkeit im Verhältnis zwischen den Organen untereinander wird die Außenvertretung der EU nicht berührt. Der Rat, die Kommission und das Europäische Parlament sind demnach für den Abschluss von interinstitutionellen Vereinbarungen (teil-)rechtsfähig (vgl. auch Art. 295 AEUV).

b) Rechtsgrundlage interinstitutioneller Vereinbarungen

Die Rechtsgrundlage für interinstitutionelle Vereinbarungen war von Anfang an umstritten. Mit der Einführung von Art. 295 AEUV durch den Vertrag von Lissabon dürfte sich der Streit allerdings erledigt haben. Art. 295 AEUV sieht nunmehr vor, dass das Europäische Parlament, der Rat und die Kommission zur einvernehmlichen Regelung der Einzelheiten ihrer Zusammenarbeit interinstitutionelle Vereinbarungen abschließen können. Die Regelung verankert die Zulässigkeit sowie die Rechtsgrundlage interinstitutioneller Vereinbarungen und normiert sie als eigene Handlungsform zur Konkretisierung der institutionenübergreifenden Zusammenarbeit.

Der sachliche Anwendungsbereich interinstitutioneller Vereinbarungen ist umfassend zu verstehen, da sich Art. 295 AEUV generell auf die Zusammenarbeit der Organe bezieht, ohne sachliche Bereiche zu nennen. Im Rahmen der gebotenen interorganschaftlichen loyalen Zusammenarbeit

---

947 EuGH, Urteil vom 19.03.1996, Rs. C-25/94, Kommission/Rat, Slg. 1996, I-1469, Rn. 49.

948 *Bieber*, Verfahrensrecht von Verfassungsorganen, 1992, S. 190; *von Alemann*, Interinstitutionelle Vereinbarungen im Europäischen Gemeinschaftsrecht, 2006, S. 246.

gemäß Art. 13 Abs. 2 S. 2 EUV sind interinstitutionelle Vereinbarungen demnach in allen Bereichen zulässig, wo dies hinsichtlich der Zusammenarbeit zweckdienlich ist, ohne dass es einer weiteren Ermächtigung (vgl. Art. 5 Abs. 1 S. 1 EUV) im Primär- oder Sekundärrecht bedarf.

Da Art. 295 AEUV keine Rückwirkung auf „alte" interinstitutionelle Vereinbarungen hat, wird an dieser Stelle kurz auf die Zulässigkeit und Rechtsgrundlage vor Einführung des Art. 295 AEUV eingegangen, wenngleich die generelle Zulässigkeit interinstitutioneller Vereinbarungen anerkannt war[949].

Die EU-Institutionen benötigen gemäß Art. 5 Abs. 1 S. 1 EUV i.V.m. Art. 13 Abs. 2 S. 1 EUV eine explizite oder implizite Ermächtigungsgrundlage für ihre Handlungen und demnach auch für den Abschluss von interinstitutionellen Vereinbarungen. Vor Einführung des Art. 295 AEUV existierten im Primär- und Sekundärrecht einige explizite Rechtsgrundlagen für (interinstitutionelle) Vereinbarungen. Diese wurden teilweise durch den Vertrag von Lissabon, als explizite Rechtsgrundlagen neben Art. 295 AEUV, beibehalten.[950] Da Art. 295 AEUV nur den Rat, die Kommission und das Europäische Parlament im Allgemeinen zum Abschluss von interinstitutionellen Vereinbarungen ermächtigt, dienen die verbliebenen expliziten Rechtsgrundlagen als Spezialnormen für den Abschluss interinstitutioneller Vereinbarungen anderer EU-Institutionen.[951]

Eine implizite Rechtsgrundlage für den Abschluss interinstitutioneller Vereinbarungen wurde insbesondere aus dem Selbstorganisationsrecht

---

949 *Härtel*, Handbuch Europäische Rechtsetzung, 2006, § 14, Rn. 8.
950 Vgl. z.B. ex Art. 218 Abs. 1 EGV (weggefallen); ex Art. 193 Abs. 3 EGV (heute Art. 226 AEUV, allerdings keine IIV mehr, sondern VO); ex Art. 248 Abs. 3 UA 3 S. 1 EGV (heute Art. 287 Abs. 3 UA 3 AEUV); ex Art. 272 Abs. 9 UA 5 EGV (heute Art. 314 AEUV); ex Art. 202 EGV, aufgehoben); ex Art. 161 Abs. 3 EGV (heute Art. 177 AEUV, allerdings keine IIV mehr sondern VO); ex Art. 255 Abs. 3 EGV (heute Art. 15 AEUV allerdings keine IIV mehr sondern VO); siehe insbesondere zu den einzelnen expliziten Rechtsgrundlagen *Bobbert*, Interinstitutionelle Vereinbarungen im Europäischen Gemeinschaftsrecht, 2001, S. 51 ff.; *von Alemann*, Die Handlungsform der interinstitutionellen Vereinbarung, 2006, S. 210 ff., 220 f.; *Härtel*, Handbuch Europäische Rechtsetzung, 2006, § 14, Rn. 9 ff.; *Driessen*, Interinstitutional Conventions in EU Law, 2007, S. 12 ff.; *Hummer*, in: Kietz u.a. (Hrsg.), Interinstitutionelle Vereinbarungen in der EU, 2010, S. 80 ff.
951 Vgl. Art. 287 Abs. 3 UA 3 AEUV für eine (interinstitutionelle) Vereinbarung zwischen Rechnungshof, Investitionsbank und Kommission.

bzw. der Organisationsgewalt der EU-Organe[952] und der Pflicht zur loyalen Zusammenarbeit[953] (heute Art. 4 Abs. 3 EUV) hergeleitet. Daneben wurde zur Begründung der Zulässigkeit auch auf das Demokratieprinzip,[954] die „implied-powers-Lehre"[955], Verfassungskonventionalregeln bzw. verfassungsrechtliches Gewohnheitsrecht[956] und den einheitlichen institutionellen Rahmen[957] zurückgegriffen. Unabhängig von der konkreten Rechtsgrundlage bestand allerdings Einigkeit über die generelle Zulässigkeit von interinstitutionellen Vereinbarungen.

3. Bindungswirkung interinstitutioneller Vereinbarungen

Fraglich ist, ob es sich bei interinstitutionellen Vereinbarungen um rechtlich verbindliche Koordinierungsinstrumente oder lediglich um unverbindliche Elemente zur Politikkoordinierung handelt[958], da entsprechende Vereinbarungen in einem Bereich zwischen Recht und Politik verwendet wer-

---

952 *Bieber*, GS Sasse, 1981, S. 340; *Bobbert*, Interinstitutionelle Vereinbarungen im Europäischen Gemeinschaftsrecht, 2001, S. 70 ff.; *Hummer*, in: Kietz u.a. (Hrsg.), Interinstitutionelle Vereinbarungen in der EU, 2010, S. 85 f.; a.A. *Hilf*, EuR 1984, 9, 21; *Gauweiler*, Die rechtliche Qualifikation interorganschaftlicher Absprachen im Europarecht, 1988, S. 65 f.; *Schwarze*, EuR-Beiheft 2/1995, 49, 53; *von Alemann*, Die Handlungsform der interinstitutionellen Vereinbarung, 2006, S. 213 ff., 226 f.; *Driessen*, ELRev 2008, 550, 553.

953 *Hilf*, EuR 1984, 9, 24; *Hummer*, in: ders. (Hrsg.), Paradigmenwechsel im Europarecht zur Jahrtausendwende, 2004, S. 150 f.; *Eiselt/Slominsky*, ELJ 2006, 209, 212; *Hummer*, in: Kietz u.a. (Hrsg.), Interinstitutionelle Vereinbarungen in der EU, 2010, S. 84; *Tournepiche*, Les accords interinstitutionnels dans l'Union européenne, 2011, S. 337 ff.

954 *Hummer*, in: Kietz u.a. (Hrsg.), Interinstitutionelle Vereinbarungen in der EU, 2010, S. 97 f.

955 *Bobbert*, Interinstitutionelle Vereinbarungen im Europäischen Gemeinschaftsrecht, 2001, S. 70 f.; *Hummer*, in: ders. (Hrsg.), Paradigmenwechsel im Europarecht zur Jahrtausendwende, 2004, S. 154; *Hummer*, in: Kietz u.a. (Hrsg.), Interinstitutionelle Vereinbarungen in der EU, 2010, S. 86 f. Vgl. für einen Fall der „implied-powers-Lehre" die implizite Zuständigkeit der EU für das unionale Beamtenrecht.

956 Vgl. *Gauweiler*, Die rechtliche Qualifikation interorganschaftlicher Absprachen im Europarecht, 1988, S. 68 ff. wenngleich im Ergebnis ablehnend.

957 *Hummer*, in: ders. (Hrsg.), Paradigmenwechsel im Europarecht zur Jahrtausenwende, 2004, S. 154.

958 *Hummer*, in: ders. (Hrsg.), Paradigmenwechsel im Europarecht zur Jahrtausendwende, 2004, S. 116.

den[959]. Als Rechtsakte „sui generis" regeln sie das Verhältnis zwischen den einzelnen Organen i.S.v. Innenrecht, ohne nach außen in Erscheinung zu treten. Frühere Literaturmeinungen sprachen sich grundsätzlich gegen eine rechtliche Bindung interinstitutioneller Vereinbarungen aus.[960] Teilweise wurde nur interinstitutionellen Vereinbarungen mit expliziter Rechtsgrundlage die Möglichkeit eingeräumt, rechtliche Wirkungen zwischen den Beteiligten zu begründen.[961] Angesichts der Einführung von Art. 295 AEUV ist eine Differenzierung der Bindungswirkung anhand einer expliziten Rechtsgrundlage allerdings überholt.

Wenn man interinstitutionelle Vereinbarungen als Konkretisierung der Pflicht zur loyalen Zusammenarbeit betrachtet, so kann eine rechtliche Bindungswirkung nicht generell ausgeschlossen werden.[962] Allerdings ist es auch möglich, nichtbindende Absprachen zu treffen, die dann gerichtlich nicht durchsetzbar sind.[963]

Heute wird deshalb zwischen verschiedenen Bindungsstufen unterschieden. Hierzu werden von der Literatur drei Bindungskategorien gebildet, die eine Abstufung hinsichtlich der Verbindlichkeit vorsehen. Zum einen können interinstitutionelle Vereinbarungen als rechtlich verbindlich angesehen werden. Zum anderen können sie im Gegensatz zur ersten Kategorie rechtlich unverbindlich sein und lediglich politische Absprachen darstellen. Im Rahmen einer Zwischenkategorie wird zudem vertreten, interinstitutionelle Vereinbarungen in einer „Zwischenzone" zwischen „unverbindlich" und „verbindlich" anzusiedeln (Soft-Law).[964]

---

959 *Hummer*, ELJ 2007, 47, 48.
960 *Von Alemann*, Die Handlungsform der interinstitutionellen Vereinbarung, 2006, S. 24 ff. m.w.N.; *Kadelbach*, in: von Arnauld (Hrsg.), Europäische Außenbeziehungen, 2014, § 4, Rn. 103; so z.B. die Einstufung der „Luns/Westerterp"-Vereinbarung als rechtlich unverbindliche Absprache (Wortlaut abgedruckt bei *Rengeling*, in: FS Schlochauer, 1981, S. 881), *Glaesner*, EuR 1981, 9, 15.
961 So noch *Monar*, CMLRev 1994, 693, 699; *Eiselt/Slominsky*, ELJ 2006, 212, 213; *Driessen*, ELRev 2008, 550, 551 f.
962 *Bieber*, CMLRev 1984, 505, 521.
963 *Nettesheim*, in: Grabitz/Hilf/Nettesheim (Hrsg.), EUV/AEUV, 60. Ergänzungslieferung 2016, Art. 13 EUV, Rn. 74.
964 Siehe zur Kategorisierung *Beutler*, in: FS Sasse, 1981, S. 317 f.; *Hilf*, EuR 1984, 9, 19 f.; *Monar*, CMLRev 1994, 693, 699; *Bobbert*, Interinstitutionelle Vereinbarungen im Europäischen Gemeinschaftsrecht, 2001, S. 84 f.; *Hummer*, in: ders. (Hrsg.), Paradigmenwechsel im Europarecht zur Jahrtausendwende, 2004, S. 160; *von Alemann*, Die Handlungsform der interinstitutionellen Vereinbarung, 2006,

Art. 295 AEUV stellt lediglich klar, dass interinstitutionelle Vereinbarungen auch bindenden Charakter haben können, trifft aber keine eindeutige Aussage, ob entsprechende Vereinbarungen generell unverbindlich bzw. verbindlich sind oder sich als Soft-Law einordnen lassen. Art. 295 AEUV hält sich hinsichtlich einer genauen Einteilung der Rechtswirkungen zurück, unterstützt aber in seiner offenen Formulierung eine Unterteilung in verschiedene Bindungskategorien. Interinstitutionelle Vereinbarungen müssen demnach im Einzelfall auf ihre Bindungswirkung hin untersucht werden.

Insgesamt ist bei der Annahme der Verbindlichkeit interinstitutioneller Vereinbarungen eine gewisse Zurückhaltung angebracht[965], da es sich hier um Bereiche zwischen Politik und Recht handelt. Auch Art. 295 AEUV spricht aufgrund seiner Formulierung – „können auch bindenden Charakter haben" – für eine entsprechende Zurückhaltung.

Im Sinne einer flexiblen Entscheidungsfindung innerhalb der EU mag es daher geboten sein, interinstitutionelle Vereinbarungen im Zweifel als unverbindliche Regelungen anzusehen.[966] Insofern besteht zumindest eine gewisse Einigkeit im Hinblick auf eine politische Bindungswirkung.[967] Die Frage nach einer darüberhinausgehenden rechtlichen Bindung muss im konkreten Einzelfall beantwortet werden.[968]

S. 236; *Hummer*, in: Kietz u.a. (Hrsg.), Interinstitutionelle Vereinbarungen in der EU, 2010, S. 91 f.

965 *Schwarze*, EuR-Beiheft 2/1995, 49, 56; *Snyder*, in: Winter (Hrsg.), Sources and Categories of EU Law, 1996, S. 464; *Härtel*, Handbuch Europäische Rechtsetzung, 2006, § 14, Rn. 17; *Nettesheim*, in: Grabitz/Hilf/Nettesheim (Hrsg.), EUV/AEUV, 60. Ergänzungslieferung 2016, Art. 13 EUV, Rn. 76.

966 Für eine flexible politische Einordnung von interinsitutionellen Vereinbarungen *Hilf*, EuR 1984, 9, 18, 24.

967 *Kietz/Maurer*, ELJ 2007, 20, 21 m.w.N.

968 So auch *Schwarze*, EuR-Beiheft 2/1995, 49, 56; *Snyder*, in: Winter (Hrsg.), Sources and Categories of EU Law, 1996, S. 458; *Hummer*, in: ders. (Hrsg.), Paradigmenwechsel im Europarecht zur Jahrtausendwende, 2004, S. 160.

4. Interinstitutionelle Vereinbarungen als Handlungsform für Kooperationsvereinbarungen?

Nachdem die Grundsätze interinstitutioneller Vereinbarungen erläutert wurden, stellt sich die Frage, ob diese als Handlungsform für Kooperationsvereinbarungen heranzuziehen sind.

Interinstitutionelle Vereinbarungen dienen grundsätzlich der Konkretisierung der EU-Verträge und der Vertiefung der Zusammenarbeit zwischen den EU-Institutionen, um die Handlungsfähigkeit der Union zu fördern.[969] Sie stellen ein gängiges, zulässiges, je nach Bindungswille rechtlich verbindliches oder unverbindliches Mittel dar, um Streitigkeiten zwischen den Organen i.S.v. organübergreifenden Geschäftsordnungen bei wiederkehrenden Standardsituationen zu vermeiden und für die Beteiligten mehr Rechtssicherheit herzustellen.

Auch Kooperationsvereinbarungen geben, ähnlich wie interinstitutionelle Vereinbarungen, für wiederkehrende Fälle ein entsprechendes Koordinierungsverfahren vor. Streitigkeiten sollen so vermieden und die Handlungsfähigkeit der EU auf internationaler Ebene verbessert werden, sodass eine inhaltliche Nähe zu interinstitutionellen Vereinbarungen besteht.

Damit Kooperationsvereinbarungen als interinstitutionelle Vereinbarungen eingestuft werden können, müssen diese, wie oben erwähnt, schriftlich fixierte gemeinsame Akte unter Beteiligung von Rat, Kommission und/oder Parlament sein, denen die Organe in ihrer Gesamtheit zugestimmt haben und die ausschließlich an sie selbst adressiert sind. Dabei ist es unerheblich, dass – wie in Art. 295 AEUV – nur zwei der drei genannten Organe eine interinstitutionelle Vereinbarung abschließen. Denn die gleichzeitige Beteiligung von Europäischem Parlament, Kommission und Rat ist nicht zwingend vorgeschrieben. Allerdings sind die inhaltlichen Regeln bei Kooperationsvereinbarungen nicht ausschließlich an die beteiligten Organe selbst adressiert. Dies hat den Grund, dass die inhaltlichen Regelungen auch die Belange der Mitgliedstaaten berühren und nicht lediglich die Zusammenarbeit der Organe untereinander. Aus diesem Grund werden Kooperationsvereinbarungen auch als untypische interinstitutionelle Vereinbarungen bezeichnet.[970] Kooperationsvereinbarungen regeln die Interessenkoordinierung und Interessenvertretung auf interna-

---

969 *Härtel*, Handbuch Europäische Rechtsetzung, 2006, § 14, Rn. 6.
970 *Kadelbach*, in: von Arnauld (Hrsg.), Europäische Außenbeziehungen, 2014, § 4, Rn. 104.

tionaler Ebene. Die Koordinierung gemeinsamer Standpunkte und die Verteilung der Stimm- und Rederechte mag zwar in den Vorbereitungsgremien des Rates zusammen mit der Kommission stattfinden. Allerdings besitzen sie mehr als einen interinstitutionellen Charakter, da die Mitgliedstaaten an den Kooperationsvereinbarungen beteiligt sind. Zum interinstitutionellen Charakter tritt demnach eine intergouvernementale Komponente hinzu, die einer interinstitutionellen Vereinbarung fremd ist.

Die Regelungen in Bezug auf die Ausübung völkerrechtlicher Rechte in Kooperationsvereinbarungen gehen zudem über interinstitutionelle Vorschriften hinaus, weil sie die Interessenkoordinierung und Interessenvertretung auf internationaler Ebene koordinieren.[971] Eine interinstitutionelle Vereinbarung dient jedoch zur internen, interinstitutionellen Koordinierung der Zusammenarbeit der EU-Organe. Im Rahmen einer interinstitutionellen Vereinbarung ist es schon dem Namen nach nicht möglich, das völkerrechtliche Auftreten zwischen den Mitgliedstaaten und der EU zu regeln. Interinstitutionelle Vereinbarungen, die durch EU-Organe abgeschlossen werden und die Außenvertretung in gemischten Foren regeln, würden demnach in unzulässiger Weise in nationale Zuständigkeiten eingreifen, wenn sie den Mitgliedstaaten in deren Zuständigkeitsbereich einseitig Vorgaben zur konkreten Koordinierung mit der EU vorschrieben. Eine interinstitutionelle Vereinbarung kann darüber hinaus lediglich zwischen den beteiligten Organen Bindungswirkung begründen, nicht aber gegenüber den Mitgliedstaaten.

Da sich die hier untersuchten Kooperationsvereinbarungen nicht auf interinstitutionelle Regelungen i.S.v. von Innenorganisationsrecht zwischen den EU-Organen beschränken (vgl. Art. 295 AEUV), können diese nicht als interinstitutionelle Vereinbarungen qualifiziert werden. Die Handlungsform der interinstitutionellen Vereinbarung eignet sich deshalb nicht dazu, Kooperationsvereinbarungen zwischen der EU und den Mitgliedstaaten zu erfassen, die die Interessenkoordinierung und Interessenvertretung auf internationaler Ebene regeln.

---

971 Vgl hierzu auch *Kaiser*, Gemischte Abkommen im Lichte bundesstaatlicher Erfahrungen, 2009, S. 53; *Eeckhout*, EU External Relations Law, 2011, S. 246.

II. Verwaltungsabkommen

Kooperationsvereinbarungen könnten auch intergouvernementale Kooperationsakte zwischen der EU und den Mitgliedstaaten darstellen. In Betracht kommt insofern eine Qualifizierung der Kooperationsvereinbarungen als völkerrechtliche Verträge zwischen der EU und den Mitgliedstaaten in Form von Verwaltungsabkommen.

Im Folgenden sollen die Grundlagen von Verwaltungsabkommen dargelegt werden (1.), um ihre Übertragbarkeit auf Kooperationsvereinbarungen untersuchen zu können (2.).

1. Grundlagen

Neben völkerrechtlichen Verträgen, die einer innerstaatlichen Ratifizierung durch das Parlament bedürfen, existieren völkerrechtliche Verträge, die allein durch die Exekutive ohne weitere innerstaatliche Zustimmung – wie etwa einer Parlamentsbeteiligung – abgeschlossen werden. Die sog. Verwaltungsabkommen werden durch Regierungsvertreter als Regierungs- oder Ressortabkommen[972] abgeschlossen bzw. unterzeichnet und treten durch den Abschluss sogleich völkerrechtlich in Kraft (vgl. Art. 11 WVRK; Art. 11 WVRK-IO).

Viele Staaten ermöglichen den Abschluss von Verwaltungsabkommen durch die Exekutive ohne Parlamentsbeteiligung.[973] In der BRD unterscheidet das Grundgesetz zwischen völkerrechtlichen Verträgen, die einer innerstaatlichen Zustimmung durch ein Bundesgesetz bedürfen (Art. 59 Abs. 2 Satz 1 GG) und völkerrechtlichen Verträgen in Form von Verwaltungsabkommen (Art 59 Abs. 2 Satz 2 GG), die weder die politischen Beziehungen des Bundes regeln, noch sich auf Gegenstände der Gesetzgebung beziehen. Verwaltungsabkommen der BRD bedürfen keiner Mitwirkung des Parlaments und des Bundespräsidenten, sondern werden je nach Sachbereich durch die jeweiligen Regierungsvertreter als Regierungs- oder Ressortabkommen abgeschlossen.[974] Sie treten grundsätzlich mit der

---

972 § 2 Abs. 1 RvV.

973 Generalanwalt Tesauro, Schlussanträge vom 16.12.1993, Rs. C-327/91, Frankreich/Kommission, Slg. 1994, I-3643, Rn. 32.

974 *Nettesheim*, in: Maunz/Dürig (Hrsg.), GG, 79. Ergänzungslieferung 2016, Art. 59 GG, Rn. 158.

Unterzeichnung des Vertragstextes in Kraft.[975] Ähnlich ist die Situation bei der Mehrheit der Mitgliedstaaten, wonach nicht jedes völkerrechtliche Abkommen einer Parlamentsbeteiligung bedarf. Daneben ist das Parlament in Großbritannien grundsätzlich nicht und in einigen anderen Mitgliedstaaten[976] in jedem Fall zu beteiligen.[977]

Verwaltungsabkommen unterscheiden sich aus völkerrechtlicher Perspektive nicht von anderen „normalen" völkerrechtlichen Verträgen[978] und sind dem Völkerrecht als eigene Kategorie unbekannt[979]. Sie weichen allerdings inhaltlich von den politischen Verträgen und Gesetzgebungsverträgen (vgl. z.B. Art. 59 Abs. 2 Satz 1 GG) hinsichtlich der Regelungsweite und -tiefe ab. Das BVerfG stellt klar, dass es sich bei Verwaltungsabkommen i.S.v. Art. 59 Abs. 2 Satz 2 GG um völkerrechtliche Verträge handelt, die nicht „die Existenz des Staates, seine Unabhängigkeit, seine Stellung oder sein maßgebliches Gewicht in der Staatengemeinschaft durch den Vertrag selbst berühren"[980].

Verwaltungsabkommen können sich durchaus im Bereich des Politischen bewegen, solange diese selbst keine Regelungen hinsichtlich politischer Beziehungen zu auswärtigen Staaten enthalten.[981] Inhaltlich betreffen Verwaltungsabkommen sowohl auf nationaler als auch auf unionaler Ebene verwaltungstechnische Bereiche, die keine Änderung des geltenden Rechts bedingen bzw. die im ordentlichen Verfahren geschlossenen Abkommen lediglich ergänzen oder präzisieren und sich in den von anderen völkerrechtlichen Abkommen geschaffenen normativen Rahmen einfügen.[982] Darüber hinaus müssen die völkerrechtlichen Verpflichtungen allein durch die Exekutive, d.h. ohne weitere innerstaatliche Gesetzge-

---

975 § 6 Abs. 2 RvV.
976 Belgien, Ungarn, Irland, Luxemburg, Slowenien.
977 *Ott*, in: Tauschinsky/Weiß (Hrsg.), The legislative choice between delegated and implementing acts: Walking a Labyrinth (i.E.).
978 Generalanwalt Tesauro, Schlussanträge vom 16.12.1993, Rs. C-327/91, Frankreich/Kommission, Slg. 1994, I-3643, Rn. 18.
979 Generalanwalt Tesauro, Schlussanträge vom 16.12.1993, Rs. C-327/91, Frankreich/Kommission, Slg. 1994, I-3643, Rn. 22.
980 BVerfG, Urteil vom 29.07.1952, 2 BvE 2/51, BVerfGE 1, 372, 381.
981 BVerfG, Urteil vom 29.07.1952, 2 BvE 2/51, BVerfGE 1, 372, 382.
982 Generalanwalt Tesauro, Schlussanträge vom 16.12.1993, Rs. C-327/91, Frankreich/Kommission, Slg. 1994, I-3643, Rn. 32.

bungsakte, durchgeführt werden können.[983] Entgegen der Bezeichnung sind Verwaltungsabkommen auch nicht auf Gegenstände der Verwaltung beschränkt, wenngleich sie hauptsächlich im Bereich exekutiver Angelegenheiten abgeschlossen werden. Verwaltungsabkommen sind somit alle völkerrechtlichen Verträge, die aufgrund ihrer eher geringeren Regelungsweite, aber unabhängig von der Sachmaterie keiner Zustimmung durch das Parlament bedürfen.[984]

Durch den Abschluss eines Verwaltungsabkommens durch die Exekutive werden Staaten bzw. Völkerrechtssubjekte bei entsprechendem Bindungswillen gemäß dem völkerrechtlichen Grundsatz „pacta sunt servanda" (vgl. Art. 26 WVRK und Art. 26 WVRK-IO) ebenso völkerrechtlich verpflichtet wie bei einem völkerrechtlichen Vertrag mit Parlamentsbeteiligung. Besteht dagegen kein Bindungswille seitens eines Staates oder anderen Völkerrechtssubjekts, kommen rein politische Willensbekundungen bzw. Absichtserklärungen in Betracht, die völkerrechtlich betrachtet unverbindliche Absprachen darstellen. Unionsrechtlich handelt es sich dann um rein politische Verwaltungsvereinbarungen (vgl. Art. 220 AEUV).

Auf Unionsebene stellt Art. 218 AEUV die Ausgangsnorm für den Abschluss völkerrechtlicher Verträge dar.[985] Der Anwendungsbereich von Art. 218 AEUV bezieht sich ausdrücklich nur auf Übereinkünfte, ohne explizit Verwaltungsabkommen als eigene Kategorie zu nennen und wie Art. 59 Abs. 2 GG nach einer „Wesentlichkeit" zu unterscheiden. Eine Übereinkunft i.S.v. Art. 218 AEUV ist jede von Völkerrechtssubjekten eingegangene bindende Verpflichtung ungeachtet ihrer Form,[986] sodass Verwaltungsabkommen bei entsprechendem Bindungswillen der beteilig-

---

983 BVerfG, Urteil vom 29.07.1952, 2 BvE 2/51, BVerfGE 1, 372, 390; *Fastenrath*, DÖV 2008, 697, 697 f.

984 *Nettesheim*, in: Maunz/Dürig (Hrsg.), GG, 79. Ergänzungslieferung 2016, Art. 59 GG, Rn. 156 f.

985 Siehe ausführlich zum Vertragsschlussverfahren nach Art. 218 AEUV § 2 Teil C.I.

986 EuGH, Gutachten vom 11.11.175, Gutachten 1/75, Slg. 1975, 1355, 1360; Urteil vom 09.08.1994, Rs. C-327/91, Frankreich/Kommission, Slg. 1994, I-3641, Rn. 27; Urteil vom 26.11.2014, verb. Rs. C-103/12 und C-165/12, Parlament und Kommission/Rat, ECLI:EU:C:2014:2400, Rn. 83; *Schmalenbach*, in: Calliess/Ruffert (Hrsg.), EUV/AEUV, 2016, Art. 216 AEUV, Rn. 3; *Obwexer*, EuR-Beiheft 2/2012, 49, 52.

ten Völkerrechtssubjekte unter den Anwendungsbereich des Art. 218 AEUV fallen.

Eine Vorschrift wie Art. 59 Abs. 2 Satz 2 GG, wonach Verwaltungsabkommen auch alleine durch die Exekutive abgeschlossen werden können (vgl. ex Art. 300 Abs. 2 UA 1 Satz 1 EGV), findet sich heute in den EU-Verträgen nicht mehr. Die Kommission war gemäß ex Art. 300 Abs. 2 UA 1 Satz 1 EGV befugt, völkerrechtlich verbindliche und unverbindliche Verwaltungsabkommen abzuschließen: Damit war das Vertragsschlussverfahren für diese völkerrechtlichen Verträge nicht einschlägig.[987] Entgegen der früheren Regelung ist die Kommission nach heutiger Rechtslage nicht mehr dazu befugt, ohne Rats- und Parlamentsbeteiligung völkerrechtliche Bindungen einzugehen.[988] Die fehlende Rechtsgrundlage hat die Kommission in der Praxis allerdings nicht davon abgehalten völkervertragliche Vereinbarungen ohne Rats- und Parlamentsbeteiligung zu schließen[989]. Völkerrechtlich unverbindliche Verwaltungsvereinbarungen durch die Kommission sind hingegen im Rahmen des Art. 220 AEUV zur Regelung der Zusammenarbeit mit internationalen Organisationen möglich, sofern sich die Kommission im Rahmen ihrer Zuständigkeit (Art. 17 Abs. 1 EUV) bewegt und das institutionelle Gleichgewicht (Art. 13 Abs. 2 EUV) beachtet[990].

Der Abschluss von Verwaltungsabkommen ist grundsätzlich auch zwischen der EU und ihren Mitgliedstaaten möglich. Es handelt sich dann um völkerrechtliche Verpflichtungen zwischen der EU und den Mitgliedstaaten, die allerdings auf Unionsseite den verfahrensrechtlichen Voraussetzungen des Art. 218 AEUV genügen müssen.

---

987 *Terhechte*, in: Schwarze u.a. (Hrsg.), EUV/AEUV, 2012, Art. 218 AEUV, Rn. 11.

988 Vgl. hierzu Generalanwalt Tesauro, Schlussanträge vom 16.12.1993, Rs. C-327/91, Frankreich/Kommission, Slg. 1994, I-3643, Rn. 28. Vgl auch EuGH, Urteil vom 09.08.1994, Rs. C-327/91, Frankreich/Kommission, Slg. 1994, I-3641, Rn. 19 ff., 41 f. zur Frage ob die Kommission außerhalb des ordentlichen Vertragsschlussverfahrens Verwaltungsabkommen mit Dritten abschließen darf.

989 Vgl. hierzu Generalanwalt Tesauro, Schlussanträge vom 16.12.1993, Rs. C-327/91, Frankreich/Kommission, Slg. 1994, I-3643, Rn. 28 m.w.N. zu entsprechenden Vereinbarungen.

990 EuGH, Urteil vom 28.07.2016, C-660/13, Rat/Kommission, ECLI:EU:C:2016:616, Rn. 30 ff.; Generalanwalt Sharpston, Schlussanträge vom 26.11.2015, C-660/13, Rat/Kommission, ECLI:EU:C:2015:787, Rn. 99 ff.

2. Verwaltungsabkommen als Handlungsform für Kooperationsvereinbarungen?

Nachdem die Grundlagen dargelegt wurden, stellt sich die Frage, ob sich Verwaltungsabkommen als Handlungsform für Kooperationsvereinbarungen eignen. Kooperationsvereinbarungen bewegen sich zwar grundsätzlich im hochpolitischen Bereich, da sie die Koordinierung und Ausübung internationaler Rechte regeln. Sie konkretisieren aber lediglich die loyale Zusammenarbeit im Rahmen gemischter völkerrechtlicher Verträge, ohne selbst völkerrechtliche Pflichten zwischen der EU und den Mitgliedstaaten zu begründen. Das Regelungsverhältnis von Kooperationsvereinbarungen geht nicht über das besondere unionale Verhältnis der EU und der Mitgliedstaaten hinaus, sodass ein völkerrechtliches Handeln im Rahmen einer Kooperationsvereinbarung ausscheidet. Diese stellen gerade keine völkerrechtlichen Zusammenarbeitsvereinbarungen zwischen nationaler und unionaler Verwaltungsdienststellen dar, da ihre Regelungen auf dem unionsrechtlichen Grundsatz loyaler Zusammenarbeit gemäß Art. 4 Abs. 3 EUV basieren und diesen konkretisieren. Es handelt sich bei ihnen um die Ausgestaltung einer originär unionalen Pflicht im Rahmen des besonderen unionsrechtlichen Verhältnisses zwischen der EU und den Mitgliedstaaten und der eigenständigen Unionsrechtsordnung des Integrationsverbandes, die von nationalem Recht und Völkerrecht zu unterscheiden ist. Kooperationsvereinbarungen können demnach keine völkerrechtlichen Verwaltungsabkommen darstellen.

Unabhängig von der inhaltlichen Betrachtung würden sie auf der unionalen Seite an den formellen Voraussetzungen des Art. 218 AEUV scheitern, da das Vertragsschlussverfahren für die Kooperationsvereinbarungen nicht eingehalten wird.[991]

III. Kooperationsvereinbarungen als Handlungsform „sui generis"

Kooperationsvereinbarungen, die als schriftliche Vereinbarungen zwischen der EU und den Mitgliedstaaten die loyale Zusammenarbeit im Rahmen (gemischter) völkerrechtlicher Abkommen festlegen und konkretisieren,[992] können auch eine eigene Handlungsform „sui generis" darstellen.

---

991 Siehe zum Abschluss der einzelnen Kooperationsvereinbarungen § 4 Teil B.
992 Vgl. zur Definition der Kooperationsvereinbarung Einleitung zu § 3.

Sie dienen in der Sache dem Kooperationsverhältnis zwischen der EU und den Mitgliedstaaten im Rahmen (gemischter) völkerrechtlicher Abkommen und der Konkretisierung des unionalen Loyalitätsgebots. Die unionale Pflicht zur loyalen Zusammenarbeit macht zwar den Hauptgegenstand der Kooperationsvereinbarungen aus. Dennoch weisen sie aufgrund der engen Beziehung zu (gemischten) völkerrechtlichen Abkommen einen intergouvernementalen bzw. völkerrechtlichen Charakter auf, ohne selbst Völkerrecht darzustellen. Sie treten insofern aus dem innerunionalen Bereich heraus und stehen an der Grenze zwischen Europa- und Völkerrecht. Allerdings liegt ihr Schwerpunkt und ihr Ursprung innerhalb der Rechtsordnung des Integrationsverbandes (Art. 4 Abs. 3 EUV). Die unionale Loyalitätspflicht entfaltet ihre Geltung auch im Bereich der Außenpolitik und wirkt, über das Unionsrecht hinaus, auf die völkerrechtliche Ebene ein. Insofern werden die völkerrechtlichen Maßnahmen der EU und der Mitgliedstaaten unional determiniert. Eine völkerrechtliche Handlungsform kommt auch deshalb nicht in Betracht, da sich diese, aufgrund des besonderen Verhältnisses zwischen der EU und den Mitgliedstaaten, nicht zur Regelung unionaler Pflichten eignen. Kooperationsvereinbarungen stellen somit eine unionale Handlungsform dar, die innerunionale Pflichten (Art. 4 Abs. 3 EUV) mit Blick auf die Außenvertretung regeln bzw. konkretisieren.

Um als Handlungsform „sui generis" qualifiziert zu werden, müssten Kooperationsvereinbarungen generell zulässig sein (1.) und im konkreten Fall zwischen der EU und den Mitgliedstaaten wirksam abgeschlossen werden (2.). Ob und unter welchen Kriterien sie rechtliche oder politische Bindungswirkung (3.) entfalten können, wird im Anschluss erläutert.

1. Zulässigkeit

Kooperationsvereinbarungen sind als eigene Handlungsform im Primärrecht der EU nicht ausdrücklich vorgesehen.[993] Die in den EU-Verträgen namentlich geregelten Handlungsformen sind allerdings wegen der Notwendigkeit der Selbstorganisation und der Binnensteuerung des Integrationsverbandes nicht abschließend, sodass daneben auch „unbenannte",

---

[993] *Heesen*, Interne Abkommen, 2015, S. 38.

„unspezifische", ungekennzeichnete" oder „uneigentliche" Rechtsakte „sui generis" zulässig sind.[994] Die implizite Rechtsgrundlage für die EU zum Abschluss von Kooperationsvereinbarungen stellt Art. 4 Abs. 3 EUV dar. Der Grundsatz loyaler Zusammenarbeit bildet den Auftrag für die Zusammenarbeit der nationalen und unionalen Akteure und bedarf als allgemeiner Rechtsgrundsatz[995], sowie als unionales Verfassungsprinzip[996] der näheren Ausgestaltung durch die EU und ihrer Mitgliedstaaten.[997] Die (weitere) Konkretisierung des Unionsprinzips durch geeignete Maßnahmen allgemeiner oder besonderer Art kann auch in Form einer Vereinbarung erfolgen (vgl. z.B. Art. 295 AEUV). Die Zusammenarbeitspflichten erstrecken sich im Übrigen auch auf die Außenbeziehungen.[998] Daher sind Kooperationsvereinbarungen zur Konkretisierung der loyalen Zusammenarbeit im Rahmen

---

994 *Nettesheim*, in: Oppermann/Classen/Nettesheim (Hrsg.), Europarecht, 2016, § 9, Rn. 141.

995 *Lenz*, in: Lenz/Borchardt (Hrsg.), EUV/AEUV, 2012, Art. 4 EUV, Rn. 11.

996 *Kaiser*, Gemischte Abkommen im Lichte bundesstaatlicher Erfahrungen, 2009, S. 54; *Obwexer*, in: von der Groeben/Schwarze/Hatje (Hrsg.), EUV/AEUV, 2015, Art. 4 EUV, Rn. 68; *von Bogdandy/Schill*, in: Grabitz/Hilf/Nettesheim (Hrsg.), 60. Ergänzungslieferung 2016, EUV/AEUV, Art. 4 EUV, Rn. 51, 58.

997 Vgl. zur Pflicht zur Konkretisierung des Art. 4 Abs. 3 EUV EuGH, Beschluss vom 14.11.1978, Beschluss 1/78, Slg. 1978, 2151, Rn. 34-36; Gutachten vom 19.03.1993, Gutachten 2/91, ILO-Konvention, Slg. 1993, I-1061, Rn. 12, 36, 38; Gutachten vom 15.11.1994, Gutachten 1/94, WTO, Slg. 1994, I-5267, Rn. 108; Gutachten vom 19.03.1996, Gutachten 25/94, Kommission/Rat, Slg. 1996, I-1469, Rn. 48; Urteil vom 20.04.2010, Rs. C-246/07, Kommission/Schweden, Slg. 2010, I-3317, Rn. 73; Urteil vom 22.10.2002, Rs. C-94/00, Roquette Frères, Slg. 2002, I-9011; Rn. 32; Urteil vom 30.05.2006, Rs. C-459/03, Kommission/Irland, Slg. 2006, I-4635, Rn. 175; Urteil vom 14.12.2000, Rs. C-300/98, Dior u.a., Slg. 2000, I-11307, Rn. 68; *Martenczuk*, in: Kronenberger (Hrsg.), The European Union and the International Legal Order, 2001, S. 154; *Eeckhout*, EU External Relations Law, 2011, S. 242, 259; *Heliskoski*, in: Hillion/Koutrakos (Hrsg.), Mixed Agreements Revisited, 2010, S. 141; *von Arnauld*, in: ders. (Hrsg.), Europäische Außenbeziehungen, 2014, § 1, Rn. 53; *Weiß*, in: von Arnauld (Hrsg.), Europäische Außenbeziehungen, 2014, § 10, Rn. 148; *Herrmann/Streinz*, in: von Arnauld (Hrsg.), Europäische Außenbeziehungen, 2014, § 11, Rn. 73; *Obwexer*, in: von der Groeben/Schwarze/Hatje (Hrsg.), EUV/AEUV, 2015, Art. 4 EUV, Rn. 153; *Kaddous*, in: dies. (Hrsg.), The EU in International Organisations and Global Governance, 2015, S. 14; *von Bogdandy/Schill*, in: Grabitz/Hilf/Nettesheim (Hrsg.), EUV/AEUV, 60. Ergänzungslieferung 2016, Art. 4 EUV, Rn. 103; *Streinz*, Europarecht, 2016, Rn. 534.

998 Siehe Grundlagen des Prinzips loyaler Zusammenarbeit § 2 Teil A.

gemischter Abkommen auch von der impliziten Rechtsgrundlage des Art. 4 Abs. 3 EUV gedeckt.

Inhaltlich müssen Kooperationsvereinbarungen die rechtlichen Vorgaben der EU-Verträge, insbesondere den Grundsatz loyaler Zusammenarbeit, sowie die Kompetenzverteilung zwischen der EU und den Mitgliedstaaten[999], wahren. Art. 4 Abs. 3 EUV ist demnach formelle Grundlage und inhaltlicher Maßstab der Kooperationsvereinbarungen. Gemäß dem Grundsatz „res inter alios acta" dürfen sie aufgrund ihres Vertragscharakters nur die Beteiligten im Rahmen ihres Kompetenz- und Aufgabenbereichs verpflichten und nicht in Rechte Dritter eingreifen.

2. Abschluss der Kooperationsvereinbarungen

Als eigene Handlungsform stellt sich die Frage, wie Kooperationsvereinbarungen zwischen der EU und den Mitgliedstaaten vereinbart werden. Eine Vereinbarung erfordert eine mindestens zweiseitige Übereinkunft aufgrund miteinander korrespondierender Willenserklärungen. Da Kooperationsvereinbarungen Loyalitätspflichten zwischen der EU und den Mitgliedstaaten näher konkretisieren, bedarf es zum Abschluss der Willenserklärungen der EU und ihrer Mitgliedstaaten. Kooperationsvereinbarungen zwischen der EU und den Mitgliedstaaten können demnach nicht, wie interinstitutionelle Vereinbarungen zwischen Unionsinstitutionen, untereinander abgeschlossen werden.

Wenngleich einige Kooperationsvereinbarungen als Vereinbarungen zwischen dem Rat und der Kommission bezeichnet wurden,[1000] so handelt es sich in der Sache um Vereinbarungen zwischen der EU und den Mitgliedstaaten. Durch den Abschluss einer Kooperationsvereinbarung werden zwar die Kommission und der Rat als Unionsorgane sowie die nationalen Organe, wie z.B. die Exekutive, verpflichtet. Allerdings sind diese aufgrund des fehlenden interinstitutionellen Charakters dieser Vereinba-

---

999 Vgl. zur Wahrung der Kompetenzverteilung EuGH, Urteil vom 12.02.2009, Rs. C-45/07, Kommission/Griechenland, Slg. 2009, I-701, Rn. 29. Da die EU-Verträge nur gemäß Art. 48 EUV geändert werden können und Kooperationsvereinbarungen unterhalb des Primärrechts stehen, wären etwaige divergierende Bestimmungen sowieso nichtig.

1000 Gentleman's Agreement Binnenschifffahrt, PROBA 20, PROBA 20a, FAO-Vereinbarung I, CAK-Kooperationsvereinbarung, UPOV-Kooperationsvereinbarung.

rungen keine direkten Vertragspartner. Wie bereits im Rahmen der interinstitutionellen Vereinbarungen erläutert, sind die Organe aufgrund ihrer Teilrechtsfähigkeit nur dazu berechtigt, Organinnenrecht abzuschließen, ohne Pflichten zwischen der EU und den Mitgliedstaaten zu begründen.[1001] Die Bezeichnung als Vereinbarung zwischen Rat und Kommission ist daher unzutreffend.

Teilweise werden Kooperationsvereinbarungen auch als Vereinbarungen zwischen dem Rat, der Kommission und den Mitgliedstaaten bezeichnet.[1002] Wenngleich diese Namensgebung zumindest den Hinweis auf die Mitgliedstaaten enthält, so geht auch sie fehl, da es sich bei der Konkretisierung der Loyalitätspflichten zwischen der EU und den Mitgliedstaaten nicht um Absprachen zwischen zwei EU-Organen und den Mitgliedstaaten handelt. Maßgeblich ist allein die Konkretisierung der Loyalitätspflichten zwischen der EU und den Mitgliedstaaten, die erst mittelbar deren Organe, insbesondere die Kommission und den Rat, betrifft.

Aufgrund des Vertragscharakters benötigen Kooperationsvereinbarungen ein Vertragsschlussgremium, welches unionale und nationale Willenserklärungen vereint. In Betracht kommen der Rat und dessen Vorbereitungsgremien (AStV und Ratsarbeitsgruppen), denn diese Organe bringen unionale und nationale Interessen(-vertreter) zusammen.

Kooperationsvereinbarungen werden in der Praxis sowohl für die EU als auch für die Mitgliedstaaten durch die Vorbereitungsgremien des Rates vorbereitet bzw. verhandelt und durch den Rat oder die Vorbereitungsgremien beschlossen.[1003] Deshalb wird auf einen möglichen Vertragsschluss im Rahmen des Rates (a)) sowie durch die Vorbereitungsgremien (b)) eingegangen.

1001 Siehe zur Vertragsfähigkeit der EU-Organe § 4 Teil A.I.2.a).

1002 Verhaltenskodizes im Rahmen des UNESCO-Abkommens zur kulturellen Vielfalt (Verhandlung und Durchführung), WTO-Kooperationsvereinbarung, Kooperationsvereinbarung für die UN-Behindertenrechtskonvention, COTIF-Kooperationsvereinbarung.

1003 Ein Beschluss eines Organs stellt den Endpunkt eines verfahrensbezogenen Willensbildungsprozesses dar und bezeichnet zugleich dessen materielles Produkt. Es handelt sich im Grundsatz um jegliches (rechtserhebliche) Handeln, das einen Willensbildungsprozess eines Organs zum Abschluss bringt (*Bast*, Grundbegriffe der Handlungsformen der EU, 2006, S. 117 ff.).

a) Abschluss von Kooperationsvereinbarungen durch Ratsbeschluss

Sofern der Rat als Vertragsschlussorgan der Kooperationsvereinbarungen fungiert, handelt er als primäres EU-Organ – dessen Mitglieder aus Regierungsvertretern der Mitgliedstaaten bestehen – für die EU und als Regierungsvertreterversammlung die Mitgliedstaaten. Die Ratsmitglieder schließen die Kooperationsvereinbarungen neben ihrer Eigenschaft als Unionsorgan auch in ihrer Funktion als Mitgliedstaatsvertreter ab. Da die Mitgliedstaaten über ihre Vertreter an der Willensbildung und Willensentscheidung formal beteiligt sind, wirken die Vereinbarungen auch für die Mitgliedstaaten.[1004] Der Rat tritt insofern als Unionsorgan bzw. Vertreter der EU auf und schafft durch den Abschluss von Kooperationsvereinbarungen sekundäres Unionsrecht. Da sich das Regelungsverhältnis auf unionale Loyalitätspflichten bezieht und darüber hinaus auch die Mitgliedstaaten verpflichtet, handelt es sich um hybride Ratsbeschlüsse.[1005] Hybride Ratsbeschlüsse vereinen einen eigentlichen (unionsrechtlichen) und uneigentlichen (intergouvernementalen) Ratsbeschluss.[1006] Die kritische Sichtweise des EuGH auf hybride Ratsbeschlüsse ist auf den

---

1004 Vgl. auch Ansätze bei *Timmermanns*, in: Dashwood/Hillion (Hrsg.), The General Law of EC External Relations, 2000, S. 243 f.; *Kaiser*, Gemischte Abkommen im Lichte bundesstaatlicher Erfahrungen, 2009, S. 53; *Hillion,* in: Hillion/Koutrakos (Hrsg.), Mixed Agreements Revisited, 2010, S. 94.

1005 Vgl. zu einem hybriden Beschluss, der sowohl vom Rat als auch von den im Rat vereinigten Vertretern der Regierungen der Mitgliedstaaten ausgeht und damit einen Rechtsakt der Union und einen intergouvernementalen Rechtsakt vereint EuGH, Urteil vom 28.04.2015, Rs. C-28/12, ECLI:EU:C:2015:282, Rn. 6; Generalanwalt Mengozzi, Schlussanträge vom 29.012015, Rs. C-28/12, ECLI:EU:C:2015:43, Rn. 7, 50.

1006 Uneigentliche Beschlüsse der im Rat vereinigten Vertreter der Mitgliedstaaten stellen Vereinbarungen der Mitgliedstaaten untereinander dar (*Kotzur*, in: Geiger/Khan/Kotzur (Hrsg.), EUV/AEUV, 2017, Art. 288 AEUV, Rn. 29 f.). Die Regierungsmitglieder beschließen insofern nicht als Rat der EU bzw. in der Eigenschaft als Organ der EU, sondern als „die im Rat vereinigten Vertreter der Mitgliedstaaten" in Form einer Zusammenkunft von Staatenvertretern bzw. Konferenz der Vertreter der Regierungen der Mitgliedstaaten (*Bieber*, in: Bieber/Epiney/Haag (Hrsg.), Die Europäische Union, 2015, § 4, Rn. 61). Ein entsprechender Ratsbeschluss ist demnach Ausdruck einer intergouvernementalen Zusammenarbeit im Einvernehmen aller Mitgliedstaaten (Generalanwalt Mengozzi, Schlussanträge vom 29.012015, Rs. C-28/12, ECLI:EU:C:2015:43, Rn. 39; EuGH, Urteil vom 28.04.2015, Rs. C-28/12, ECLI:EU:C:2015:282, Rn. 49, 52; *Bast*, Grundbegriffe der Handlungsformen der EU, 2006, S. 288).

Abschluss von Kooperationsvereinbarungen nicht übertragbar.[1007] Der EuGH wendet sich in dem Urteil konkret gegen den Abschluss von völkerrechtlichen Abkommen zwischen der EU und Drittländern bzw. internationalen Organisationen gemäß Art. 218 AEUV (gemischte Abkommen). Beim Abschluss von Kooperationsvereinbarungen handelt es sich jedoch nicht um völkerrechtliche Abkommen, die Art. 218 AEUV unterliegen, sondern um einen besonderen Unionsrechtsakt auf Basis des Art. 4 Abs. 3 EUV. Demnach unterliegen die EU und die Mitgliedstaaten beim Abschluss von Kooperationsvereinbarungen durch hybriden Ratsbeschluss nicht den Regeln zur Willensbildung i.S.v. Art. 218 AEUV. Ein Verstoß gegen Art. 218 AEUV scheidet also aus.

Im Vergleich zu interinstitutionellen Vereinbarungen ist die Kommission nicht formal am Abschluss zu beteiligen. Sie ist allerdings indirekt über ihre Anwesenheit an den Ratstagungen eingebunden (Art. 5 Abs. 2 GO-Rat[1008]) und wirkt durch entsprechende Vorschläge[1009] inhaltlich auf Kooperationsvereinbarungen ein. Die Kommission wirkt daher lediglich an der Willensbildung mit, ohne dass sie an der eigentlichen Willensentscheidung in Form eines Ratsbeschlusses konkret beteiligt ist. Der Rat ist als unionales Rechtsetzungsorgan auch nicht auf die formelle Kommissionsbeteiligung beim Abschluss angewiesen und kann sowohl die EU als Ganzes, als auch deren Organe einseitig verpflichten.

Ratsbeschlüsse werden grundsätzlich durch die Ratsarbeitsgruppen und Ausschüsse vorbereitet bzw. diskutiert. Der Ausschuss der Ständigen Vertreter kann die Entscheidung beeinflussen, insbesondere dann, wenn in den Ratsarbeitsgruppen oder den Ausschüssen keine Einigung erzielt werden kann. Um die Entscheidungsfindung im Rat effektiver zu gestalten, existiert das sog. A- und B-Punktverfahren. Tagesordnungspunkte, die der AStV mit einem „A" gekennzeichnet hat, werden von den Regierungsvertretern im Rat in der Regel ohne weitere Aussprache verabschiedet. Diese Arbeitsteilung hat den Vorteil, dass sich die Minister bei ihren zeitlich begrenzten Treffen auf die strittigen B-Punkte konzentrieren können. Ein A-Punkt kann auf Verlangen eines Ministers oder der Kommission aber auch zu einem B-Punkt werden, sodass dieser Punkt bei der nächsten Sit-

---

1007 EuGH, Urteil vom 28.04.2015, Rs. C-28/12, Kommission/Rat, ECLI:EU:C:2 015:282, Rn. 38 ff.
1008 ABl. 2009, L 325/35.
1009 Vgl. z.B. UPOV-Kooperationsvereinbarung, FAO-Entwurf, WWU-Entwurf, Euratom-Entwurf.

zung nochmal diskutiert wird und erst dann eine Abstimmung darüber erfolgt. Der formelle Abschluss erfolgt durch den Rat in Form eines expliziten Ratsbeschlusses, durch Beschluss der A-Punkte oder durch die Aufnahme von entsprechenden Erklärungen ins Ratsprotokoll.

Da Kooperationsvereinbarungen einen Vertragscharakter besitzen, kann man daraus die Notwendigkeit des einstimmigen Ratsbeschlusses herleiten, sodass sowohl die EU als auch alle Mitgliedstaaten den Zusammenarbeitsvereinbarungen zustimmen müssen. Wenngleich Art. 16 Abs. 3 EUV grundsätzlich eine qualifizierte Mehrheit für Ratsbeschlüsse vorsieht, so gilt dieser allenfalls für die unionale Seite, auch wenn in der Praxis im Rahmen gemischter Abkommen oftmals ein einstimmiger Beschluss praktiziert wird. Die Zustimmung aller Mitgliedstaaten ist daher aufgrund der hybriden Natur des Ratsbeschlusses notwendig.

Der Abschluss von Kooperationsvereinbarungen kann demnach als hybrider Ratsbeschluss durch den Rat in seiner Doppelrolle erfolgen. Die durch einen Ratsbeschluss aufgestellte Kooperationsvereinbarung besteht dann zwischen der EU und den Mitgliedstaaten und vereint unionales mit intergouvernementalem Handeln. Es handelt sich aufgrund des innerunionalen Charakters der Kooperationsvereinbarungen nicht um Völkerrecht, sondern um sekundäres Unionsrecht, das nur zwischen der EU und den Mitgliedstaaten abgeschlossen wird und nicht aus dem besonderen Integrationsverband nach außen wirkt.

b) Abschluss von Kooperationsvereinbarungen durch Beschluss der Vorbereitungsgremien des Rates

Es stellt sich die Frage, ob Kooperationsvereinbarungen, wie teilweise in der Praxis geschehen,[1010] auch durch die Vorbereitungsgremien des Rates (AStV und Ratsarbeitsgruppen) abgeschlossen werden können. Bei den Vorbereitungsgremien gemäß Art. 16 Abs. 7 EUV, Art. 240 Abs. 1 AEUV, Art. 19 Abs. 1 und 3 GO-Rat handelt es sich nicht um ein Unionsorgan mit eigenständigen Befugnissen, sondern um ein „Hilfsorgan(e) des Rates"[1011], welches zur Herbeiführung von Einigungen und Kompromis-

---

1010 Siehe zum Abschluss machner Kooperationsvereinbarungen durch die Vorbereitungsgremien des Rates § 4 Teil B.
1011 EuGH, Urteil vom 19.03.1996, Rs. 25/94, Kommission/Rat, Slg. 1996, I-1469, Rn. 26; *Hix*, in: Schwarze u.a. (Hrsg.), EUV/AEUV, 2012, Art. 240 AEUV,

sen zuständig ist, die im Anschluss dem Rat zur Annahme vorgelegt werden. Kooperationsvereinbarungen, die durch die Vorbereitungsgremien beschlossen werden, können im Vergleich zu jenen, die durch den Rat selbst beschlossen werden, deshalb kein sekundäres Unionsrecht darstellen. Die Vorbereitungsgremien unterscheiden sich auch von dezentralen Agenturen, da sie von den EU-Institutionen rechtlich getrennte, eigenständige Rechtspersonen darstellen und zur eigenständigen Rechtsetzung befugt sind.

Kooperationsvereinbarungen, die nicht durch den Rat bestätigt werden, können aufgrund der vorbereitenden Funktion des AStV und der Ratsarbeitsgruppen (vgl. Art. 19 Abs. 1 GO-Rat) keine rechtliche Verbindlichkeit erlangen. Erst ein etwaiger Ratsbeschluss stellt den eigentlichen (verbindlichen) Rechtsakt dar, der nicht als (bloße) deklaratorische Bestätigung eines vorherigen „Beschlusses" des AStV angesehen werden kann.[1012] Werden durch die Vorbereitungsgremien rechtlich unverbindliche Kooperationsvereinbarungen zwischen der EU und den Mitgliedstaaten abgeschlossen, muss die entsprechende Beschlussfassung im AStV dennoch im Einvernehmen bzw. Konsens stattfinden. Der Vertragscharakter der Kooperationsvereinbarungen, der sowohl unionales als auch nationales Handeln miteinander kombiniert, erfordert die Zustimmung der EU und aller Mitgliedstaaten.

c) Zusammenfassung: Abschluss von Kooperationsvereinbarungen

Der Abschluss von Kooperationsvereinbarungen zwischen der EU und den Mitgliedstaaten kann durch den Rat und dessen Vorbereitungsgremien in Form eines Beschlusses erfolgen. Da es sich bei den Vorbereitungsgremien um bloße „Hilfsorgane" des Rates handelt, gehören die entsprechenden Kooperationsvereinbarungen nicht zum sekundären Unionsrecht und können keine rechtliche Verbindlichkeit entfalten. Sie können allenfalls politische Absprachen darstellen. Die Frage nach der rechtlichen oder lediglich politischen Verbindlichkeit der Kooperationsvereinbarungen, die

---

Rn. 6; *Obwexer/Hummer*, in: Streinz (Hrsg.), EUV/AEUV, 2012, Art. 240 AEUV, Rn. 5, 12.

1012 EuGH, Urteil vom 19.03.1996, Rs. 25/94, Kommission/Rat, Slg. 1996, I-1469, Rn. 28; *Obwexer/Hummer*, in: Streinz (Hrsg.), EUV/AEUV, 2012, Art. 240 AEUV, Rn. 12.

durch den Rat selbst beschlossen wurden, wird im Anschluss, anhand von Kriterien zur Bindungswirkung, erörtert.

3. Kriterien zur Bindungswirkung von Kooperationsvereinbarungen

Nachdem die Zulässigkeit und der Abschluss von Kooperationsvereinbarungen erläutert wurden, wird im Folgenden den Kriterien zu ihrer Bindungswirkung durch den Rat nachgegangen. Hierzu werden vier Kategorien unterschieden und im Anschluss erläutert: rechtlich verbindliche Kooperationsvereinbarungen (a)); rechtlich unverbindliche, politische Kooperationsvereinbarungen (b)); Kooperationsvereinbarungen mit Soft-Law-Charakter (c))[1013] und mittelbare rechtliche Verbindlichkeit über Art. 4 Abs. 3 EUV (d)). Die Bestimmung der konkreten Bindungswirkung der jeweiligen Kooperationsvereinbarungen bedarf der Einzelfallbetrachtung und erfolgt in der rechtlichen Einordnung im nächsten Kapitel (B.).

a) Rechtlich verbindliche Kooperationsvereinbarungen

Eine rechtliche Verbindlichkeit setzt voraus, dass eine Norm existiert, welche die Adressaten aufgrund eines legitimen Verfahrens bindet und deren Rechtsbefehl notfalls gegen die Verpflichteten durchgesetzt werden kann.[1014] Eine entsprechende Norm kann sowohl durch einseitigen (Rechtsetzungs-)Akt als auch durch eine(n) mehrseitige(n) Vertrag bzw. Vereinbarung geschaffen werden. Ein rechtsverbindlicher privatrechtlicher oder öffentlich-rechtlicher Vertrag, als rechtsnormerzeugender Tatbestand, bedarf zu seinem Zustandekommen zwei oder mehrerer übereinstimmender Willenserklärungen, die die vertragsschließenden Parteien hinsichtlich des Inhalts der korrespondierenden Erklärungen rechtlich verpflichten und berechtigen.[1015] Da Kooperationsvereinbarungen mehrseitige öffentlich-rechtliche Vereinbarungen zwischen der EU und den Mitgliedstaaten darstellen, kommt grundsätzlich eine rechtliche Verbindlichkeit in Betracht,

---

1013 Siehe zur Unterscheidung in drei Bindungskategorien bereits bei der Bindungswirkung interinstitutioneller Vereinbarungen § 4 Teil A.I.3.
1014 *Müller-Graff*, EuR 2012, 18, 21.
1015 *Kelsen*, Reine Rechtslehre, 1960, S. 263 ff.

sofern ein Abschluss im zur Rechtsetzung befugten Rat und nicht durch dessen Vorbereitungsgremien stattfindet.

Ob sich Vertragsparteien rechtlich verpflichten wollen, wird grundsätzlich anhand des Bindungswillens der Beteiligten bestimmt,[1016] welcher sich nach objektiven Kriterien für unbeteiligte Dritte richtet[1017]. Auch der EuGH stellt generell auf den Parteiwillen[1018] unter Berücksichtigung objektiver Umstände[1019] ab, ohne zwingend auf die Rechtsnatur der Absprache einzugehen[1020] und entscheidet immer bezogen auf den konkreten Einzelfall.[1021] Da es sich bei Kooperationsvereinbarungen um

---

1016 *Beutler*, in: FS Sasse, 1981, S. 324; *Bothe*, in: FS Schlochauer, 1981, S. 767; *Everling*, in: GS Constantinesco, 1983, S. 155; *Gauweiler*, Die rechtliche Qualifikation interorganschaftlicher Absprachen im Europarecht, 1988, S. 59; *Bobbert*, Interinstitutionelle Vereinbarungen im Europäischen Gemeinschaftsrecht, 2001, S. 106; *Hummer*, in: ders. (Hrsg.), Paradigmenwechsel im Europarecht zur Jahrtausendwende, 2004, S. 160; *Eiselt/Slominsky*, ELJ 2006, 209, 212; *Hummer*, in: Kietz u.a. (Hrsg.), Interinstitutionelle Vereinbarungen in der EU, 2010, S. 93; *Nettesheim*, in: Grabitz/Hilf/Nettesheim (Hrsg.), EUV/ AEUV, 60. Ergänzungslieferung 2016, Art. 13 EUV, Rn. 76; ähnlich *Schwarze*, EuR-Beiheft 2/1995, 49, 54, der auf die Selbstbindung der Organe abstellt und implizit einen Bindungswillen der Organe fordert.

1017 *Beutler*, in: GS Sasse, 1981, S. 324; *Schwarze*, EuR-Beiheft 2/1995, 49, 56; *Härtel*, Handbuch Europäische Rechtsetzung, 2006, § 14, Rn. 17; *Nettesheim*, in: Grabitz/Hilf/Nettesheim (Hrsg.), EUV/AEUV, 60. Ergänzungslieferung 2016, Art. 13, Rn. 76; auch der EuGH stellt hinsichtlich der Beurteilung einer rechtlichen Verbindlichkeit eines Rechtsakts grds. auf objektive Maßstäbe ab, EuGH, Urteil vom 11.11.1081, Rs. 60/81, IBM/Kommission, Slg. 1981, 2639, Rn. 9.

1018 EuGH, Urteil vom 19.03.1996, Rs. C- 25/94, Kommission/Rat, Slg. 1996, I-1469, Rn. 49; Urteil vom 23.03.2004, Rs. 233/02, Frankreich/Kommission, Slg. 2004, I-2781, Rn. 42 ff.

1019 EuGH, Urteil vom 26.11.2014, verb. Rs. C-103/12 und C-165/12, Parlament und Kommission/Rat, ECLI:EU:C:2014:2400, Rn. 67 ff.

1020 EuGH, Urteil vom 19.03.1996, Rs. C- 25/94, Kommission/Rat, Slg. 1996, I-1469, Rn. 49; siehe zur FAO-Vereinbarung unten. So auch die Bezugnahme auf eine Gemeinsame Erklärung des EP, des Rates und der Kommission in EuGH, Urteil vom 13.12.1979, Rs. 44/79, Liselotte Hauer/Land Rheinland-Pfalz, Slg. 1979, 3727, Rn. 15.

1021 Vgl. zur Judikatur des EuGH und EuG hinsichtlich der Rechtsverbindlichkeit von interinstitutionellen Vereinbarungen *Bobbert*, Interinstitutionelle Vereinbarungen im Europäischen Gemeinschaftsrecht, 2001, S. 86 f.; *Hummer*, in: Hummer (Hrsg.), Paradigmenwechsel im Europarecht zur Jahrtausendwende, 2004, S. 170 ff.; *Hummer*, in: Kietz u.a. (Hrsg.), Interinstitutionelle Vereinbarungen in der EU, 2010, S. 99 ff.

Innenrecht handelt, welches nur die EU und die Mitgliedstaaten berechtigt bzw. verpflichtet, sollte der subjektive Parteiwille bei der Bestimmung des Bindungswillens höher gewichtet werden als objektive Kriterien aus der Sicht unbeteiligter Dritter.

Der Bindungswille kann explizit oder implizit zum Ausdruck kommen und muss für den konkreten Einzelfall durch Auslegung festgestellt werden.

In einem ersten Schritt sind die Kooperationsvereinbarungen zur Feststellung der Bindungswirkung inhaltlich zu untersuchen, wobei der Vertragstext sowohl explizit als auch implizit Aufschluss über den Bindungswillen geben kann. Eine ausdrückliche Bezugnahme auf den Bindungswillen ist nicht erforderlich, allerdings stellt eine explizite Normierung einen wichtigen Bezugspunkt bei der Bestimmung dar.[1022] Umgekehrt kann eine inhaltliche Bezugnahme auf die Unverbindlichkeit der Absprache den Bindungswillen der beteiligten Akteure ausschließen. Kommt dieser im Vertragstext nicht explizit zum Ausdruck, so ist der Vertragstext auf einen impliziten Bindungswillen hin auszulegen.

Auslegungskriterien zur Ermittlung des Bindungswillens sind insbesondere der Wortlaut, die Zielsetzung (Sinn und Zweck) und der (Entstehungs-)Kontext (Systematik und historische Auslegung) des jeweiligen Dokuments.[1023] Ein Bindungswille ist insbesondere dann anzunehmen, wenn konkrete, klar umschriebene Verhaltensweisen bzw. Regeln vereinbart werden, die über eine bloße Zusammenarbeit und Abstimmung hinausgehen.[1024] Darüber hinaus kann auch der Verhandlungsverlauf Aufschluss über den Bindungswillen der Parteien geben.[1025]

Ein weiterer Anhaltspunkt für die Bestimmung ist die äußere Form einer Vereinbarung. Ausgehend vom Titel bzw. der Bezeichnung können

---

1022 Vgl. bezogen auf interinstitutionelle Vereinbarungen bei *Bobbert*, Interinstitutionelle Vereinbarungen im Europäischen Gemeinschaftsrecht, 2001, S. 110.

1023 Vgl. Generalanwalt Alber, Schlussanträge vom 25.09.2003, Rs. C-233/02, Frankreich/Kommission, Slg. 2004, I-2759, Rn. 59; vgl. hierzu auch die Kriterien für interinstitutionelle Vereinbarungen bei *Bobbert*, Interinstitutionelle Vereinbarungen im Europäischen Gemeinschaftsrecht, 2001, S. 109 ff.

1024 Vgl. Generalanwalt Tesauro, Schlussanträge vom 16.12.1993, Rs. C-327/91, Frankreich/Kommission, Slg. 1994, I-3643, Rn. 20; vgl. auch *Bobbert*, Interinstitutionelle Vereinbarungen im Europäischen Gemeinschaftsrecht, 2001, S. 110 f.

1025 Vgl. EuGH, Urteil vom 23.03.2004, Rs. 233/02, Frankreich/Kommission, Slg. 2004, I-2781, Rn. 44.

Rückschlüsse auf den Parteiwillen gezogen werden. Die Bezeichnungen „Erklärung"[1026], „Vereinbarung(en)"[1027] und „Regelung(en)"[1028] deuten auf einen Bindungswillen hin, wohingegen die Bezeichnungen „Leitfaden"[1029], „Verhaltenskodex"[1030], „Leitlinien"[1031] und „Gentleman's Agreement"[1032] eine rein politische Absprache nahelegen.

Schriftliche Absprachen deuten aufgrund ihrer Beweis- und Kontrollfunktion auf einen Bindungswillen hin. Darüber hinaus kann die Veröffentlichung in der L-Reihe des Amtsblatts der EU[1033] ein Hinweis darauf sein. Umgekehrt kann die fehlende Veröffentlichung die Unverbindlichkeit der Kooperationsvereinbarung nahelegen.

Schließlich spielt auch die Art des Vertragsschlusses eine Rolle. Wird eine Kooperationsvereinbarung im Rat durch einen Beschluss (konkreter Beschluss oder Beschluss der A-Punkte) geschlossen, so liegt eine Verbindlichkeit nahe.

In diesem Zusammenhang stellt sich auch die Frage nach der rechtlichen Verbindlichkeit von Erklärungen der EU und der Mitgliedstaaten im Ratsprotokoll.[1034] Protokollerklärungen sind unselbstständige Begleiterscheinungen zu Rechtsakten der EU und dienen in erster Linie als Auslegungshilfe i.S.v. Gesetzgebungsmaterialien.[1035] Sie können daher nur in Verbindung mit einem bestehenden Rechtsakt eine Selbstbindung des Erklärenden erzeugen. Die Begründung einer rechtlich verbindlichen

---

1026 PROBA 20a.
1027 PROBA 20, PROBA 2002, FAO-Vereinbarung I und IV, CAK-Kooperationsvereinbarung, UPOV-Kooperationsvereinbarung.
1028 FAO-Vereinbarung III, COTIF-Kooperationsvereinbarung, Allgemeine Regelung zu Erklärungen der EU in multilateralen Organisationen.
1029 Kooperationsvereinbarung im Rahmen der Vereinten Nationen.
1030 Verhaltenskodex für die Verhandlungen des UNESCO-Übereinkommens zum Schutz der Vielfalt kultureller Inhalte und künstlerischer Ausdrucksformen, Verhaltenskodex zur Durchführung des UNESCO-Übereinkommens zum Schutz und zur Förderung kultureller Vielfalt, Verhaltenskodex für Dienstleistungsverhandlungen im Rahmen der WTO, Verhaltenskodex zur Durchführung der UN-Behindertenrechtskonvention.
1031 UPOV-Kooperationsvereinbarung.
1032 Gentleman's Agreement über das Verfahren für die Verhandlungen mit Drittländern im Bereich Binnenschifffahrt.
1033 Vgl. insbesondere die Differenzierung zwischen L-Reihe (unionale Rechtsvorschriften) und C-Reihe (Mitteilungen und Bekanntmachungen).
1034 Siehe PROBA 20a.
1035 *Pechstein*, EuR 1990, 249, 249 f.; *Karl*, JZ 1991, 593, 593, 596; *Streinz*, Europarecht, 2016, Rn. 523.

Kooperationsvereinbarung ist hingegen durch Protokollerklärungen nicht möglich.

Da es sich bei Kooperationsvereinbarungen um eine Handlungsform ohne explizite Regeln zur Verbindlichkeit handelt, muss bei Zweifeln hinsichtlich des Bindungswillens von einer rechtlichen Unverbindlichkeit ausgegangen werden. Nicht zuletzt deshalb, weil es sich bei Kooperationsvereinbarungen um Handlungsinstrumente im Schnittbereich zwischen Politik und Recht handelt. Daher ist es im Rahmen der Entscheidungsfindung innerhalb der EU auf internationaler Ebene geboten, auch flexibel zu reagieren und gerade keine starren verbindlichen Regeln anzuwenden.

Schließlich ergibt das Zusammenspiel äußerer und inhaltlicher Kriterien Aufschluss über den Bindungswillen, sodass anhand dessen verbindliche von unverbindlichen politischen Kooperationsvereinbarungen abgegrenzt werden können. Die Auslegung mag im Einzelfall auch zum Ergebnis kommen, dass einzelne Regelungen verbindlich sind, andere dagegen nicht. Sofern es sich nach entsprechender Auslegung um rechtlich verbindliche Kooperationsvereinbarungen handelt, sind diese und die entsprechenden Handlungen potentieller Gegenstand einer justiziellen Überprüfung.[1036] Als sekundäres Unionsrecht sind Auswirkungen auf das Primärrecht ausgeschlossen. Unabhängig davon erfolgt teilweise (in den Kooperationsvereinbarungen) eine Klarstellung, dass die Vereinbarungen die EU-Verträge nicht ändern können.[1037]

b) Rechtlich unverbindliche bzw. politische Kooperationsvereinbarungen

Kooperationsvereinbarungen zwischen der EU und ihren Mitgliedstaaten können bei fehlendem rechtlichem Bindungswillen auch als außerrechtli-

---

1036 Siehe zur Justiziabilität von rechtlich verbindlichen Kooperationsvereinbarungen § 4 Teil B.III.

1037 Vgl. z.B. Erklärungen der Kommission, sowie der italienischen, luxemburgischen und niederländischen Delegation zu der Vereinbarung zwischen dem Rat und der Kommission über die Beteiligung an den internationalen Arbeiten betreffend die Grundstoffe (PROBA 20), 30.03.1981, Dok-Rat 5887/81 ADD 1 und ADD 2. Vgl. auch Präambel des Verhaltenskodex für die Verhandlungen des UNESCO-Übereinkommens zum Schutz der Vielfalt kultureller Inhalte und künstlerischer Ausdrucksformen.

che bzw. politische Abmachungen bzw. Absprachen[1038] mit lediglich politisch-moralischer Bindungswirkung[1039] angesehen werden. Rechtlich unverbindliche bzw. politische Absprachen schaffen lediglich moralische Verpflichtungen und Verhaltenserwartungen[1040], die bei Nichteinhaltung zu einem Reputationsverlust bzw. Vertrauensverlust des politischen Partners führen können. Unter die Kategorie der politischen Absprachen fallen z.B. „Gentleman's Agreements", die die Beteiligten rechtlich nicht binden.[1041] Auch wenn eine politische Kooperationsvereinbarung keine rechtlichen Wirkungen für die EU und die Mitgliedstaaten begründet, so kann allein durch eine zweiseitige politische Vereinbarung eine höhere Verhaltenssteuerung erreicht werden. Die Verhaltenssteuerung basiert dann auf moralischem bzw. politischem Druck. Je höher die politische bzw. moralische Verantwortung, desto größer ist die Wahrscheinlichkeit, dass die Vereinbarungen eingehalten werden.

Eine Sanktionierung oder Durchsetzung von politischen Absprachen bzw. Kooperationsvereinbarungen ist dementsprechend nicht möglich.[1042] Bei Annahme einer unverbindlichen Kooperationsvereinbarung kann der EuGH allerdings gleichwohl einen Verstoß gegen den allgemeinen Grundsatz der loyalen Zusammenarbeit feststellen, falls die Umsetzung der politischen Kooperationsvereinbarungen Art. 4 Abs. 3 EUV verletzt.[1043]

1038 Wenngleich es sich aufgrund des rechtlich unverbindlichen Charakters von Absprachen anbietet, diesen Terminus anstatt von dem eher juristisch geprägten Begriff der Vereinbarungen zu verwenden, wird von dem Begriff Kooperationsabsprache abgesehen und unabhängig von der Art der Verbindlichkeit von Kooperationsvereinbarungen gesprochen.

1039 Vgl. *Hummer*, in: Kietz u.a. (Hrsg.), Interinstitutionelle Vereinbarungen in der EU, 2010, S. 95.

1040 *Bothe*, in: FS Schlochauer, 1981, S. 768.

1041 *Hillgenberg*, EJIL 1999, 499, 500; Generalanwalt Bot, Schlussanträge vom 20.11.2008, Rs. C-45/07, Kommission/Griechenland, ECLI:EU:C:2008:642; Rn. 46.

1042 Vgl. *Nettesheim*, in: Grabitz/Hilf/Nettesheim (Hrsg.), EUV/AEUV, 60. Ergänzungslieferung 2016, Art. 13 EUV, Rn. 74.

1043 Siehe hierzu mittelbare rechtliche Verbindlichkeit über Art. 4 Abs. 3 EUV § 4 Teil A.III.3.d).

c) Kooperationsvereinbarungen mit Soft-Law-Charakter

In Abstufung zu rein politischen Absprachen können Kooperationsvereinbarungen über ihre rechtlich unverbindliche Verpflichtung hinaus auch Soft-Law-Charakter besitzen. Eine Unterscheidung in eine Zwischenkategorie (Soft-Law), neben verbindlichen und unverbindlichen Kooperationsvereinbarungen, ist nicht zwangsläufig notwendig und aus juristischer Sicht auch nur schwer einzuordnen. Ausgehend von klassischen juristischen Kategorien ist eine Norm entweder rechtlich verbindlich oder nicht.[1044] Allerdings hat sich im Völker- und Europarecht die Zwischenkategorie des Soft-Law entwickelt.

Wenn die Einigung auf rechtlich verbindliche Regelungen aufgrund von komplexen und widerstreitenden Interessen nicht möglich ist, bietet Soft-Law eine Alternative an, um auch breitere soziale und politische Interessen zu berücksichtigen.[1045] Teilweise wird Soft-Law auch als Etappe materiell definitiver Rechtsbildung („law in the making") bezeichnet.[1046] Allerdings besteht keinesfalls die Notwendigkeit, dass Soft-Law immer zu rechtlich verbindlichen Normen führen muss.

Soft-Law beinhaltet sollensfinale Regeln ohne formale Rechtsbindung, die mit einem spezifischen Bindungselement verknüpft sind oder verknüpft werden können. Es löst dann Rechtswirkungen aus und kommt außerdem in seiner Wirkung einer Rechtsbindung nahe.[1047] Die gewünschten Steuerungswirkungen von Soft-Law werden durch soziale, wirtschaftliche oder politische Maßnahmen erreicht,[1048] nicht hingegen durch rechtlich verbindliche Normen. Ohne dass Soft-Law an sich rechtlich verbindlich ist, haben die entsprechenden Regelungen konkrete praktische Aus-

---

1044 So auch *Thürer*, Soft Law, in: Max Planck Encyclopedia of Public International Law, Rn. 21, http://opil.ouplaw.com/search?sfam=&q=soft+law&prd=EPIL&se archBtn=Search, 22.03.2018.
1045 *Terpan*, ELJ 2015, 68, 70.
1046 *Grabitz/Läufer*, Das Europäische Parlament, 1980, S. 173; *Bobbert*, Interinstitutionelle Vereinbarungen im Europäischen Gemeinschaftsrecht, 2001, S. 515.
1047 *Müller-Graff*, EuR 2012, 18, 22.
1048 *Knauff*, in: Iliopoulos-Strangas/Flauss (Hrsg.), Das soft law der europäischen Organisationen, 2012, S. 374.

wirkungen.[1049] Soft-Law ruft insofern keine „de iure", sondern lediglich eine „de facto" Bindung hervor.[1050]

Ausgangspunkt ist eine rechtlich unverbindliche Regelung, die erst durch das Hinzutreten weiterer Umstände eine Verhaltenssteuerung, ähnlich der einer rechtlich verbindlichen Norm, bewirken kann. Soft-Law kann bei der Auslegung und Lückenschließung anderer Normen berücksichtigt werden und in diesen Fällen einen wichtigen Bezugspunkt darstellen.[1051] Insbesondere bei der Ermessenausübung kann Soft-Law im Rahmen allgemeiner Rechtsgrundsätze, wie z.B. loyale Zusammenarbeit, Gleichbehandlung und Vertrauensschutz, Berücksichtigung finden[1052] und rechtliche Wirkungen entfalten[1053]. Da es keine unmittelbaren rechtlichen Wirkungen begründet, ist es auch nicht mit Mitteln öffentlicher Gewalt durchsetzbar[1054] und stellt einen Unterfall der rein politischen Bindungswirkung dar. Allenfalls bliebe, wie bereits bei den rein politischen Kooperationsvereinbarungen erwähnt, die mittelbare Verletzung von Art. 4 Abs. 3 EUV als rechtlich verbindlicher Norm und eine entsprechende Durchsetzung der Zusammenarbeitspflichten mithilfe des EuGH.[1055]

1049 EuGH, Urteil vom 13.12.1989, Rs. 322/88, Grimaldi/Fonds des maladies professionnelles, Slg. 1989, 4407, Rn. 18; Urteil vom 07.02.2002, Rs. C-310/99, Italien/Kommission, Slg. 2002, I-2289, Rn. 52; *Snyder*, in: FS Noël, 1994, S. 198; *Christianos*, in: Iliopoulos-Strangas/Flauss (Hrsg.), Das soft law der europäischen Organisationen, 2012, S. 326 m.w.N; *Richter,* AVR 2014, 545, Fn. 13; *Thürer*, Soft Law, in: Max Planck Encyclopedia of Public International Law, Rn. 8, http://opil.ouplaw.com/search?sfam=&q=soft+law&prd=EPIL&searchBtn=Search, 22.03.2018.

1050 Generalanwalt Wahl, Schlussanträge vom 18.02.2016, Rs. C-526/14, Kotnik u.a., ECLI:EU:C:2016:102, Rn. 27, 32, 38.

1051 EuGH, Urteil vom 13.12.1989, Rs. 322/88, Grimaldi/Fonds des maladies professionnelles, Slg. 1989, 4407, Rn. 18; Urteil vom 07.02.2002, Rs. C-310/99, Italien/Kommission, Slg. 2002, I-2289, Rn. 52.

1052 Generalanwalt Wahl, Schlussanträge vom 18.02.2016, Rs. C-526/14, Kotnik u.a., ECLI:EU:C:2016:102, Rn. 38 f.

1053 EuGH, Urteil vom 07.02.2002, Rs. C-310/99, Italien/Kommission, Slg. 2002, I-2289, Rn. 52.

1054 *Sarmiento*, in: Weber (Hrsg.), Traditional and Alternative Routes to European Tax Integration, 2010, S. 56; *Schwarze*, EuR 2011, 3, 5.

1055 Siehe hierzu mittelbare rechtliche Verbindlichkeit über Art. 4 Abs. 3 EUV § 4 Teil A.III.3.d).

d) Mittelbare rechtliche Verbindlichkeit über Art. 4 Abs. 3 EUV

Unabhängig vom Bindungswillen der EU und der Mitgliedstaaten und der damit einhergehenden Einordnung in rechtlich verbindliche und unverbindliche Kooperationsvereinbarungen kommt auch eine rechtliche Verbindlichkeit der Zusammenarbeitspflichten gemäß Art. 4 Abs. 3 EUV in Betracht. Die in den Kooperationsvereinbarungen beschlossenen Zusammenarbeitspflichten können Pflichten i.S.v. Art. 4 Abs. 3 EUV bzw. dem spezielleren Art. 13 Abs. 2 Satz 2 EUV darstellen.[1056] Sofern diese deckungsgleich bzw. deklaratorisch sind, erübrigt sich letztlich eine Auslegung hinsichtlich des Parteiwillens, da die Pflichten dann über Art. 4 Abs. 3 EUV bzw. Art. 13 Abs. 2 Satz 2 EUV für die EU und die Mitgliedstaaten Bindungswirkung entfalten. Sofern die Kooperationsvereinbarungen lediglich die allgemeinen Zusammenarbeitspflichten des Art. 4 Abs. 3 EUV wiederholen, ohne selbstständig eigene (rechtsverbindliche oder politische) Pflichten zu normieren und keine Konkretisierung vornehmen, sind die allgemeinen Pflichten ohnehin über Art. 4 Abs. 3 EUV ipso iure rechtlich verbindlich und gerichtlich durchsetzbar.

Wenn Kooperationsvereinbarungen allerdings gemäß Art. 4 Abs. 3 EUV konkretisierende Zusammenarbeitspflichten aufstellen, wie etwa einen Koordinierungsmechanismus zur Interessenabstimmung und Interessenvertretung, sind die rechtlich verbindlichen und unverbindlichen Vereinbarungen vorrangig zu beachten. Die Frage der Rechtsverbindlichkeit der Kooperationsvereinbarungen ist dann nicht über Art. 4 Abs. 3 EUV herzuleiten. Sie ist in diesem Fall nur anhand des Bindungswillens der EU und der Mitgliedstaaten zu bestimmen, da Art. 4 Abs. 3 EUV lediglich die rechtsverbindliche Pflicht zur loyalen Zusammenarbeit enthält, ohne eine Aussage über die Ausgestaltung und deren konkrete Bindungswirkung zu treffen.

e) Zusammenfassung: Kriterien zur Bindungswirkung von
   Kooperationsvereinbarungen

Die Untersuchung der unterschiedlichen rechtlichen bzw. politischen Kategorien und die Untersuchung der Bindungskriterien hat gezeigt, dass

---

1056 So im Ergebnis auch *Hilf*, EuR 1984, 9, 24 f.; vgl. auch *Bobbert*, Interinstitutionelle Vereinbarungen im Europäischen Gemeinschaftsrecht, 2001, S. 118 ff.

eine Unterscheidung in rechtlich verbindliche, rechtlich unverbindliche bzw. politische Kooperationsvereinbarungen und Kooperationsvereinbarungen mit Soft-Law Charakter sinnvoll ist. Mithilfe der genannten Kategorien lassen sich die rechtlichen und tatsächlichen Wirkungen der Kooperationsvereinbarungen umfassend beschreiben. Da diese in der Regel den Grundsatz loyaler Zusammenarbeit konkretisieren und weitergehende Zusammenarbeitspflichten begründen, scheidet ein Rückgriff auf Art. 4 Abs. 3 EUV aus. Wenn es sich um politische Absprachen handelt, sind die Zusammenarbeitspflichten, sofern sie taugliche Klagegenstände im Rahmen der oben erläuterten Verfahrensarten vor dem EuGH darstellen, auf die Vereinbarkeit mit Art. 4 Abs. 3 EUV überprüfbar. Auf die Justiziabilität von rechtlich verbindlichen Kooperationsvereinbarungen wird an gesonderter Stelle eingegangen.[1057]

Für die rechtliche Einordnung wird im Folgenden zwischen rechtlich verbindlichen und unverbindlichen Kooperationsvereinbarungen, inklusive der Soft-Law-Wirkungen, unterschieden. Die Unterscheidung bestimmt sich nach den unter (a)) aufgestellten Bindungskriterien und muss gegebenenfalls (implizit) durch den EuGH vorgenommen werden. Da es sich bei den Kooperationsvereinbarungen um eine Handlungsform im Schnittbereich zwischen Recht und Politik handelt, sind sie im Zweifel als unverbindliche bzw. politische Vereinbarungen einzuordnen. Politische Bindungswirkung entfalten sie in jedem Fall. Die Frage nach einer darüber hinausgehenden Soft-Law-Wirkung bzw. gar rechtlichen Bindung muss im konkreten Einzelfall beantwortet werden.

4. Zusammenfassung: Kooperationsvereinbarungen als Handlungsform „sui generis"

Kooperationsvereinbarungen sind als selbstständige Handlungsform „sui generis" zulässig. Art. 4 Abs. 3 EUV dient als implizite Rechtsgrundlage, die die EU zum Abschluss von Kooperationsvereinbarungen mit den Mitgliedstaaten berechtigt. Durch den Vertragsschluss im Rat durch die EU und die Mitgliedstaaten wird sekundäres Unionsrecht geschaffen, sofern sich diese rechtlich binden wollen. Da es sich bei den Kooperationsverein-

---

1057 Siehe zur Justiziabilität von rechtlich verbindlichen Kooperationsvereinbarungen § 4 Teil B.III.

barungen um Innenrecht ohne Wirkung gegenüber Dritten handelt, kommt dem subjektiven Willen der EU und der Mitgliedstaaten bei der Bestimmung des Bindungswillens erhöhtes Gewicht zu. Die Differenzierung anhand des Bindungswillens führt dazu, dass Kooperationsvereinbarungen sowohl rechtlich verbindlich als auch rechtlich unverbindlich sein können. Daneben können unverbindliche Kooperationsvereinbarungen in den Vorbereitungsgremien des Rates abgeschlossen werden.

IV. Zusammenfassung: Mögliche Handlungsformen für Kooperationsvereinbarungen

Nachdem alle in Betracht kommenden Handlungsformen erläutert und auf ihre Anwendbarkeit auf Kooperationsvereinbarungen hin untersucht wurden, können Kooperationsvereinbarungen zur Konkretisierung der loyalen Zusammenarbeit auf internationaler Ebene abschließend nur als Handlungsform „sui generis" eingeordnet werden. Sie entfalten im Einzelfall rechtliche oder lediglich politische Bindungswirkung. Welche der vorliegenden Kooperationsvereinbarungen eine rechtliche oder lediglich politische Bindungswirkung für die EU und die Mitgliedstaaten erzeugt, wird im nachfolgenden Kapitel untersucht.

B. Bindungswirkung der Kooperationsvereinbarungen

Nachdem die Kooperationsvereinbarungen als Handlungsform „sui generis" qualifiziert wurden, stellt sich die Frage nach der konkreten Bindungswirkung der vorliegenden Kooperationsvereinbarungen. Wie bereits festgestellt, lassen sich die Kooperationsvereinbarungen grundsätzlich in rechtlich verbindliche und rechtlich unverbindliche bzw. politische Handlungsinstrumente unterscheiden. Auf einen Rückgriff auf die Kategorie des Soft-Law, als Unterkategorie der rechtlich unverbindlichen Vereinbarungen, wird an dieser Stelle verzichtet. Aufgrund fehlender empirischer Daten aus der Praxis sowie fehlender politischer Durchsetzungsmechanismen können die tatsächlichen Umstände, die zur Annahme von Soft-Law bei Kooperationsvereinbarungen führen, hier nicht beurteilt werden.

Für die Unterscheidung in eine rechtliche und politische Bindungskategorie sind die bereits erläuterten Bindungskriterien maßgeblich. Deshalb ist eine Einzelfallbetrachtung notwendig, um den rechtlichen oder politischen Bindungswillen der EU und der Mitgliedstaaten herauszufinden und die 18 Kooperationsvereinbarungen einer der beiden Kategorien zuzuordnen.

Die Kooperationsvereinbarungen werden, wie bereits bei der inhaltlichen Analyse, in Vereinbarungen zur Verhandlung und den Abschluss (I.) sowie für die Durchführung gemischter Abkommen (II.) unterschieden. Sofern eine rechtliche bzw. politische Bindungswirkung festgestellt wurde, wird abschließend auf die Justiziabilität der rechtlich verbindlichen Kooperationsvereinbarungen eingegangen (III.).

I. Kooperationsvereinbarungen für die Verhandlung und den Abschluss gemischter Abkommen

Im Folgenden werden die zwei Kooperationsvereinbarungen für die Verhandlung und den Abschluss gemischter Abkommen hinsichtlich ihrer Bindungswirkung für die EU und die Mitgliedstaaten untersucht. Zunächst wird auf das Gentleman's Agreement über das Verfahren für die Verhandlungen mit Drittländern im Bereich der Binnenschifffahrt (1.) eingegangen. Im Anschluss wird die Bindungswirkung des Verhaltenskodex für die Verhandlungen des UNESCO-Übereinkommens zum Schutz der Vielfalt kultureller Inhalte und künstlerischer Ausdrucksformen (2.) näher beleuchtet.

1. Gentleman's Agreement über das Verfahren für die Verhandlungen mit Drittländern im Bereich der Binnenschifffahrt

Die Kommission und der Rat einigten sich auf der Ratstagung vom 07.12.1992 auf die Kooperationsvereinbarung für die Verhandlungen im Bereich der Binnenschifffahrt.[1058] Wenngleich das Generalsekretariat in seinem Vermerk von einer Einigung der Kommission und des Rates spricht, so handelt es sich in der Sache um eine Vereinbarung zwischen der EU und den Mitgliedstaaten. Der Rat fungierte insofern als Vertragsschlussorgan sowohl für die EU als auch für die Versammlung der nationalen Regierungsvertreter. Die Kommission wirkt lediglich an der Wil-

---

[1058] Vermerk des Generalsekretariats an die Delegationen, 14.12.1992, Dok-Rat 10828/92.

lensbildung mit, ohne dass sie generell an der eigentlichen Willensent-scheidung in Form eines Ratsbeschlusses konkret beteiligt ist.

Da es sich um ein Gentleman's Agreement handelt, geht bereits aus der Bezeichnung hervor, dass kein Wille zur rechtlichen Bindung bestand.[1059] Sie macht deutlich, dass die Kooperationsvereinbarung zwischen der EU und den Mitgliedstaaten lediglich politische Bindungswirkung entfalten soll. Der Koordinierungsmechanismus des Gentleman's Agreements kann demnach nur eine politische Verhaltenssteuerung bewirken, ohne dass dieser gerichtlich durchsetzbar ist. Der EuGH hat die politische Bindungswir-kung der Kooperationsvereinbarung in der Rs. 266/03 bestätigt, indem er darauf hinwies, dass sich im konkreten Fall eine Rücksprache aufgrund der Kooperationsvereinbarung „aufdrängte", ohne daraus eine rechtliche Verpflichtung herzuleiten. Der Verstoß gegen die Zusammenarbeitspflicht hat er aber auf Art. 4 Abs. 3 EUV gestützt.[1060]

2. Verhaltenskodex für die Verhandlungen des UNESCO-Übereinkommens zum Schutz der Vielfalt kultureller Inhalte und künstlerischer Ausdrucksformen

Der Verhaltenskodex für die Verhandlungen des UNESCO-Übereinkom-mens zum Schutz der Vielfalt kultureller Inhalte und künstlerischer Aus-drucksformen wurde am 20.01.2005 vom AStV angenommen.[1061] Da der AStV als Vorbereitungsgremium des Rates keine eigenständigen Vertrags-schlussbefugnisse hat, kann die Kooperationsvereinbarung lediglich als politische Absprache ohne rechtliche Verbindlichkeit eingestuft werden. Unabhängig vom Vertragsschlussorgan spricht auch die Bezeichnung „Verhaltenskodex" für eine ausschließlich politische Bindungswirkung. Es handelt sich bei ihm demnach um eine rein politische Kooperationsverein-barung.

1059 *Hillgenberg*, EJIL 1999, 499, 500; Generalanwalt Bot, Schlussanträge vom 20.11.2008, Rs. C-45/07, Kommission/Griechenland, ECLI:EU:C:2008:642; Rn. 46.
1060 EuGH, Urteil vom 02.06.2005, Rs. 266/03, Kommission/Luxemburg, Slg. 2005, I-4805, Rn. 62.
1061 Vermerk des Ratsvorsitzes für die Delegationen, 31.01.2005, Dok-Rat 5738/05; Vorläufige Tagesordnung für die 2082. Tagung des Ausschusses der Ständigen Vertreter (1. Teil), 24.01.2005, Dok-Rat 5526/05, Tagesordnungspunkt 9.

3. Zusammenfassung: Kooperationsvereinbarungen für die Verhandlung und den Abschluss gemischter Abkommen

Bei den Kooperationsvereinbarungen hinsichtlich der Verhandlung und des Abschlusses gemischter Abkommen handelt es sich bei beiden um rein politische Absprachen, ohne dass die dort niedergelegten Zusammenarbeitspflichten zwischen der EU und den Mitgliedstaaten unmittelbar gerichtlich durchgesetzt werden können. In Betracht kommt, wie bereits erläutert[1062], eine mittelbare Durchsetzung im Rahmen der allgemeinen Loyalitätspflichten (Art. 4 Abs. 3 EUV)[1063].

II. Kooperationsvereinbarungen für die Durchführung von (gemischten) völkerrechtlichen Abkommen

Nunmehr werden die Kooperationsvereinbarungen für die Durchführung von (gemischten) völkerrechtlichen Abkommen im Hinblick auf ihre rechtliche oder politische Bindungswirkung untersucht. Die Untersuchung folgt grundsätzlich in chronologischer Reihenfolge. Sofern mehrere Kooperationsvereinbarungen für ein oder mehrere gemischte Abkommen vorliegen (z.B. PROBA- und FAO-Kooperationsvereinbarungen), werden diese unabhängig von der Chronologie zusammen betrachtet bzw. eingeordnet.

1. Kooperationsvereinbarungen im Rahmen internationaler Rohstoffabkommen

Da insgesamt drei Kooperationsvereinbarungen für internationale Rohstoffabkommen existieren (PROBA 20, PROBA 20a und PROBA 2002), werden diese im Hinblick auf ihre Bindungswirkung gemeinsam in chronologischer Reihenfolge untersucht.

1062 Siehe zur mittelbaren rechtlichen Verbindlichkeit über Art. 4 Abs. 3 EUV § 4 Teil A.III.3.d).
1063 Siehe Vertragsverletzungsverfahren bei Justitiabilität von rechtlich verbindlichen Kooperationsvereinbarungen § 4 Teil B.III.1.

a) PROBA 20

Die Kooperationsvereinbarung PROBA 20 geht auf eine Initiative der Kommission zurück[1064], wurde durch den AStV ausgehandelt und durch den Rat am 30.03.1981[1065] angenommen[1066].

Bei der Vereinbarung zwischen „der Kommission und dem Rat" handelt es sich in der Sache um eine nicht veröffentliche Kooperationsvereinbarung zwischen der EU und den Mitgliedstaaten. Der Rat fungierte, wie für Kooperationsvereinbarungen üblich, als Vertragsschlussorgan für die EU und die Versammlung der nationalen Regierungsvertreter der Mitgliedstaaten. Daher kommt sowohl eine rechtliche als auch eine politische Verbindlichkeit in Betracht.

Die Bezeichnung „Vereinbarung", als im juristischen Sprachgebrauch grundsätzlich rechtlich verbindliche Abmachung bzw. Abrede, legt einen rechtlichen Bindungswillen von EU und Mitgliedstaaten nahe. Dafür spricht auch der detaillierte Mechanismus, der nicht nur den Grundsatz loyaler Zusammenarbeit wiederholt, sondern konkretisiert und einen Koordinierungsmechanismus aufstellt. Bezieht man allerdings den Wortlaut der Kooperationsvereinbarung mit ein, so muss man der Vereinbarung eine rechtliche Bindungswirkung absprechen, da sie ausdrücklich von einem „politischen Deal" spricht (Teil A.).[1067] Die EU und die Mitgliedstaaten handelten demnach ohne rechtlichen Bindungswillen und wollten durch die Kooperationsvereinbarung lediglich eine politische Absprache[1068] zur Interessenkoordinierung und Interessenvertretung schaffen.

1064 *Schwichtenberg*, Die Kooperationsverpflichtung der Mitgliedstaaten der Europäischen Union bei Abschluss und Anwendung gemischter Verträge, 2014, S. 170; *Koutrakos*, EU International Relations Law, 2015, S. 171.

1065 *Groux*, in: Schermers/O'Keeffe (Hrsg.), Mixed Agreements, S. 96.

1066 *Scheffler*, Die Europäische Union als rechtlich-institutioneller Akteur im System der Vereinten Nationen, 2009, S. 352; *Koutrakos*, EU International Relations Law, 2015, S. 172 f.; Fn. 1 des Berichts der Ratsarbeitsgruppe „Grundstoffe" an den AStV/Rat betreffend PROBA 2002, 01.03.2002, Dok-Rat 7207/02.

1067 So auch *Kaiser*, Gemischte Abkommen im Lichte bundesstaatlicher Erfahrungen, 2009, S. 110; *Schwichtenberg*, Die Kooperationsverpflichtung der Mitgliedstaaten der Europäischen Union bei Abschluss und Anwendung gemischter Verträge, 2014, S. 170. So auch Fn. 1 des Berichts der Ratsarbeitsgruppe „Grundstoffe" an den AStV/Rat betreffend PROBA 2002, 01.03.2002, Dok-Rat 7207/02.

1068 So *Sack*, CMLRev 1995, 1227, 1253; *Kaiser*, Gemischte Abkommen im Lichte bundesstaatlicher Erfahrungen, 2009, S. 64; *Schwichtenberg*, Die Kooperations-

b) PROBA 20a

PROBA 20a wurde 1991 im Vergleich zu PROBA 20 nicht in Form eines Ratsbeschlusses zwischen der EU und den Mitgliedstaaten, sondern im Rahmen einer Erklärung der Kommission und des Rates im Ratsprotokoll vereinbart.[1069] Da Protokollerklärungen keine eigenständige Rechtsakte darstellen können, scheidet eine rechtliche Verbindlichkeit der gemeinsamen Erklärung aus.[1070] Bei ihr handelt es sich vielmehr um eine politische Absprache zwischen der EU und den Mitgliedstaaten zur täglichen Politikkoordinierung, die keinerlei rechtliche Pflichten erzeugen soll.[1071]

c) PROBA 2002

Im März 2002 wurde in der Ratsarbeitsgruppe „Grundstoffe" eine neue Vereinbarung über die Teilnahme der EG an internationalen Grundstoff-Übereinkünften (PROBA 2002) beschlossen.[1072] Aufgrund der Tatsache, dass PROBA 2002 im Rahmen eines Vorbereitungsgremiums angenommen wurde, ist sie als reine politische Absprache bzw. Kooperationsvereinbarung zu verstehen. Eine rechtliche Bindungswirkung scheitert, unab-

---

verpflichtung der Mitgliedstaaten der Europäischen Union bei Abschluss und Anwendung gemischter Verträge, 2014, S. 170.

1069 Entwurf eines Protokolls über die 1479. Tagung des Rates (Landwirtschaft) am Montag, den 25. und Dienstag, den 26. März 1991 in Brüssel, 13.05.1991, Dok-Rat 5497/91, Tagungsordnungspunkt 2 (Annahme der Liste der A-Punkte); Liste der A-Punkte für die 1479. Tagung des Rates (Landwirtschaft) am Montag, den 25. und Dienstag, den 26. März 1991 in Brüssel, 22.03.1991, Dok-Rat 5405/91, Nr. 5.

1070 Siehe zur Einordnung von Protokollerklärungen bei Kriterien zur Bindungswirkung von Kooperationsvereinbarungen § 4 Teil A.III.3.a).

1071 Vgl. zum politischen Bindungswillen und der Notwendigkeit von PROBA 20a Proposal for a Council Decision on acceptance of the Terms of Reference of the International Copper Study Group, 09.02.1990, KOM (1990) 53 endg., Erwägungsgrund Nr. 6; Proposition de Décision du Conseil concernant l'acceptation des statuts d'un Groupe d'étude international sur l'étain, 29.11.1989, KOM (1989), 587 endg., Erwägungsgrund Nr. 6.

1072 Bericht der Ratsarbeitsgruppe „Grundstoffe" vom 12.03.2002 für den AStV/Rat betreffend der neuen Vereinbarung über die Teilnahme der Europäischen Gemeinschaft an internationalen Grundstoff-Übereinkünften, die in die ausschließliche Zuständigkeit der Gemeinschaft fallen, 14.03.2002, Dok-Rat 7207/02.

hängig vom Bindungswillen, daran, dass ein Vorbereitungsgremium des Rates keine Befugnis für rechtsverbindliche Sekundärrechtsakte besitzt.

d) Zusammenfassung

Obwohl PROBA 20, PROBA 20a und PROBA 2002 in unterschiedlichen Gremien beschlossen wurden, handelt es sich bei allen Kooperationsvereinbarungen um rein politische Absprachen.

2. Kooperationsvereinbarungen im Rahmen der FAO

Wie bereits erläutert, existieren im Rahmen der FAO vier Kooperationsvereinbarungen, die in chronologischer Reihenfolge auf ihre rechtliche Bindungswirkung hin untersucht werden sollen. Unabhängig von der Tatsache, dass der EuGH eine rechtliche Bindungswirkung der FAO-Vereinbarung I festgestellt hat, wird auch diese rechtlich analysiert und die Feststellung des EuGH überprüft (a)). Da es sich, wie bei der inhaltlichen Analyse klargestellt, bei den FAO-Vereinbarungen II, III und IV um unselbstständige Kooperationsvereinbarungen handelt, werden diese nach der FAO-Vereinbarung I gemeinsam rechtlich analysiert (b)).

a) FAO-Vereinbarung I

Die Vereinbarung zwischen dem Rat und der Kommission, betreffend die Vorbereitung von FAO-Sitzungen, die Abgabe von Stellungnahmen sowie die Stimmabgabe (FAO-Vereinbarung I), wurde 1991 vom Rat als A-Punkt beschlossen.[1073] Da sie in Form eines Ratsbeschlusses angenommen

---

1073 Draft Minutes of the 1550th Council Meeting (Internal Market) held in Brussels on Thursday 19,12.1991, 05.02.1992, Dok-Rat 10543/91, Nr. 2 i.V.m. Liste der A-Punkte für die 1550. Tagung des Rates der EU (Binnenmarkt) am Donnerstag den 19.12.1991, 17.12.1991, Dok-Rat 10403/91, Nr. 14; *Frid*, The Relations between the EC and International Organizations, 1995, S. 255; *Sack*, in: GS Grabitz, 1995, S. 656; *Marchisio*, in: Cannizzaro (Hrsg.), The EU as an Actor in International Relations, 2002, S. 253; *Scheffler*, Die Europäische Union als rechtlich-institutioneller Akteur im System der Vereinten Nationen, 2009, S. 355; *Schwichtenberg*, Die Kooperationsverpflichtung der Mitgliedstaaten der

wurde, kommt eine rechtliche Bindungswirkung in Betracht. Maßgeblich ist der Bindungswille der EU und der Mitgliedstaaten.

Der Titel der Kooperationsvereinbarung deutet auf einen rechtlichen Bindungswillen hin. Eine Vereinbarung ist der Bedeutung nach eine bindende Verabredung zwischen mehreren Akteuren,[1074] die synonym auch als Abkommen, Absprache, Verabredung, Abkommen, Übereinkunft, Übereinkommen oder Vertrag bezeichnet werden kann.[1075] Inhaltlich betrachtet stellt die Kooperationsvereinbarung klar, dass das Koordinierungsverfahren die Zuständigkeitsverteilung zwischen EU und Mitgliedstaaten nicht ändern kann (Teil 1.13.). Die Akteure gehen also implizit von einem rechtlich verbindlichen Koordinierungsmechanismus aus, der keinen Einfluss auf das Primärrecht haben kann. Eine derartige Klarstellung wäre bei einer rein politischen Absprache offensichtlich überflüssig. Auch mit der Protokollerklärung des Rates und der Kommission, wonach die Vereinbarung nur auf die FAO-Koordinierung anzuwenden ist und keine Auswirkungen auf andere gemischte Abkommen haben soll, wird deutlich, dass die Kooperationsvereinbarung rechtsverbindlich sein soll.[1076] Darüber hinaus regelt sie detailliert die Interessenkoordinierung und die Interessenvertretung: Sie wiederholt nicht nur den Grundsatz loyaler Zusammenarbeit, sondern konkretisiert Art. 4 Abs. 3 EUV in Form eines Koordinierungsmechanismus.[1077]

Auch der EuGH hat aus dem Wortlaut und in Konkretisierung der loyalen Zusammenarbeit im Rahmen gemischter Abkommen eine rechtliche Bindungswirkung abgeleitet.[1078] Gegenstand des Verfahrens war ein Streit über einen Ratsbeschluss, der die Ausübung des Stimmrechts übertrug.

Europäischen Union bei Abschluss und Anwendung gemischter Verträge, 2014, S. 175, Fn. 984.

1074 *Mackensen*, Vereinbarung, in: Deutsches Wörterbuch, 2006.

1075 *Duden*, Vereinbarung, Übereinkommen, Vertrag, in: Das Wörterbuch der Synonyme, 2012.

1076 Erklärungen des Rates und der Kommission für das Ratsprotokoll, 18.12.1991, Dok-Rat 10478/91, Anlage II.

1077 Für eine rechtlich verbindliche Kooperationsvereinbarung auch *Kaiser*, Gemischte Abkommen im Lichte bundesstaatlicher Erfahrungen, 2009, S. 112 f.; a.A. Sack, CMLRev 1995, 1227, 1253, der von einem unverbindlichen „gentleman's agreement" ohne nähere Begründung ausgeht.

1078 EuGH, Urteil vom 19.03.1996, Rs. C-25/94, Kommission/Rat, 1996, I-1469, Rn. 48 f.; Vgl. auch Generalanwalt Jacobs, Schlussanträge vom 26.10.1995, Rs. C-25/94, Kommission/Rat, Slg. 1996, I-1472, Rn. 72, der implizit wohl auch von einer Bindungswirkung ausgeht.

Wenngleich es sich bei dem Abstimmungsgegenstand um eine gemischte Zuständigkeit handelte, lag der Zuständigkeitsschwerpunkt bei der EU. Deshalb hätte, in Anwendung der FAO-Vereinbarung I, die Kommission das Stimmrecht für die EU und die Mitgliedstaaten ausüben müssen (Teil 2.3.). Da der Ratsbeschluss gegen die Kooperationsvereinbarung, als rechtsverbindliches und sekundäres Unionsrecht, verstieß, wurde er durch den EuGH aufgehoben.[1079] Der EuGH hat unmissverständlich klargestellt, dass Kooperationsvereinbarungen rechtsverbindlich sein können und der Bindungswille ausschlaggebend ist.

Entgegen einiger Stimmen aus der Literatur, die eine interinstitutionelle Vereinbarung annehmen[1080], hat sich der EuGH nicht zur Rechtsnatur der FAO-Vereinbarung I geäußert. Er hat lediglich die rechtliche Bindungswirkung der Kooperationsvereinbarung im konkreten Fall für den Rat und die Kommission bejaht. Da es sich bei der FAO-Vereinbarung I in der Sache um eine Vereinbarung zwischen der EU und den Mitgliedstaaten handelt, kommt eine interinstitutionelle Vereinbarung nicht in Betracht.[1081] Nichtsdestotrotz müssen insbesondere der Rat und die Kommission die Kooperationsvereinbarung beachten, da sich die verbindlichen Regelungen an sie, als Unionsorgane und Teil der unionalen Exekutive, und an die mitgliedstaatliche Exekutive richten.

b) FAO-Vereinbarungen II, III und IV

Bei den FAO-Vereinbarungen II, III und IV handelt es sich, wie bereits erläutert, um unselbstständige Kooperationsvereinbarungen, die die rechtlich verbindliche FAO-Vereinbarung I ergänzen. Ein pauschaler Verweis auf den EuGH, wonach Kooperationsvereinbarungen wie die FAO-Verein-

---

1079 EuGH, Urteil vom 19.03.1996, Rs. C-25/94, Kommission/Rat, 1996, I-1469, Rn. 50 f.

1080 So z.B. *Driessen*, Interinstitutional Conventions in EU Law, 2007, S. 258; *Kaiser*, Gemischte Abkommen im Lichte bundesstaatlicher Erfahrungen, 2009, S. 113; *Scheffler*, Die Europäische Union als rechtlich-institutioneller Akteur im System der Vereinten Nationen, 2009, S. 421; *Kadelbach*, in: von Arnauld (Hrsg.), Europäische Außenbeziehungen, 2014, § 4, Rn. 70, 104.; *Schwichtenberg*, Die Kooperationsverpflichtung der Mitgliedstaaten der Europäischen Union bei Abschluss und Anwendung gemischter Verträge, 2014, S. 183.

1081 Siehe zur Ablehnung von interinstitutionellen Vereinbarungen als Handlungsform für Kooperationsvereinbarungen § 4 Teil A.I.4.

barung I rechtlich verbindlich sind[1082], reicht nicht aus, da der EuGH eine konkrete einzelfallbezogene Einordnung anhand des Bindungswillens vornimmt.

Die FAO-Vereinbarungen II[1083], III[1084] und IV[1085] wurden nicht durch den Rat, sondern durch die Vorbereitungsgremien des Rates beschlossen. Dennoch entfalten sie nur eine politische Bindungswirkung zwischen der EU und den Mitgliedstaaten. Darüber hinaus handelt es sich um unselbstständige Kooperationsvereinbarungen, die ohnehin nur in Verbindung mit der FAO-Vereinbarung I angewendet werden können und keine eigenständigen Koordinierungsmechanismus etablieren. Auch aus den Bezeichnungen und dem Inhalt geht hervor, dass es sich in Weiterentwicklung der FAO-Vereinbarung I um die Lösung praktischer Probleme[1086] handelt. Ziel war es, die Interessenkoordinierung im Hinblick auf politische Konflikte und die Vertragsänderungen im Zusammenhang mit dem Vertrag von Lissabon effektiver zu gestalten.

c) Zusammenfassung zu den FAO-Kooperationsvereinbarungen

Wie bereits der EuGH festgestellt hat, handelt es sich bei der FAO-Vereinbarung I um eine rechtlich verbindliche Kooperationsvereinbarung, die den Koordinierungsmechanismus in der Praxis bis heute bestimmt. Die FAO-Vereinbarungen II-IV sind hingegen lediglich politische Absprachen, deren Pflichten weder in der Praxis angewendet werden, noch gerichtlich durchsetzbar wären. Sie bezogen sich als politische Regelungen ausschließlich auf konkrete praktische Koordinierungsschwierigkeiten, die,

---

1082 So aber die Kommission für die FAO-Vereinbarungen II und III: Mitteilung der Kommission an den Rat, Die Rolle der EU in der FAO nach dem Vertrag von Lissabon, 29.05.2013, KOM (2013) 333 endg., S. 5.

1083 Wurde im Oktober 1992 durch den AStV beschlossen, nachdem die Vorbereitungsgremien einen entsprechenden Entwurf ausgearbeitet hatten, *Marchisio*, in: Cannizzaro (Hrsg.), The EU as an Actor in International Relations, 2002, S. 254.

1084 Wurde im Juni 1995 durch die Ratsarbeitsgruppe „FAO" beschlossen, Note from Working Party on Commodities to Permanent Representatives Committee (Part I), 26,06,1995. Dok-Rat 8460/95.

1085 Wurde im Juli 2011 in der Ratsarbeitsgruppe „FAO" beschlossen, Note from General Secretariat to Delegations, 12.07.2011, Dok-Rat 12703/11.

1086 Vgl. hierzu auch Mitteilung der Kommission an den Rat, Die Rolle der EU in der FAO nach dem Vertrag von Lissabon, 29.05.2013, KOM (2013) 333 endg., S. 5.

wie bereits bei der inhaltlichen Analyse erläutert, heute nicht mehr bestehen. Bis zu einer etwaigen Neuregelung der FAO-Vereinbarungen stellt die FAO-Vereinbarung I demnach das maßgebliche rechtlich verbindliche Regelungswerk zur Interessenkoordinierung und Interessenvertretung im Rahmen der FAO dar.

3. WTO-Kooperationsvereinbarung für Dienstleistungsverhandlungen

Der Verhaltenskodex zwischen dem Rat, den Mitgliedstaaten und der Kommission wird für die nach der Uruguay-Runde zu führenden Verhandlungen über die Dienstleistungen in der Praxis nicht mehr angewendet.[1087] Dennoch soll die Kooperationsvereinbarung der Vollständigkeit halber rechtlich eingeordnet werden.

Die WTO-Kooperationsvereinbarung wurde im Mai 1994 durch den Rat beschlossen,[1088] sodass eine rechtliche Verbindlichkeit in Betracht kommt. Die Bezeichnung als Verhaltenskodex spricht für eine politische Absprache, ohne rechtliche Verpflichtungen für die EU und die Mitgliedstaaten. Der Inhalt der Kooperationsvereinbarung hingegen lässt weder ausdrücklich noch implizit auf einen Rechtsbindungswillen schließen. Vielmehr handelt es sich um einen grob umrissenen Verhaltenskodex, der keinen detaillierten rechtlich verbindlichen Koordinierungsmechanismus zwischen der EU und den Mitgliedstaaten, wie etwa im Rahmen der CAK, erkennen lässt. Darüber hinaus wird für die Zusammenarbeitspflichten der Konjunktiv I verwendet, wodurch angezeigt wird, dass die Zusammenarbeitspflichten eingehalten werden sollen, aber nicht zwangsläufig müssen. Die Kooperationsvereinbarung im Rahmen der WTO-Verhandlungen über Dienstleistungen ist demnach eine rein politische Absprache ohne rechtlich verbindlichen Charakter.

1087 *Hoffmeister*, in: Kaddous (Hrsg.), The EU in International Organisations and Global Governance, 2015, S. 124 f.

1088 Entwurf eines Protokolls über die 1756. Tagung des Rates (Allgemeine Angelegenheiten) am Montag, den 16. und Dienstag den 17.05.1994 in Brüssel, 25.10.1994, Dok-Rat 6996/94, Tagesordnungspunkt Nr. 15.

4. Kooperationsvereinbarung im Rahmen der Vereinten Nationen

Die Kooperationsvereinbarung im Rahmen der Vereinten Nationen wurde durch den AStV erarbeitet und vom Rat am 10.04.1995[1089] beschlossen[1090], sodass grundsätzlich eine Rechtswirkung in Betracht kommt. Allerdings spricht die Bezeichnung als „document d'orientation" (Leitfaden/Leitlinien) für eine rein politische Absprache. Auch die Kooperationsvereinbarung macht in den einzelnen Überschriften und Regelungen deutlich, dass es sich um flexible politische Regeln handelt, die keine rechtliche Wirkung entfalten sollen.[1091] Insofern kommt der fehlende rechtliche Bindungswille durch die Bezeichnung und den Wortlaut klar zum Ausdruck: Es handelt sich um eine politische Absprache ohne rechtliche Verbindlichkeit für die EU und die Mitgliedstaaten.[1092]

5. Kooperationsvereinbarung im Rahmen der CAK

Die Kooperationsvereinbarung für die Interessenkoordinierung und Interessenvertretung im Rahmen der CAK wurde als Anhang des Ratsbeschlusses zum Beitritt der EU zur CAK (Art. 218 Abs. 6 UA 1 AEUV) beschlossen[1093], sodass eine rechtliche Verbindlichkeit in Betracht kommt.

Ein rechtlicher Bindungswille liegt hier nahe, da die Kooperationsvereinbarung als „Vereinbarung" bezeichnet wird. Der detaillierte Koordinierungsmechanismus enthält konkrete Zusammenarbeitspflichten hinsicht-

---

1089 Document d'orientation sur la coordination de l'Union Europeenne dans le cadre des Nations Unies approuvé par le Conseil le 10 Avril 1995, 05.04.2001, Dok-Rat SN 2435/01.

1090 *Winkelmann*, ZaöRV 2000, 413, 417; *Scheffler*, Die Europäische Union als rechtlich-institutioneller Akteur im System der Vereinten Nationen, 2009, S. 351.

1091 „Code de conduite (Verhaltenskodex) à caractère non contraignement" (Teil I.2.), „lignes directrices ne constituent pas des normes juridiques" (Teil I.4.), „lignes directrices ne constituent pas un corps de règles figé (Teil I.5.), „principes généraux" (allgemeine Prinzipien, Überschrift zu Teil II.), „lignes directrices" (Leitfaden/Leitlinien, Überschrift zu Teil III.).

1092 Für eine unverbindliche Absprache auch *Winkelmann*, ZaöRV 2000, 413, 418; *Scheffler*, Die Europäische Union als rechtlich-institutioneller Akteur im System der Vereinten Nationen, 2009, S. 351.

1093 Siehe Art. 2 des Ratsbeschlusses über den Beitritt der EG zur Codex-Alimentarius-Kommission, 17.11.2003, ABl. 2003, L 309/14.

lich der Interessenkoordinierung und Interessenvertretung, die weit über die allgemeinen Pflichten des Art. 4 Abs. 3 EUV hinausgehen. Die klar umschriebenen Verhaltensweisen weisen auf einen rechtlichen Bindungswillen hin. Die Klarstellung, dass durch die Kooperationsvereinbarung keine Zuständigkeiten zwischen der EU und den Mitgliedstaaten verändert werden und die Tatsache, dass das Koordinierungsverfahren nur auf Antrag überprüft und geändert werden kann (Teil 6.), lässt das Bewusstsein über die rechtlichen Wirkungen der Vereinbarung erkennen.

Darüber hinaus stellt Art. 2 des Beitrittsbeschlusses eindeutig klar, dass die Kooperationsvereinbarung für die Kommission, den Rat und die Mitgliedstaaten „verbindlich" ist. Die CAK-Kooperationsvereinbarung war zudem die erste Vereinbarung dieser Art nach dem Urteil des EuGH in der Rs. 25/94, wonach Kooperationsvereinbarungen rechtlich verbindlich sein können. Daher scheidet eine rein politische Verbindlichkeit, auch aufgrund der Bezeichnung „verbindlich" und der Veröffentlichung in der L-Reihe (unionale Rechtsvorschriften) des Amtsblattes der EU, aus. Der Beitrittsbeschluss geht also explizit von einer rechtlichen Bindungswirkung für die EU(-Organe) (Kommission und Rat) einerseits und die Mitgliedstaaten und deren Exekutive andererseits aus.

6. Kooperationsvereinbarung im Rahmen des UPOV

Die gemeinsamen Leitlinien von Rat und Kommission, betreffend die Vorbereitung von Sitzungen, Erklärungen und Abstimmungen im Rahmen des UPOV, wurden durch den Rat im Dezember 2005 beschlossen.[1094] Eine rechtliche Bindungswirkung kommt demnach in Betracht. Die Bezeichnung als „gemeinsame Erklärung" bzw. „gemeinsame Leitlinien"[1095] legen einen politischen Bindungswillen nahe. Wenngleich die gemeinsamen Leitlinien den Grundsatz loyaler Zusammenarbeit konkretisieren, so handelt es sich im Vergleich zu anderen Kooperationsvereinbarungen um

---

1094 Nr. 2 des Entwurfs eines Ratsprotokolls für die 2702. Tagung des Rates der Europäischen Union (Landwirtschaft und Fischerei), 16.03.2005, Dok-Rat 16048/05 i.V.m. Nr. 5 der Liste der A-Punkte für 2702. Tagung des Rates der Europäischen Union (Landwirtschaft und Fischerei), 19.12.2005, Dok-Rat 15788/05.

1095 I/A-Punkt-Vermerk des Generalsekretariats des Rates für den AStV/Rat, 29.11.2005, Dok-Rat 14996/05.

einen sehr flexiblen, weichen Koordinierungsmechanismus. Er stellt nur grobe Verhaltensweisen zwischen der EU und den Mitgliedstaaten auf, ohne genaue Zusammenarbeitspflichten zu begründen.[1096] Neben der äußeren Form deutet auch der Inhalt auf einen fehlenden rechtlichen Bindungswillen hin. Daher ist bei der Kooperationsvereinbarung im Rahmen des UPOV von einer politischen Absprache zwischen der EU und den Mitgliedstaaten auszugehen. In der Praxis wird die Kooperationsvereinbarung auch als „politisches Agreement" ohne rechtliche Bindungswirkung verstanden.[1097]

7. Kooperationsvereinbarung zur Durchführung des UNESCO-Übereinkommens zum Schutz und zur Förderung kultureller Vielfalt

Der Verhaltenskodex über die Teilnahme der Gemeinschaft und ihrer Mitgliedstaaten an den Tagungen über die Umsetzung des UNESCO-Übereinkommens zum Schutz der Vielfalt kultureller Inhalte und künstlerischer Ausdrucksformen wurde durch den Ausschuss für Kulturfragen beschlossen.[1098] Da es sich beim Ausschuss für Kulturfragen um ein Vorbereitungsgremium des Rates handelt, scheidet eine rechtliche Bindungswirkung aus, sodass es sich in diesem Fall lediglich um eine politische Koordinierungsvereinbarung handelt. Unabhängig davon spricht die Bezeichnung als „Verhaltenskodex" und der Inhalt – „informelle Vereinbarung" – für einen rein politischen Charakter.[1099] Insofern ist eine unmittelbare gerichtliche Durchsetzung der Zusammenarbeitspflichten des Verhaltenskodex nicht möglich. *Kuijper* schließt trotzdem eine Überprüfung der Zusammenarbeitspflichten des Verhaltenskodex nach dem Urteil des EuGH in der Rs. 25/94 nicht aus.[1100] Es handelt sich, im Gegensatz zur rechtsverbindlichen FAO-Vereinbarung I, beim vorliegenden Verhaltenskodex jedoch um eine rein politische Absprache; deshalb kommt nur eine

---

1096 Siehe z.B. die weichen Formulierungen wie „halten [...] für erforderlich", „Bemühungen".

1097 Interview vom 09.03.2017 mit einem Mitarbeiter des BMEL.

1098 I-Punkt-Vermerk des Ratssekretariats für den AStV (1. Teil), 01.02.2007, Dok-Rat 5914/07.

1099 So auch *Schwichtenberg*, Die Kooperationsverpflichtung der Mitgliedstaaten der EU bei Abschluss und Anwendung gemischter Verträge, 2014, S. 185; *Kuijper u.a.*, The Law of EU External Relations, 2015, S. 142.

1100 *Kuijper u.a.*, The Law of EU External Relations, 2015, S. 142.

mittelbare gerichtliche Durchsetzung der Zusammenarbeitspflichten gemäß Art. 4 Abs. 3 EUV in Betracht.

8. Kooperationsvereinbarung im Rahmen der Weltzollorganisation

Die Kooperationsvereinbarung zur Interessenkoordinierung und Interessenvertretung im Rahmen der WZO wurde im April 2008 durch die Ratsarbeitsgruppe „Zollunion" beschlossen, sodass nur eine politische Absprache in Betracht kommt.[1101] Wenngleich die Kooperationsvereinbarung einen detaillierten Koordinierungsmechanismus mit konkreten Zusammenarbeitspflichten für die EU und die Mitgliedstaaten vorsieht, so sprechen die Bezeichnung als „Leitlinien" und der vorübergehende Charakter bis zur Vollmitgliedschaft der EU in der WZO für eine rein politische Verbindlichkeit. Es liegt nahe, dass der detaillierte Koordinierungsmechanismus nach einer Vollmitgliedschaft der EU in der WZO durch den Rat als rechtlich verbindliche Vereinbarung beschlossen wird.

Ähnlich wie der Ratsbeschluss zum Abschluss der UN-Behindertenrechtskonvention enthält sowohl der Ratsbeschluss[1102] als auch das entsprechende Ratsprotokoll[1103] Regeln zur Interessenkoordinierung. Da es sich allerdings nur um einen Erwägungsgrund und eine Erklärung der Kommission im Ratsprotokoll handelt, kommt diesen Regeln, im Vergleich zu denen zur UN-Behindertenrechtskonvention, keine rechtliche Wirkung zu. Auch in der Praxis wird die Kooperationsvereinbarung aufgrund der Bezeichnung als „Leitlinien" als politische Absprache angesehen.[1104]

1101 Leitlinien zur Gewährleistung der innergemeinschaftlichen Koordinierung im Rahmen der WZO, 15.04.2009, Dok-Rat 8594/08, Anlage.

1102 Erwägungsgrund 8 des Ratsbeschlusses über den Beitritt der Europäischen Gemeinschaften zur Weltzollorganisation und die Ausübung der Rechte und Pflichten eines Mitglieds ad interim, 25.06.2007, ABl. 2007, L 274/11.

1103 I/A-Punkt-Vermerk des Generalsekretariats für den AStV/Rat betreffend der Annahme eines Beschlusses des Rates über die Ausübung der Rechte und Pflichten eines Mitglieds ad interim durch die Europäische Gemeinschaft in der Weltzollorganisation, 15.07.2007, Dok-Rat 10766/07 i.V.m. Addendum zum I/A-Punkt-Vermerk des Generalsekretariats für den AStV/Rat betreffend der Annahme eines Beschlusses des Rates über die Ausübung der Rechte und Pflichten eines Mitglieds ad interim durch die Europäische Gemeinschaft in der Weltzollorganisation, 15.07.2007, Dok-Rat 10766/07 ADD 1.

1104 Interview vom 07.03.2017 mit einem Mitarbeiter des BMF.

9. Kooperationsvereinbarung zur Durchführung der
UN-Behindertenrechtskonvention

Im Dezember 2010 hat der Rat die Kooperationsvereinbarung zur Durchführung der UN-Behindertenrechtskonvention beschlossen, sodass eine
Rechtsverbindlichkeit in Betracht kommt.

Für eine rechtlich verbindliche Vereinbarung sprechen der sehr förmli-
che Aufbau und die konkreten Zusammenarbeitspflichten, die insgesamt
einen sehr detaillierten Koordinierungsmechanismus ergeben. Allerdings
trägt die Kooperationsvereinbarung die Bezeichnung „Verhaltenskodex"
und gibt dem Regelwerk, wie auch z.B. die politische Absprache im Rahmen des UNESCO-Übereinkommens zum Schutz und zur Förderung kultureller Vielfalt, einen weichen, politischen Charakter. Gegen einen rechtlichen Bindungswillen spricht, dass der Verhaltenskodex nicht wie bei der
CAK im Rahmen des Beitrittsbeschlusses als Anhang in den Ratsbeschluss integriert wurde. Darüber hinaus enthält der Ratsbeschluss über
den Abschluss der UN-Behindertenrechtskonvention[1105] keinen ausdrücklichen Hinweis auf eine rechtliche Verbindlichkeit. Die Tatsache, dass
Art. 33 Abs. 1 der UN-Behindertenrechtskonvention[1106] einen „innerstaatlichen" Koordinierungsmechanismus und der Ratsbeschluss in Art. 3
und 4 eine entsprechende (rechtliche) Pflicht zum Abschluss eines Verhaltenskodex vorsieht, sagt nichts über die rechtliche Verbindlichkeit des Verhaltenskodex aus. Gerade die Verwendung der Bezeichnung „Verhaltenskodex" lässt eine politische Absprache vermuten. Im Gegensatz zur CAK-
Kooperationsvereinbarung spricht der vorliegende Verhaltenskodex im
Rahmen der Überprüfung und Änderung des Kooperationsmechanismus
nicht von einem förmlichen Änderungsantrag, sondern lediglich von
einem „Änderungsersuchen" (Teil 14). Diese Formulierung lässt den
Schluss zu, dass es sich um eine politische Absprache handelt, die ohne
formelles Änderungsverfahren bzw. Änderungsbeschluss des Rates flexibel an die politischen Gegebenheiten angepasst werden kann. Darüber
hinaus ist die Kooperationsvereinbarung, auch im Unterschied zur CAK,
nicht in der L-Reihe (unionale Rechtsvorschriften), sondern in der C-
Reihe (Mitteilungen und Bekanntmachungen) des Amtsblatts der EU ver-

---

1105 Ratsbeschluss über den Abschluss des Übereinkommens der Vereinten Nationen
über die Rechte von Menschen mit Behinderungen durch die Europäische
Gemeinschaft, 26.11. 2009, ABl. 2010, L 23/35.
1106 ABl. 2010, L 23/37.

öffentlicht.[1107] Unter Berücksichtigung aller äußeren und inneren Umstände ist deshalb eindeutig von einer rein politischen Kooperationsvereinbarung auszugehen.

Die Interessenvertretung durch die Kommission, im Bereich ausschließlicher unionaler Zuständigkeit (Teil 6.b.)), wird allerdings im Ratsbeschluss zum Abschluss der UN-Behindertenrechtskonvention selbst bereits rechtlich verbindlich festgelegt.[1108] Die Regelung in der Kooperationsvereinbarung ist demnach lediglich deklaratorisch.

10. Kooperationsvereinbarung im Rahmen der COTIF

Im Rahmen des Beitritts der EU zur COTIF im Juni 2011 hat der Rat eine Kooperationsvereinbarung beschlossen.[1109] Da es sich bei dieser um einen Ratsbeschluss handelt, kommt eine rechtliche Verbindlichkeit in Betracht.

Weder im Ratsbeschluss, noch in der Kooperationsvereinbarung ist ein expliziter rechtlicher Bindungswille niedergelegt, sodass die Kooperationsvereinbarung hinsichtlich eines impliziten rechtlichen Bindungswillen auszulegen ist. Die Bezeichnung als „interne Regelung" deutet auf einen rechtlichen Bindungswillen hin. Das Adjektiv „intern" beschreibt allerdings lediglich die Verpflichtung zwischen der EU und den Mitgliedstaaten, ohne auf einen politischen Willen zu verweisen und dient der Abgrenzung und Klarstellung hinsichtlich der fehlenden Drittwirkung einer Kooperationsvereinbarung. Die Kooperationsvereinbarung selbst macht implizit deutlich, dass es sich um eine rechtlich verbindliche Absprache

---

1107 Verhaltenskodex zwischen dem Rat, den Mitgliedstaaten und der Kommission zur Festlegung interner Regelungen für die Durchführung des Übereinkommens der Vereinten Nationen über die Rechte von Menschen mit Behinderungen durch die Europäische Union und für die Vertretung der Europäischen Union in Bezug auf das Übereinkommen, 15.12.2010, ABl. 2010, C 340/11.

1108 Art. 4 des Ratsbeschlusses über den Abschluss des Übereinkommens der Vereinten Nationen über die Rechte von Menschen mit Behinderungen durch die EG, 26.11.2009, ABl. 2010, L 23/35.

1109 Ratsbeschluss über die Unterzeichnung und den Abschluss der Vereinbarung zwischen der Europäischen Union und der Zwischenstaatlichen Organisation für den Internationalen Eisenbahnverkehr über den Beitritt der Europäischen Union zum Übereinkommen über den Internationalen Eisenbahnverkehr (COTIF) vom 9. Mai 1980 in der Fassung des Änderungsprotokolls von Vilnius vom 3. Juni 1999, 16.06.2011, ABl. 2013, L 51/1, Anhang III.

handelt.[1110] Auf Formulierungen im Konjunktiv I wird, im Vergleich zu politischen Absprachen[1111], verzichtet. Darüber hinaus stellt die Kooperationsvereinbarung einen detaillierten Koordinierungsmechanismus auf. Dieser konkretisiert die loyale Zusammenarbeit der EU und der Mitgliedstaaten und stellt umfassende Verhaltenspflichten auf. Durch die Regelung, dass das Koordinierungsverfahren nur auf Antrag überprüft und abgeändert werden kann (Teil 4.), lässt sich das Bewusstsein der EU und der Mitgliedstaaten über die rechtlichen Wirkungen der Vereinbarung erkennen.[1112] Die Notwendigkeit eines förmlichen Änderungsantrags und eines daraus folgenden Änderungsbeschlusses des Rates spricht im Gegensatz zu einem „Änderungsersuchen"[1113] für eine rechtlich verbindliche Kooperationsvereinbarung. Auch die Berücksichtigung der äußeren und inneren Umstände lassen einen rechtlichen Bindungswillen beim Abschluss der Kooperationsvereinbarung erkennen, sodass diese rechtlich verbindliche Wirkung für die EU und die Mitgliedstaaten entfaltet.[1114]

11. Allgemeine Regelung zu Erklärungen der EU in multilateralen Organisationen

Die allgemeine Regelung wurde durch den AStV erarbeitet und durch den Rat im Oktober 2011 beschlossen.[1115] Da die Kooperationsvereinbarung

---

1110 „werden […] folgende interne Regelungen anwenden"; „Regelungen gelten für alle Sitzungen […] der OTIF".

1111 Vgl. WTO-Kooperationsvereinbarung.

1112 Vgl. auch schon Teil 6. der CAK-Kooperationsvereinbarung.

1113 Vgl. Teil 14. der Kooperationsvereinbarung zur Durchführung der UN-Behindertenrechtskonvention.

1114 Auch die Kommission (Interview vom 30.03.2017 mit einem Mitarbeiter der Kommission) sieht die Kooperationsvereinbarung als rechtlich verbindliche Vereinbarung an und stellt hierzu auf Art. 5 des Ratsbeschlusses über die Unterzeichnung und den Abschluss der Vereinbarung zwischen der Europäischen Union und der Zwischenstaatlichen Organisation für den Internationalen Eisenbahnverkehr über den Beitritt der Europäischen Union zum Übereinkommen über den Internationalen Eisenbahnverkehr (COTIF) vom 9. Mai 1980 in der Fassung des Änderungsprotokolls von Vilnius vom 3. Juni 1999, 16.06.2011, ABl. 2013, L 51/1 ab. Allerdings enthält Art. 5 des Ratsbeschlusses keine Aussage zur rechtlichen Verbindlichkeit.

1115 Nr. 2 des Protokollentwurfs für die außerordentliche Tagung des Rates der EU (Allgemeine Angelegenheiten) vom 22.10.2011 in Brüssel, 29.11.2011, Dok-Rat

als Ratsbeschluss verabschiedet wurde, kommt grundsätzlich eine rechtliche Verbindlichkeit des Koordinierungsmechanismus in Betracht.

Da weder der Ratsbeschluss noch die Kooperationsvereinbarung einen expliziten Bindungswillen erkennen lassen, ist nach einem impliziten Bindungswillen zu forschen. Der Titel „allgemeine Regelung" deutet auf einen rechtlichen Bindungswillen hin. Allerdings wird dadurch bereits klargestellt, dass es sich um eine subsidiäre Kooperationsvereinbarung handelt, die nur Anwendung findet, sofern keine speziellere Vereinbarung zwischen der EU und den Mitgliedstaaten vorliegt (Teil 3 Abs. 9).[1116] Somit muss sie ohnehin abstrakter und flexibler sein, um die konkreten Koordinierungssituationen hinsichtlich verschiedener gemischter Abkommen abzudecken. Insofern enthält sie allgemeine, weniger spezifische Zusammenarbeitspflichten, wie z.B. die Möglichkeit, den Koordinierungsmechanismus im Einzelfall zu bestimmen (Teil 3 Abs. 5). Dies legt eine politische Absprache nahe. Auch die Möglichkeit der Überarbeitung durch den AStV, ohne dass ein förmliches Änderungsverfahren wie bei rechtlich verbindlichen Vereinbarungen notwendig wäre, spricht dafür, dass durch die Kooperationsvereinbarungen lediglich politische Zusammenarbeitspflichten zwischen der EU und den Mitgliedstaaten begründet werden sollen. Der weiche politische Charakter der Kooperationsvereinbarung wird durch die Erklärungen der Kommission, Großbritanniens und Deutschlands im Ratsprotokoll, wonach die subsidiären und allgemeinen Regelungen hervorgehoben werden, unterstützt.[1117]

Unter Berücksichtigung der äußeren und inneren Form der allgemeinen Regelung und des Gesamtkontexts ist ein rechtlicher Bindungswille nicht

---

15916/11 i.V.m. Liste der A-Punkte für die die außerordentliche Tagung des Rates der EU (Allgemeine Angelegenheiten) vom 22.10.2011 in Brüssel, 21.10.2011, Dok-Rat 15867/11. Vgl. auch Vermerk des Generalsekretariats des Rates für die Delegationen, 24.10.2011, Dok-Rat 15901/11.

1116 Siehe hierzu den Anwendungsbereich der allgemeinen Regelung § 3 Teil B.XI.1.

1117 Erklärung der Kommission, des Vereinigten Königreichs und Deutschlands für das Protokoll, über die Tagung des Rates, auf der die Allgemeine Regelung gebilligt wird, 21.10.2011, Dok-Rat 15855/11 ADD 1, ADD 2 und ADD 3 i.V.m. Nr. 2 des Protokollentwurfs für die außerordentliche Tagung des Rates der EU (Allgemeine Angelegenheiten) vom 22.10.2011 in Brüssel, 29.11.2011, Dok-Rat 15916/11.

feststellbar. Daher handelt es sich hierbei um eine politische Absprache zwischen der EU und den Mitgliedstaaten.[1118]

12. Zusammenfassung: Kooperationsvereinbarungen für die Durchführung von (gemischten) völkerrechtlichen Abkommen

Bei lediglich drei[1119] der 16 Kooperationsvereinbarungen für die Durchführung (gemischter) völkerrechtlicher Abkommen handelt es sich um rechtlich verbindliche Absprachen zwischen der EU und den Mitgliedstaaten. Dies bedeutet, dass ca. 80% der Kooperationsvereinbarungen zur Durchführung (gemischter) völkerrechtlicher Abkommen nur einen politischen Bindungscharakter aufweisen.[1120]

III. Justiziabilität von rechtlich verbindlichen Kooperationsvereinbarungen

Im Folgenden soll auf die Justiziabilität von rechtlich verbindlichen Kooperationsvereinbarungen, sowie die in Betracht kommenden Verfahren vor dem EuGH in Abgrenzung zur Justiziabilität der allgemeinen Loyalitätspflichten gemäß Art. 4 Abs. 3 EUV eingegangen werden. Es werden die Möglichkeiten für die EU und die Mitgliedstaaten im Falle von Streitigkeiten im Hinblick auf rechtlich verbindliche Kooperationsvereinbarungen aufgezeigt.[1121]

1118 Vgl. auch Report from the Commission and the EEAS on EU Statements in Multilateral Organisations – Implementation of General Arrangements, S. 1, nicht veröffentlicht.

1119 FAO-Vereinbarung I, CAK- und COTIF-Kooperationsvereinbarung.

1120 Kooperationsvereinbarungen mit politischer Bindungswirkung: PROBA 20, PROBA 20a, PROBA 2002, FAO-Vereinbarungen II-IV, WTO-Kooperationsvereinbarung, Kooperationsvereinbarung im Rahmen der Vereinten Nationen, Kooperationsvereinbarung zur Durchführung des UNESCO-Abkommens zur kulturellen Vielfalt, UPOV-Kooperationsvereinbarung, Kooperationsvereinbarung für die UN-Behindertenrechtskonvention, WZO-Kooperationsvereinbarung, Allgemeine Regelung zu Erklärungen der EU in multilateralen Organisationen. Kooperationsvereinbarungen mit rechtlicher Bindungswirkung: FAO-Vereinbarung I, CAK-Kooperationsvereinbarung, COTIF-Kooperationsvereinbarung.

1121 Siehe zur Justiziabilität des Grundsatzes loyaler Zusammenarbeit § 2 Teil A.V.

Sofern es sich um eine rechtlich verbindliche Kooperationsvereinbarung handelt, gehört sie zum sekundären Unionsrecht. Verstöße gegen Kooperationsvereinbarungen sowie die Vereinbarkeit einer Kooperationsvereinbarung mit Art. 4 Abs. 3 EUV bzw. Art. 13 Abs. 2 S. 2 EUV können gemäß Art. 19 Abs. 2 EUV vom EuGH überprüft werden. Insofern obliegen ihm auch die (implizite) Klärung der rechtlichen Bindungswirkung von Kooperationsvereinbarungen und die Abgrenzung zu rechtlich unverbindlichen Absprachen. Ein etwaiger Verstoß kann dann von der EU und den Mitgliedstaaten, nicht dagegen von Unionsbürgern, geltend gemacht werden. Denn Private können von Handlungen im Rahmen der Kooperationsvereinbarungen nicht unmittelbar und individuell betroffen sein (vgl. z.B. Art. 263 Abs. 4 AEUV).

Bislang hat sich der EuGH nur einmal zur rechtlichen Bindungswirkung von Kooperationsvereinbarungen geäußert und im konkreten Fall die FAO-Vereinbarung I für rechtlich verbindlich erklärt. Er hat die Interessenkoordinierung sowie Interessenvertretung der EU und der Mitgliedstaaten an (einzelnen) Zusammenarbeitspflichten der Kooperationsvereinbarung gemessen[1122] und einen Verstoß gegen die Vereinbarung festgestellt[1123].

Mögliche Verfahrensarten zur Geltendmachung der vereinbarten Zusammenarbeitspflichten sind: Vertragsverletzungsverfahren (Art. 258

1122 EuGH, Urteil vom 19.03.1996, Rs. C-25/94, Kommission/Rat, Slg. 1996, I-1469, Rn. 49: „Im vorliegenden Fall ist davon auszugehen, daß Nummer 2.3 der Vereinbarung zwischen dem Rat und der Kommission die Erfüllung dieser Pflicht zur Zusammenarbeit zwischen der Gemeinschaft und ihren Mitgliedstaaten im Rahmen der FAO darstellt. Aus dem Wortlaut der Vereinbarung geht im übrigen hervor, daß sich die beiden Organe gegenseitig binden wollten. Der Rat hat auch während des Verfahrens niemals deren Tragweite in Frage gestellt." Vgl. hierzu auch die implizite Annahme des GA zur Rechtsverbindlichkeit der Kooperationsvereinbarung, wenngleich er im Ergebnis keinen Verstoß der Mitgliedstaaten gegen die FAO-Vereinbarung I annimmt: „Die Bestimmungen der Vereinbarung, die offensichtlich eine Struktur für diese Zusammenarbeit schaffen sollen, wurden eingehalten." Generalanwalt Jacobs, Schlussanträge vom 26.10.1995, Rs. C-25/94, Kommission/Rat, Slg. 1996, I-1469, Rn. 72.

1123 EuGH, Urteil vom 19.03.1996, Rs. C-25/94, Kommission/Rat, Slg. 1996, I-1469, Rn. 50: Unter diesen Umständen ist festzustellen, daß der Rat gegen Nummer 2.3 der Vereinbarung, zu deren Beachtung er verpflichtet war, verstoßen hat, als er die Ansicht vertreten hat, daß der Übereinkommensentwurf im wesentlichen einen Gegenstand betreffe, der nicht in die ausschließliche Zuständigkeit der Gemeinschaft falle, und als er infolgedessen das Stimmrecht für die Annahme dieses Entwurfs den Mitgliedstaaten übertragen hat.".

AEUV), Nichtigkeitsklage (Art. 263 AEUV) und Untätigkeitsklage (Art. 265 AEUV). Die einzelnen Verfahrensarten werden im Folgenden dahingehend untersucht, ob sie für die gerichtliche Durchsetzung der Kooperationsvereinbarungen und die entsprechenden Zusammenarbeitspflichten geeignet sind.

1. Vertragsverletzungsverfahren

Das Vertragsverletzungsverfahren gemäß Art. 258 AEUV dient dazu, Verstöße der Mitgliedstaaten gegen Art. 4 Abs. 3 EUV geltend zu machen. Es eignet sich grundsätzlich für die EU, um Verstöße gegen die Loyalitätspflichten geltend zu machen.[1124] Da Kooperationsvereinbarungen aber Teil des sekundären Unionsrechts sind und das Vertragsverletzungsverfahren Verstöße gegen Primärrecht rügt, können Kooperationsvereinbarungen keine tauglichen Antragsgegenstände eines Vertragsverletzungsverfahrens sein.[1125] Unabhängig von einem Verstoß gegen eine Kooperationsvereinbarung kommt hilfsweise ein Verstoß gegen den Grundsatz loyaler Zusammenarbeit oder dem spezielleren Art. 13 Abs. 2 S. 2 EUV in Betracht. Dieser kann, wie oben beschrieben, durch ein Vertragsverletzungsverfahren verfolgt werden, sodass die Kooperationsvereinbarung nur mittelbar justiziabel ist. Insofern kann auch die konkrete Interessenvertretung in Form der Ausübung des Rede- und Stimmrechts gegen Art. 4 Abs. 3 EUV verstoßen und durch ein Vertragsverletzungsverfahren gerügt werden.[1126]

2. Nichtigkeitsklage

Die Nichtigkeitsklage gemäß Art. 263 AEUV ist ein Verfahren, welches es insbesondere den Mitgliedstaaten, dem Rat und der Kommission ermög-

---

1124 Siehe zur Justiziabilität der Pflicht zur loyalen Zusammenarbeit und die entsprechenden Verfahren vor dem EuGH § 2 Teil A.V.

1125 Vgl. hierzu *Timmermanns*, in: Dashwood/Hillion, The General Law of EC External Relations, 2000, S. 246, der auch nur einen Verstoß gegen Art. 4 Abs. 3 EUV annimmt und nicht gegen die konkrete Kooperationsvereinbarung. Siehe zu einem Verstoß gegen Art. 4 Abs. 3 EUV § 4 Teil A.III.3.d).

1126 Vgl. laufendes Verfahren vor dem EuGH, Rs. C-620/16, Kommission/Deutschland im Rahmen der Interessenkoordinierung und Interessenvertretung der COTIF. Siehe zum Verfahrensstand § 3 Teil B.X.2.

licht, Handlungen der Kommission bzw. des Rates auf ihre Vereinbarkeit mit Kooperationsvereinbarungen zu überprüfen. Voraussetzung ist eine rechtswirksame Handlung eines EU-Organs,[1127] wie etwa ein Ratsbeschluss[1128]. Wie bereits im Hinblick auf die Justiziabilität von Art. 4 Abs. 3 EUV erläutert, bedarf es der Einzelfallbetrachtung, inwiefern die Beschlüsse zu (gemeinsamen) Standpunkten oder zur Stimmrechtsverteilung aufgrund der Kooperationsvereinbarungen Rechtswirkung entfalten und dementsprechend tauglicher Antragsgegenstand sind.[1129] Darüber hinaus muss die Handlung des EU-Organs gegen höherrangiges Unionsrecht verstoßen.[1130] Da es sich bei Kooperationsvereinbarungen um Unions- und gerade nicht um Völkerrecht handelt, welches in der Normenhierarchie über den Ratsbeschlüssen zur Interessenkoordinierung und Interessenvertretung steht, stellen rechtsverbindliche Kooperationsvereinbarungen auch taugliche Klagegenstände dar.[1131]

3. Untätigkeitsklage

Die Untätigkeitsklage gemäß Art. 265 AEUV kommt als Gegenstück zur Nichtigkeitsklage in Betracht, sofern konkrete Pflichten von Kooperationsvereinbarungen nicht eingehalten werden. Unterlässt der Rat, unter Verletzung der Kooperationsvereinbarungen, einen Beschluss zu fassen bzw. andere „Maßnahmen, deren Tragweite sich hinreichend bestimmen

---

1127 EuGH, Urteil vom 31.03.1971, Rs. C-22/70, Kommission/Rat, Slg. 1971, 263, Rn. 38/42; Urteil vom 21.02.1974, verb. Rs. 15–33, 52, 53, 57–109, 116, 117, 123, 132 und 135–137/73, Kortner u.a./Rat, Slg. 1974, 177, Rn. 33; *Epiney*, in: Bieber/Haag/Epiney (Hrsg.), Europäische Union, 2015, § 9, Rn. 38.
1128 EuGH, Urteil vom 19.03.1996, Rs. C-25/94, Kommission/Rat, Slg. 1996, I-1469, Rn. 29 ff.
1129 Siehe hierzu Justiziabilität der Pflicht zur loyalen Zusammenarbeit und die entsprechenden Verfahren vor dem EuGH § 2 Teil A.V. Vgl. laufendes Verfahren vor dem EuGH, Rs. C-600/14, Deutschland/Kommission im Rahmen der Interessenkoordinierung und Interessenvertretung der COTIF. Siehe hierzu auch unten Zusammenfassung Kooperationsvereinbarung COTIF § 3 Teil B.X.2.
1130 *Streinz*, Europarecht, 2016, Rn. 654.
1131 Vgl. hierzu die Feststellung des EuGH zum Verstoß gegen die FAO-Vereinbarung I, EuGH, Urteil vom 19.03.1996, Rs. C-25/94, Kommission/Rat, Slg. 1996, I-1469, Rn. 50.

lassen"[1132] zu beschließen und auszuführen, so können die Mitgliedstaaten und die anderen Organe der Union beim EuGH Klage erheben, um die vereinbarten Zusammenarbeitspflichten gerichtlich durchzusetzen.

Falls im Rahmen eines gemischten Abkommens keine Kooperationsvereinbarung zwischen der EU und den Mitgliedstaaten abgeschlossen wurde, lässt sich durch eine Untätigkeitsklage ein entsprechender Abschluss nicht erzwingen. Art. 4 Abs. 3 EUV und der EuGH verpflichten die EU und die Mitgliedstaaten zwar zur Konkretisierung der Zusammenarbeitspflichten, schreiben aber keinen formellen Koordinierungsmechanismus in Form einer Kooperationsvereinbarung vor.

4. Zusammenfassung: Justiziabilität von rechtlich verbindlichen Kooperationsvereinbarungen

Mithilfe des Vertragsverletzungsverfahrens sowie der Nichtigkeits- und Untätigkeitsklage können Kooperationsvereinbarungen sowie die entsprechenden Handlungen der EU und der Mitgliedstaaten im Rahmen der Interessenkoordinierung und Interessenvertretung von gemischten Abkommen durchgesetzt werden. Damit können die Kooperationsvereinbarung und deren Zusammenarbeitspflichten implizit auf ihre Rechtsverbindlichkeit und die Vereinbarkeit mit Unionsrecht, insbesondere Art. 4 Abs. 3 EUV bzw. Art. 13 Abs. 2 Satz 2 EUV, überprüft werden. Ein Verstoß gegen eine rechtlich verbindliche Kooperationsvereinbarung kann – unabhängig von den konkreten Pflichten – auch den allgemeinen Grundsatz loyaler Zusammenarbeit verletzen und eigenständig angegriffen werden.[1133]

1132 *Epiney*, in: Bieber/Haag/Epiney (Hrsg.), Die Europäische Union, 2015, § 9, Rn. 56 m.w.N.; so auch *Cremer*, in: Calliess/Ruffert (Hrsg.), 2016, EUV/AEUV, Art. 265 AEUV, Rn. 5; EuGH, Urteil vom 22.05.1985, Rs. C-13/83, Parlament/Rat, Slg. 1985, 1515, Rn. 34 f.

1133 Vgl. zu den Verfahren im Hinblick auf die loyale Zusammenarbeit zwischen der EU und den Mitgliedstaaten EuGH, Beschluss vom 14.11.1987, 1/78, Objektschutz, Slg. 1978, 2151; Gutachten vom 19.03.1993, 2/91, ILO-Konvention, Slg. 1993, I-1061; Gutachten vom 15.11.1994, Gutachten 1/94, WTO, Slg. 1994, I-5267; Urteil vom 30.09.1987, Rs. 12/86, Demirel/Stadt Schwäbisch Gmünd, Slg. 1987, 3719; Urteil vom 14.12.2000, Rs. C-300/98, Dior u.a., Slg. 2000, I-11307; Generalanwalt Kokott, Schlussanträge vom 26.03.2009, Rs. C-13/07, Kommission/Rat, ECLI:EU:C:2009:190; Urteil vom 28.04.2015, Rs C-28/12,

Die mögliche Rechtsverbindlichkeit sowie die damit einhergehende Justiziabilität der Kooperationsvereinbarungen hat mehr Rechtssicherheit für die Beteiligten im Hinblick auf die Koordinierungsmechanismen geschaffen. Allerdings führte die Feststellung der Verbindlichkeit der FAO-Vereinbarung I im Verfahren C-25/94, wie bereits die inhaltliche Analyse gezeigt hat, zunächst zu einer Zurückhaltung in Bezug auf den Abschluss neuer Kooperationsvereinbarungen.[1134]

C. Zusammenfassung: Rechtliche Analyse der Kooperationsvereinbarungen

Die in Betracht kommenden Handlungsformen für Kooperationsvereinbarungen wurden in den letzten Kapiteln untersucht. Dabei wurde festgestellt, dass es sich bei Kooperationsvereinbarungen um eine eigene Handlungsform „sui generis" handelt. Weiterhin hat die rechtliche Analyse ergeben, dass unter den insgesamt 18 Kooperationsvereinbarungen lediglich drei[1135] rechtlich verbindliche Vereinbarungen sind; darunter keine für die Verhandlung gemischter Abkommen. Die deutliche Mehrheit der Kooperationsvereinbarungen (83,3%) entfaltet zwischen der EU und den Mitgliedstaaten lediglich eine politische Bindungswirkung, deren Loyalitätspflichten nicht unmittelbar gerichtlich durchsetzbar sind. Im Falle einer Einordnung in die Kategorie der rechtlich verbindlichen Kooperationsvereinbarungen sind die entsprechenden Zusammenarbeitsregeln sowie Handlungen der EU und der Mitgliedstaaten durch den EuGH justiziabel. Bei Streitigkeiten hinsichtlich der loyalen Zusammenarbeit im Rahmen rechtlich unverbindlicher Kooperationsvereinbarungen kommt dann nur Art. 4 Abs. 3 EUV als Maßstab gerichtlicher Kontrolle in Betracht, sofern das konkrete Handeln einen tauglichen Klagegegenstand für die Verfahren

---

Kommission/Rat, ECLI:EU:C:2015:282; Urteil vom 19.03.2002, Rs. C-13/00, Kommission/Rat, Slg. 2002, I-2943; Urteil vom 07.10.2004, Rs. C-239/03, Kommission/Frankreich, Slg. 2004, I-9325; Urteil vom 30.05.2006, Rs. C-459/03, Kommission/Irland, Slg. 2006, I-4635; Urteil vom 12.02.2009, Rs. C-45/07, Kommission/Griechenland, Slg. 2009, I-701; Urteil vom 20.04.2010, Rs. C-246/07, Kommission/Schweden, Slg. 2010, I-3317.

1134 Vgl. *Govaere/Capiau/Vermeersch*, EFARev 2005, 155, 167; *Hoffmeister*, CML-Rev 2007, 41, 66.

1135 FAO I-, CAK- und COTIF-Kooperationsvereinbarung.

vor dem EuGH darstellt.[1136] Die Tatsache, dass nur wenige Kooperationsvereinbarungen rechtliche Bindungswirkung entfalten, liegt aber auch daran, dass nur diejenigen für eine rechtliche Verbindlichkeit in Frage kommen, die durch den Rat selbst und nicht durch dessen Vorbereitungsgremien abgeschlossen werden. Von den 18 Kooperationsvereinbarungen scheiden aufgrund dessen schon acht Kooperationsvereinbarungen für eine rechtliche Verbindlichkeit aus. Aber auch unter den zehn Kooperationsvereinbarungen, die durch den Rat abgeschlossen wurden[1137], lässt sich nur bei einem geringen Teil ein rechtlicher Bindungswille feststellen. Der EuGH könnte im Falle von Streitigkeiten implizit die Frage nach der rechtlichen Verbindlichkeit der Kooperationsvereinbarungen, die durch den Rat beschlossen wurden, feststellen. Insofern können die EU und die Mitgliedstaaten allein durch das Vertragsschlussgremium über die Frage nach der unmittelbaren rechtlichen Überprüfung von Kooperationsvereinbarungen durch den EuGH entscheiden. Politische Absprachen können nur mittelbar über Art. 4 Abs. 3 EUV gerichtlich überprüft werden, sodass insbesondere das Verfahren zur FAO-Vereinbarung I keine generelle Präjudizwirkung auf alle Kooperationsvereinbarungen hat.[1138] Der EuGH hat sich auf den Bindungswillen als maßgebliches Kriterium gestützt, ohne auf das Vertragsschlussgremium einzugehen. Die Frage nach dem Vertragsschlussgremium wird für die Beurteilung der rechtlichen Verbindlichkeit allerdings das übergeordnete Kriterium sein. Nur wenn eine Kooperationsvereinbarung durch den Rat beschlossen wird, kommt überhaupt die Frage nach dem Rechtsbindungswillen in Betracht (vgl. Abbildung 2).

1136 Siehe allgemeine zur Justiziabilität der Loyalitätspflichten § 2 Teil A.V.

1137 Folgende Kooperationsvereinbarungen wurden durch den Rat beschlossen: Gentleman's Agreement über das Verfahren für die Verhandlungen mit Drittländern im Bereich der Binnenschifffahrt, PROBA 20, FAO-Vereinbarung I, WTO-Kooperationsvereinbarung für Dienstleistungsverhandlungen, Kooperationsvereinbarung im Rahmen der Vereinten Nationen, CAK-Kooperationsvereinbarung, UPOV-Kooperationsvereinbarung, Kooperationsvereinbarung für die UN-Behindertenrechtskonvention, COTIF-Kooperationsvereinbarung, Allgemeine Regelung zu Erklärungen der EU in multilateralen Organisationen.

1138 So aber die Befürchtung von *Kuijper u.a.*, The Law of EU External Relations, 2015, S. 142.

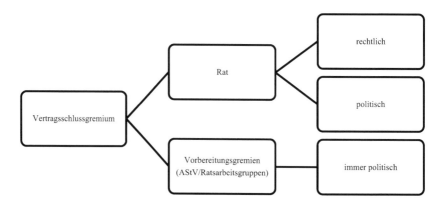

Abbildung 2

Eine allgemeingültige Aussage zur rechtlichen oder politischen Verbind-lichkeit für Kooperationsvereinbarungen lässt sich daher nicht treffen. Vielmehr bedarf es, wie hier vorgenommen, einer Einzelfallbetrachtung hinsichtlich des Vertragsschlussgremiums (Rat oder Vorbereitungsgre-mien) sowie des Bindungswillens der EU und der Mitgliedstaaten, der anhand äußerer und innerer Auslegungskriterien festgestellt werden kann[1139].

1139 Siehe zu den Kriterien rechtlicher bzw. politischer Bindungswirkung § 4 Teil A.III.3.

§ 5 Kooperationsstrukturen und Kooperationsvereinbarungen zwischen der EU und den Mitgliedstaaten im Rahmen gemischter Abkommen

Die loyale Zusammenarbeit zwischen der EU und den Mitgliedstaaten sowie die Struktur der informellen und formellen Koordinierung wurden im Rahmen gemischter Abkommen erläutert. Im Schwerpunkt wurde die formelle Koordinierung in Form der bestehenden Kooperationsvereinbarungen inhaltlich und rechtlich analysiert. Im Folgenden werden die Kooperationsstrukturen und die Kooperationsvereinbarungen zwischen der EU und den Mitgliedstaaten im Rahmen gemischter Abkommen sowie die gewonnenen Erkenntnisse zusammenfassend dargestellt und bewertet.

Hierfür wird zunächst der informelle mit dem formellen Koordinierungsmechanismus auf Basis der Erkenntnisse aus §§ 2 und 3 verglichen sowie in Weiterentwicklung der rechtlichen Analyse (§ 4) der Frage nachgegangen, inwiefern Abweichungen von den Regelungen der Kooperationsvereinbarungen in der Praxis zulässig sind (A.). Sodann werden Verbesserungen für zukünftige Kooperationsvereinbarungen aufgezeigt, die in einem Vorschlag für eine allgemeine Kooperationsvereinbarung münden (B.). Abschließend werden die Ergebnisse der Untersuchung zusammengeführt (C.).

A. Vergleich zwischen informellem und formellem Koordinierungsmechanismus sowie Abweichungen in der Praxis

Entgegen der anfänglichen Annahme, dass sich aufgrund der nur abstrakten Vorgaben des Art. 4 Abs. 3 EUV und der allgemeinen Vorgaben des EuGH unterschiedliche Koordinierungsmechanismen herausbilden, die miteinander verglichen werden können, hat die Untersuchung gezeigt, dass es keine grundlegenden Unterschiede zwischen der informellen Praxiskoordinierung und der formellen Koordinierung durch Kooperationsvereinbarungen gibt:

Sowohl der informelle, als auch der formelle Mechanismus unterteilt sich in Interessenkoordinierung und Interessenvertretung. Im Rahmen der Interessenkoordinierung wird die Ausübung der Rede- und Stimmrechte in den gemischten Gremien festgelegt und entsprechende (gemeinsame) Standpunkte abgestimmt. Die Interessenvertretung durch die EU und/oder die Mitgliedstaaten in den gemischten Gremien erfolgt, anhand der vorgelagerten Interessenkoordinierung. Die vorherige Interessenkoordinierung findet im Rat bzw. in den Vorbereitungsgremien des Rates statt. Einige Kooperationsvereinbarungen sehen eine Konfliktlösung auf der politischen Ebene durch den AStV und notfalls durch den Rat, als „letztinstanzliches" Vermittlungsgremium, vor. Auch die informelle Praxis leitet die Koordinierung im Konfliktfall an den AStV oder den Rat weiter.

Sowohl der informelle Koordinierungsmechanismus als auch die Kooperationsvereinbarungen sehen keine Ergebnispflicht bei der Erarbeitung gemeinsamer Standpunkte vor.[1140] Somit ergeben sich hieraus grundsätzlich keine Einschränkungen im Hinblick auf die Rede- und Stimmrechte der EU und der Mitgliedstaaten im Falle eines Dissenses. Allerdings müssen die EU und die Mitgliedstaaten bei der Ausübung der Rede- und Stimmrechte den Grundsatz loyaler Zusammenarbeit beachten. Grundlegende Voraussetzung für eigene Standpunkte ist eine eindeutige Zuständigkeit. Denn nur in ihrem eigenen Zuständigkeitsbereich können die EU und die Mitgliedstaaten überhaupt je eigenständige Standpunkte vertreten. Darüber hinaus dürfen durch eigene Standpunkte die gemeinsamen Ziele nicht konterkariert werden. Inwiefern Art. 4 Abs. 3 EUV konkrete Voraussetzungen an die Ausübung der Rede- und Stimmrechte anlegt, ist bei der Mehrheit der Kooperationsvereinbarungen konkretisiert.

Die Interessenvertretung richtet sich sowohl bei der informellen als auch formellen Koordinierung grundsätzlich nach der/dem Kompetenz(-schwerpunkt). Unionsstandpunkte werden von der EU, (koordinierte) Standpunkte der Mitgliedstaaten von diesen selbst oder dem Ratsvorsitz und gemeinsame Standpunkte je nach Kompetenzschwerpunkt von der EU oder den Mitgliedstaaten vorgetragen und entsprechend abgestimmt. Sofern sich die EU und die Mitgliedstaaten einig sind, kann die Interessenvertretung unabhängig von der Kompetenzverteilung alleine durch die Kommission ausgeübt werden („Rom-Formel"). Die alleinige Führungsrolle der EU wird allerdings in der Regel von den Mitgliedstaaten abgelehnt (vgl. FAO-Neuvorschlag). In der Praxis kann sich die Kommission entgegen der Regelung manchmal dennoch als Führungsinstitution etablieren (z.B. WZO). Eine informelle Führungsrolle der EU ist den

---

1140 Siehe hierzu § 2 Teil C.I.1.c)aa).

Mitgliedstaaten anscheinend angenehmer als eine Festlegung in einer Kooperationsvereinbarung.

Im Rahmen gemischter Abkommen existieren nur 14 Kooperationsvereinbarungen. Bei allen anderen gemischten Abkommen erfolgt die EU-interne Koordinierung informell. Da der informelle mit dem formellen Mechanismus, wie eben dargestellt, in den Grundzügen übereinstimmt, ergibt sich jedenfalls in der Praxis auch nicht zwingend ein weiterer Bedarf an zusätzlichen Kooperationsvereinbarungen, wenngleich Kooperationsvereinbarungen im Hinblick auf ein einheitliches Koordinierungsverfahren für alle gemischte Abkommen zur effektiven Interessendurchsetzung auf internationaler Ebene und hinsichtlich der Verfahrenssicherheit bei der Interessenkoordinierung und Interessenvertretung sinnvoll wären. Art. 4 Abs. 3 EUV erwartet insofern nur eine Konkretisierung der Koordinierung. Das bedeutet nicht, dass diese in Form einer Kooperationsvereinbarung geschehen muss, solange in der Praxis die einheitliche völkerrechtliche Vertretung der EU und der Mitgliedstaaten gewährleistet ist. Informelle und formelle Koordinierung bestehen nebeneinander, ohne dass daraus ein Muster zu erkennen ist, wann die eine oder andere bevorzugt wird. Auch aus den Praxiserfahrungen ergeben sich keine Rückschlüsse, ob eine formelle oder informelle Koordinierung geeigneter ist. Ein genauer empirischer Vergleich wäre Gegenstand einer eigenständigen Untersuchung.

Der Vergleich zwischen dem aufgestellten Koordinierungsmechanismus durch die Kooperationsvereinbarungen und der konkreten Interessenkoordinierung und Interessenvertretung in der Praxis hat gezeigt, dass die Loyalitätspflichten, unabhängig davon, ob es sich um rechtlich verbindliche oder lediglich politische Verpflichtungen handelt, üblicherweise eingehalten werden. Lediglich politische Kooperationsvereinbarungen werden in der Praxis teilweise nicht eingehalten. So werden z.B. die Kooperationsvereinbarungen bzgl. der Rohstoffübereinkommen (PROBA 20, PROBA 20a, PROBA 2002), der WTO sowie der Vereinten Nationen nicht mehr angewendet. Andere werden nur in Teilen herangezogen[1141] oder es wird von den Regelungen abgewichen. Diese Feststellung legt nahe, dass rechtlich verbindliche Kooperationsvereinbarungen in der Praxis auch eher befolgt werden. Dagegen gibt es bei den anderen unverbind-

---

1141 Im Rahmen der FAO-Vereinbarungen wird nur die rechtlich verbindliche FAO-Vereinbarung I angewendet.

lichen Kooperationsvereinbarungen auch nur geringe Abweichungen vom vorgesehenen Koordinierungsmechanismus.

Sofern es sich um rechtlich verbindliche Kooperationsvereinbarungen handelt, sind entsprechende Verstöße gegen die Koordinierungsregeln mittels des EuGH gerichtlich durchsetzbar. Handelt es sich hingegen um lediglich politische Absprachen, können etwaige Verstöße gegen die Interessenkoordinierung und Interessenvertretung nur dann gerichtlich geltend gemacht werden, wenn entsprechendes unionales oder nationales Verhalten gegen die grundlegenden Loyalitätspflichten des Art. 4 Abs. 3 EUV verstößt. Lassen die Kooperationsvereinbarungen einen Spielraum zu, handelt es sich nicht um Abweichungen im engeren Sinne. Sie stellen vielmehr eine zulässige Konkretisierung dar, um der politisch notwendigen Flexibilität gerecht zu werden. Diese Flexibilität der Kooperationsvereinbarungen sind diesen sogar wesensimmanent, um auf unvorhergesehene Situationen und veränderte Interessenlagen auf internationaler Ebene angemessen reagieren zu können.

B. *Mögliche Verbesserungen für Kooperationsvereinbarungen*

Im Folgenden sollen mögliche Verbesserungen und etwaige Vereinheitlichungen für Kooperationsvereinbarungen aufgezeigt werden. Diese sollen die Einheitlichkeit der völkerrechtlichen Vertretung der EU und der Mitgliedstaaten fördern und die Interessenkoordinierung und Interessenvertretung im Hinblick auf gemischte Gremien erleichtern. Unabhängig davon, dass sich die Kooperationsvereinbarungen nicht grundlegend voneinander unterscheiden, ergeben sich Verbesserungsmöglichkeiten im Hinblick auf Umfang, Struktur und Klarheit des Koordinierungsmechanismus. Das zeigen die teilweise existierenden Koordinierungskonflikte in der Praxis und die entsprechenden Verfahren vor dem EuGH.

Um die Notwendigkeit eines Vorschlags zu einer allgemeinen Kooperationsvereinbarung (III.) aufzuzeigen, werden zunächst konkrete Verbesserungsmöglichkeiten dargelegt (I.). Darüber hinaus wird die bereits existierenden „Allgemeine Regelung zu Erklärungen der EU in multilateralen Organisationen" dahingehend untersucht, ob diese nicht bereits eine ausreichende Basis der Koordinierung im Rahmen gemischter Abkommen darstellt und eine allgemeine Kooperationsvereinbarung überhaupt erforderlich ist (II.).

I. Verbesserungsmöglichkeiten

Zunächst sind die Kooperationsvereinbarungen formal nicht einheitlich aufgebaut. Die meist zweigliedrige Koordinierungsstruktur der Interessenkoordinierung und Interessenvertretung sollte im Aufbau aller Kooperationsvereinbarungen klar zum Ausdruck kommen, um der nationalen und unionalen Exekutive die Anwendung zu erleichtern. Von daher empfiehlt sich zunächst ein einheitlicher formaler Aufbau, der sich in Interessenkoordinierung und Interessenvertretung unterscheidet und auch die einheitliche Bezeichnung „Kooperationsvereinbarung" umfasst. Diese wird bis dato nicht verwendet, stellt aber die passende Handlungsform dar und sollte daher gegenüber anderen Handlungsformen auch namentlich abgegrenzt werden.

Des Weiteren sind auch inhaltliche Verbesserungen notwendig, um durch eine verbesserte inhaltliche Koordinierung der gemeinsamen Interessen, die Interessendurchsetzung auf internationaler Ebene effizienter zu gestalten. Im Rahmen der Interessenkoordinierung empfiehlt sich zunächst eine einheitliche Begriffsverwendung bzgl. der zu erarbeitenden Standpunkte.[1142] Da eine uneinheitliche Begriffsverwendung sowohl EU-intern als auch gegenüber Dritten verwirrend sein kann, sollte jede Kooperationsvereinbarung zwischen gemeinsamen Standpunkten der EU und der Mitgliedstaaten, Unionsstandpunkten und (koordinierten) Standpunkten der Mitgliedstaaten unterscheiden. Wie in den meisten Kooperationsvereinbarungen vorgesehen, richtet sich die Art des Standpunkts nach der Kompetenzverteilung in Bezug auf den konkreten Beratungsgegenstand in den gemischten Gremien. In der Praxis werden jedoch, unabhängig von der Kompetenzverteilung, teilweise gemeinsame Standpunkte erarbeitet und gegenüber Dritten vertreten. Diese haben den Vorteil, dass die Kompetenzverteilung zwischen der EU und den Mitgliedstaaten nicht bis ins letzte Detail geklärt sein muss und erspart langwierige interne Diskussionen über die Kompetenzverteilung. Die inhaltliche Koordinierung kann durch den Wegfall der formellen und teilweise zeitintensiven Frage nach der Art des Standpunkts in den Vordergrund des Koordinierungsmechanismus treten. Zudem können die EU und die Mitgliedstaaten unabhängig von der Kompetenzverteilung gegenüber Dritten einheitlich auftreten und ihrem Standpunkt durch insgesamt 29 Völkerrechtssubjekte mehr Gewicht

---

1142 Siehe zu den unterschiedlichen Standpunkten § 2 Teil C.II.1.a).

verleihen. Alleine das äußere Erscheinungsbild dient der völkerrechtlich einheitlichen Vertretung. Im Außenverhältnis sind die EU und die Mitgliedstaaten sowieso meistens gemeinsam als Gesamtschuldner verantwortlich. Gemeinsame Standpunkte sollten demnach als obligatorischer Standpunkt in den Kooperationsvereinbarungen vorgesehen werden.

Die inhaltliche Koordinierung sollte wie bisher in den zuständigen Ratsarbeitsgruppen stattfinden. Die Kooperationsvereinbarungen sollten ausdrücklich den AStV und den Rat selbst als Konfliktlösungsgremien im Falle eines Dissenses in den Ratsarbeitsgruppen vorsehen, um die EU und die Mitgliedstaaten an diese Möglichkeit der Konfliktlösung zu erinnern.

Der formelle Abschluss eines Standpunkts gemäß Art. 218 Abs. 9 AEUV hat bisher keine Erwähnung in den Kooperationsvereinbarungen gefunden. Sofern Art. 218 Abs. 9 AEUV einschlägig ist, bedarf die Erarbeitung von Standpunkten unabhängig von den Regelungen der Kooperationsvereinbarungen eines formellen Ratsbeschlusses. Die Kooperationsvereinbarungen müssten hierzu den Hinweis enthalten, dass gemeinsame Standpunkte, die unionale Kompetenzen berühren und in den gemischten Gremien auf rechtswirksame Akte zielen, durch einen formellen Ratsbeschluss beschlossen werden müssen.

Der Kommission sollte weiterhin unter Zuhilfenahme nationaler Experten das Initiativrecht für gemeinsame Standpunkte zustehen. Entsprechende Entwürfe müssen zeitnah nach Erhalt der Tagesordnung der gemischten Gremien gemacht werden und idealerweise spätestens bis zu den Koordinierungssitzungen der Ratsvorbereitungsgremien fertig sein. Etwaige Anmerkungen bzw. Änderungswünsche sollten bereits vor den Koordinierungssitzungen vom Ratssekretariat gesammelt werden und an die Kommission weitergeleitet werden, sodass diese noch vor der Koordinierungssitzung die Möglichkeit hat, auf Einwände o.ä. zu reagieren. Durch diese Vorabkoordinierung kann der Schwerpunkt der Koordinierungssitzungen auf strittige Standpunkte gelegt werden, was die Koordinierung insgesamt effizienter gestaltet. Die Koordinierungssitzungen sollten eine Woche vor den Sitzungen der gemischten Gremien stattfinden, damit ausreichend Zeit für eine etwaige weitere Koordinierung zur Verfügung steht.

Insgesamt sollte der Koordinierungsmechanismus klar aber nicht zu detailliert sein, um möglichst flexibel politische Interessen berücksichtigen zu können. Der Verzicht auf detaillierte inhaltliche Vorgaben nahm bereits in der Vergangenheit den Konsensdruck und förderte die inhaltliche Koordinierung.[1143] Deshalb sollte auch keine Ergebnispflicht für gemeinsame Standpunkte vorgesehen werden, wie es Art. 4 Abs. 3 EUV aktuell auch nicht fordert. Die Koordinierungsstruktur sollte den Rahmen vorgeben, in welchem eine möglichst inhaltliche Diskussion Grundlage der Interessenkoordinierung und Interessenvertretung ist.

Auch die Interessenvertretung sollte durch die EU und die Mitgliedstaaten gemeinsam und nicht nach Kompetenz(-schwerpunkt) erfolgen. Die Kommission sollte die gemeinsamen Standpunkte unabhängig von der/vom Kompetenz(-schwerpunkt) in den gemischten Gremien vertreten und entsprechend abstimmen („Rom-Formel"). Die Mitgliedstaaten müssen insofern für den Verzicht auf die primäre Interessenvertretung trotzdem ausreichend in die Interessenvertretung eingebunden werden. Die Mitgliedstaaten müssen die gemeinsamen Standpunkte nach vorheriger interner Absprache unterstützen und/oder ergänzen (Unterstützungsklausel- bzw. -Pflicht).[1144] Dies ist jedoch ohne vorherige interne Absprache, wie etwa bei der allgemeinen Regelung zu Erklärungen der EU in multilateralen Organisationen, angesichts der völkerrechtlich einheitlichen Außenvertretung nicht zu empfehlen. Eine Unterstützung oder Ergänzung durch die Mitgliedstaaten muss an das interne Einvernehmen geknüpft sein. Diese interne Koordinierung nationaler Äußerungen verhindert, dass etwaige entgegenstehende Interessen der Mitgliedstaaten ungefiltert nach außen dringen.

Die gemeinsame Delegation sollte demnach, wie bereits in der FAO-Vereinbarung IV angedacht, ein „EU-Team" bilden, das aus Vertretern der Kommission und der Ratspräsidentschaft bzw. Mitgliedstaaten besteht. Der Vorteil gegenüber der Interessenvertretung nach Kompetenz(-schwerpunkt) besteht darin, dass für Dritte ein einheitlicher Ansprechpartner geschaffen wird. Durch den Wegfall der Frage nach der konkreten Interessenvertretung kann wiederum die inhaltliche Koordinierung fokussiert werden. Dank der Führungsrolle der Kommission kann auch das sich wiederholende „Kräftemessen"[1145] bei einer wechselnden Interessenvertretung vermieden werden.[1146] Darüber hinaus ist mit der einheitlichen Vertretung in Form einer „Stimme" die Erwartung erhöhter Einflussmöglichkeiten und einer effektiveren Durchsetzung der EU-Interessen auf interna-

---

1143 *Winkelmann*, ZaöRV 2000, 413, 421 f.
1144 Siehe hierzu bereits § 3 Teil C.III.
1145 Vgl. *Sack*, in: GS Grabitz, 1995, S. 656.
1146 Siehe hierzu auch § 2 Teil C.II.1.b).

tionaler Ebene verbunden.[1147] Die Führungsrolle der Kommission wird, unabhängig davon, dass die Mitgliedstaaten die Führungsrolle der Kommission skeptisch sehen und sich in den jüngeren Kooperationsvereinbarungen gegen eine solche ausgesprochen haben, in der Praxis dennoch mehrheitlich praktiziert.[1148]

Wenngleich der Schwerpunkt der Kooperationsvereinbarungen auf den gemischten Abkommen liegt, sollte eine zusätzliche Regelung aufgenommen werden, sofern die EU nicht an einem völkerrechtlichen Abkommen beteiligt ist (Member-States-Only-Abkommen). Für den Fall der Sachwalterschaft obliegt den Mitgliedstaaten die Interessenvertretung, die entsprechend den vorher abgestimmten gemeinsamen Standpunkten zu erfolgen hat. Die Mitgliedstaaten sollten versuchen, im konkreten Fall dennoch ein Rederecht für die EU zu erzielen oder einen Vertreter der EU zur Unterstützung der Interessenvertretung heranziehen.

Die Frage etwaiger Erklärungen im Falle eines Dissenses sollte nicht aufgenommen werden, um den formalen Druck zur Erarbeitung gemischter Standpunkte zu erhöhen. Die Möglichkeit nationaler und unionaler Standpunkte ist allen Beteiligten unter Loyalitätsgesichtspunkten bewusst und wird im Einzelfall nicht verhindert werden können.

II. Erforderlichkeit einer allgemeinen Kooperationsvereinbarung

Da bislang nur in einzelnen Fällen gemischter Abkommen Kooperationsvereinbarungen existieren und eine Vereinheitlichung des Mechanismus zur Interessenkoordinierung und Interessenvertretung sinnvoll ist, erscheint eine allgemeine Kooperationsvereinbarung für gemischte Abkommen erforderlich zu sein.[1149] Der Vorteil eines standardisierten allgemeinen Kooperationsmechanismus besteht darin, Streitigkeiten hinsichtlich wiederkehrender Koordinierungssituationen zu vermeiden und den Schwerpunkt auf die inhaltliche Koordinierung sowie auf die externe

---

1147 *Kissack*, Pursuing Effective Multilateralism, 2010, S. 28. Siehe hierzu auch § 2 Teil C.II.3.

1148 Zur Favorisierung der Führungsrolle der Kommission auch *Gatti/Manzini*, CMLRev 2012, 1703, 1717.

1149 Vgl. zur Erforderlichkeit einer Kooperationsvereinbarung im Rahmen des UPOV, Nr. 1 des I/A-Punkt-Vermerks des Generalsekretariats des Rates für den AStV/Rat, 29.11.2005, Dok-Rat 14996/05.

Interessenvertretung zu legen. Darüber hinaus muss dann nicht für jedes gemischte Abkommen eine eigene Kooperationsvereinbarung abgeschlossen werden. Eine neue allgemeine Kooperationsvereinbarung könnte allerdings durch spezielle Kooperationsvereinbarungen ergänzt werden, sofern bei konkreten gemischten Abkommen ein weitergehender Bedarf zur Konkretisierung der Interessenkoordinierung und Interessenvertretung existiert. Der Anwendungsbereich für alle gemischte Abkommen sollte einführend klargestellt werden.

Wenngleich die informelle Koordinierung sich kaum von der formellen Koordinierung unterscheidet, so kann durch eine Kooperationsvereinbarung Verfahrenssicherheit für die Anwender hergestellt werden. Auch durch einen etwaigen unionalen und nationalen Personalwechsel und den Wechsel der Ratspräsidentschaft kann durch eine Kooperationsvereinbarung für die Kontinuität des Koordinierungsmechanismus gesorgt werden (Erhaltung institutionellen Wissens). Der Zweck einer Disziplinierung der einheitlichen Interessenkoordinierung und Interessenvertretung steht bei einer Kooperationsvereinbarung im Vordergrund. Gerade die Konflikte in der Praxis zeigen, dass alleine Art. 4 Abs. 3 EUV und die informelle Konkretisierung nicht ausreichend sind, um die EU und die Mitgliedstaaten hinsichtlich einer effektiven Interessenkoordinierung und Interessenvertretung zu disziplinieren. Der EuGH hat gerade durch seine Rechtsprechung zur loyalen Zusammenarbeit im Rahmen gemischter Abkommen die Initiative zu Kooperationsvereinbarungen gegeben und die EU und die Mitgliedstaaten zur weiteren Ausgestaltung angeregt. Zur Orientierung leistet die Judikatur des EuGH einen wichtigen Beitrag. Allerdings sind die abstrakten Vorgaben des EuGH für die konkrete Ausgestaltung der Koordinierungspflichten nicht ausreichend[1150] und müssen daher näher konkretisiert werden. Durch die Einordnung der FAO-Vereinbarung I als rechtlich verbindliche Kooperationsvereinbarung[1151] hat er die formelle Koordinierungsstruktur[1152] sowie die Verlässlichkeit und Planbarkeit der Koor-

---

1150 *Casolari*, in Blockmans/Wessel (Hrsg.), Principles and Practices of EU External Representation, 2012, S. 34.

1151 EuGH, Urteil vom 19.03.1996, Rs. C-25/94, Kommission/Rat, 1996, I-1469, Rn. 49.

1152 Die formelle Koordinierungsstruktur umfasst sowohl rechtlich verbindliche als auch unverbindliche Kooperationsvereinbarungen. Eine informelle Koordinierung findet in Ermangelung einer Kooperationsvereinbarung statt. Siehe hierzu bereits die Unterscheidung § 2 Teil D.

dinierung gestärkt. Darüber hinaus hat er auch die zwar politische, aber dennoch formelle Koordinierung aufgrund des Gentleman's Agreement zur Binnenschifffahrt hervorgehoben, indem er diese zur Auslegung des Art. 4 Abs. 3 EUV heranzog.[1153] Die Praxiserfahrungen haben gezeigt, dass trotz Bestehen einer Kooperationsvereinbarung hochpolitische Themen zu Konflikten führen können. Eine Kooperationsvereinbarung ist zwar insofern kein Garant für eine konfliktfreie Koordinierung. Aber man kann zumindest den Rahmen vorgeben, um Konflikten vorzubeugen und einen Mechanismus zur Streitschlichtung zu bieten. Auf der anderen Seite bedarf es auch noch ausreichender Flexibilität, damit auf die konkrete Koordinierung in den Ratsgremien und am Tagungsort der gemischten Gremien Rücksicht genommen werden kann.

Die allgemeine Regelung zu Erklärungen der EU in multilateralen Organisationen ist als allgemeine Kooperationsvereinbarung für gemischte Abkommen nicht ausreichend.[1154] Sie lässt einen konkreten Koordinierungsmechanismus, insbesondere ein Koordinierungsgremium, vermissen. Sie beschränkt sich nur auf eine Koordinierung vor Ort, ohne explizit auf eine vorherige Koordinierung in Brüssel einzugehen. Auch enthält die Kooperationsvereinbarung keine Regelung zur Ausübung des Stimmrechts. Darüber hinaus wird die uneingeschränkte unkoordinierte Unterstützungspflicht kritisiert.[1155] Zudem ist die Kooperationsvereinbarung bisher in der Praxis wenig bekannt und wird deshalb kaum angewendet.[1156] Das könnte neben dem Koordinierungsmechanismus mit einigen offenen Fragen auch daran liegen, dass es sich um eine rechtlich unverbindliche Kooperationsvereinbarung handelt.

Teilweise wird auch eine (weitere) Aufnahme der Zusammenarbeitspflichten im Rahmen gemischter Abkommen zwischen der EU und den Mitgliedstaaten ins Primärrecht vorgeschlagen.[1157] *Sack* spricht sich dabei neben einer eigenständigen Primärrechtsregelung für die Beteiligung an

---

1153 EuGH, Urteil vom 02.06.2005, Rs. 266/03, Kommission/Luxemburg, Slg. 2005, I-4805, Rn. 62.
1154 Siehe ausführlich zur allgemeinen Regelung § 3 Teil B.XI.
1155 *Van Vooren/Wessel*, EU External Relations Law, 2014, S. 261.
1156 Siehe zur praktischen Anwendung der Kooperationsvereinbarung § 3 Teil B.XI.3.
1157 *Sack*, CMLRev 1995, 1227, 1256; *Rodenhoff*, Die EG und ihre Mitgliedstaaten als völkerrechtliche Einheit bei umweltvölkerrechtlichen Übereinkommen, 2008, S. 321 f.; *Dashwood*, in: Hillion/Koutrakos (Hrsg.), Mixed Agreements, 2010, S. 351; *Schwichtenberg*, Die Kooperationsverpflichtung der Mitgliedstaa-

internationalen Organisationen auch für rechtlich verbindliche Ratsbeschlüsse aus, die den Koordinierungsmechanismus regeln.[1158] Auch
Schwichtenberg und *Rodenhoff* wollen neben Art. 4 Abs. 3 EUV eine ausdrückliche Kooperationsverpflichtung in die EU-Verträge aufnehmen.[1159]
Eine eigenständige primärrechtliche Regelung neben Art. 4 Abs. 3 EUV
ist allerdings nicht notwendig und nicht sinnvoll, da der Grundsatz loyaler
Zusammenarbeit auch die Zusammenarbeit zwischen der EU und den Mitgliedstaaten umfasst und die Grundregeln der Koordinierung vorgibt. Eine
kurzfristigere Änderung des Koordinierungsmechanismus wäre darüber
hinaus durch eine Primärrechtskodifizierung nicht möglich. Eine weitere
abstrakte Primärrechtskodifizierung würde einem notwendigen detaillierten Koordinierungsverfahren in Form einer Kooperationsvereinbarung
nicht gerecht werden.

III. Vorschlag für eine allgemeine Kooperationsvereinbarung

Ausgangspunkt für eine allgemeine Kooperationsvereinbarung wäre
zunächst eine rechtlich verbindliche Vereinbarung zwischen der EU und
den Mitgliedstaaten. Eine solche wird bevorzugt, da die Praxisauswertung
ergeben hat, dass von lediglich politischen Absprachen in der Praxis teilweise abgewichen wird. Darüber hinaus sind rechtlich verbindliche
Kooperationsvereinbarungen und der entsprechende Koordinierungsmechanismus unmittelbar durch den EuGH justiziabel (Rechtssicherheit).
Wenngleich die Transparenz der Koordinierung und die Disziplin bei der
einheitlichen völkerrechtlichen Vertretung – unabhängig von der Handlungsform bzw. der Verbindlichkeit der Kooperationsregeln – erhöht werden kann,[1160] so hat zum Beispiel die Feststellung des EuGH zur Verbindlichkeit der FAO-Vereinbarung I dafür gesorgt, dass diese Kooperations-

---

ten der Europäischen Union bei Abschluss und Anwendung gemischter Verträge, 2014, S. 202 f.; *Koutrakos*, EU International Relations, 2015, S. 204 f.
1158 *Sack*, CMLRev 1995, 1227, 1256.
1159 *Rodenhoff*, Die EG und ihre Mitgliedstaaten als völkerrechtliche Einheit bei
umweltvölkerrechtlichen Übereinkommen, 2008, S. 321 f.; *Schwichtenberg*, Die
Kooperationsverpflichtung der Mitgliedstaaten der Europäischen Union bei
Abschluss und Anwendung gemischter Verträge, 2014, S. 202 f.
1160 Vgl. *Timmermanns*, in: Dashwood/Hillion (Hrsg.), S. 244.

vereinbarung bis heute in der Praxis eingehalten wird.[1161] Bisher sind weniger als 20 % der Kooperationsvereinbarungen rechtlich verbindlich. In der Praxis werden aber gerade diese besonders befolgt. Bei rein politischen Kooperationsvereinbarungen hat der EuGH jedenfalls aus der Vereinbarung selbst keine Loyalitätspflicht hergeleitet und diese nur zur Auslegung des Art. 4 Abs. 3 EUV herangezogen.[1162] Politische Absprachen wären für die unionalen und nationalen Beteiligten insgesamt flexibler. Die notwendige inhaltliche Flexibilität muss aber mit einem rechtlich verbindlichen Rahmen einhergehen. Natürlich können auch rechtliche Normen nicht alle Eventualitäten abdecken, sodass man auf ad hoc Regelungen zurückgreifen muss. Vorteil der rechtlich verbindlichen Kooperationsvereinbarungen ist dann der klar fixierte Koordinierungsmechanismus, ohne dass Art. 4 Abs. 3 EUV und die Rechtsprechung des EuGH herangezogen werden müssen, um Inhalt und Umfang der Zusammenarbeit zu bestimmen. Die Einhaltung politisch verbindlicher Regelungen sind nur beschränkt vorhersehbar: für die EU und die Mitgliedstaaten sowie für Dritte. Für letztere sind die Kooperationsvereinbarungen, ähnlich wie Zuständigkeitserklärungen, besser zu durchschauen und einzuschätzen. Verfahrenssicherheit bzgl. der Koordinierung kann demnach unmittelbar nur mit einer rechtlich verbindlichen Kooperationsvereinbarung hergestellt werden. Die reine Möglichkeit der Justiziabilität der Zusammenarbeitspflichten aufgrund der Kooperationsvereinbarung soll bei den Beteiligten eine höhere Verhaltenssteuerung und damit eine einheitlichere völkerrechtliche Vertretung bewirken (vgl. CAK-Kooperationsvereinbarung).

Eine allgemeine Kooperationsvereinbarung muss, um rechtlich verbindliche Pflichten hervorzuheben, durch den Rat abgeschlossen werden und sollte einen expliziten Hinweis auf die Rechtsverbindlichkeit enthalten.[1163] Bei einer allgemeinen Kooperationsvereinbarung muss die Hürde zur Einigung auf eine rechtliche Verbindlichkeit nur einmal überwunden werden, sodass diese schlussendlich für alle gemischten Abkommen, abgesehen von Spezialvereinbarungen, gilt. Schwammige oder ungenaue Regelungen, wie teilweise in den Kooperationsvereinbarungen enthalten, müs-

---

1161 Vgl. EuGH, Urteil vom 19.03.1996, Rs. C-25/94, Kommission/Rat, 1996, I-1469 und inhaltliche Analyse der FAO-Vereinbarungen § 3 Teil B.II.

1162 EuGH, Urteil vom 02.06.2005, Rs. 266/03, Kommission/Luxemburg, Slg. 2005, I-4805, Rn. 62.

1163 Siehe zum Abschluss einer Kooperationsvereinbarung durch den Rat § 4 Teil A.III.2.a). und deren Bindungskriterien § 4 Teil A.III.3.

sen der Klarheit und Rechtssicherheit sowie der Anwenderfreundlichkeit wegen vermieden werden. Entsprechende Regelungen würden dem Ziel einer völkerrechtlich einheitlichen Vertretung widersprechen, wenn sie verschiedene Deutungen über die Interessenkoordinierung und Interessenvertretung zulassen oder den Koordinierungsmechanismus nur unvollständig regeln würden.

Darüber hinaus empfiehlt sich zur Abgrenzung gegenüber interinstitutionellen Vereinbarungen und Verwaltungsabkommen die Bezeichnung als „Kooperationsvereinbarung zwischen der EU und den Mitgliedstaaten zur Interessenkoordinierung und Interessenvertretung im Rahmen der Durchführung völkerrechtlicher (gemischter) Abkommen". Hierdurch wird die eigenständige Handlungsform „sui generis" herausgestellt.

Die Koordinierung sollte man auf einen einheitlich rechtlich verbindlichen Standard stellen, der über die allgemeinen Loyalitätspflichten des Art. 4 Abs. 3 EUV hinausgeht. Grundzüge der Koordinierung im Sinne einer einheitlichen völkerrechtlichen Vertretung müssen für alle gemischten Gremien gleich sein, sodass die generelle Interessenkoordinierung und Interessenvertretung nicht in Frage gestellt werden sollte. Der Schwerpunkt der Koordinierung kann dann auf die inhaltlichen Fragen gelegt werden. Die formellen Koordinierungskriterien sind somit für alle gemischten Abkommen identisch. Für Details kann Spielraum existieren, um den Situationen im Einzelfall gerecht zu werden und eine ausreichende Flexibilität für politische Einflüsse zu belassen. Eine weitergehende Präzisierung des Koordinierungsmechanismus kann, wenn in der Praxis notwendig, in speziellen Kooperationsvereinbarungen vorgenommen werden. So könnte dann die allgemeine Kooperationsvereinbarung als Vorbild für bestimmte gemischte Abkommen herangezogen werden.

Aus den unter I. dargelegten Verbesserungsmöglichkeiten ergibt sich folgender Vorschlag für eine allgemeine Kooperationsvereinbarung, die durch den Rat abgeschlossen werden und im Amtsblatt der EU (L-Reihe) veröffentlicht werden sollte. Der Vorschlag folgt einem einheitlichen Aufbau und unterscheidet zwischen der Interessenkoordinierung und Interessenvertretung und trägt zur Abgrenzung gegenüber anderen Handlungsformen die Bezeichnung „Kooperationsvereinbarung". Bei der Interessenkoordinierung werden die unterschiedlichen Standpunkte genannt und die obligatorischen gemeinsamen Standpunkte herausgestellt, die es gilt im Rahmen der Koordinierungssitzungen in den Ratsarbeitsgruppen auf Vorschlag der Kommission zu erarbeiten. Die Vereinbarung enthält den Hinweis auf den AStV und den Rat als Konfliktlösungsgremien sowie das

Erfordernis eines formellen Ratsbeschlusses gemäß Art. 218 Abs. 9 AEUV. Die Interessenvertretung übernimmt bei gemeinsamen Standpunkten und Unionsstandpunkten die Kommission, sodass ein einheitlicher Ansprechpartner gegenüber Dritten geschaffen wird. Die Mitgliedstaaten haben insofern nach entsprechender interner Koordinierung die Möglichkeit den Standpunkt zu unterstützen bzw. zu ergänzen. Sofern die EU kein Mitglied des Abkommens ist, wird die Sachwalterschaft der Mitgliedstaaten herausgestellt. Da es sich um eine allgemeine Kooperationsvereinbarung handelt, wird davon abgesehen detaillierte Vorgaben zum Koordinierungsmechanismus zu machen. Dies könnte in speziellen Kooperationsvereinbarungen für konkrete Abkommen geregelt werden.

Kooperationsvereinbarung zwischen der EU und den Mitgliedstaaten zur Interessenkoordinierung und Interessenvertretung im Rahmen der Durchführung völkerrechtlicher (gemischter) Abkommen

Angesichts des Grundsatzes loyaler Zusammenarbeit sowie der Notwendigkeit einer einheitlichen völkerrechtlichen Vertretung der Union und ihrer Mitgliedstaaten in Einklang mit dem Vertrag über die Europäische Union und dem Vertrag über die Arbeitsweise der Europäischen Union und der Rechtsprechung des Gerichtshofes der Europäischen Union zur Durchführung internationaler (gemischter) Abkommen wird zwischen der EU und den Mitgliedstaaten folgende rechtlich verbindliche Kooperationsvereinbarung geschlossen:

1. Geltungsbereich
   Die Kooperationsvereinbarung gilt für die Interessenkoordinierung und Interessenvertretung zwischen der EU und den Mitgliedstaaten zur Vorbereitung von Gremiensitzungen völkerrechtlicher (gemischter) Abkommens bzw. internationaler Organisation, an denen die EU und/ oder die Mitgliedstaaten beteiligt sind.

2. Interessenkoordinierung

   2.1. Zur Vorbereitung einer Sitzung eines (gemischten) Gremiums finden Koordinierungssitzungen wie folgt statt:

   – im Vorfeld der Sitzung in Brüssel in der zuständigen Arbeitsgruppe des Rates, so bald wie möglich und so oft wie nötig, sowie zusätzlich

   – vor Ort, insbesondere zu Beginn und bei Bedarf während und nach Abschluss einer Sitzung.

2.2. In den Koordinierungssitzungen erfolgt die Erarbeitung von Standpunkten, die in den Sitzungen der (gemischten) Gremien vertreten werden sollen und anhand derer abgestimmt werden soll.

Hierzu können folgende Standpunkte im Hinblick auf die Tagesordnungspunkte unterschieden werden:

- gemeinsamer Standpunkt der EU und ihrer Mitgliedstaaten bei gemischter Zuständigkeit
- Unionsstandpunkt bzw. Standpunkt der EU bei alleiniger unionaler Zuständigkeit
- koordinierter Standpunkt der Mitgliedstaaten bei alleiniger nationaler Zuständigkeit

Unabhängig von der Kompetenzverteilung sollen im Hinblick auf eine einheitliche völkerrechtliche Vertretung der EU und ihrer Mitgliedstaaten grundsätzlich gemeinsame Standpunkte der EU und der Mitgliedstaaten erarbeitet werden.

Die Kommission entwirft im Vorfeld der Koordinierungssitzungen Vorschläge zu gemeinsamen Standpunkten und verteilt diese über das Ratssekretariat an die Mitgliedstaaten. Die Kommission kann die Mitgliedstaaten bei der Ausarbeitung der Entwürfe miteinbeziehen.

Sofern Standpunkte unionale Kompetenzen berühren und in den gemischten Gremien auf rechtswirksame Akte zielen, muss der Rat gemäß Art. 218 Abs. 9 AEUV die entsprechenden Standpunkte durch formellen Ratsbeschluss feststellen.

2.3. Können die Kommission und die Mitgliedstaaten in Koordinierungssitzungen keinen gemeinsamen Standpunkt – auch wegen Uneinigkeit über die Zuständigkeitsverteilung – erzielen, so wird der Ausschuss der Ständigen Vertreter und/oder der Rat mit der Angelegenheit befasst.

3. Interessenvertretung

3.1. Gemeinsame Standpunkte der EU und ihrer Mitgliedstaaten werden von der Kommission in den Gremien im Namen der EU und ihrer Mitgliedstaaten vertreten und entsprechend der abgestimmten Position durch die Kommission abgestimmt.

Nach entsprechender interner Koordinierung können die Ratspräsidentschaft oder die Mitgliedstaaten das Wort ergreifen, um den gemeinsamen Standpunkt zu unterstützen und/oder zu ergänzen.

Sofern die EU an den Sitzungen der internationalen Gremien nicht teilnahmeberechtigt ist, übernimmt die Ratspräsidentschaft als Sachwalter die Interessenvertretung der gemeinsamen Standpunkte. Die Mitgliedstaaten bemühen sich dennoch um ein Rederecht der Kommission.

3.2. Unionsstandpunkte werden durch die Kommission im Namen der Union vertreten. Die Kommission stimmt auch im Namen der EU ab. Nach entsprechender Koordinierung können auch die Mitgliedstaaten das Wort ergreifen, um den Unionsstandpunkt zu unterstützen und/oder zu ergänzen.

Sofern die EU an den Sitzungen der internationalen Gremien nicht teilnahmeberechtigt ist, übernimmt die Ratspräsidentschaft als Sachwalter die Interessenvertretung der gemeinsamen Standpunkte. Die Mitgliedstaaten bemühen sich dennoch um ein Rederecht der Kommission.

3.3. Bei koordinierten Standpunkten der Mitgliedstaaten, wird das Rede- und Stimmrecht von den Mitgliedstaaten ausgeübt. Nach entsprechender Koordinierung kann auch die Kommission das Wort ergreifen, um den koordinierten Standpunkt der Mitgliedstaaten zu unterstützen und/oder zu ergänzen.

IV. Zusammenfassung: Mögliche Verbesserungen für Kooperationsvereinbarungen

Der Vorteil einer vereinheitlichten Kooperationsvereinbarung liegt darin, dass Standardsituationen bei der Interessenkoordinierung und Interessenvertretung geregelt werden und dadurch Streitigkeiten vermieden werden können. Durch die Normierung eines einheitlichen Koordinierungsverfahrens entsteht für die beteiligten nationalen und unionalen Akteure Verfahrens- und Planungssicherheit im Hinblick auf die internationale Interessenwahrnehmung. Denn die abstrakte Pflicht zur loyalen Zusammenarbeit im Bereich gemischter Abkommen allein ist unzureichend. Art. 4 Abs. 3 EUV lässt den Beteiligten zu viel Spielraum, welcher auf internationaler Ebene zulasten der Interessendurchsetzung gehen kann. Eine einheitliche Kooperationsvereinbarung vermittelt der nationalen und unionalen Exekutive, unabhängig von einem etwaigen Personalwechsel, die Kenntnis von der notwendigen Interessenkoordinierung und Interessenvertretung in gemischten Gremien.

Die Fokussierung auf gemeinsame Standpunkte bei der Interessenkoordinierung und die Führungsrolle der Kommission bei der Interessenvertretung ermöglicht es der EU und den Mitgliedstaaten, den Schwerpunkt auf die inhaltliche Koordinierung und die effektive Außenvertretung zu legen. Die allgemeine Formalisierung in Form einer allgemeinen Kooperationsvereinbarung wird die inhaltliche Flexibilität und ein etwaiges Abweichen im Einzelfall nicht einschränken. Hierzu lässt die Kooperationsvereinbarung trotz ihres rechtlich verbindlichen Charakters einen inhaltlichen Spielraum zu. Die teilweise unterschiedlichen Interessen der EU und ihrer Mitgliedstaaten lassen auch in Zukunft Reibungen und Konflikte entstehen. Durch eine allgemeine Kooperationsvereinbarung kann man diese aber reduzieren bzw. eine Anleitung zur Problemlösung in Form eines formalisierten Koordinierungsmechanismus an die Hand geben.

Durch die vorgeschlagene allgemeine Kooperationsvereinbarung sollen die Interessenkoordinierung und Interessenvertretung durch Verfahrenssicherheit und Transparenz konfliktärmer werden und dadurch die Interessendurchsetzung auf internationaler Ebene effizienter werden.

C. Zusammenfassung

Die vorliegende Untersuchung hat sich zunächst der loyalen Zusammenarbeit zwischen der EU und den Mitgliedstaaten bei der Verhandlung, beim Abschluss, bei der Unterzeichnung und bei der Durchführung im Rahmen gemischter Abkommen gewidmet und die grundlegenden Regeln zur Interessenkoordinierung und Interessenvertretung herausgearbeitet (§ 2). Es zeigte sich, dass der Grundsatz loyaler Zusammenarbeit (Art. 4 Abs. 3 EUV), als grundlegendes Prinzip unionalen Handelns auch im Bereich des Außenhandelns, insbesondere im Rahmen gemischter Abkommen Anwendung findet. Er ist zum einen aufgrund der „gesamtschuldnerischen" Haftung der EU und der Mitgliedstaaten für die völkerrechtlichen Rechte und Pflichten gegenüber den Vertragspartnern im Rahmen gemischter Abkommen besonders bedeutsam. Zum anderen ist er wichtig, um das Ziel einer völkerrechtlich einheitlichen Vertretung bei der Verhandlung, beim Abschluss, bei der Unterzeichnung und bei der Durchführung gemischter Abkommen zu gewährleisten. Aufgrund der „Weichenstellung" hinsichtlich der europäischen und nationalen Normsetzung, die teilweise in den Gremien der gemischten Abkommen stattfinden, sind die Interessenkoordinierung auf unionaler Ebene und die sich anschließende Interessenvertretung besonders wichtig. Es gilt, durch eine klare Verhandlungsposition seitens der EU und der Mitgliedstaaten inhaltlich auf die Konkretisierung der völkerrechtlichen Pflichten in den gemischten Gremien Einfluss zu nehmen und diese entsprechend der unionalen und nationalen Interessen zu prägen. Der Grundsatz der loyalen Zusammenarbeit ermöglicht es auch den nationalen Verwaltungen, insbesondere den Bundesministerien, ihre politisch-administrativen Vorstellungen in die entsprechenden Vorbereitungsgremien auf europäischer und internationaler Ebene einzubringen und teilweise durchzusetzen.

Um Konflikte zwischen der EU und den Mitgliedstaaten im Hinblick auf die Interessenkoordinierung und Interessenvertretung auf internationaler Ebene zu vermeiden, haben sich eine informelle Koordinierungsstruktur und formelle Kooperationsvereinbarungen zwischen der EU und den Mitgliedstaaten zur EU-internen Abstimmung etabliert. Diese konkretisieren Art. 4 Abs. 3 EUV sowie die Vorgaben des EuGH und beziehen sich sowohl auf die Verhandlung, den Abschluss, die Unterzeichnung als auch auf die Durchführung gemischter Abkommen. Gegenstand der Koordinierung ist die Erarbeitung gemeinsamer Standpunkte, Unionsstandpunkte und Standpunkte der Mitgliedstaaten (Interessenkoordinierung) sowie die Ausübung der Beteiligungsrechte in den gemischten Gremien (Interessenvertretung). Der Vergleich zwischen der informellen Koordinierung und der formellen Koordinierung in Form von Kooperationsvereinbarungen hat keine grundlegenden Unterschiede zum Vorschein gebracht.

Die inhaltliche Analyse der Kooperationsvereinbarungen (§ 3) hat gezeigt, dass insgesamt nur für wenige gemischte Abkommen formelle Zusammenarbeitsvereinbarungen zwischen der EU und den Mitgliedstaaten existieren. Insbesondere das Urteil des EuGH aus dem Jahr 1996 in der Rechtssache C-25/94, wonach der EuGH die FAO-Vereinbarung I als rechtlich verbindlich einstuft, hat zunächst dazu geführt, dass keine weiteren Kooperationsvereinbarungen abgeschlossen wurden. Wenngleich mit dem Abschluss der CAK-Kooperationsvereinbarung im Jahr 2003 eine weitere abgeschlossen wurde,[1164] fehlt es insbesondere an einer für alle gemischte Abkommen geltenden, einheitlichen Kooperationsvereinba-

---

1164 Siehe neben der CAK-Kooperationsvereinbarung die Kooperationsvereinbarung zur Durchführung des UNESCO-Abkommens zur kulturellen Vielfalt, die UPOV-Kooperationsvereinbarung, die Kooperationsvereinbarung zur UN-Behindertenrechtskonvention, die WZO-Kooperationsvereinbarung und die Allgemeine Regelung zu Erklärungen der EU in multilateralen Organisationen.

rung. Die allgemeine Regelung für Erklärungen der EU in multilateralen Organisationen ist, wie unter § 5 Teil C.II. dargelegt, unzureichend und deckt nicht den kompletten notwendigen Koordinierungsmechanismus ab.

Nachdem die ersten Kooperationsvereinbarungen zunächst nur die Erarbeitung gemeinsamer Standpunkte vorsehen, werden die verschiedenen Standpunkte, insbesondere mit der CAK-Kooperationsvereinbarung, anhand der Kompetenzverteilung unterschieden (vgl. gemeinsame Standpunkte, Unionsstandpunkte, Standpunkte der Mitgliedstaaten), sodass Zuständigkeitsfragen bei der Interessenkoordinierung wichtiger wurden. Auch die Interessenvertretung wandelt sich von einer anfänglichen formellen Führungsrolle der Kommission hin zu einer stärkeren Differenzierung. Die jüngeren Kooperationsvereinbarungen sprechen entweder der Kommission oder den Mitgliedstaaten bzw. der Ratspräsidentschaft die Interessenvertretung anhand der/des Zuständigkeit(-schwerpunkts) zu. In der Praxis nimmt in der Regel allerdings die Kommission – unabhängig von der Kompetenzverteilung – sowohl bei der Interessenkoordinierung, als auch bei der Interessenvertretung die Führungsrolle wahr. Das liegt zum einen am Selbstverständnis der Kommission, die EU und die Mitgliedstaaten nach außen zu repräsentieren (vgl. Art. 17 Abs. 1 S. 6 EUV), als auch am fachlichen Sachverstand der Kommission(-sbediensteten). Insbesondere kleinere Mitgliedstaaten geben im Rahmen ihrer Funktion des wechselnden Ratsvorsitzes die Koordinierung aus Ressourcenmangel an die Kommission ab. Insgesamt ist der EU, wie auch den Mitgliedstaaten, die formale Unterscheidung anhand der Kompetenzverteilung wichtiger als die faktische.[1165]

Die Kooperationsvereinbarungen beschreiben insgesamt keinen detaillierten Mechanismus, sondern geben nur einen Rahmen vor. Der Normierungsgrad hat allerdings seit dem Urteil des EuGH in der Rs. 25/94 zugenommen und sich auf einem mittleren bis hohen Niveau eingependelt. Wie bereits angedacht, besteht dennoch die Notwendigkeit der Vereinheitlichung und der Verbesserung. Aus diesem Grund wird eine allgemeine Kooperationsvereinbarung favorisiert und ein entsprechender Entwurf vorgeschlagen. Die Änderung bestehender Kooperationsvereinbarungen bzw. eine neue allgemeine Kooperationsvereinbarung muss allerdings auch einen gewissen Spielraum bei der Koordinierung im Einzelfall ermöglichen, da sich in der Praxis gezeigt hat, dass durch flexible Koope-

---

1165 Siehe hierzu auch § 3 Teil C.II.

rationsstrukturen eine Verbesserung der Koordinierung erzielt werden konnte (vgl. hierzu die allgemeine Regelung). Nichtsdestotrotz muss der Koordinierungsmechanismus, wie im Vorschlag zu einer allgemeinen Kooperationsvereinbarung angelegt, im Kern klar geregelt und rechtlich verbindlich sein.

Die rechtliche Analyse (§ 4) hat gezeigt, dass es sich bei Kooperationsvereinbarungen um eine Handlungsform „sui generis" handelt, die rechtlich verbindliche oder lediglich politische Bindungswirkung entfalten können. Eine allgemeingültige Aussage zur rechtlichen oder politischen Verbindlichkeit der Kooperationsvereinbarungen ist nicht möglich. Die konkrete Untersuchung der Kooperationsvereinbarungen nach deren rechtlicher oder politischer Bindungswirkung anhand der aufgestellten Bindungskriterien, insbesondere des Vertragsschlussgremiums (Rat oder Ratsvorbereitungsgremien) und des Bindungswillens, hat ergeben, dass unter den insgesamt 18 Kooperationsvereinbarungen lediglich drei[1166] rechtlich verbindliche Vereinbarungen in Form sekundärem Unionsrecht sind. Für diese ergibt sich eine unmittelbare justizielle Kontrollmöglichkeit durch den EuGH, wohingegen die deutliche Mehrheit (83,3%) nur insofern der gerichtlichen Überprüfung zugänglich ist, sofern die darauf gestützte Praxis gegen Art. 4 Abs. 3 EUV verstoßen.

Die durchgeführten Experteninterviews machen deutlich, dass die Koordinierung in der Praxis bis auf einzelne Konflikte einvernehmlich abläuft, wenngleich sowohl die EU als auch die Mitgliedstaaten darauf bedacht sind, möglichst viel Einfluss auf die Interessenkoordinierung und Interessenvertretung zu haben. So lehnen zum Beispiel sowohl die EU als auch die Mitgliedstaaten eine generelle unionale bzw. nationale Führungsrolle bei der Interessenvertretung ab.[1167] Trotz des kompetenziellen „Tauziehens" legen die unionalen und nationalen Akteure den Schwerpunkt ihrer Zusammenarbeit zurecht auf die inhaltliche Koordinierung, um ihre gemeinsamen Interessen bestmöglich nach außen vertreten zu können. Etwaige Kompetenzstreitigkeiten treten zugunsten einer effektiven einheitlichen Interessenvertretung zurück. Die Praxiserfahrungen zeigen aber auch, dass, je politischer ein Thema ist, desto konfliktreicher bzw. aufwendiger und zeitintensiver die Koordinierung zwischen der EU und den Mitgliedstaaten ist. Dieser Umstand ist nicht auf die Kooperationsvereinba-

---

1166 FAO I-, CAK- und COTIF-Kooperationsvereinbarung.
1167 Vgl. zum Beispiel ablehnende Haltung gegenüber FAO-Vereinbarung IV, FAO-Neuvorschlag und WTO-Entwurf.

rung und den dortigen Mechanismus zurückzuführen, sondern bemisst sich im konkreten Einzelfall anhand des Beratungsgegenstands in den gemischten Gremien und den (unterschiedlichen) unionalen und nationalen Interessen. Die praktischen Überlegungen führen dazu, dass die Praxis teilweise von den Kooperationsvereinbarungen abweicht. Sofern es sich um zulässige Konkretisierungen der Kooperationsvereinbarungen handelt, stellen diese keine Abweichungen dar. Wird allerdings vom verbindlich vorgeschriebenen Koordinierungsmechanismus abgewichen ist dies unzulässig.[1168]

Die gemeinsame Koordinierung der unionalen und nationalen Interessen für die internationale Ebene, die teilweise die konkrete Kompetenzverteilung im Hinblick auf eine völkerrechtlich einheitliche Vertretung außen vorlässt, sichert der EU und den Mitgliedstaaten – auch außerhalb ihrer Zuständigkeiten – eine inhaltliche Einwirkungsmöglichkeit auf die gemischten Gremien und deren Beschlussfassung. Insbesondere können die Mitgliedstaaten die Kommission durch nationale Experten bei der Erarbeitung von Standpunkten unterstützen und neben ihrem Fachwissen auch nationale Interessen in den Entscheidungsprozess einbringen. In der Praxis ist die Kommission auch angesichts eigener Ressourcen um nationale Hilfe dankbar.

Der Vergleich und die Entwicklung der Kooperationsvereinbarungen zeigen, dass teilweise Unterschiede hinsichtlich des Koordinierungsprozesses existieren. Inhaltlich beschreiben sie die Koordinierung teils weniger konkret, teils detaillierter und folgen keinem einheitlichen Aufbau. Eine einheitliche Unterscheidung in Interessenkoordinierung und Interessenvertretung wäre angesichts der chronologischen Koordinierung anwenderfreundlicher. Auch eine Veröffentlichung der Kooperationsvereinbarungen im Amtsblatt der EU sowie eine aktuelle Liste der Kooperationsvereinbarungen mit entsprechenden Fundstellen auf der Homepage der Kommission würde die Koordinierung transparenter und anwenderfreundlicher gestalten. Die umfassende Zusammenstellung der Kooperationsvereinbarungen im Rahmen dieser Untersuchung leistet demnach einen Beitrag zu erhöhter Transparenz bei der Interessenkoordinierung und Interessenvertretung der EU und ihrer Mitgliedstaaten auf internationaler Ebene.

Die angesprochenen Verbesserungsmöglichkeiten inhaltlicher und formaler Art führen zur Erforderlichkeit einer allgemeinen Kooperationsver-

---

1168 Siehe § 5 Teil B.

einbarung zwischen der EU und den Mitgliedstaaten (§ 5). Der hier vorgeschlagene Entwurf für eine rechtlich verbindliche Rahmenvereinbarung,
die für alle (gemischte) Abkommen bzw. deren (gemischten) Gremien gelten soll, würde die Interessenkoordinierung und Interessenvertretung auf
internationaler Ebene weiter verbessern und die Verfahrenssicherheit für
die nationalen und unionalen Beteiligen fördern.

Aus der untersuchten Entwicklung und dem Vergleich der Kooperationsvereinbarungen unter Einbeziehung der empirischen Ergebnisse lässt
sich schlussfolgern, dass formelle Koordinierungsstrukturen und Kooperationsvereinbarungen zwischen EU und Mitgliedstaaten gemäß dem Prinzip
der loyalen Zusammenarbeit zu einer kohärenteren Außendarstellung führen. Die EU und die Mitgliedstaaten können durch eine enge Zusammenarbeit, bestenfalls aufgrund kodifizierter Regeln, eine möglichst einheitliche völkerrechtliche Vertretung in internationalen Organisationen sicherstellen. Das gemeinsame abgestimmte Vorgehen in Form der internen
Interessenkoordinierung und der sich anschließenden gemeinsamen Interessenvertretung stärkt die Verhandlungsmacht der EU und ihrer Mitgliedstaaten auf internationaler Ebene. Dies nicht zuletzt dadurch, dass Dritte
die EU und ihre Mitgliedstaaten als verlässlichen und einheitlichen Verhandlungspartner wahrnehmen, ohne mit internen Machtkämpfen innerhalb der EU konfrontiert zu werden.

Literaturverzeichnis

Ahner, Juliane, Investor-Staat-Schiedsverfahren nach Europäischem Recht – Zulässigkeit und Ausgestaltung in Investitionsabkommen der Europäischen Union, Tübingen 2015.

Alemann, Florian von, Die Handlungsform der interinstitutionellen Vereinbarung – Eine Untersuchung des Interorganverhältnisses der europäischen Verfassung, Berlin/Heidelberg/New York 2006.

Antonczyk, Erik/Feske, Susanne/Oerding, Simon (Hrsg.), Einführung in die Internationalen Beziehungen, Opladen/Berlin/Toronto 2014.

Appel, Nicole, Das internationale Kooperationsrecht der Europäischen Union, Heidelberg 2016.

Arnauld, Andreas von (Hrsg.), Europäische Außenbeziehungen, Baden-Baden 2014.

Arnauld, Andreas von, Schriftliche Stellungnahme zur Vorbereitung der Anhörung im Ausschuss für Recht und Verbraucherschutz des Deutschen Bundestages am 13. Januar 2016 zur Beteiligung des Deutschen Bundestages an gemischten völkerrechtlichen Abkommen, https://www.bundestag.de/blob/401408/.../arnauld-data.pdf, 22.03.2018.

Barrón, Alban, Der Europäische Verwaltungsverbund und die Außenbeziehungen der Europäischen Union – Verwaltungskooperation mit auswärtigen Partnern, München 2016.

Bast, Jürgen, Grundbegriffe der Handlungsformen der EU – entwickelt am Beschluss als praxisgenerierter Handlungsform des Unions- und Gemeinschaftsrechts, Berlin/Heidelberg/New York 2006.

Bauschke, Gabriele/Becker, Stefan/Brauser-Jung, Gerrit/Eifert, Martin/Frank, Daniel/Gerking, Wiebke/Fuchs, Timm/Glöckner, Arne/Gostomzyk, Tobias/Hofmann, Ekkehard/Korte, Stefan/Lange, Meik/Martini, Mario/Mehde, Veith/Nowak, Carsten/Schülz, Charlotte (Hrsg.), Pluralität des Rechts – Regulierung im Spannungsfeld der Rechtsebenen, Stuttgart/München/Hannover/Berlin/Weimar/Dresden 2002.

Bernhardt, Rudolf/Geck, Wilhelm/Jaenicke Günther/Steinberger, Helmut (Hrsg.), Völkerrecht als Rechtsordnung, Internationale Gerichtsbarkeit, Menschenrechte – Festschrift für Hermann Mosler, Berlin/Heidelberg/New York 1983.

Bieber, Roland, Das Verfahrensrecht von Verfassungsorganen – Ein Beitrag zur Theorie der inner- und interorganschaftlichen Rechtsetzung in der Europäischen Gemeinschaft, im Staatsrecht und Völkerrecht, Baden-Baden 1992.

Bieber, Roland, The settlement of Institutional Conflicts on the Basis of Article 4 of the EEC Treaty, Common Market Law Review 1984, S. 505–523.

Bieber, Roland/Bleckmann, Albert/Capotorti, Léontin-Jean/Ehlermann, Claus-Dieter/Everling, Ulrich/Frowein, Jochen Abraham/Georgel, Jacques/Glaesner, Hans-Joachim/Golsong, Heribert/Grabitz, Eberhard (Hrsg.), Das Europa der zweiten Generation – Gedächtnisschrift für Christoph Sasse, Baden-Baden 1981.

Bieber, Roland/Epiney, Astrid/Haag, Marcel (Hrsg.), Die Europäische Union – Europarecht und Politik, 11. Auflage, Baden-Baden 2015.

Bleckmann, Albert, Der gemischte Vertrag im Europarecht, Europarecht 1976, S. 301–312.

Blockmans, Steven/Wessel, Ramses, (Hrsg.), Principles and Practices of EU External Representation, Cleer Working Papers 2012/5, Den Haag 2012.

Bobbert, Christian, Interinstitutionelle Vereinbarungen im Europäischen Gemeinschaftsrecht, Frankfurt am Main 2001.

Bogdandy, Armin von/Bast, Jürgen (Hrsg.), Europäisches Verfassungsrecht – Theoretische und dogmatische Grundzüge, 2. Auflage, Dordrecht/Heidelberg/London/New York 2009.

Böttner, Robert, The Treaty Amendment Procedures and the Relationship between Article 31 (3) TEU and the General Bridging Clause of Article 48 (7) TEU, European Constitutional Law Review 2016, S. 499–519.

Bungenberg, Marc/Herrmann, Christoph (Hrsg.), Die gemeinsame Handelspolitik der Europäischen Union – Fünf Jahre nach Lissabon – Quo Vadis?, Baden-Baden 2016.

Calliess, Christian/Ruffert, Matthias (Hrsg.), EUV/AEUV – Das Verfassungsrecht der Europäischen Union mit Europäischer Grundrechtecharta, 5. Auflage, München 2016.

Cannizzaro, Enzo (Hrsg.), The European Union as an Actor in International Relations, The Hague 2002.

Corbach, Bernadette, Die Europäische Gemeinschaft, ihre Mitgliedstaaten und ihre Stellung in ausgewählten Internationalen Organisationen, Berlin 2005.

Craig, Paul/Búrca, Gráinne de, EU Law – Text, Cases, and Materials, 6. Auflage, Oxford 2015.

Crawford, James, Brownlie's Principles of Public International Law, 8. Auflage, Oxford 2012.

Cremona, Marise, Extending the reach of the AETR principle: Comment on Commission v Greece (C-45/07), European Law Review 2009, S. 754–768.

Cremona, Marise, Member States as Trustees of the Community Interest – Participating in International Agreements on behalf of the European Community, European University Institute Working Papers Law 2009/17, Florenz 2009.

Dashwood, Alan/Hillion, Christophe (Hrsg.), The General Law of E.C. External Relations, London 2000.

Delgado Casteleiro, Andrés/Larik, Joris, The Duty to remain Silent: Limitless Loyalty in EU External Relations?, European Law Review 2011, S. 524–541.

Díez-Hochleitner, Javier/Martínez Capdevila, Carmen/Blázquez Navarro, Irene/Frutos Miranda, Javier (Hrsg.), Recent Trends in the Case Law of the Court of Justice of the European Union, Madrid 2012.

Driessen, Bart, Interinstitutional Conventions and institutionale balance, European Law Review 2008, S. 550–562.

Driessen, Bart, Interinstitutional Conventions in EU Law, London 2007.

Duden, Das Wörterbuch der Synonyme, Mannheim/Zürich 2012.

Eeckhout, Piet, EU External Relations Law, 2. Auflage, Oxford 2011.

Eiselt, Isabella/Slominski, Peter, Sub-Constitutional Engineering: Negotiation, Content, and Legal Value of Interinstitutionale Agreements in the EU, European Law Journal 2006, S. 209–225.

Engbrink, Dennis, Die Kohärenz des auswärtigen Handelns der Europäischen Union, Tübingen 2014.

Epiney, Astrid, Zur Stellung des Völkerrechts in der EU – Zugleich Besprechung von EuGH, EuZW 1998, 572 – Hermès und EuGH, EuZW 1998, 694 – Racke, Europäische Zeitschrift für Wirtschaftsrecht 1999, S. 5–11.

Epiney, Astrid/Gross, Dominique, Zu den verfahrensrechtlichen Implikationen der Kompetenzverteilung der EG und den Mitgliedstaaten im Bereich der Außenbeziehungen – unter besonderer Berücksichtigung des Umweltrechts, Natur und Recht 2005, S. 353–361.

FAO, Statistical Yearbook 2013, http://www.fao.org/economic/ess/ess-publications/ess-yearbook/en/, 22.03.2018.

Fastenrath, Ulrich, Zur Abgrenzung des Gesetzgebungsvertrags vom Verwaltungsabkommen i.S.d. Art. 59 Abs. 2 GG am Beispiel der UNESCO-Welterbekonvention, Die Öffentliche Verwaltung 2008, S. 697–706.

Frenz, Walter, Außenkompetenzen der Europäischen Gemeinschaften und der Mitgliedstaaten im Umweltbereich – Reichweite und Wahrnehmung, Berlin 2001.

Frenz, Walter, Die neue GASP, Zeitschrift für ausländisches öffentliches Recht und Völkerrecht 2010, S. 487–521.

Friauf, Karl Heinrich, Zur Problematik des verfassungsrechtlichen Vertrages, Archiv des öffentlichen Rechts 88 (1963), S. 257–313.

Frid, Rachel, The European Economic Community a Member of a Specialized Agency of the United Nations, European Journal of International Law 1993, S. 239–255.

Frid, Rachel, The Relations Between the EC and International Organizations – Legal Theory and Practice, The Hague 1995.

Gatti, Mauro/Manzini, Pietro, External Representation of the European Union in the Conclusion of International Agreements, Common Market Law Review 2012, S. 1703–1734.

Gauweiler, Marijke, Die rechtliche Qualifikation innerorganschaftlicher Absprachen im Europarecht, Mainz 1988.

Geiger, Rudolf/Khan, Daniel-Erasmus/Kotzur, Markus (Hrsg.), EUV/AEUV – Vertrag über die Europäische Union und Vertrag über die Arbeitsweise der Europäischen Union, 6. Auflage, München 2017.*Glaesner, Hans-Joachim*, Mögliche Konfliktzonen zwischen den Gemeinschaftsorganen,

Europarecht 1981, S. 9–22.

Govaere, Inge/Capiau, Jeroen/Vermeersch, An, In-Between Seats: The Participation of the European Union in International Organizations, European Foreign Affairs Review 2004, S. 155–187.

Grabitz, Eberhard/Hilf, Meinhard/Nettesheim, Martin (Hrsg.), Das Recht der Europäischen Union, 60. Ergänzungslieferung, München 2015.

Grabitz, Eberhard/Läufer, Thomas, Das Europäische Parlament, Bonn 1980.

Graf Vitzthum, Wolfgang/Proelß, Alexander (Hrsg.), Völkerrecht, 6. Auflage, Berlin/ Boston 2013.

Griller, Stefan/Weidel, Birgit (Hrsg.), External Economic Relations and Foreign Policy in the European Union, Wien 2002.

Groeben, Hans von der/*Schwarze, Jürgen/Hatje, Armin* (Hrsg.), Europäisches Unionsrecht – Vertrag über die Europäische Union, Vertrag über die Arbeitsweise der Europäischen, Union Charta der Grundrechte der Europäischen Union, 7. Auflage, Baden-Baden 2015.

Grzeszick, Bernd, Stellungnahme zur Beteiligung des Deutschen Bundestages an gemischten völkerrechtlichen Abkommen – Anhörung des Rechtsausschusses des Deutschen Bundestages am 13.01.2016, https://www.bundestag.de/blob/401476/.../ grzeszick-data.pdf, 22.03.2018.

Härtel, Ines, Handbuch Europäische Rechtsetzung, Berlin/Heidelberg 2006.

Heesen, Julia, Interne Abkommen – Völkerrechtliche Verträge zwischen den Mitgliedstaaten der Europäischen Union, Heidelberg 2015.

Heliskoski, Joni, Case C-370/07, Commission v. Council, Judgement of the Court of Justice (Second Chamber) of 1 October 2009, Common Market Law Review 2011, S. 555–567.

Heliskoski, Joni, Mixed Agreements as a Technique for Organizing the International Relations of the European Community and its Member States, The Hague/ London/New York 2001.

Herdegen, Matthias, Völkerrecht, 16. Auflage, München 2017.

Herzog, Roman/Scholz, Rupert/Herdegen, Matthias/Klein, Hans (Hrsg.), Grundgesetz – Kommentar, begründet von Maunz, Theodor/Dürig, Günter, München 79. Ergänzungslieferung 2016.

Hilf, Meinhard, Die rechtliche Bedeutung des Verfassungsprinzips der parlamentarischen Demokratie für den europäischen Integrationsprozess, Europarecht 1984, S. 9–40.

Hillgenberg, Hartmut, A Fresh Look at Soft Law, European Journal of International Law 1999, S. 499–515.

Hillion, Christophe/Koutrakos, Panos (Hrsg.), Mixed Agreements Revisited – The EU and its Member States in the World, Oxford 2010.

Hobe, Stephan, Einführung in das Völkerrecht, 10. Auflage, Tübingen 2014.

Hoffmeister, Frank, Outsider or Frontrunner? Recent Developments under International and European Law on the Status of the European Union in International Organizations and Treaty Bodies, Common Market Law Review 2007, S. 41–68.

Hofmeister, Hannes, Rechtliche Aspekte der Außenbeziehungen der EG – Eine Einführung, Juristische Ausbildung 2010, S. 203–207.

Hummer, Waldemar (Hrsg.), Paradigmenwechsel im Europarecht zur Jahrtausendwende – Ansichten österreichischer Integrationsexperten zu aktuellen Problemlagen, Wien/New York 2004.

Hummer, Waldemar, From "Interinstitutional Agreements" to "Interinstitutional Agencies/Offices"?, European Law Journal 2007, S. 47–74.

Hummer, Waldemar/Obwexer, Walter (Hrsg.), Der Vertrag von Lissabon, Baden-Baden 2009.

Iliopoulos-Strangas, Julia/Flauss, Jean-François (Hrsg.), Das soft law der europäischen Organisationen, Baden-Baden/Bern/Athen 2012.

Ipsen, Knut (Hrsg.), Völkerrecht, 6. Auflage, München 2014.

Jaag, Tobias, Demokratische Legitimation der EU-Außenpolitik nach Lissabon, Europarecht 2012, S. 309–323.

Jung, Forian, Reben, Wein und der EuGH: Zur Auslegung von Art. 219 Abs. 9 AEUV – Anmerkungen zum Urteil des EuGH vom 07.10.2014, Rs. C-399/12 – Deutschland/Rat, Europarecht 2015, S. 735–746.

Kaddous, Christine (Hrsg.), The European Union in International Organisations and Global Governance – Recent Developments, Oxford/Portland 2015.

Kaiser, Friederike, Gemischte Abkommen im Lichte bundesstaatlicher Erfahrungen, Tübingen 2009.

Karl, Joachim, Zur Rechtswirkung von Protokollerklärungen in der Europäischen Gemeinschaft, Juristen Zeitung 1991, S. 593–599.

Kelsen, Hans, Reine Rechtslehre, 2. Auflage, Wien 1960.

Kempen, Bernhard/Hillgruber, Christian, Völkerrecht, 2. Auflage, München 2012.

Keohane, Robert, International Institutions and State Power – Essays in International Relation Theory, Boulder/San Francisco/London 1989.

Kietz, Daniela/Maurer, Andreas, The European Parliament in Treaty Reform: Predefining IGCs through Interinstitutional Agreements, European Law Journal 2007, S. 20–46.

Kietz, Daniela/Slominski, Peter/Maurer, Andreas/Puntscher Riekmann, Sonja (Hrsg.), Interinstitutionelle Vereinbarungen in der Europäischen Union – Wegbereiter der Verfassungsentwicklung, Baden-Baden 2010.

Kissack, Robert, Pursuing Effective Multilateralism – The European Union, International Orgnaisations and the Politics of Decision Making, London 2010.

Klamert, Marcus, Rechtsprobleme gemischter Abkommen am Beispiel der UNESCO Konvention zum Schutz und der Förderung der Diversität kultureller Ausdrucksformen, Zeitschrift für öffentliches Recht 2009, S. 217–235.

Klamert, Marcus, The Principle of Loyalty in EU Law, Oxford 2014.

Koskenniemi, Martti (Hrsg.), International Law Aspects of the European Union, The Hague 1998.

Koutrakos, Panos, EU International Relations Law, 2. Auflage, Oxford/Portland 2015.

Krenzler, Horst Günter/Fonseca-Wollheim, Hermann da, Die Reichweite der gemeinsamen Handelspolitik nach dem Vertrag von Amsterdam – eine Debatte ohne Ende?, Europarecht 1998, S. 223–241.

Krenzler, Horst-Günther, Die vorläufige Anwendung völkerrechtlicher Verträge, Freiburg 1963.

Kronenberger, Vincent (Hrsg.), The European Union and the International Legal Order – Discord or Harmony?, The Hague 2001.

Krück, Hans, Völkerrechtliche Verträge im Recht der Europäischen Gemeinschaften, Berlin/Heidelberg/New York 1977.

Kuijper, Pieter Jan/Wouters, Jan/Hoffmeister, Frank/Baere, Geert De/*Ramopoulos, Thomas* (Hrsg.), The Law of EU External Relations – Cases, Materials and Commentary on the EU as an International Legal Actor, 2. Auflage, Oxford 2015.

Kumin, Andreas/Bittner, Philip, Die "gemischten" Abkommen zwischen der Europäischen Union und ihren Mitgliedstaaten einerseits und dritten Völkerrechtssubjekten andererseits, Europarecht-Beiheft 2/2012, S. 75–91.

Leal-Arcas, Rafael, The European Community and Mixed Agreements, European Foreign Affairs Review 2001, S. 483–513.

Lenaerts, Koen/Nuffel, Piet Van, European Union Law, 3. Auflage, London 2011.

Lenz, Carl Otto/Borchardt, Klaus-Dieter (Hrsg.), EU-Verträge, Kommentar, 6. Auflage, Köln/Wien 2012.

Lock, Tobias, Das Verhältnis zwischen dem EuGH und internationalen Schiedsgerichten, Tübingen 2010.

Lock, Tobias, The European Court of Justice and International Courts, Oxford 2015.

Lorenzmeier, Stefan, Europarecht – Schnell erfasst, 5. Auflage, Berlin/Heidelberg 2017.

Lüke, Gerhard/Ress, Georg/Will, Michael R. (Hrsg.), Rechtsvergleichung, Europarecht und Staatenintegration – Gedächtnisschrift für Léontin-Jean Constantinesco, Köln/Berlin/Bonn/München 1983.

Mackensen, Lutz, Deutsches Wörterbuch, 13. Auflage, Waltrop/Leipzig 2006.

MacLeod, Ian/Hendry, Ian D./Hyett, Stephen (Hrsg.), The External Relations of the European Communities – A Manual of Law and Practice, Oxford 1996.

Martin, Stephen (Hrsg.), The Construction of Europe – Essays in Honour of Emile Noël, Dordrecht 1994.

Max Planck Encyclopedia of Public International Law, 2015, www.ouplaw.com, 22.03.2018.

Mayer, Franz, Stellt das geplante Freihandelsabkommen der EU mit Kanada (CETA) ein gemischtes Abkommen dar?, https://www.bmwi.de/Redaktion/DE/Downloads/C-D/ceta-gutachten-einstufung-als-gemischtes-abkommen.html, 22.03.2018.

Mayer, Franz, Thesen zur öffentlichen Anhörung im Ausschuss für Wirtschaft und Energie im Deutschen Bundestag – Ausschussdrucksache des Bundestags 18 (9) 303, www.bundestag.de/blob/348398/.../franz-c--mayer--uni-bielefeld-data.pdf, 22.03.2018.

Mayr, Stefan, "Mixed" oder "EU-only" – Sind die Investitionsschutzbestimmungen im CETA von der Außenhandelskompetenz der EU "gedeckt"?, EuR 2015, S. 575–600.

Mayring, Philipp, Einführung in die qualitative Sozialforschung – Eine Anleitung zu qualitativem Denken, 5. Auflage, Weinheim/Basel 2002.

Metz, Andreas, Die Außenbeziehungen der Europäischen Union nach dem Vertrag über eine Verfassung für Europa – Eine Untersuchung aus kompetenzrechtlicher Sicht – mit Erläuterungen zu den Außenkompetenzen nach dem Vertrag von Nizza, Berlin 2007.

Möllers, Christoph, Staat als Argument, 2. Auflage, Tübingen 2011.

Monar, Jörg, Interinstitutional Agreements: The Phenomenon and its new Dynamics after Maastricht, Common Market Law Review 1994, S. 693–719.

Müller-Graff, Peter-Christian, Das "Soft Law" der europäischen Organisationen, Europarecht 2012, S. 18–34.

Münch, Ingo von (Hrsg.), Staatsrecht, Völkerrecht, Europarecht – Festschrift für Hans-Jürgen Schlochauer zum 75. Geburtstag am 28. März 1981, Berlin/New York 1981.

Nawparwar, Manazha, Die Außenbeziehungen der Europäischen Union zu internationalen Organisationen nach dem Vertrag von Lissabon, Halle 2009.

Neframi, Eleftheria, The Duty of Loyalty: Rethinking its Scope through its Application in the Field of EU External Relations, Common Market Law Review 2010, S. 323–359.

Neuwahl, Nanette, Joint Participation in International Treaties and the Exercise of Power by the EEC and its Member States: Mixed Agreements, Common Market Law Review 1991, S. 717–740.

Obwexer, Walter, Die Vertragsschlusskompetenzen und die vertragsschlussbefugten Organe der Europäischen Union, Europarecht-Beiheft 2/2012, S. 49–73.

O'Keeffe, David/Schermers, Henry G. (Hrsg.), Mixed Agreements, Deventer 1983.

Oppermann, Thomas/Classen, Claus/Nettesheim, Martin (Hrsg.), Europarecht – Ein Studienbuch, 7. Auflage, München 2016.

Pechstein, Matthias, Die Bedeutung von Protokollerklärungen zu Rechtsakten der EG, Europarecht 1990, S. 249–268.

Pechstein, Matthias, Die Intergouvernementalität der GASP nach Lissabon – Kompetenz-, Wirkungs-, Haftungs- und Grundrechtsfragen, Juristen Zeitung 2010, S. 425–476.

Pechstein, Matthias, Die Mitgliedstaaten der EG als Sachwalter des gemeinsamen Interesses – Gesetzgebungsnotstand im Gemeinschaftsrecht, Baden-Baden 1987.

Pechstein, Matthias/Nowak, Carsten/Häde, Ulrich (Hrsg.), Frankfurter Kommentar zu EUV, GRC und AEUV, Band IV, Tübingen 2017.

Pernice, Ingolf, Die EG als Mitglied der Organisationen im System der Vereinten Nationen: Konsequenzen für die Politik von Mitgliedstaaten und Drittstaaten, Europarecht 1991, S. 273–281.

Primosch, Edmund, Zur Genehmigung von "gemischten Abkommen" nach Art. 50 B-VG, ÖJZ 1997, S. 921–925.

Randelzhofer, Albrecht/Scholz, Rupert/Wilke, Dieter (Hrsg.), Gedächtnisschrift für Eberhard Grabitz, München 1995.

Rengeling, Hans-Werner (Hrsg.), Handbuch zum europäischen und deutschen Umweltrecht – Band I, 2. Auflage, Köln/Berlin/Bonn/München 2003.

Repasi, René, Völkervertragliche Freiräume für EU-Mitgliedstaaten, Europarecht 2013, S. 45–75.

Rodenhoff, Vera, Die EG und ihre Mitgliedschaft als völkerrechtliche Einheit bei umweltvölkerrechtlichen Übereinkommen, Baden-Baden 2008.

Sack, Jörn, Die Europäische Union in den Internationalen Organisationen – Bedeutung und Beteiligung sowie Aktion und Einfluss von Gemeinschaft und Mitgliedstaaten in diesen Gremien, Zeitschrift für europarechtliche Studien 2001, S. 267–284.

Sack, Jörn, The European Community's Membership of International Organizations, Common Market Law Review 1995, S. 1227–1256.

Sattler, Sven, Gemischte Abkommen und gemischte Mitgliedschaften der EG und ihrer Mitgliedstaaten – Unter besonderer Berücksichtigung der WTO, Berlin 2007.

Scheffler, Jan, Die Europäische Union als rechtlich-institutioneller Akteur im System der Vereinten Nationen, Bamberg 2009.

Schermers, Henry/Blokker, Niels (Hrsg.), International Institutional Law – Unity with Diversity, 5. Auflage, Leiden/Boston 2011.

Schulze, Reiner/Zuleeg, Manfred/Kadelbach, Stefan (Hrsg.), Europarecht – Handbuch für die deutsche Rechtspraxis, 3. Auflage, Baden-Baden 2015.

Schwarze, Jürgen, Das allgemeine Völkerrecht in den innergemeinschaftlichen Rechtsbeziehungen, Europarecht 1983, S. 1–39.

Schwarze, Jürgen, Möglichkeiten und Grenzen interinstitutioneller Vereinbarungen nach Maastricht, Europarecht-Beiheft 2/1995, S. 49–67.

Schwarze, Jürgen, Soft Law im Recht der Europäischen Union, Europarecht 2011, S. 3–19.

Schwarze, Jürgen/Becker, Ulrich/Hatje, Armin/Schoo, Johann (Hrsg.), EU-Kommentar, 3. Auflage, Baden-Baden 2012.

Schweitzer, Michael, Staatsrecht III – Staatsrecht, Europarecht, Völkerrecht, 10. Auflage, Heidelberg/München/Landsberg/Frechen/Hamburg 2010.

Schwichtenberg, Klaus, Die Kooperationsverpflichtung der Europäischen Union bei Abschluss und Anwendung gemischter Verträge, Frankfurt am Main 2014.

Seidl-Hohenveldern, Ignaz/Loibl, Gerhard, Das Recht der Internationalen Organisationen einschließlich der Supranationalen Gemeinschaften, 7. Auflage, Köln 2000.

Sell, Tina, Das Gebot der einheitlichen Auslegung gemischter Abkommen – Die Auslegungszuständigkeit des EuGH, Frankfurt am Main/Berlin/Bern/Brüssel/New York/Oxford/Wien 2005.

Snyder, Francis, Interinstitutional Agreements: Forms and Constitutional Limitations, European University Institute Working Paper Law 1995/4, Florenz 1995.

Stein, Klaus, Der gemischte Vertrag im Recht der Außenbeziehungen der Europäischen Wirtschaftsgemeinschaft, Berlin 1986.

Stein, Torsten/Buttlar, Christian von, Völkerrecht, 12. Auflage, Köln/München 2009.

Streinz, Rudolf (Hrsg.), EUV/AEUV – Vertrag über die Europäische Union und Vertrag über die Arbeitsweise der Europäischen Union, 2. Auflage, München 2012.

Streinz, Rudolf, Europarecht, 10. Auflage, Heidelberg/München/Landsberg/Frechen/Hamburg 2016.

Streinz, Rudolf/Ohler, Christoph/Herrmann, Christoph, Der Vertrag von Lissabon zur Reform der EU, 3. Auflage, München 2010.

Tauschinsky, Eljalill/Weiß, Wolfgang, The legislative choice between delegated and implementing acts: Walking a Labyrinth, (i.E.).

Temple Lang, John, Community Constitutional Law: Article 5 EEC Treaty, Common Market Law Review 1990, S. 645–681.

Terpan, Fabien, Soft Law in the European Union – The Changing Nature of EU Law, European Law Journal 2015, S. 68–96.

Thun-Hohenstein, Christoph/Cede, Franz/Hafner, Gerhard, Europarecht – Ein systematischer Überblick mit den Auswirkungen der EU-Erweiterung, Wien 2005.

Tournepiche, Anne-Marie, Les accords interinstitutionnels dans l'Union européenne, Brüssel 2011.

Tuschhoff, Christian, Internationale Beziehungen, Konstanz/München 2015.

Unruh, Peter, Die Unionstreue – Anmerkungen zu einem Rechtsgrundsatz der Europäischen Union, Europarecht 2002, S. 41–66.

Vedder, Christoph, Die Außenbeziehungen der EU und die Mitgliedstaaten: Kompetenzen, gemischte Abkommen, völkerrechtliche Verantwortlichkeit und Wirkungen des Völkerrechts, Europarecht-Beiheft 3/2007, S. 57–90.

Vedder, Christoph/Heintschel von Heinegg, Wolff (Hrsg.), Europäischer Verfassungsvertrag, Baden-Baden 2007.

Völker, E./Steenbergen, Jacques, Leading Cases and Materials on the External Relations Law of the E.C. – with emphasis on the Common Commercial Policy, Deventer/Antwerpen/Boston/London/New York 1985.

Vooren, Bart van/*Wessel, Ramses*, EU External Relations Law – Text, Cases and Materials, Cambridge 2014.

Vranes, Erich, Die EU-Außenkompetenzen im Schnittpunkt von Europarecht, Völkerrecht und nationalem Recht, Juristische Blätter 2011, S. 11–21.

Weber, Dennis (Hrsg.), Traditional and Alternative Routes to European Tay Integration – Primary Law, Secondary Law, Soft Law, Coordination, Comitology and their Relationship, Amsterdam 2010.

Weiß, Wolfgang, Demokratische Legitimation und völkerrechtliche Governancestrukturen – Bundestagsbeteiligung bei EU-Handelsabkommen mit beschlussfassenden Gremien, https://www.researchgate.net/publication/312057314_Demokratische_Le gitimation_und_volkerrechtliche_Governancestrukturen_Bundestagsbeteiligung_be i_EU-Handelsabkommen_mit_beschlussfassenden_Gremien_forthcoming_in_Kade lbach_Hrsg_Die_Welt_und_wir_2017, 22.03.2018.

Weiß, Wolfgang, Informations- und Beteiligungsrechte des Deutschen Bundestags bei gemischten Abkommen wie TTIP, Die Öffentliche Verwaltung 2016, S. 661–667.

Weiß, Wolfgang, Kompetenzverteilung bei gemischten Abkommen am Beispiel des TTIP, Die Öffentliche Verwaltung 2016, S. 537–548.

Weiß, Wolfgang, Loyalität und Solidarität in der Europäischen Verwaltung, Zeitschrift für Öffentliches Recht 2015, S. 3–32.

Weiß, Wolfgang, Verfassungsprobleme der vorläufigen Anwendung von EU-Freihandelsabkommen – CETA-Kurzgutachten, http://www.foodwatch.org/de/informieren/freihandelsabkommen/aktuelle-nachrichten/ceta-minister-gabriel-plant-entmachtung-des-bundestages/, 22.03.2018.

Wille, Angelo, Die Pflicht der Organe der Europäischen Gemeinschaft zur loyalen Zusammenarbeit, Baden-Baden 2003.

Winkelmann, Ingo, Europäischen und mitgliedstaatliche Interessenvertretung in den Vereinten Nationen, Zeitschrift für ausländisches öffentliches Recht und Völkerrecht 2000, S. 413–445.

Winter, Gerd (Hrsg.), Sources and Categories of European Union Law – A Comparative and Reform Perspective, Baden-Baden 1996.

Wölker, Ulrich, Die Stellung der Europäischen Union in den Organen der Welthandelsorganisation, Europarecht-Beiheft 2/2012, S. 125–137.

Wouters, Jan/Hoffmeister, Frank, Ruys, Tom (Hrsg.), The United Nations and the European Union – An Ever Stronger Partnership, The Hague 2006.

Wuermeling, Joachim, Kooperatives Gemeinschaftsrecht – Die Rechtsakte der Gesamtheit der EG-Mitgliedstaaten, Kehl am Rhein/Straßburg/Arlington 1988.

Register